南社先贤

交往录

俞前 著

团结出版社

图书在版编目（CIP）数据

南社先贤交往录 / 俞前著 . -- 北京：团结出版社，
2023.10
　　ISBN 978-7-5234-0232-0

　　Ⅰ . ①南… Ⅱ . ①俞… Ⅲ . ①南社－名人－生平事迹
Ⅳ . ① K825.6

中国国家版本馆 CIP 数据核字（2023）第 113711 号

出　　版：团结出版社
　　　　　（北京市东城区东皇城根南街 84 号　邮编：100006）
电　　话：（010）65228880　65244790
网　　址：http://www.tjpress.com
E-mail：zb65244790@vip.163.com
经　　销：全国新华书店
印　　装：三河市东方印刷有限公司

开　　本：170mm×240mm　　16 开
印　　张：26.25
字　　数：478 千字
版　　次：2023 年 10 月　第 1 版
印　　次：2023 年 10 月　第 1 次印刷

书　　号：978-7-5234-0232-0
定　　价：79.00 元

目　录

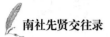

引子
一唱雄鸡天下白

　　1949年10月1日，北京秋高气爽，晴空万里。当一轮红日从东方升起，灿烂的阳光把整个天安门城楼映得更加绚丽夺目。中华人民共和国开国大典将在这里举行。

　　天安门广场呈丁字形。丁字形一横的北面是一条河，河上并排架着5座白石桥；最北面是城墙，城墙中央高高耸起天安门的城楼。丁字形的一竖向南直伸到中华门。在一横一竖的交点南面，场中挺立着一根电动旗杆。

　　雄壮的天安门披上节日的盛装，城楼上高悬着"中华人民共和国成立典礼"的横幅标语。城楼左右挂着8盏大红灯笼，城楼上8面红旗迎风招展，城楼中门上方悬挂着毛泽东巨幅画像，金水桥两侧观礼台的红色卷绸花乘风飘舞。

　　广场汇集了从四面八方来的群众队伍。人们有的擎着红旗，有的提着红灯。到了正午，天安门广场已经成了人的海洋，红旗翻动，像海上的波浪。

　　下午2点多，毛泽东、朱德、刘少奇、周恩来、任弼时等党和国家领导人的车先后开进天安门广场后面的停车场。下午3点整，在《东方红》的乐曲声中，毛泽东主席与参加第一届政协会议的全体代表登上天安门城楼检阅台，全场爆发出雷鸣般的掌声，"毛主席万岁！""中国共产党万岁！""中华人民共和国万岁！"欢呼声汇成巨大的声浪响彻广场。

　　柳亚子跟随着毛主席等人向天安门城楼上迈步，心里激动万分。

　　柳亚子，来自江苏吴江的一个小镇——黎里。1906年，由高天梅、陈陶遗、马君武、刘师培介绍，加入同盟会，复由蔡元培介绍，加入光复会。1924年第一次国共合作，柳亚子以中国同盟会会员身份成为国民党党员，当选为国民党中央监委。

1949年2月，他应毛主席的电邀，由香港启程进入解放区，后来参加了第一届中国人民政治协商会议。

柳亚子是南社和新南社的发起者和领头人。1909年，柳亚子和吴江人陈去病、金山人高天梅一起发起成立了南社，南社的命名有"操南音不忘本"之意，意为"反对北庭的标志"。1923年，柳亚子与邵力子、陈望道等人发起成立新南社，宗旨是"鼓吹三民主义，提倡民众文学"。1935年，柳亚子等人又发起成立了南社纪念会。他与南社同人面对黯淡沉寂的祖国河山，觉得一代诗手词家也能干出一番壮志凌云的事业。南社社员遍布全国及东南亚各地，最盛时达1100多人，在历史长河中，从反帝反清、辛亥革命、"二次革命"、新文化运动、抗日战争、解放战争、新民主主义革命、社会主义革命和建设事业⋯⋯无数的南社人浴血奋战，前仆后继。

中华人民共和国成立了，1949年9月21日至9月30日，中国人民政治协商会议第一届全体会议上，柳亚子当选为中国人民政治协商会议第一届全国委员会委员。下午2时召开的中华人民共和国中央人民政府委员会第一次全体会议上，柳亚子当选为中央人民政府委员。

柳亚子站在玉石栏杆上，心情激荡，思绪万千。这两天，他相继遇到了参加中国人民政治协商会议和开国大典的南社人，何香凝、马叙伦、李书城、沈钧儒、沈雁冰、邵力子、欧阳予倩、沈体兰、杜国庠、田汉、陈望道、章乃器、钱昌照、胡子婴⋯⋯他的女儿柳无垢作为中华人民共和国副主席宋庆龄的秘书，陪同宋庆龄一起登上了天安门⋯⋯

中央人民政府秘书长林伯渠宣布典礼开始。中央人民政府主席、副主席、各位委员就位。乐队奏起了中华人民共和国国歌——《义勇军进行曲》。接着，毛泽东主席宣布："中华人民共和国中央人民政府在今天成立了！"

这庄严的宣告，这雄伟的声音，使全场30万人一齐欢呼起来。

接着，升国旗。毛主席亲自按动连通电动旗杆的电钮，新中国的国旗——五星红旗徐徐上升。在场的30万人一齐脱帽肃立，一齐抬起头，瞻仰这鲜红的国旗。升旗的时候，礼炮响起来。每一响都是54门大炮齐发，一共28响。起初是全场肃静，只听见礼炮声，只听见国旗和许多旗帜飘扬的声音，到后来，每一声礼炮响后，全场就响起一阵雷鸣般的掌声。

接着，毛主席在群众一阵又一阵的掌声中宣读中央人民政府的公告。宣读公告完毕，阅兵式开始。朱德总司令乘着汽车，先检阅部队，然后回到主席台，宣读中国人民解放军总部的命令。受检阅的部队就由聂荣臻将军率领，在《中国人民解放军进行曲》的乐曲声中，由东往西，缓缓进场。

两个半小时的检阅，广场上不断地欢呼，不断地鼓掌，一个高潮接着一个高潮。阅兵式完毕，已经是傍晚的时候。

柳亚子回到家里，心潮澎湃，夜不能寐。

南社那一代人，实际上是二十世纪中国梦较早的寻梦者，也是中华民族伟大复兴的践行者。南社人经历了风风雨雨、艰难跋涉，最终在中国共产党领导下找到了建设新中国的方向，在建党伟业和建国大业中谱写了一曲动人的赞歌。

让我们翻开历史的画卷，来领略南社人在风云激荡中的峥嵘岁月……

第一章　承前启后

南社是辛亥革命前后最有影响力的革命文学社团。南社人以传承明末清初发源于江南的复社、几社精神为依归，以推翻腐朽清朝统治、建立民主共和制度为理想，在中华民族的革命斗争中，在中国社会发展的进程中脱颖而出，同时，涌现了一批中国近现代史上的精英人物。其中有辛亥革命著名风云人物陈去病、柳亚子，有兴办女学的任传薪、吕碧城，有中国共产党的领导人的老师许肇南、孔昭绶、邵飘萍、李根源、李煮梦……

——题记

日本国先贤问世　虎丘山南社成立

1903年3月，西太平洋由中国开往日本的海轮徐徐航行在平静的海面上。甲板上，一位穿着长衫，略显矮胖的青年人，望着海面，心里却久久不能平静。

他叫陈去病，来自江苏吴江一个名叫同里的小镇。就是他，后来与吴江同乡柳亚子和金山的高天梅一起发起成立了南社。

同里镇虽小，但是，镇上人的气魄却是不小。他此时去日本，并不是去游玩，而是肩负着一项特殊的使命。他是中国教育会派往日本去从事革命工作的。

1898年，陈去病在家乡和金松岑等人组织雪耻学会，曾自榜一联："炎黄种族皆兄弟，华夏兴亡在匹夫"，响应维新运动。1902年，加入蔡元培等发起的中国教育会，组织同里支部。

面对着大海，他不由又吟起出国前在家乡写给中国教育会同人的一首诗："长此笼樊亦可怜，誓将努力上青天。梦魂早落扶桑国，徒侣争从侠少年。宁惜毛锥拼一掷，好携佩剑历三边。由来弧矢男儿事，莫负灵鳌快着鞭。⋯⋯"

1903年3月12日，陈去病与秦毓鎏等一行11人到了日本大阪。不久，又到了东京。

当时的日本，经过明治维新后，国力日益强盛。不少中国进步青年都在日本。孙中山于1897年赴日本侨居，并且在1899年成立了兴中会。陈去病一到东京，很快就与中国留学生江苏分会的同志取得了联系。他们一起交流革命思想，商议革命对策。

一天，陈去病看到了一份杂志——《游学译编》。这是后来也加入南社的湖南学生黄兴与杨度等人在1902年创办的，刊有不少鼓吹反清的民族主义思想的文章。陈去病如获至宝，兴奋地阅读着。

黄兴，原名轸，字廑午，后改名兴，字克强，湖南善化（今长沙）人，早年在长沙岳麓书院读书。1898年以优异成绩保送至武昌两湖书院深造，1902年春季被湖广总督张之洞选送到日本，进入东京弘文学院留学。杨度，字晰子，湖南湘潭人，是翰林院检讨、近代学者王闿运的门生。1897年入时务学堂读书，后留学日本。

不久，陈去病了解到各省的留学生都已经行动起来了，以创办杂志来宣传革命，已有《湖北丛学界》等。陈去病也萌生了办杂志的念头。

陈去病的想法得到了江苏分会负责人的赞同。于是，中国留学生江苏分会机关刊物《江苏》应运而生。《江苏》杂志创办时不设主任或社长，只有编辑，陈去病担任文选编辑。

1900年，俄国军队占领了中国的东北三省。后经交涉，中俄《交收东三省条约》规定沙俄应于1903年4月撤军。时间到了1903年4月，沙俄不仅拒不守约，反而在4月18日向清政府提出了七条无理要求，企图永远占据中国东北三省。这引起了中国人民的极大愤慨。4月27日，旅居上海的十八省人士在张园举行拒俄大会。大会向沙俄发了通电，提出了强烈抗议，国内的拒俄热潮爆发。

上海拒俄大会的消息在东京《时事新闻》上刊发，沙俄的行为也掀起了在日本的中国留学生的哗然和愤怒。

29日下午，500多名中国留学生在东京锦辉馆召开了拒俄大会。陈去病也参加了会议。他结识了陈天华和后来也加入了南社的苏曼殊。

苏曼殊，字子谷。父亲是中国人，母亲是日本人。苏曼殊5岁随父亲回到中国，1902年入东京早稻田大学高等预科学习。1903年转入日本陆军士官学校预备学校。他也是这次拒俄大会的积极参与者。陈去病与他在拒俄运动的革命洪流中结识，志趣相投，志向相宜，成了知己。

演讲后，在主持人的带领下，陈去病和所有与会者一起，作了以下宣誓：

誓以身殉，为炮火之引线，唤起国民铁血之节气，中国死吾辈数人如九牛一毛，我国民有知，亦当为之感泣⋯⋯

宣誓后，当即宣布成立义勇军，这是被国民称为"死籍"的团体。大会号召所有有志者振臂签名编队，并决定整队出发开赴前线，与沙俄决一死战。

与会成员大多热血沸腾。陈去病与战友们一起神情自若地上前签了名，被编入丙区队三分队。签名后，又作了入队宣誓："勇于前进，不存退避"。陈去病义无反顾地参加了队伍，参加射击、操练、听课等活动，还从微薄的生活费中捐出了二元钱，作为义勇队的活动经费。

1903年6月，突然从国内传来了一个令人震惊的消息：《苏报》案发，章太炎、邹容被捕，爱国学生运动遭禁。陈去病听到这个消息，在日本坐不住了，于是他立即整理行装，准备回国。

回国后，陈去病到了上海，在上海爱国女校担任国文教师。后来，《国民日报》出版，章士钊任主编。报馆内聚集了一群富有斗争精神的知识青年，陈去病和何靡施、金松岑、柳亚子、高天梅、刘师培等人成了撰稿人。

陈去病、柳亚子和高天梅走到了一起。柳亚子和高天梅我们要重点介绍一番。因为就是他们三人，在1907年发起了南社。1909年，南社在虎丘成立。

柳亚子是吴江黎里人，与陈去病是同乡，柳亚子的父亲和叔叔与陈去病是同学。他幼受母教，喜读古诗。17岁至上海，入爱国学社，为蔡元培、章太炎弟子，始谈革命。1906年，由高旭、陈陶遗、马君武、刘师培介绍，入同盟会，复由蔡元培介绍，加入光复会。

高天梅是上海金山张堰人。1904年为寻求真理，留学日本，在法政大学速成科学习。1905年8月中旬，中国同盟会正式成立，高天梅是第一批入会的盟员之一。1906年奉命回国，高天梅任同盟会江苏分会会长。

陈去病回国后，思想发生了很大的变化。不久就与柳亚子、高天梅商议，开始筹建南社。1907年，陈去病在上海主持国学保存会，编辑《国粹学报》。在此过程中，陆续联络了一批具有革命思想的文化界人士，为南社的建立奠定了基础。

1907年8月15日（农历七月七日），陈去病与吴梅、刘季平等11人于上海愚园集会，组织神交社。1908年初，陈去病与高天梅、柳亚子、沈道非一起设宴，为刘师培接风洗尘。就在这次宴席上，陈去病提议继续明末松江几社的事业，组织文社。1909年，陈去病由蚬江到了苏州，在张宷甄家当了家庭教师。他就以塾教为掩护，开始了南社的筹建工作，

陈去病特别喜欢"南"字，读了"胡马依北风，越鸟巢南枝"的诗句后，不仅改名为巢南，还将他的诗集命名为《巢南集》。定名南社还有更深一层的含义，也就是陈去病后来的解释："南者，对北而言，寓不向满清意。"

陈去病坐镇苏州，以"及时雨"宋公明的资格指挥一切。而柳亚子以"小旋

风"柴进自命，以复社中的吴扶九、孙孟朴自比，为南社的成立而奔走。在会期前四天，柳亚子赶到了苏州，住在阊门外惠中旅馆。

11月13日，南社成立大会在苏州虎丘张公祠如期召开。

上午报到，参加者有17人，陈去病（巢南）、柳亚子（亚卢）、朱梁任（锡梁）、庞檗子（树柏）、陈陶怡（剑虹）、沈道非（砺）、俞剑华（锷）、冯心侠（平）、赵厚生（正平）、林立山（蛎）、朱少屏（葆康）、诸贞元（宗元）、胡栗长（颖之）、黄宾虹（质）、林秋叶（之夏）、蔡哲夫（守）、景秋陆（耀月）。

17人中除胡栗长、黄宾虹、蔡哲夫3人外，14人都是中国同盟会会员。那天还有来宾2人，张寀甄及其侄子即陈去病的学生张季龙，共19人。

19人乘坐雇用的画舫，带着船菜，从阊门外阿黛桥出发，沿山塘河向虎丘而去。

开会的地点张公祠就坐落在虎丘山下的山塘河畔，这是个游人稀少的幽静之地，由于年久失修，庭院里杂草丛生，正中大厅的门窗也破旧不堪。陈去病事先雇人略微打扫，又借来了两张方桌、8条凳子。

参加会议的人先在虎丘山下合影，然后进入张公祠。祠堂里摆下了两桌船菜，他们边饮酒边开会。会上通过了《南社例十八条》，又选举产生了职员。陈去病任文选编辑员，庞檗子为词选编辑员，柳亚子为书记员，朱少屏为会计员。

选举已毕，酒兴正浓。大家边吃边讲，讨论起了诗词的问题。在中国近代史上产生重大影响的南社登上了历史舞台。

任传薪创办"丽则"　吕碧城教习女学

梁启超等人于1889年在上海首创了中国第一所女子学校"经正女学"，随即近代教育的先驱蔡元培先生也在上海创立"爱国女校"，梁、蔡二人率先向封建传统伦理编织的罗网大胆冲锋。

这些消息让一个人感动了，他就是陈去病的学生、后来加入南社纪念会的同里镇人任传薪。

陈去病

陈去病在去日本前，曾在退思园当私塾老师。退思园是同里镇上的一个私家名园，由任兰生在1885年至1887年（清光绪十一年至十三年）所建。

任兰生，字畹香，号南云，清同治年间官至安徽凤颍兵备道道台，兼凤阳关监督。1885年（光绪十一年）正月，落职回乡，花10万两银子建造宅园，取名"退思"。他的弟弟任艾生的《哭兄诗》有"题取退思期补过，平泉草木漫同春"之句，可见园名取《左传》"进思尽忠，退思补过"之意。

任兰生去世后，儿子尚小，由任夫人主持家政。得知陈去病的学问，就请他担任塾师，陈去病成了"退思园"第二代主人任传薪的老师。陈去病的革命思想曾深深影响着任传薪。

任传薪后来就读于上海震旦学院，深感广兴学校是中国富强的必由之路，而女子教育尤为迫切。他认为，只有女子获得了近代知识和经济上的独立，才能取得与男子平等的参政权利，才能真正具有独立的人格并走向社会。因此，他于1906年2月在家乡创立了丽则女校，开了古镇女子受教育的先河。

而在他之前，另一位南社人吕碧城，已参与创办了中国第一所公立的女子学堂——天津北洋女子公学，这是一所在全国产生过巨大影响的女学。

吕碧城是安徽旌德人，12岁丧父，家道中落，她随侍母亲到旌德乡下居住。一年后，母亲让她到塘沽为官的舅父处生活，受到了较好的教育。后来，吕碧城通过

同里丽则女校

英敛之介绍得识严复，跟随严复学习逻辑学，由严复介绍认识清政府学部大臣严修及傅增湘、卢木斋、林墨青等社会知名人士。

1903年，傅增湘找到了吕碧城。傅增湘是四川江安人，清光绪进士，曾任翰林院编修、直隶提学使，民国后曾任北洋政府教育总长。原来，在1903年，直隶总督袁世凯急招傅增湘提纲兴办天津女子学堂，他就想到了吕碧城。

吕碧城当时是受聘为《大公报》的第一名女编辑。她的诗词与文章屡屡见报，其流露的刚直率真的性情以及横刀立马的气概获得了众人的赏识，而兴女权、倡导妇女解放与宣传女子教育的文章也引起社会的强烈反响。

一天，吕碧城正在住所看书，门房前来说有人找她，并递上了名片。吕碧城一看名片上的3个大字：秋闺瑾。

秋瑾是浙江绍兴人，出生在福建厦门。吕碧城在天津少年成名时，秋瑾正跟丈夫王子芳住在北京。因为诗写得好，人漂亮又豪爽，秋瑾在北京南方文人的圈内很有名气，常以"碧城"为号写一些诗文在圈内流传。

秋瑾在《大公报》接连看到吕碧城的诗、词、文，另一个"碧城"佳作迭出，她很震惊。而且当时的人都以为吕碧城的诗出自秋瑾之手，闹出了许多误会。

吕碧城一看到"秋闺瑾"这个名字，心里一惊，难道这就是大名鼎鼎的女侠秋瑾？她急忙让门房把人请来。只见一个漂亮女人梳着高高的发髻，身穿一袭男人

吕碧城

的长袍马褂，把一帮男编辑看得一愣一愣的。难怪"安能辨我是雄雌"。

惊愕之中的吕碧城，急忙起身说道："我当是谁，原来是秋瑾女士，久仰！久仰！"吕碧城上前紧握着秋瑾的手，亲热地说："姐姐路上辛苦了。"

秋瑾上下打量着对方说："今天见了赫赫有名的吕碧城，果然才貌俱美，自愧不及，我宣布，从即日起我自动取消'碧城'之号，'碧城'专属阁下！"说完发出爽朗的笑声。

"姐姐抬爱，真令我不知如何之好！"秋瑾大嚷着："摆酒！摆酒！你我今天好好聊聊。"南北两碧城心仪已久，一见如故。夜晚，点上灯继续聊，一直谈到半夜，同榻而眠。

第二天早晨还闹了个笑话，睡眼蒙眬的吕碧城突然看到一双男人的官式皂靴在自己的床前，大惊失色："哎呀"一声。

原来是秋瑾正在照着镜子往脸上扑粉。听见吕碧城的叫声，回头嫣然一笑："怎么？"

吕碧城用手捂着"怦怦"狂跳的心："吓死我了，我还以为有个男人站在床边上呢。"

秋瑾笑着说："是男人又怎样？还能吃了你？你就这种胆量还想提倡女权

惠兴女学堂师生合影

运动？"

　　尽管上海的经正女学堂创办于1898年，但究其性质，不过是家塾式的私立女学堂。直到北洋女子公学的成立，中国才有了真正意义上的公立女子学校。

　　吕碧城来到学校，在英敛之带领下，遍访了杨士骧、唐绍仪、林墨青、方若、梁士诒、卢木斋等在津的社会名流，着手筹资、选址、建校等工作。按照英敛之、吕碧城等人的意见，学校定名为"北洋女子公学"。

　　1904年11月7日，天津公立女学堂在天津河北二马路正式开学。吕碧城出任总教习（教务长），傅增湘为监督（校长）。《大公报》次日报道："昨日午后二点钟，由总教习吕碧城女师率同学生30人，行谒孔子礼。观礼女宾日本驻津总领事字伊集院夫人……男宾20余位。诸生即于是日上学。"

　　吕碧城负责全校事务，兼任国文教习。她不仅综理教务，而且亲任讲席。1906年（光绪三十二年），增设北洋女子师范科，"厘定课程，力求精进"，贡献实多。吕碧城执掌女子学校总教习一事，在社会上曾轰动一时。1909年，后为南社著名诗人的陈庚白此时13岁，就读于天津客籍学堂，仰慕吕碧城的大名，曾暗中前往女子学堂窥伺其风采。后来任总统府秘书的沈祖宪，曾称吕碧城为"北洋女学界的哥伦布"，赞赏其"功绩、名誉，百口皆碑"。

　　吕碧城的古体诗词是当代一绝，早年曾出刊《信芳词》行世。她因诗词交往了另一位热衷心于创办女学的南社人江亢虎。

江亢虎出生于江西弋阳一个仕宦之家，祖籍安徽省旌德县江村，是中华民国时期著名的文化学者和政治人物，与吕碧城有同乡之谊。

吕碧城在日本见到了江亢虎《信芳词》一册，曾有如下题词："亢虎先生惠存，吕碧城赠。如将来启行归国时，行箧无隙存储，请转赠知音，勿抛弃为幸。"

1904年江亢虎回国后改任刑部主事，并着手创办女子师范学堂，由此而对妇女问题发生兴趣。1907年，江亢虎再度赴日，常以中国留学生代表身份出席日本社会党集会，开始接触正在日本广泛传播的社会主义思想。阅读了德国社会民主党和第二国际著名领袖倍倍尔写的名著《妇女和社会主义》，决心研究妇女和家庭问题。

1911年，一位身材微胖的男子，穿着对襟青马褂，戴着一副洋派的近视小眼镜，不失翩翩风度。他坐在黄包车上，连声催着车夫快行，经过杭州西湖，却无暇顾及这良辰美景。

这位看上去非同一般的人是谁呢？他就是刚从海外回国的江亢虎。

江亢虎这次来杭州，是杭州女学联合会的邀请，到惠兴女学堂宣讲"社会主义与女学之关系"。

然而，就是因为这次演讲，导致江亢虎被驱逐出浙江，差一点锒铛入狱。

江洪水首创政党　社会党全国活动

江亢虎在惠兴女学堂讲"女学与社会主义"，结果被驱逐出浙江，差点锒铛入狱。这是怎么一回事呢？因为这是国内第一篇公开鼓吹"社会主义"的演讲，他在大众面前公开亮出了"社会主义"的旗帜。

虽然江亢虎的这篇"社会主义与女学之关系"的演讲，我们今天用马克思主义的观点来分析，它当然不是真正社会主义的妇女教育论。因为妇女的教育问题、解放问题，只有在根本变革旧的社会制度，消灭资本主义雇佣剥削制度的条件下，才有可能真正实现，而江亢虎没有认识到这一点。但是，这是国内第一个社

华侨教育界欢迎江亢虎

会主义性质的演说，反映出他对社会主义的追求，对中国妇女教育问题的思考和对中国妇女解放的渴望，渗透着反对封建专制制度和封建伦理道德的资产阶级民主主义。

他，迈出了勇敢的第一步。因而一下子掀起轩然大波，激怒了清政府当局。

演讲后，杭州的官绅大哗。杭州巨绅就向浙江巡抚增韫告状，说江亢虎传播社会主义，要求增韫严办江亢虎。增韫想借此取媚于巨绅。就派赵溶前去查办，并派军警前往干涉。查办大员赵溶到了惠兴女学堂，向人们大声地警告说："'亢虎两个字，就是革命党'的号，为语取表字者，大家留意！"又说："江亢虎的面貌，活画是革命党，此麻衣柳庄以后之新相法也，大家留意！"

查禁的结果是，贵林为大会印制的上千份江亢虎演讲稿《社会主义与女学之关系》和《忠告女同胞文》，全部被销毁，集会的地点惠兴女学堂及其主持人贵林都受到牵连。贵林后来被迫害致死，江亢虎本人则被"驱逐出境"。

江亢虎被驱逐出浙江后，浙江官方并未就此罢休。增韫又电请朝廷，说江亢虎"非圣无法、祸甚于洪水猛兽"。要朝廷将他革职逮捕。幸赖两江总督张人骏力保才躲过一劫。

江亢虎虽在杭州经历一场惊险，却因祸得福。他到了上海，用"洪水"作为自己的号，还说了这么一段话：江就是洪水，亢虎就是猛兽。他从此真正成为了反政府的"洪水猛兽"。

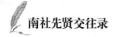

江亢虎

张园

他在上海成立"惜阴公会""女子进行社",在《天铎报》等媒体的支持下,7月10日,江亢虎在上海张园发起成立"社会主义研究会",到会听讲的四百余人,入会者约五十人,同时还发行了《社会星》作为机关报,他对外宣称:"社会主义在中国今日,正如漫漫长夜,凉蟾已坠,曙色未晞,唯见数点疏星,依稀闪烁于沉阴积晦之中。"

当时,国内并没有马列著作的中文译本,江亢虎便直接研读马克思、恩格斯、考茨基、列宁、普列汉诺夫等人理论著作的英译本。一个创办新政党的念头就在他的脑中产生了。

辛亥革命胜利不久、上海宣告独立的第三天,即1911年11月5日,江亢虎以"社会主义研究会"发起人名义召集特别会,提议改研究会为"中国社会党"。这不仅是中国第一个社会党,也是中国第一个以"党"命名的政治团体。

会议一开始,江亢虎就旗帜鲜明地强调:"在民族民主革命即政治革命胜利之后,社会革命尤为万事根本。……社会主义欧美极盛,在中国则本党是最初唯一之机关团体……"

江亢虎提出了《宣言》的八项内容:"赞同共和""融化种界""改良法律""破除世袭遗产制度""普及平民教育""振兴事业""专征地税""限制军备"等。会议接受了江亢虎起草的《宣言》,决定以《宣言》中的8条主张为中国社会党的党纲。最后确定该党中央本部驻上海,江亢虎为中央本部的本部长,《人道》为中央机关刊物。

1911年12月25日，孙中山在经历了16年海外生活和斗争之后，乘船自欧洲经新加坡、香港回到上海，受到黄兴、陈其美、宋教仁等南社同人和上海各界人士的热烈欢迎。江亢虎也以中国社会党代表的身份，前往码头迎接，并在轮船舷梯旁同孙中山握手。

为欢迎孙中山回国，江亢虎代表中国社会党专门写了《欢迎中山先生辞》，肯定了孙中山革命元勋的地位，歌颂了孙中山几年不屈不挠的革命精神，表达了社会党人对孙中山的景仰之情。

12月31日，应江亢虎之邀，孙中山在上海寓所与江亢虎进行了一次交谈。在听取江亢虎关于社会党历史及其对社会主义的看法后，孙中山当即表示竭力赞成，并表示对社会党提倡的社会主义"必为鼓吹，使其理论普及全国人民心中"。当江亢虎声称孙中山的以平均地权为核心的民生主义与中国社会党的宗旨相同时，孙中山明确地说："余实完全社会主义家也"，并表示"其余需与贵党讨论者尚甚多"，希望再作长谈。临别时，孙中山说要送几本欧美最新出版的社会主义著作给江亢虎，并说："愿贵党之精晓西文者代为译述、刊行，为鼓吹之材料。"两天后，孙中山即派人送来《社会主义概论》《社会主义之理论与实行》《社会主义发达史》和《地税原论》四本从国外带回的新书。

在江亢虎建立"没有剥削、民众当家作主的社会，对私有财产严加限制"口号下，不少追求进步的青年知识分子纷纷加入该党，连《京报》《晨报》这样的大报也刊登了不少为社会党摇旗呐喊的文章。

1911年底，社会党宣布，在全国各地建立起支部"四百九十余起"，拥有党员"五十二万三千余人"。这个数字虽然很夸张，但当时全国确有不少地方建立了中国社会党支部。

1912年1月12日，江亢虎在苏州留园举行了社会党支部成立大会，慷慨陈词地讲了4个小时。叶圣陶、顾颉刚、王伯祥等草桥中学学生受邀去听了大会讲话。他们很受鼓舞，决定一起加入"社会党"。21日，他们就到支部去见总务干事陈翼龙，递交了入党誓书，并购买了社会党徽章一枚。陈翼龙就安排顾颉刚做文书干事，他们相处得很好。

叶圣陶是一位身怀报国之志的教育家，血气方刚的叶圣陶加入社会党之后，在"三无二各"（无政府、无宗教、无家庭，各尽所能、各取所需）的理想主义"催眠"下，留着"蓬蓬松松"的"大披头"，甚至高喊"中国欲安，非杀却袁世凯不可"，活脱脱就是一个激烈的革命青年。顾颉刚和王伯祥也都是有志向的青年。顾颉刚后来成了中国现代著名历史学家、民俗学家，古史辨学派创始人，现代历史地理学和民俗学的开拓者、奠基人。王伯祥后来成了古代文学研究家，历史学家。

1912年夏天，江亢虎带着中国社会党活动部负责人陈翼龙到北方各地发展基层组织，在北京建立了中国社会党北京总部。江亢虎离开北京后，留下陈翼龙负责北京及北方地区的组织工作和活动。当时，顾颉刚从中学毕业，陈翼龙已经调任北京支部主任干事。顾颉刚很想跟他去，但家里人不同意。顾颉刚就瞒着家里人逃到北京，并跟陈翼龙到天津筹设支部。

1921年的一天，江亢虎正在京师大学堂的寓所里读《资本论》的英译本，陈翼龙领着一个人前来拜访。名片上写有"李守常"3个字。这李守常就是后来成为中国共产党主要创始人之一的李大钊。[①]

李大钊，字守常，1889年10月29日出生于河北省乐亭县大黑坨村。他目睹在帝国主义侵略下的国家危亡局势和社会黑暗状况，激发了爱国热忱，立志要为苦难的中国寻求出路，后来与陈独秀一起发起成立了中国共产党。当时，他在密切关注社会政治、思想、生活变革，对时局充满"隐忧"的时候，他关注到了江亢虎的社会党，也了解到了陈翼龙在北京的活动。

1912年冬天，李大钊与同学白坚武为创办北洋法政学会会刊的事去北京找政界要人孙洪伊商洽，经社会党北京支部干事曹百善介绍，与陈翼龙会面。两人一见如故，畅谈终夜。一听说李大钊当时在天津北洋法政专门学校读书时，一个念头在陈翼龙脑海里出现。他正准备在天津建社会党支部。

陈翼龙与他谈了江亢虎，谈了社会党，谈了社会党的宗旨与理想。李大钊为陈翼龙的"纯粹的共产社会主义"思想主张和艰苦奋斗的精神所吸引并为之感动。于是，在陈翼龙的鼓动下，他决定加入中国社会党，愿与社会党人一起开展有益于改善平民生活的工作。

---

① 许毓峰：《李大钊年谱（上）》，《信阳师范学院学报（哲学社会科学版）》，1983年第1期；江佩伟：《江亢虎研究》。

李大钊

　　陈翼龙带李大钊见了江亢虎，江亢虎对李大钊也很看好，于是，就吸收李大钊参加了中国社会党，并让他与陈翼龙一起筹建天津支部。

　　1913年1月26日，中国社会党天津支部拟在李公祠召开成立大会，然而，就在成立时，一件意想不到的事情发生了。

　　在召开成立大会之前，中国社会党天津支部印发了成立大会的传单。天津警察厅巡警找上门来，说有人举报，这里在建政党，奉冯国璋的命令，必须立即停止。李大钊是秀才遇到兵——有理说不清，就急急忙忙地赶到北京总部汇报这个突然发生的情况，与总部人员一起商量对策。总部立即上呈内务部，同时托吴敬恒去向赵秉钧陈述组建社会党组织的理由，要求政府不得干涉中国社会党。

　　2月2日，中国社会党天津支部大会重新举行，天津支部终于成立。选举李大钊为总务干事，[1]郭须静等人为干事。事务所定在东马路崇仁宫内。

---

　　① 华德韩：《报业巨子新闻导师邵飘萍传》；董宝瑞：《同建中国社会党天津支部——李大钊与北洋法政专门学校同学郭须静》，《天津市政法管理干部学院学报》，2011年第1期。

邵飘萍新闻全才　倒袁氏争当先锋

就在社会党在全国形成星火燎原之势时，却面临灭顶之灾。

1913年7月23日，陈翼龙刚从上海回到北京，即被京师警察所侦缉队逮捕，继而被送到军政执法总处毒刑审讯，判处死刑，于8月6日清晨被枪杀于宣武门外一块荒野上。

陈翼龙之死，并非源于社会党在北京的活动，主要是因他参与了孙中山等国民党人发动的"二次革命"，为袁世凯政府所不容。

在辛亥革命爆发前后，陈翼龙非常敬佩孙中山、黄兴、宋教仁等革命领袖。是年3月下旬，宋教仁被袁世凯指使人刺杀于上海。

宋教仁，字钝初，号渔父，湖南省常德市桃源人，被誉为中国"宪政之父"，也是南社社员。1904年2月，华兴会在长沙成立，黄兴任会长，宋教仁任副会长。1904年11月，华兴会计划在长沙进行起义反抗清政府，但事泄未遂。宋教仁于12月13日抵达日本。入日本东京法政大学学习西方政治。1905年加入中国同盟会，任司法部检事长。1911年8月，由朱少屏介绍加入南社。1911年10月11日，湖北军政府在武昌成立，宋教仁致力于建设民主共和政权，大力宣传革命宗旨。1912年中华民国成立，宋教仁被任命为法制院院长。1912年8月，中国同盟会改组为国民党。宋教仁希望在将来的国会选举中国民党能争取多数席位，在安徽、上海、浙江、江苏等地到处演说。1913年2月，国会选举接近尾声，国民党取得重大胜利。1913年3月20日，宋教仁在上海火车站遇刺，3月22日凌晨4时28分不治身亡。

宋教仁是陈翼龙最敬重的朋友，他的死对陈翼龙刺激很大，宋教仁被杀的真相弄清后，孙中山等人欲发动武力讨袁的"二次革命"，江亢虎却背信弃义，代表中国社会党发表了反对对宋案进行兵力解决的宣言。

陈翼龙极力反对，他与江亢虎分道扬镳，将中国社会党北京总部改名为"万国社会党北京总部"，以示区别。

宋教仁

陈翼龙从北京赶到上海，与孙中山、黄兴等人联系，准备组织敢死队，在京、津等地发动起义。不料，他的行踪被暗探察觉，一路尾随，至京即被逮捕，并很快被处以极刑。在陈翼龙牺牲的第二天，袁世凯便以大总统令，命令全国各地将与国民党有密切关系的社会党总部、支部一律查禁，追查与陈翼龙有往来的人。

血案发生后，江亢虎被吓破了胆，与革命党人分道扬镳，走到了革命者的对立面。江亢虎与汪精卫一样，都是早期南社中的精英人物，而最后却成了南社的败类。

然而，南社作为一个革命团体，大部分人是中国革命中的风云人物，是中国最早的"寻梦者"，以其爱国主义和民族主义的精神在中国的历史上留下了可歌可泣的丰碑。李大钊后来结交的南社人邵飘萍，就是南社的一位优秀人物。

社会党北京总部和天津支部等京、津及各地的组织机构均被取缔。天津支部虽已停止活动，仍受到牵扯，李大钊不得不离开北京，回到家乡避居。

李大钊回到家后不久，得到天津绅士孙洪伊的资助，赴日本留学。李大钊入早稻田大学政治科后，开始接触社会主义思想。1914年李大钊组织神州学会，进行反袁活动。次年为反对日本灭亡中国的"二十一条"，李大钊以留日学生总会名义发

邵飘萍

邵飘萍流亡日本时的留影

出《警告全国父老》通电，号召国人以"破釜沉舟之决心"誓死反抗。[1]

就在李大钊对日本灭亡中国的"二十一条"的口诛笔伐时，遇到了一个南社人，就是邵飘萍。

邵飘萍，原名镜清，后改为振清，字飘萍，浙江省金华市东阳人，他是中国传播马列主义、介绍俄国十月革命的先驱之一。

邵飘萍于1913年8月底到达日本，进入一家法政学校，同年年底，李大钊留学东洋，入日本早稻田大学学习，两人都以救国救民为宗旨，在一次留学生的集会上相识。

李大钊到了日本，留日学生总会公推李大钊为总会文牍干事，负责起草通电文告。邵飘萍看到了《甲寅》杂志，就向杂志投稿，认识了《甲寅》杂志的主编章士钊。[2]一天，正巧遇上留学生聚会，李大钊和章士钊一起参加了。两人坐下不久，章士钊发现了一个人，就是邵飘萍。邵飘萍留学日本后，与潘公弼、马文车共同创办了东京通讯社，关注国际上对中国事件的反应，向国内各大报发稿。同是报业中人，章士钊与邵飘萍很熟悉。于是就叫李大钊一起与邵飘萍打招呼。[3]李大钊与邵

---

① 许毓峰：《李大钊年谱》，《信阳师范学院学报（哲学社会科学版）》，1983年第1期。
② 许毓峰：《李大钊年谱》，《信阳师范学院学报（哲学社会科学版）》，1983年第1期。
③ 童然星：《五四运动前后李大钊与邵飘萍》，《文史精华》，2007年第4期。

飘萍彼此都已知道对方大名，现在是相见恨晚。

邵飘萍早在《汉民日报》时期，就识破了袁世凯的真面目。当他获悉日本和袁世凯秘密协商中的"二十一条"的详细内容后，及时以"东京通讯社社员飘萍"名义向国内驰报，揭露袁世凯与日本间的秘密勾当，为国内开展"倒袁护国"打响第一枪。

于是，李大钊和邵飘萍紧密配合，对袁世凯进行抨击。一个揭露，一个呼吁，一"揭"一"呼"，配合得天衣无缝。有力地推动了国内倒袁运动的开始，这两位反袁的干将，后来对毛泽东都产生了很大影响。

孔昭绶主政"一师" 反袁氏逃亡日本

上文说到对毛泽东有影响的老师李大钊和邵飘萍，这是毛泽东到了北大工作以后的事。毛泽东在求学阶段，还有一位南社社员孔昭绶，也是对他有影响的老师之一。

1913年孔昭绶担任了湖南第一师范学校校长。此校前身为南宋时期张栻创办的城南书院，1903年始立为湖南师范馆。1912年改为湖南公立第一师范学校，1914年改为湖南省立第一师范学校。

孔昭绶，字明权，号竞存，笔名攘夷，长沙浏阳东乡达浒人，孔子第七十一世孙，1910年冬毕业于湖南优级师范学堂，1911年留学日本，1913年1月获得日本法政大学学士学位后归国，担任了湖南公立第一师范学校校长。

孔昭绶是在"一师"的非常时期任职的。湖南第一师范学校的校舍在1910年被愤怒的长沙暴动饥民焚毁后，经大规模复建，新舍于1912年夏季落成，学校于秋季开学时由"衡清试馆"迁回新校园。复建后的"一师"，校舍虽颇为宏伟，却是一座空楼，各种教学设施和图书资料都在大火后荡然无存，许多教师也因停课停薪离去，一切都必须从零开始。

孔昭绶担任了校长，正赶上了一个教育改革的新时期。

辛亥革命成功后，中华民国于1912年元旦宣告成立，孙中山就任中华民国临

湖南"一师"

孔昭绶

时大总统。1912年1月9日，成立中央教育部，蔡元培任教育总长，立即着手进行资产阶级性质的改革。主要是颁布《普通教育暂行办法通令》和《普通教育暂行课程之标准》《壬子癸丑学制》。就在蔡元培大张旗鼓地开展教育改革的时候，中国的政局又发生了变化。清末代皇帝溥仪宣布退位，孙中山辞去中华民国临时大总统职务，袁世凯却出人意料地当上了中华民国大总统。1912年7月，蔡元培因不愿与袁世凯政府合作而辞职。

孔昭绶上任后，还是按照蔡元培在任时的教育方针规划着"一师"。这个学制提出了"注重道德教育，以实利教育，军国民教育辅之，更以美感教育完成其道德"的教育方针。

孔昭绶忠实贯彻执行南京临时政府的教育改革法令，积极规划学校教育和校园建设的蓝图。他提出用严格的规章制度管理学校，全面规定学校的章程，提出了对学生操行、学业、体格考查的一整套制度。

一天，在"一师"的会议室里，孔昭绶正召集一些骨干老师开会，老师们打量着这位从日本留学回来的法学学士。三十多岁年纪，剃得颇短的头发根根直立，脸上棱角分明，目光锐利，颇有些行伍之气。

这次会议的议程是部署"一师"的校歌、校旗和校服。孔昭绶主持了会议，他说："现在，国家进入了民国时期，我们学校要制定统一的校歌、校旗和校服。"孔校长的话音刚落，会场上就热闹起来了。孔昭绶清了清喉咙，大声说道："我们校歌的宗旨是唤起学生讲学兴味，并涵养其高尚之思想，校旗要以唤起学生爱校之心。而校服，学生穿上了，有一股英姿飒爽之气。有人已经提出了建议，请大家商议。大家可回去讨论，提出建议，让我们的校歌、校旗和校服能够体现出中华民国的勃勃朝气。"

在孔昭绶的带领下，经过大家的思考与讨论，最后，湖南"一师"的校歌、校旗、校服确定了。

校歌的歌词是："衡山西，岳麓东，城南讲学峙其中。人可铸，金可熔，丽泽绍高风。多材自昔夸熊封。男儿努力，蔚为万夫雄。"

校旗采用红麾、黄膘，蓝绿色的旗面中央置一白色五角星，内镌一黑色"师"字，作为代表"一师"之徽识；学校的制帽上也镌着"师"字的五角星，制服领章上则缀有"第一师范"4个字，都体现了以"唤起学生爱校心"的旨意。

孔昭绶在学校里提倡学生自动与自治，创设"技能会"。该会设置11部，确定教员为部长，指导学生开展课外学术、体育活动。对部定学制年限、课程设置，做了适当变通。招收预科学生2班120人，并组建了附属小学。他在这一时期的工作，为"一师"开创了民主教育的前景，也为他后来进一步发展"一师"教育打好了基础。

1914年1月，湖南都督汤芗铭来到了湖南第一师范学校。汤芗铭是袁世凯的亲信，刚就任湖南都督。汤芗铭到了湖南，当地乡绅、军民在火车站鼓乐齐鸣相迎。汤芗铭走下火车，却是脸色阴沉，命令收了仪仗、止了奏乐、收了颂词，却是轻车简从地前往湖南第一师范学校。汤芗铭从军前本是学贯中西的著名学者，到"一师"作了一番之乎者也的演讲，不知讲了什么，让一众老师摸不着头脑。作秀完毕，就要孔昭绶与他一起到帅府议事。孔昭绶尽管不知何事，但是只得服从。

到了帅府，汤芗铭亮出底牌，他向孔昭绶下了命令，要湖南"一师"发起征文，题目是《论袁大总统中日亲善政策之英明》。一听这话，孔昭绶的脸色一下子变了。袁世凯的所作所为，孔昭绶本来就十分不满。1913年，孙中山已发动了反抗袁世凯的"二次革命"，于是孔昭绶沉默不语。汤芗铭就厉声说道："你不要敬酒不吃吃罚酒，如果反抗，就与那些抢米的人一个下场。"孔昭绶力争未果，不得已在学校贴出征文布告。通知刚贴出后不久，全校师生一片哗然。

当时在湖南"一师"读书的毛泽东与老师杨昌济带头抗议。

蔡元培

　　毛泽东，字润之，笔名子任。湖南湘潭人。1910年，毛泽东16岁时请亲戚说动父亲允许他去"洋学堂"——湘乡县立东山小学堂上学，在那里他熟读梁启超刊登于日本报纸上的唤醒中国青年人的文章，接触了改造社会的思想。1911年，毛泽东考入长沙的湘乡驻省中学。武昌起义爆发后，长沙革命党起义响应，毛泽东投入革命军，成为湖南新军的一名士兵。[①]1912年2月清帝退位，毛泽东认为其参军目的已实现，退伍回长沙继续求学。1913年春，毛泽东考入不收学费的湖南省立第四师范学校，1914年2月，随该校并入省立第一师范学校。

　　毛泽东与老师杨昌济来到校长办公室，找到了孔昭绶。杨昌济是湖南长沙人，1913年后回国任教于湖南公立第一师范学校。支持新文化运动，宣传《新青年》的主张，先后在《新青年》《东方杂志》发表论文，介绍西方哲学、伦理学、教育学思想，提倡民主与科学，宣传新道德。他关心毛泽东、蔡和森、萧子升等一批进步青年，后来他的女儿杨开慧嫁给了毛泽东，他成了毛泽东的岳父。

　　毛泽东拿出《大公报》给孔校长看，上面有"日本国发出最后通牒，袁世凯承认'二十一条'"的新闻。这条新闻也彻底激怒了孔昭绶，他说："好，我们一起反抗。"

　　孔昭绶毅然地走出了校长室，撕下了征文通告。随后在校内发表了慷慨激昂的

————————————

　　① 中共中央文件研究室编：《毛泽东年谱（修订本）（1893—1949）》，中央文献出版社，2013年12月第一版，上卷11页。

演讲。他讲道："我泱泱大国，巍巍中华，竟成了诸般列强眼中的蛮荒未开化之地。耻辱啊！我四万万同胞竟成了任其宰割的鱼肉。人，不可不知耻。……'二十一条'的强加于我，是欲将我中华亡国灭种的野心赤裸裸地表现。而袁世凯政府呢，曲意承欢，卑躬屈膝，卖国求荣，他直欲将我大好河山，拱手让于日寇，此等卖国行径如我国人仍浑浑噩噩，仍然任其为之，中华灭亡，迫在眉睫！！！夷狄虎视，国之将亡，多少国人痛心疾首，多少国人惶惶不安呢！是啊，大难来临了，国家要亡了。……国家之广设学校，所为何事？我们青年置身于学校，又所为何来？正因为一国之希望，在于青年；一国之未来，要由青年来担当。当此国难之际，我青年学子，责有悠归，更肩负着为国家储备实力的重任。……"孔昭绶的话，引起了师生的共鸣，于是，一阵阵口号此起彼伏："国家兴亡，匹夫有责。"……

没过几天，孔昭绶正在学校油印室印刷材料时，突然有人急急忙忙地跑过来对他说："孔校长，不好了，有巡警要来抓你了。"孔昭绶一听顿时一惊。

原来，有人将孔昭绶的演讲之事报告给了汤芗铭。汤芗铭一听孔昭绶反对袁世凯，顿时火冒三丈，说："反了！反了！"孔昭绶因忠实贯彻执行孙中山支持下蔡元培所制定的南京临时政府的教育改革法令，竭力反对袁世凯的独裁统治和封建复古教育，早就被汤芗铭所忌恨，汤芗铭正愁要抓孔昭绶没有把柄。现在正有借口，马上就调兵抓捕孔昭绶。

汤芗铭的一个部下也有反袁之心，他同情孔昭绶，就派人来密报。孔昭绶一听，知道来者不善，如果落到汤芗铭手中不会有好结果。于是，孔昭绶想，三十六计——走为上计，就决定逃离学校。外面已经传来了嘈杂声，原来已有官兵包围了湖南"一师"。孔昭绶刚才在油印室穿上的就是工作服，于是他急中生智，化装成卖水的人，推着车子，从侧门混了出去。当巡警气势汹汹地来到校长室时，孔昭绶已经脱离了虎口。

孔昭绶离开了学校，怀着一腔忧愤离开了祖国，前往日本。孔昭绶事件在当时也震惊了全国。

湖 "一师" 昭绶复职　建学会俊才突现

孔昭绶在1914年1月到1916年9月流亡日本期间，湖南 "一师" 接连换了5任校长，有两任竟然没有超过两个月。而孔昭绶在日本，1914年再次入日本法政大学，获法学硕士学位。1916年，孔昭绶毕业了。

此时，国内的政治形势也发生了巨大变化。1916年袁世凯建立年号为洪宪的中华帝国，未能成功；3月22日宣布撤销帝制，恢复民国年号。1916年6月6日袁世凯因尿毒症不治而亡。袁世凯虽死，湖南也已独立，但汤芗铭却赖在湖南不走。7月1日，湖南护国军与汤部战于宁乡县道林，汤军失败。驻省湘军又联合桂军准备于7月3日围攻都督公署。汤知大势已去，于5日凌晨仓皇出逃。谭延闿被北京政府任命为湖南省省长兼督军。

就在这时，孔昭绶回国了。9月，孔昭绶再度被谭延闿任命为湖南省立第一师范学校的校长。

孔昭绶复任了，他回到了校长办公室。那天，他戴了一顶黑呢礼帽，穿着苏绸的长马褂，脚下是老秦鑫的圆口新布鞋，胸前挂一块古制怀表，显出了绅士风度，特别有精神。

他刚坐下，就有人递来了一堆文件。他拿过来一看，有一张纸吸引了他的目光：退学申请。他把目光聚焦在下面的署名上：毛泽东。

毛泽东？孔昭绶看着这三个字，凝视着若有所思。三年前的一个画面浮现在他的眼前：他因为在学校演讲反袁檄文，被汤芗铭派兵抓捕，他不得不化装逃离学校去了日本。而檄文的起因，就是这位毛泽东给他看了《大公报》，上面刊登了 "日本国发出最后通牒，袁世凯承认'二十一条'" 的新闻。

孔昭绶仔细地看了毛泽东的退学申请，又从 "学生花名册" 上查阅了毛泽东的简历，请来了好朋友、"一师" 博物课教员方维夏，向他了解毛泽东的情况。[①]

---

① 金建陵，张末梅：《南社社员孔昭绶与青年毛泽东的成长》，《墨痕微漾》，南京大学出版社2010年11月第一版。

1918年毛泽东等人在湖南"一师"合影　　　　　　毛泽东

　　方维夏是湖南平江人，近代教育家，1924年初任湘军第五军秘书长，并在湘军中的国民党特别党部筹备处负责。同年11月加入了中国共产党。后来参加了南昌起义和广州起义，曾担任中共湘赣特委宣传部长。1928年6月中旬，方维夏受中共中央的派遣来到莫斯科中共第六次全国代表大会。历任湘赣省苏维埃政府教育部长兼司法部长，1936年牺牲于湖南桂东县。

　　1906年2月，方维夏在母亲的支持下，到长沙考入了湖南中路师范学堂（1912年改名湖南第一师范学校）简易科，同年7月毕业。1911—1918年应好友孔昭绶之邀，返回母校任教，在该校担任学监主任兼教农业、博物等课，并到周南女校等学校兼课。

　　孔昭绶通过方维夏了解了毛泽东退学的缘由：1915年学期末，为反对由校长张干提议、省议会做出的要学生缴10元杂费的新规定，"一师"学生掀起驱逐张干的学潮。毛泽东在学校后山的君子亭改写一张传单，广为散发，历数校长张干办学无方，贻误青年。这事激怒了张干，要开除毛泽东等17名学生，经杨昌济、王季范、袁仲谦等教员劝说作罢。[1]7月，张干被迫辞职。此后的一个学年内，连续三任校长都对毛泽东心怀成见，把他视为"刺头"，倍加歧视。

　　于是，孔昭绶就叫人把毛泽东找来，当面让他讲述退学的原因。在与毛泽东进行一番深入的交谈后，孔昭绶深感这是一个性格独特、颇有见地的学生，所提

---

[1]　《毛泽东年谱（修订本）（1893—1949）》上卷，第17页。

出的问题已远远超出了一个师范生的认识范畴，甚至大大超前了师范教育的现实。

孔昭绶规劝毛泽东，不要急于做出退学的决定，[①]暂时在学校里等一等、看一看，相信到时候会做出最佳选择的。

毛泽东最终接受了孔昭绶校长真诚的挽留，打消了退学的念头。

孔昭绶再次担任校长，顺应新文化运动的潮流，运用在国外考察教育的结果，进一步发展了湖南第一师范学校的民主教育，并使之章程化、制度化。湖南"一师"形成了积极向上的氛围。

1916年秋，一个念头在孔昭绶校长脑海里产生：创办学生志愿军。

同学们积极报名，毛泽东也没有落后。10月底，孔昭绶从众多的报名者中，挑选体格健壮、品学优良者，编制成一个营。"一师"学生志愿军正式宣告成立。孔昭绶亲任学生志愿军"总指挥"，毛泽东被孔昭绶任命为连部的上士文书，负责传递上级命令，担任本连一切文牍事务。[②]

孔昭绶在"一师"开展了"人物互选"，也就是通过老师和学生的评选，来考查学生德、智、体的情况，优秀者在全校表彰。

1917年6月的一天，"人物互选"评选名单放到了孔昭绶的办公室上，一看名单，孔昭绶的脸上露出了欣慰的笑容。因为他看到，拔得头筹的是毛泽东。

全校11个班400多人参加选举，选出34人。毛泽东得票最多，按考察内容独得6项优秀，其中，言语、敦品两项得票数第一，胆识项得票为他所独有。[③]

毛泽东在湖南"一师"的学习生涯，让他走出一条自己的路。1936年，毛泽东同斯诺谈话时还说过这么一段话："我在这里——湖南省立第一师范度过的生活中发生了很多事情，我的政治思想在这个时期开始形成。我也是在这里获得社会行动的初步经验的。"[④]

1918年春的一天，毛泽东、蔡和森、何叔衡、萧子升等人聚集在了一起，商量着一件重要的事情：成立新民学会。

毛泽东、蔡和森、何叔衡、萧子升都是1913年成为湖南第一师范学校的学生

---

① 金建陵、张末梅：《南社社员孔昭绶与青年毛泽东的成长》，《墨痕微漾》，南京大学出版社，2010年11月第一版。

② 《毛泽东年谱（修订本）（1893—1949）》上卷，第24页。

③ 《毛泽东年谱（修订本）（1893—1949）》上卷，第26页。

④ ［美］埃德加·斯诺著，董乐山译：《西行漫记》，三联书店出版，1979年12月第一版，第121页。

萧子升（后改名为萧瑜）

的。毛泽东、何叔衡、蔡和森同为杨昌济老师的得意弟子，他们品学兼优、志趣相投，人称"湘江三友"。杨昌济老师称赞毛泽东、蔡和森："二子海内人才，前程远大，君不言救国则已，救国必先重二子。"

萧子升比毛泽东小一岁，却比毛泽东高三届。这是因为毛泽东中间辍学过几年，当萧子升从湖南第一师范学校毕业时，毛泽东还在求学。在同校读书期间，学校经常在展览室内陈列学生的优秀作文。萧子升和毛泽东的文章都非常好，经常被老师选中。次数多了，两人便认识了。私下里，毛泽东和萧子升也经常交换阅读彼此的文章。当时，萧子升不仅文章写得好，思想也很前卫，和毛泽东非常合得来。几年相处下来，毛泽东与萧子升已然成了挚友。

1918年4月14日，星期天。长沙岳麓山下，湘江西岸，春枫翠柏，花红柳绿，草木生辉，到处是生命的律动，充满了勃勃生机。蔡和森的家刘家台子，掩映在绿树草丛之中。

在蔡家的庭院和堂屋中，14位青春焕发、风华正茂的青年相聚在这里，他们是：毛泽东、蔡和森、何叔衡、萧子升、李维汉、陈绍休、萧三、邹蕴真、张昆弟、陈书农、邹彝鼎、周名弟、叶兆桢、罗章龙。就是这14个人，与这天未到会的陈昌、周世钊、罗学瓒、熊光楚、曾以鲁、傅昌钰、彭道良一起，总共21名志同道合的三湘青年，发起组成了著名的青年进步团体——新民学会。

新民学会成立大会在上午11时开始。首先，通过了毛泽东为主起草的会章。会章采"大学之道在新民……苟日新,日日新,又日新"之意,定名为新民学会。会议推选萧子升为总干事,毛泽东、陈书农为干事,负责会务。

新民学会的宗旨是"革新学术,砥砺品行,改良人心风俗"。新人新志,新锐新潮。规定会员必须遵守五条会规:一、不虚伪;二、不懒惰;三、不浪费;四、不赌博;五、不狎妓。标新立异,除旧布新。毛泽东的《新民学会会务报告》分析新民学会肇建时说:"诸人大都系杨怀中先生的学生,与闻杨怀中先生的绪论,作成一种奋斗和向上的人生观,新民学会乃从此产生了。"

"信仰马克思主义,实行俄国式的社会革命""改造中国与世界""激烈方法的共产主义",就是新民学会一代青年确立的初心和理想。

以"一师"学人为主体成立的新民学会,到1921年3月基本上停止了活动,其存在的时间只有三年多,但它对中国革命的道路和方法进行了有益的探索,尤其对创建湖南共产党早期组织在思想上、组织上和干部上作出了诸多贡献。

根据湖南省党史研究院和长沙新民学会纪念馆的统计:参加新民学会的会员前后共78人,其中女会员20人(主要来自周南女校);男会员主要来自"一师",来自"一师"的男会员有47人(其中学生41人、教师6人)。新民学会会员加入中国共产党者37人,学会在长沙的成员如毛泽东、何叔衡、易礼容、彭璜、陈子博等,是湖南共产党早期组织的发起者;学会赴法勤工俭学的成员蔡和森是最早提出要在中国建立共产党的先驱,而且他的建党理论也比较成熟,最早向中国传播了列宁的建党理论。毛泽东、何叔衡为中共"一大"代表,"一大"之前入党的"一师"学生还有李达、李中、李启汉、罗章龙等人。

新民学会为中国革命牺牲者达16人,包括蔡和森、何叔衡、向警予、郭亮、陈昌、夏曦、方维夏、张昆弟、罗学瓒、李启汉、陈子博、彭平之、傅昌钰、彭道良、谢南岭、罗宗翰等。以上除了向警予、罗章龙、李启汉、陈子博以外,均为"一师"学人。

这些都是后话。

许肇南道德育才　张闻天脱颖而出

1915年3月15日，河海工程专门学校隆重举行开学典礼。

河海工程专门学校是由张謇倡议、黄炎培具体负责创办的，目的是要治理水患、兴修水利，为中国培养自己的专门人才。张謇专程从北京赶到南京参加了典礼。

校长许肇南亮相了。许肇南，贵阳人，在成都高等学堂读书的时候加入了同盟会，开始受到西方先进自然科学和民主思想的影响。1910年6月，许肇南以总分58.25分的成绩与胡适等143名考生取得第二届清华公费生赴美深造名额，先入威斯康星大学攻读电机工程，学成后获得该校学士学位及电气工程师职称。后又入哈佛大学攻读工业经济和经营管理，被留学生推选为"中国留美学生会会长"。哈佛大学即将毕业的时候，在美国通用电器公司所属的斯坎奈克塔底工厂实习，这家公司想以重金聘任他为远东总买办。但是，许肇南婉言拒绝了，他打定主意学有所成即回国，报效祖国。

1914年，许肇南满载学习的收获返回祖国，即投身于南京河海工程专门学校的创立工作。回国不久，他就加入了南社。

河海工程专门学校没有邀请一位外国教师。一天，张謇来找许肇南，两人讨论请老师的问题，张謇打算请荷兰工程师，许肇南却说："我们中国有人，干嘛请他们？"他拒绝请外国人，但不拒绝外国的先进思想。他采用美国出版的教材，把西方先进的科学技术知识与求真务实的科学理性精神一起灌输给学生，外加两年的英文课程，学习《英美大家文汇》《名人工程演讲录》等，一下子，在当时的学校中脱颖而出。

许肇南做了动员讲话，他说："我们办这所学校，要实施张謇先生所提出的三条宗旨，一是要注重学生道德思想，以养成高尚之人格；二是要注重学生身体之健康，以养成勤勉耐劳之习惯；三是教授河海工程必须之学理技术，注意实地练习，以养成切实应用之知识。……"许校长的讲话获得了热烈的掌声。

许肇南　　　　柳诒徵

接着，许肇南讲述了他亲手制定的《设校旨趣》，他朗声说道："对教师和教学工作的要求是：(1)聘请富有工程经验而热心教学者为师；(2)注重教学方法，使学生能活用理论，而不专致力于记诵；(3)广储仪器设备，以供学生实验；(4)组织参观工程以资感发，派遣实习以增阅历。对于学生，则强调两点：(1)必自问志愿，实有从事河海工程事业之决心然后来学；(2)必自审体格，足胜从事河海工程事业之劳苦然后来学。……"

一天，许肇南找到了国文老师柳诒徵。柳诒徵是中国近现代史学先驱，中国文化学的奠基人，近代儒学宗师。许肇南直截了当请柳诒徵为学校写校歌。柳诒徵一口答应，随即一气呵成："钟灵毓秀石头城，人才蔚荟起。河疏湖蓄水利兴，工学昌明时。横流浩劫永断绝，拯救数兆黎。大哉河海奋前程，毋负邦人期。普下利物沐群生，智者惟乐水。乘辇山行乘橇泥，祖述神禹绩。天下有溺犹己溺，此志毋稍弛。大哉河海奋前程，毋负邦人期。……"

1917年招生工作开始了，7月的一天，一位学生吸引了许肇南的目光，他就是来自南汇县（今属上海）的张闻天。

那天，许肇南刚进办公室，招生的老师送来了一张报名表，说这位叫张闻天的学生情况特殊。河海工程专门学校招收的是高中毕业生，而这位张闻天，没有高中毕业证书。

这是怎么回事呢？其中有这么一段因由：张闻天高小毕业后本可以接着读普通中学，由中学再升大学，可是家庭的经济实力毕竟不如那些有钱人家，于是他便选

河海工程专门学校 1915 年校舍

择了一个免收学费、宿费的职业学校，这就是当时设在浦东宝山县吴淞炮台的"江苏省立水产学校"。后来张闻天由于身体不适应海上作业，读了将近两年后就无法再坚持下去。正在此时，他从报上看到"河海"招生的消息，于是便征得父母的同意，来报考这所家庭经济还承担得起的公立学校。

许肇南看到了这个情况，对张闻天表示同情，并且看到张闻天在水产学校的成绩不错，于是同意张闻天以相等学历报考。

7 月 15 日，张闻天到上海西门江苏省教育会参加全国水利局河海工程专门学校的入学考试，考期 3 天。7 月 20 日《申报》上张榜公布录取名单，张闻天被录取。9 月 8 日，张闻天入了学。[①]

学校图书里，张闻天拿着一本《新青年》，反复地阅读着。

"河海"成立之时，新文化运动已在北京发轫。由于"河海"的文化背景，《新青年》《每周评论》《新潮》等进步刊物在图书室公开陈列，为学生阅读新文化运动刊物提供了可能和方便。

就在他认真阅读的时候，一个人走了过来，他就是比张闻天高一级的时任校友部音乐部长的沈泽民。

在自由和民主思想的感召下，"河海"在南京率先成立了校友会（学生会、学

---

① 金建陵，张末梅：《许肇南与张闻天》，《墨痕微漾》，南京大学出版社 2010 年 11 月第一版、江苏凤凰网：《张闻天：南京传播马克思主义第一人》。

张闻天

沈泽民

生自治会）。张闻天来校后不久，被选为校友会评议部评议，在校友会，他与学长沈泽民一见如故。①沈泽民是浙江桐乡人，沈雁冰（茅盾）的弟弟。1916年夏，沈泽民遵照父亲学实业的遗嘱，以优异成绩考入南京河海工程专门学校。张闻天与沈泽民志趣相投，结为知己。

沈泽民一进阅览室，见张闻天正认真地阅读着报纸，就走了过去。一看是新出版的第三卷五号《新青年》，上面有陈独秀的著文《答顾克刚》。沈泽民立即抢过来看，情不自禁地读了起来："本志主旨，固不在批评时政，青年修养亦不在讨论政治，然有关国命存亡之大政，安忍默不一言……若夫博学而不能致用，漠视实际生活上之冷血动物，乃中国旧式之书生，非二十世纪之新青年也。……"

沈泽民坐了下来，两人又一起议论"改造中国、改造社会"等问题。

张闻天声情并茂地说："解决中国社会问题的办法，现在最要紧的是铲除士大夫阶级，就是说，要彻底推翻封建统治阶级。"

"那么，革命的动力是谁呢？"沈泽民说道。

"当然是劳农界人。"张闻天随即说道。

两人谈着谈着，不知不觉，错过了吃饭的时间。

在学校，两人一起成为《新青年》的热心读者，一起议论"改造中国"的问题，一起被陈独秀、李大钊等启蒙运动者的文章、鲁迅等人的文学作品所深深地打动，萌发了献身于建设"光明中国"的意愿。

① 姜弘道：《张闻天与"河海"》，《海河大学学报（哲学社会科学版）》第2卷第3期。

"河海"独特的文化氛围使它在五四运动期间成为南京地区的中坚力量。5月13日，南京成立学界联合会，许肇南被公推为临时主席和参事长。在他的支持下，河海工程专门学校广大师生始终站在反帝爱国斗争的前列。"河海"启蒙了张闻天和沈泽民，后来两人都成了中国共产党的领导人。

张闻天1933年初到达中央革命根据地——瑞金，担任中央政治局委员、中央书记处书记。2月，在中华苏维埃二大上当选为中央政府人民委员会主席。遵义会议后，根据中共中央政治局常委分工，代替博古总负责。

沈泽民，1921年4月由兄长沈雁冰介绍参加了上海共产主义小组，1931年1月7日，在党的六届四中全会上，补选为中央委员，被任命为中央宣传部部长。5月6日，被任命为鄂豫皖省委书记。7月，代理中央分局书记。

这些也都是后话。

邵飘萍执鞭立言　新闻会精英聚会

1918年11月3日晚上，星光灿烂。北京大学新闻系的教室里，新闻研究会的活动正在进行。

讲坛上，一位年轻的讲师正在演讲，演讲的主题是：新闻学之组织。演讲人正是邵飘萍。

邵飘萍因为反袁入狱、三进三出，出狱后只得到日本暂避，在法政大学学法律、政治。同时，为国内的报纸写评论。他还组织了"东京新闻社"，反对袁世凯卖国。1915年12月袁世凯称帝，上海新闻界电邀邵飘萍回国。他于当月下旬匆忙返回祖国，参加反袁护国斗争。为《申报》《时事新报》《时报》执笔。1916年袁世凯死后，上海《申报》社长史量才聘请邵飘萍为驻京特派记者。1916年经邵瑞彭介绍加入南社。

1917年蔡元培担任了北大校长。蔡元培，字鹤卿，浙江绍兴人，是中华民国首任教育总长。他对南社人也很欣赏。陈去病、柳亚子思想能这么前卫，成立南社有这么大的影响，其中重要原因是当年到上海参加了蔡元培组织的中国教育会。后来

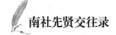

蔡元培

北大图书馆

柳亚子发起成立南社纪念会，蔡元培担任了名誉会长。

1917年初，蔡元培担任北大校长后，蔡元培邀请陈独秀担任北京大学文科学长，他创办的《新青年》亦随之从上海迁至北大出版。主办人的文科学长身份、充裕的资金支持、群星灿烂的学术环境，使得北移中国最高学府后的《新青年》地位与声誉有了显著变化。钱玄同、刘半农、胡适、李大钊、沈尹默、鲁迅、周作人、高一涵、陈大齐、张申府……这些足以影响中国文坛学界的名字，尽被《新青年》编辑与作者的名单囊入。左中右三方面知识分子，以此刊为堡垒，协力建起了新文化运动统一战线。随后，《每周评论》《北京大学日刊》《北京大学月刊》等刊物，亦由时任北大图书馆馆长的李大钊协助校长蔡元培创办。[①]陈独秀与李大钊两位中国共产党的创始人，都与北大、与蔡元培有很深的渊源。

1918年春，邵飘萍坐在书房内，他得知了蔡元培准备在北京大学成立"新闻演讲会"的计划，就兴奋了起来。

他思绪万千，想起了两年前的冬天，曾与蔡元培有所交往。当时，英法两国因第一次世界大战爆发后本国劳力严重不足，向中国招募华工，北洋政府认为，参战华工可以获得协约国所支付的工资，中国政府还可以得到日后胜利国的种种权利。蔡元培当时也大力提倡华工赴欧。就在那时，邵飘萍与蔡元培就因讨论这一"华工问题"而相识，晤谈欢愉，邵飘萍非常钦服蔡元培的为人。

---

① 肖东发：《蔡元培与北大新闻学研究会》，《北京大学学报》第1055期。

于是，他就提笔给蔡元培写信，他在信中对蔡元培计划办"新闻演讲会"一事十分赞赏，他认为，我国新闻界人才寥落，研究新闻学的人才更是缺少，近年欧美及日本新闻学与时俱进，有专门的著术。如果开办"新闻演讲会"，有助于为国内新闻界培养人才，希望能及早办成此事，并且表示，自己愿意为新闻演讲会尽绵薄之力。

蔡元培当时有办"新闻演讲会"的想法，但是还没有具体计划，收到邵飘萍的信后很高兴，立即给邵飘萍写了回信，对邵飘萍的行为极承嘉奖。并且聘请邵飘萍为研究会导师，邀他首先参与演讲。

9月17日，《北京大学日刊》刊出了一则《校长布告》："本校为增进新闻知识起见，将设立一新闻研究会。凡愿入会者，于本月内向日刊处报名可也。"

这则校长布告一贴出，就得到了北大学生的积极响应，一下子就有几十人报名。

10月14日晚上，邵飘萍来到了北大理科16教室，8点钟，这里还灯火通明，北大新闻学研究会成立大会在这里举行。蔡元培亲任会长，中国新闻教育的鼻祖徐宝璜任副会长，徐宝璜和邵飘萍都兼导师。蔡元培在会上致开会辞——"凡事皆有术而后有学。外国之新闻学，起于新闻发展以后。我国自有新闻以来，不过数十年，则至今日而始从事于新闻学，固无足怪。"蔡元培讲话后，邵飘萍也致了辞。

11月3日起，邵飘萍受聘为研究会授课，最初每周讲一小时，次年二月，又增至每周两小时。研究会的另一位导师徐宝璜主讲新闻理论，而传授采访技能、辅导会员实习等工作，则全由邵飘萍一人承担。

于是，邵飘萍的新闻学理论在中国的学坛上得以充分展现，前来听课的人络绎不绝，其中有一个年轻人听得特别认真，一下子引起了邵飘萍的注意。他就是在北大图书馆当助理员的毛泽东。

1918年8月15日，毛泽东和萧子升等24名青年离开长沙，于8月19日到达北京，随即会同蔡和森以主要精力从事赴法勤工俭学的准备工作。在北京，他们先找到了杨昌济。杨昌济曾在湖南省第一师范学校教书，毛泽东在"一师"读书时，就得到过他的帮助。杨昌济支持新文化运动，宣传《新青年》的主张。在湖南时，他和毛泽东等人成立了新民学会。当时，他在北京大学任教授。10月，毛泽东经杨昌

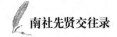

高君宇，原名高尚德

邵飘萍与《京报》

济介绍，认识了北京大学图书馆主任李大钊，征得蔡元培同意，被安排在图书馆当助理员。

1918年10月，邵飘萍促成北大成立了新闻研究会，蔡元培聘他为导师，这是中国新闻教育的开端。当时《京报》刚刚创立，工作非常繁忙，但他一直坚持去上每周2小时的课。

1919年10月，得到一年结业证书的有23人，得到半年证书的有32人。我们今天再去看看这份名单，不禁感慨万端。名单中有不少人是中共最早的领袖级人物。

毛泽东：中共一大代表，中国共产党、中国人民解放军和中华人民共和国的主要缔造者和领导人。

高君宇：中国早期的马克思列宁主义者，中国共产党早期著名的政治革命活动家、理论家，中共北方党团组织的主要负责人和山西党团组织的创始人。

谭平山：中国近代史上有建树、有影响的民主革命家，五四运动后，他在陈独秀的帮助下建立了广东中共支部。

陈公博：中国政治人物。他早年参加中国共产党，是中共一大代表。

罗章龙：中共早期领导人之一。1921年中国共产党正式成立后，任北京大学支部书记，中共北京区委委员。中国劳动组合书记部成立后，他兼北方分部主任。

谭植棠：1920年7月，谭植棠从北大毕业回到广州，与谭平山等人创立了社会主义青年团组织，中国共产党广东组织的创建者和领导者之一。

杨晦：中国共产党员，1919年积极参加五四运动，为火烧赵家楼领导者之一。

55人中也有些人终身从事新闻事业，是中国新闻界的中坚力量。由此可见其影响的深远。

当时，毛泽东住在地安门内三眼井吉安东夹道7号，他在工作之余，曾多次到《京报》报社和羊皮市邵飘萍住处拜访邵飘萍。[①]两人在一起有说不完的话，邵飘萍对毛泽东的好学精神很赞赏，而毛泽东对邵飘萍的爱国精神和丰富学识很敬佩。特别是邵飘萍人很好，虽然很忙，但对毛泽东这位初出茅庐、口音难懂的湖南人没有嫌弃，对他很是热情。

一天，毛泽东来到了邵飘萍的家里，邵飘萍正在午睡，他就在客厅里等候，静静地坐在那里。邵飘萍起来了才发现，招呼他，两人就聊了起来。毛泽东他们来北京时，有一批湖南学生，准备通过蔡元培办理留法的手续，如今有的人出国了，有的人去保定和二七机械厂工作了，还有一部分留在北京。毛泽东在北大参加"新闻研究会"，听了邵飘萍的讲课，就转讲给他的湖南同学听，湖南同学听了都很有兴趣，于是，就想请邵飘萍专门给他们去讲几课。

毛泽东小心翼翼地说："邵老师，这批湖南同学很想学新闻，但他们进不了北大，希望老师能给他们讲课，让他们也能进步。"

邵飘萍听了，也被湖南人的学习热情感动了，就爽快地答应了。邵飘萍去讲了几次课，这些学生对新闻的兴趣越来越浓了，于是就自己成立了一个新闻学会。一看都是穷学生，邵飘萍还资助了100大洋。

新闻学会的学生，白天四处采访，晚上写成文章，又油印出来，分送到各个报社，靠稿酬维持生活。在艰苦的环境中，他们成了北京报界的轻骑兵。

对于这段经历，毛泽东在陕北的窑洞里，曾对斯诺回忆说："我的职位低，人们都不理我。我的工作中有一项是登记来图书馆读报的人的姓名，可是对他们大多数人来说，我这个人是不存在的。在那些来阅览的人当中，我认出了一些新文化运动的著名人物的名字，如傅斯年、罗家伦等等，我对他们抱有强烈的兴趣。我打算去和他们交谈政治和文化问题，可是他们都是些大忙人，没有时间听一个图书馆助

---

① 《毛泽东年谱（修订本）（1893—1949）》上卷，第39页。

理员讲南方土话。但是我并不灰心，我参加了哲学会和新闻学会，为的是能够在北大旁听。在新闻学会里，我遇到了别的学生，例如陈公博，他现在在南京做大官；谭平山，他后来参加了共产党，之后又变成所谓'第三党'的党员；还有邵飘萍。特别是邵飘萍，对我帮助很大。他是新闻学会的讲师，是一个自由主义者，一个具有热烈理想和优良品质的人。"①

① ［美］埃德加·斯诺著，董乐山译：《西行漫记》，三联书店出版，1979年12月第一版，第127页。

第二章　主义信仰

　　十月革命一声炮响，给中国送来了马克思主义。南社人树立了马克思主义的信仰，在传播马克思主义、成立中国共产党的伟大事业中积极参与：有五四运动的先锋鲁迅、蔡元培、邵飘萍、邵力子、杨贤江等；有参与马克思主义研究会的沈玄庐、邵力子、沈雁冰、陈望道，有上海社会主义青年团创始人之一的叶天底，《新青年》的编辑部成员沈尹默；第一个《共产党宣言》的部分章中译本的《天义报》的主要发起人陆灵素，第一个翻译《共产党宣言》全译本的陈望道；有最早起草《中国共产党党纲》的戴季陶，负责"一大"后勤工作的邵力子；有中国共产党的诞生地上海老渔阳里2号的提供者柏文蔚，中国共产党上海"一大"会址的提供者李书城……

——题记

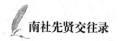

陆灵素发行《天义》 刘季平义葬邹容

　　1908年1月，《天义报》引起了读者的关注，有志者纷纷购买。因为《天义报》第15期发表民鸣由日文翻译的恩格斯为《共产党宣言》1888年英文版写的序言，同年2—5月该报第16—19期又连载民鸣译《共产党宣言》，在中国第一次译介《共产党宣言》引言和第一章的中译文。《天义报》的主要发起人是陆灵素，她与丈夫刘三都是南社人。

　　陆灵素是青浦人。早年就读于南社社员朱少屏等参与创办的上海城东女学，后转入黄炎培所办的广明师范学校。毕业后，于1906年赴安徽芜湖皖江女学时，正巧陈独秀、苏曼殊也在同校执教，苏曼殊后来也加入了南社，于是他们一起共倡中华光复。①陆灵素在上海时，常去陈独秀家，因而与陈独秀的妻子高君曼成为无话不谈的小姐妹。

　　陆灵素的哥哥陆士谔是"百年世博梦"的预言者，是民国年间蜚声沪上的"上海十大名医"，又是"清末民初最多产的小说家"，1910年写有一部小说《新上海》，以梦为载体，预言了上海浦东正在举办"万国博览会"，在"梦"中：上海建成了地铁、黄浦江上架起了铁桥、江底开通了隧道、浦东陆家嘴建起了金融中心、"跑马厅"建起了"新上海舞台"……书中，三处提到社会主义，多处提到"均贫富党"（"均贫富党"即"共产党"的不同译名），例如："均贫富党的社会主义，就像江流湖水般滋润浸灌，没一处不流到"，"欧美各国富的自富、贫的自贫，遂酿成社会主义均贫富风潮"。已把优越的社会制度和优秀的革命政党融入了他的"梦"境之中。而这些"梦"，都是胞妹陆灵素给他带来的神秘启示！

　　陆灵素在芜湖皖江女学任教时，曾捐助《天义报》的刘三也来到该校。刘三即刘季平，曾自署"江南刘三"。1902年秋，陈独秀被迫离开安庆，前往日本，②进入了东京成城学校陆军科学习。成城学校是专为准备进入日本学校深造军事的中国留

---

① 《陈独秀年谱》（1879—1942），第13页，1905年陈独秀兼任了安徽公学的国文教员。
② 《陈独秀年谱》（1879—1942），第7页。

刘季平，自署"江南刘三"　　　　　　　陆灵素

学生而开办的一所陆军学校。1903年春，刘三也进了日本东京的成城学校，两人就相识了。陈独秀、刘三和陆灵素三人成了芜湖皖江女学的同事，陆灵素又是陈独秀夫人高君曼的闺蜜。于是，经陈独秀牵线，两人相识。1910年，陆灵素和刘三结为伉俪，他们后来被南社人称为"今世赵明诚与李清照"的传奇伉俪，这段美满姻缘共有4根红线为他们牵就，其中就有陈独秀。

刘三做了件令当时的革命者所赞扬的事，就是义葬邹容。这事还得从南社发起人陈去病讲起。

1903年6月，在日本的陈去病突然从国内传来了一个令人震惊的消息：《苏报》案发，章大炎、邹容被捕，爱国学生运动遭禁。

《苏报》原是上海的一份普通小报，由陈范买下后接替发行。陈范曾任江西船山县知县，被革职后到上海投身革命。1902年，爱国学潮掀起，《苏报》开辟了《学界风潮》专栏，陈去病曾为《苏报》写过评论。拒俄运动中，《苏报》成了国内重要论坛。后来章士钊主持《苏报》，并对此报进行了改革。《苏报》与爱国学社、中国教育会成了当时中国东南地区鼓吹革命的"三大堡垒"。1903年6月间，《苏报》以大量篇幅介绍了邹容的《革命军》和章太炎的《驳康有为论革命》二书，而被上海公共租界工部局查禁。章太炎、邹容被捕，蔡元培避走青岛。

陈去病听到这个消息，在日本坐不住了，有了回国声援的念头。回国后，陈去病到了上海，在上海爱国女校担任国文教师。

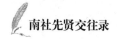

1905年4月3日，一个风雨如晦的日子，半夜时分，邹容病死于狱中，离出狱的时间不满三个月，年仅20岁。

消息传到同里自治学社，学社内一片痛哭流涕，柳亚子和着泪水，写下了《哭威丹烈士》二绝："白虹贯日英雄死，如此河山失霸才。不唱铙歌唱薤露，胡儿歌舞汉儿哀。哭君霑耗泪成血，赠为遗书墨未尘。私怨公仇两愁绝，几时王气划珠申？"

邹容去世后，尸体就被那些毫无人性的狱卒们随便抛在了西牢墙外的空地上，最初没有人敢出面收尸，后来由《中外日报》的陈竞全收殓。

4月5日，由中国教育会出面，蔡元培组织在上海豫园路召开追悼大会。大家都以沉痛的心情哀悼战友邹容。柳亚子为邹容作了祭文，蔡元培在追悼会上讲话："各位同人，邹容的离世，让我们失去了一位好战友，使革命军痛失'马前卒'。但是我们不应因此而沮丧，我们要继承烈士的遗志，与清王朝斗争到底！"

次日商讨善后事宜，在当时清政府的淫威下，想要妥善安葬邹容的一块墓地，竟难以寻到。邹容的灵柩由爱国学社的庶务徐吾敬负责，暂时安放在北四川路四川会馆"义庄"内。当时有不少死在上海，又不能及时下葬的四川籍人的棺椁存放在四川会馆的一个小院内，因此大家把这个小院叫作"义庄"。

在日本的同志听到这个消息，也悲痛欲绝。委托与邹容义结金兰的南社社员张继回上海为邹容料理后事。张继带着祭品走进"义庄"，他找了好几遍，也没找到邹容的棺椁。后来经人指点，才知道厝枢上着"周容"名字的，就是邹容的棺椁。原来，陈竞全在替邹容收尸时，恐怕惹出麻烦，所以就借字发音，把邹容的名字改为了周容，好掩人耳目。有关安葬一事，一时议而不决。

陈去病在朋友口中听到了这个消息。真是晴天霹雳，内心的悲愤喷涌，《稼园哭威丹》一挥而就："半春零雨落缤纷，烈士苍凉越九原。正是家家寒食节，冬青树底赋招魂。怜君慷慨平生事，只此寥寥革命军。一卷遗书今不朽，诸君何以复燕云。"

陈去病也为邹容遗体的安葬而伤神。这时，他想到了一个人，就是曾一起去日本留学的刘三。陈去病知道刘三的为人。1903年初，刘三远赴日本留学，在东京成城学校的骑兵科学习期间，结识了陈独秀、苏曼殊、邹容、陈去病等人，意气相投，经常在一起饮酒赋诗。

陈去病就向蔡元培进言请刘三捐地安葬邹容。他在信中对蔡元培说："沪郊华

《天义报》

泾乡的董事会党人刘三、邹容都是留日同学，此人慷慨好义，且在乡饶有田产，拟请刘三捐起隙地，胜另行买地多矣。"

得到蔡元培的许可，陈去病就给刘三写了一封信，请刘三"乞谋片土"安葬邹容。

刘三与邹容交往频繁，感情甚笃。在《苏报》案发生之前，刘三回国了。刘三回国后，与秦毓鎏、费公直、刘东海等人在上海郊区华泾创建了丽泽学院，借办学宣传革命。《苏报》案发，刘三得知好友入狱，他心急如焚，一方面为营救邹容四处奔走，耗尽家中资财；另一方面重金雇请义士刺杀到上海传旨查抄《苏报》的两江总督端方，以解心头之恨，也是给清政府施加压力，让他们不敢轻易加害章太炎和邹容。刘三接到陈去病的信后，就去见了蔡元培，同意捐地殡葬邹容。

刘三不顾清政府查究，冒险与一行革命党人将停放在"义庄"的邹容的灵柩，偷偷运回上海华泾镇自己住宅黄叶楼旁，并择空地安葬了邹容。

1906年7月3日（农历五月十二日），革命党人会葬邹容。革命党人分多路秘密前往上海郊区华泾。

柳亚子知道刘三等人要去参加邹容的葬礼，他找到了刘三说："刘兄，咱们二人结伴去华泾凭吊邹容如何？"刘三欣然同意："为兄正有此意！"柳亚子不仅自己去了，还带去了健行公学的学生朱季恂、杨伯谦、赵伯贤等。上海南市大码头，齐聚了蔡元培、黄炎培、陈去病及中国公学的代表共三十多人，一起登船去华泾。船行了3个小时，登岸又走了3里多地，来到了华泾。

一座新坟默默地躺在烈日荒草之间，为了避清廷耳目，碑名上还是写着"周容"的名字。新建的邹容纪念碑四周有铁栏围着，甚为壮观。参加葬礼者，有的做报告，有的发表演说，用各种形式寄托对邹容的哀思。章太炎在日本写了《邹容墓表》，有一句称赞刘三："刘三今义士，愧杀读书人。"从此，刘季平有了"义士"之美号。

午餐后，在邹容墓前大家一起行了鞠躬礼，听了蔡元培等人警策的演说。柳亚子站在墓碑，想起往事，泪如雨下，他跪倒在地，边哭边诉："邹兄，上年到提篮桥探狱，只探视了章太炎而未能见到兄长，本想再去探望，想不到从此与兄阴阳相隔，为弟抱憾终身。我对不起兄长，待你我兄弟二人来生再见……"

1912年2月，孙中山以中华民国临时大总统的名义签署命令，追赠邹容为"大将军"，并且刻石，立在墓旁。而后邹容墓一直由刘三守护。

葬礼结束后，刘三在黄叶楼招待柳亚子，两个人心情沉闷，喝了许多酒。午餐后，刘季平将柳亚子送回上海。这次华泾之行，柳亚子感慨万千，途中吟了一首了纪事诗："风尘满地识刘三，我亦当年龚定庵。思怨满腔忘不得，天涯握手一潺湲。"

柳亚子说的龚定庵，就是清代的思想家、文学家、改良主义的先驱龚自珍。

两邵氏京沪呼应　"五四"潮震惊中外

1919年5月3日晚上，北大法科礼堂，有一千多名学生集中在那里。这次活动，是"国民杂志社""国民外交协会"及北京各校的集会。

会议一开始，邵飘萍就上了主席台，他开口就说："民族危机系于一发，北大为全国最高学府，当应挺身而出，发动各校同学奋起抗争……"

五四运动

那天究竟发生了什么事呢?

1919年1月,第一次世界大战战胜国在法国巴黎召开所谓的"和平会议",4月30日签订了《协约国和参战各国对德和约》,即《凡尔赛和约》,将德国在山东的特权转送日本,中国政府的外交失败。

当时召开的是学生大会,邵飘萍怎么参加了呢?

5月1日,邵飘萍从上海《大陆报》看到最先透露出的消息,说中国政府"接巴黎中国代表团来电,谓关于索还胶州租借之对日外交战争,业已失败"。邵飘萍火速赶到总统府,要求采访徐世昌总统,但徐世昌拒见记者,让顾问林长民答复,邵飘萍说:"胶州亡矣,山东亡矣,国不国矣!"看来,中国外交在巴黎和会上的失败,至此已确信无疑。

晚上,邵飘萍、李大钊、罗章龙、潘公弼等在报社碰面了。李大钊一进门就说:"昨天,我们得知钱能训内阁已发出密电,命令出席巴黎和会代表在山东条款上签字。获悉这一消息,现在北京各大专院校已行动起来,准备举行声势浩大的抗议活动!"[1]

邵飘萍说:"我请两位来,也是为了此事!各种社团已纷纷召开应急会议,为

---

[1] 邵诚民:《"五四"运动中的邵飘萍》,科普文化交流网,2019年4月2日。

谋补救。其中最重要的，一个是国民外交会议，还有一个是学界大会议。好，下面听听你们带来的最新消息！"

李大钊说："北大的《国民》杂志社，获悉中国外交失败后，立刻举行了常务会议并做出决定，将于5月7日举行大示威，并已草拟宣言送往各报：'青岛归还，势将失败。5月9日在即，凡我国民当有觉悟，望于此日，一致举行国耻纪念会，协力对付，以保危局。北京专门以上学校，全体学生二万五千人叩'。给《京报》的这一份我现在给你，务必登在明天的报上！"

罗章龙这时接着说："邵先生，我们新闻研究会和马克思主义研究会也准备明天开会，并邀请您务必也参加会议！"

邵飘萍问："也是为中国外交失败的事开会吗？"

"是呀，我们想好好策划一下。"罗章龙说："把声势搞得大一些，以激起全国民众共同反对！"

邵飘萍说："我肯定准时到会！"

"还有啊"，李大钊说，"蔡元培校长准备在5月2日在北大饭厅开会，参加的对象是学生的班长和代表，约有一百多人参加会议，另外，我们计划于5月2日下午在北大西斋饭厅也召开紧急会议，凡是参加《国民》杂志社的各校学生代表都要求参加，还有更重要的，决定于5月3日（星期六）晚7时，在北大法科大礼堂召开全体学生大会，并约请北京13个中等以上学校的学生代表参加会议，并隆重邀请你参加此次重要大会！"①

"对于学生们的决定，我无条件地全力支持！"邵飘萍说，"我将在大会上报告北京国民外交协会通电各省于'国耻日'同时召开国民大会，要求政府拒签合约的消息，并准备发表演说。"

"好，那就这样说定了，我们先告辞了！"李大钊和罗章龙说完，然后和邵飘萍握手后就匆匆走了。

5月3日晚上，邵飘萍来到会场。李大钊老远就看见他了，站起来向邵飘萍招手，说："飘萍君，请到我这里来！"②

邵飘萍走过去时，看到高君宇、易克嶷、许德珩、谢绍敏、张国焘等人都来

---

① 邵诚民：《"五四"运动中的邵飘萍》，科普文化交流网，2019年4月2日。
② 邵诚民：《"五四"运动中的邵飘萍》，科普文化交流网，2019年4月2日。

罗章龙

了，邵飘萍走到李大钊坐的前排，李大钊说：“等下大会临时主席廖书仓宣布大会开始后，你是第一个上台演讲的，怎么样？都准备好了吧？”

“没问题。”邵飘萍回答。

会议开始了，邵飘萍登上了主席台，他悲愤而激昂地报告了巴黎和会上中国外交失败的经过和原因，又具体地分析了山东问题的性质及当前形势。最后，他大声疾呼：“现在民族危机系于一发，如果我们再缄默等待，民族就无从挽救而只有沦亡了。北大是最高学府，应当挺身而出，把各校同学发动起来，救亡图存，奋起抗争。”

他的话强烈地震撼着每位与会者的心灵，一时爱国学生热血沸腾，新闻学研究会的会员和国民杂志社的社员高君宇、易克嶷、许德珩、谢绍敏、张国焘及高专各校代表夏秀峰纷纷登台，声泪俱下慷慨陈词。会场上人头攒动，口号声此起彼伏。谢绍敏义愤填膺，当场咬破中指，撕下衣襟，血书“还我青岛”4个大字，揭之示众，会场气氛凄凉悲壮。

大会开至深夜23点才结束。会议结束，邵飘萍没有回家，而是到了报馆，奋笔起草了5月4日《京报》的新闻《北京学生界之愤慨》以及评论《勖我学生》《速息内讧》，报道“五三晚会”的情况。第二天，5月4日的行动全社会都知悉了。在报道中，邵飘萍高度赞扬学生：“学生因外交问题一致奋起以促朝野人士之觉悟，此

邵力子

青年界之生气，国家前途之好现象。"并且勉励有志于救国的学生，"既须有奋起之气概，尤望其努力修养，以收最后之效果，未可以一时之表示，遂引为自足"。同时又敦促当局，"奋起对外之时，尤宜速决国内问题，不要内讧不息"。

"五四"上午，一夜没睡的邵飘萍又赶往堂子胡同国立法政专门学校，那里要召开北京各校学生代表会，邵飘萍将做报告。

大会临时公推北大代表孟真先生为主席，法政学生刘琪报告开会经过，邵飘萍和另一位记者报告巴黎和会经过和我国外交情势。经过一个小时的悲愤发言，主席就宣布请各代表即刻回校召集同学，于下午1时在天安门集合。

下午1点多，十几所中等以上学校的三千多名学生，集中在天安门，挥舞着白色小旗，高举分别写着"誓死力争，还我青岛""收回山东权利""拒绝在巴黎和约上签字""废除二十一条""抵制日货""宁肯玉碎，不为瓦全""外争主权，内除国贼"的标语牌，迎着寒风呼着口号在天安门前汇集，开始示威游行，要求惩办交通总长曹汝霖、币制局总裁陆宗舆、驻日公使章宗祥，震惊中外的五四运动爆发了。学生游行队伍移至曹宅，痛打了章宗祥，并火烧了曹宅，引发"火烧赵家楼"事件。随后，军警出面控制事态，并逮捕了学生代表32人。

邵飘萍在北京推动了五四运动的爆发。另一位姓邵的南社人邵力子，在上海也坐不住了。

邵力子是浙江绍兴人。从小在吴江盛泽镇长大，1906年10月，邵力子留学日本，加入同盟会。1916年1月，与叶楚伧在上海创办《民国日报》，任经理兼编本埠新闻，报道"十月革命"。

5月5日夜间，邵力子还在《民国日报》报社，密切地关注着北京五四运动的动态。突然，他办公桌上的电话铃突然响了，邵力子急忙拿起听筒。"喂"了一声。接着是对方仓促的声音，"您是邵主编吗？我是驻京记者，政府进行新闻封锁，只有趁深夜给您发电，昨天北大学生带头在天安门集会，示威游行，还火烧赵家楼，一场轰轰烈烈的学生爱国运动在北京掀起了……"邵力子一听，情绪立即吊了起来，急忙拿起笔记录了起来。

记录了来自北京的消息，墙上挂钟的时针已移过了凌晨1时了，邵力子一点睡意也没有，立即开始编写这一重大的新闻报道。写完以后，又亲自参与排版、校对，当带着油墨芬芳的报纸从印刷机里吐出来时，已经是第二天黎明了。

邵力子携带刊有五四运动消息的《民国日报》，兴冲冲地奔往复旦大学，北京的学生动起来了，他要动员上海的学生响应。

刚到复旦大学校门口，他看到了一个熟悉的身影，正是学生自治会主席朱仲华，便急忙喊住了他。正在晨练的朱仲华一见邵力子十分吃惊，忙说："邵先生，您怎么这么早来学校了？""有，有急事。"邵力子一面说，一面将《民国日报》递给他，"北京动起来了，我们上海不能落后。"邵力子接着说。朱仲华看了报纸回答说："我们复旦是富有革命精神和民主精神的学校，应当冲锋陷阵，北呼南应，共同战斗，是否可以把同学们集合起来请您先动员一下？"邵力子肯定了他的想法，并说："你去找校长，我去找老师。"于是两人分头行动。

8点，复旦大学洪亮的钟声响了起来，8点半，全校学生在礼堂里集合，朱仲华主持会议，他高声说："今晨大家集中，有一个非常重要的新闻要告诉大家，现在请我们的老师、《民国日报》主编邵力子先生讲话。"会场一片肃静。

邵力子健步走上主席台，他先宣读当天报上有关北京学生爱国运动的消息，然后慷慨激愤地说："中国在巴黎和会上的外交彻底失败了，卖国政府还准备在丧权辱国的和约上签字，北大的学生已行动起来'外争国权，内惩国贼'了，我们复旦的学生怎么办？北京的学生有这样的强烈爱国热情，难道我们上海的学生会没有？赶快行动吧！"

复旦大学旧影

他的话犹如在河水中投入千钧巨石，激起层层浪涛，平静的复旦校园顿时沸腾起来。学生自治会当场应同学要求决定通电全国声援营救北京学生。随着，复旦学生迅即分赴市区联络其他大、中学校学生游行示威，并筹备成立上海学生会。上海策应五四运动反帝爱国运动迅猛展开了。

此后，邵力子马不停蹄地为爱国运动奔忙着、呼吁着。5月7日，邵力子参与发起并出席了在西门外公共体育场召开的国民大会，呼吁援助北京被捕学生，一致声讨"卖国渠魁"；

5月10日，邵力子参加上海报界联合会第七次会议，坚决赞成在报上一律拒登日商广告的决定，以促进抵制日货斗争的开展。

5月15日，全国报界联合会在静安寺路事务所举行京津及留日学生欢迎会，邵力子出席会议并详细介绍了上海支持五四运动的情况；

5月31日，上海学联带领上万人的示威游行队伍首次冲进租界时，邵力子组织《民国日报》报社人员在阳台上鼓掌欢呼，给学生以鼓舞；

6月5日，邵力子参加上海学联在宁波路卡尔登西餐馆举行的各界人士茶话会，他发表讲话吁请沪上各界人士大力支持学生的爱国行动；

6月16日，全国学联在上海大东旅馆召开成立大会，邵力子代表报界致辞，赞赏了去年北京大学生提出的"读书不忘爱国，爱国不废求学"。

五四运动期间，邵力子写了如下社论和时评，对五四运动起到了鼓舞作用：

《共同讨贼》《促国民速讨卖国贼》《再促国民速讨卖国贼》《凡卖国贼皆当声讨》《和会当首讨卖国贼》《一致讨贼》《国民其速猛醒》《合伙卖国的铁证》《快下个决心吧》。

邵力子忙着到工厂、学生、商店察看，目睹学生、工人的革命风暴。当看到商人还没有行动起来时，他就在《民国日报》上发表了《快下个决心吧》的时评，来鼓舞商人罢市，他在时评中写道："祖护卖国的政府，有什么事不可做？他这样虐待学生，本不算得意外的事，倒是一般商人，口口声声说佩服学生，却始终袖手旁观，不肯实力的帮助，真叫人大感不解呢。北京学生真有牺牲的精神，奉劝大家也快下个决心吧！那卖国贼政府不去，他总要牺牲大家，做他送人的礼物呢！"给商人敲起了警钟……

五四运动后，邵力子就参与了建立中国共产党的伟大事业。而另一位南社人杨贤江在南京声援五四运动。

5月9日，南京高师的学生手执旗帜标语，慷慨激昂地走上街头。杨贤江在游行队伍中特别活跃，他和师生们一起高呼："还我青岛！勿做亡国奴！"沿途散发传单。6月，五四运动的高潮刚刚平静下来，杨贤江便对这场亲身经历的运动做了冷静的分析总结，撰写了《新教训》一文，发表在7月5日的《学生杂志》上，引起全国知识界对这位锋芒初露人物的注意。

上海城星火点燃　柏文蔚相助故交

1920年2月19日，陈独秀坐船到了上海。[1]他到上海干了一件惊天动地的大事——与李大钊相约，一个在上海、一个在北京，发起成立中国共产党。

到了不久，陈独秀就遇到了他的老朋友、南社社员柏文蔚。柏文蔚一见陈独秀，不由大喜，两人一下来了个拥抱。

柏文蔚的住处位于法租界环龙路老渔阳里2号（今南昌路1002号），这是一幢

---

[1] 《陈独秀年谱》（1879—1942），第81页。

陈独秀

柏文蔚

老式石库门房子，砖木结构，二层楼房，进大门有天井，中间是客堂。客堂后有小天井，再后是灶间，有后门通向弄堂。客堂的左边是前、后、中三间厢房。楼上，前面是统和房，厢房的隔壁是客堂楼，后有晒台。

二人一坐下，柏文蔚深情地望着陈独秀，两人相交的往事一下子像电影般展在眼前。

柏文蔚，字烈武，安徽寿州人。1899年（清光绪二十五年）夏，柏文蔚考入求是学堂（后改名安徽大学堂）。与赵声、张伯纯等人共同组织了反清革命团体"强国会"。他们共同组织其他反清志士在安庆创设藏书楼，组织"励志学社"，以"传播新知，腌启民智"宣传爱国，鼓吹革命。1904年，陈独秀在芜湖利用公学为基地，宣传革命，柏文蔚也前来公学任教，二人以课堂作为鼓吹革命的场。1905年初，二人联合教师和学生中的先进分子，共同发起组织"岳王会"，仿效岳飞"精忠报国"。陈独秀任芜湖"岳王会"总会会长。[1]不久，柏文蔚在南京组织了"岳王会"南京分会，任会长。1912年，柏文蔚任安徽都督兼民政长，任命陈独秀为都督府秘书长，[2]让陈独秀负责与另一位社员、上海都督陈其美的联络。1913年3月，孙中山发动"二次革命"，武装讨伐袁世凯，柏文蔚坚决支持。不久，袁世凯即以"不服从中央"为借口，于6月下令将安徽都督柏文蔚免职。陈独秀也立即借口旧病复发

---

① 《陈独秀年谱》（1879—1942），第14页。
② 《陈独秀年谱》（1879—1942），第20页。

1919 年 7 月，王光祈、李大钊等发起组织少年中国学会。
图为 1920 年周年纪念时部分会员在北京岳云别墅的合影。
右起：二为黄日葵，三为李大钊，七为张申府，九为邓中夏

呈请辞职，偕夫人高君曼随柏一同迁往南京。[①]在南京，陈独秀与柏文蔚两家同院居住，那个时候，每日黎明乘舟至府城桥下纳凉，到了夜深才回家。

陈独秀与柏文蔚可以说是生死之交。1913 年 7 月中旬，柏文蔚出任安徽讨袁军司令。讨袁军失利，柏文蔚率少数随从突围至芜湖。后柏文蔚转赴上海。陈独秀因与柏文蔚的关系，差点被与柏文蔚有矛盾的军人龚振鹏所杀。[②]讨袁战争失败后，陈独秀被袁系安徽都督倪嗣冲指为柏文蔚死党而加以通缉，并派兵查抄陈独秀在安庆的家，陈独秀的儿子陈延年、陈乔年逃往乡下。随后，柏文蔚与陈独秀逃往日本。1914 年 8 月，参加发起"欧事研究会"，继续进行反袁运动。此后，陈独秀创办《新青年》，倡导新文化运动，接受了马克思主义，柏文蔚则成为国民党重要人物。

陈独秀于 1920 年除夕那天（2 月 19 日）到了上海，住进了申城的惠中旅社，后来，寄住在亚东图书馆楼上。楼上有 4 间房，他和汪孟邹相邻而居，有时聊天，有时看书，不会感到太寂寞。如今与柏文蔚相遇，柏文蔚就说："你就住在我这里吧，我不久将离开上海。"于是，在 4 月间，柏文蔚另有重任离沪，陈独秀就住进了"柏公馆"。[③]

柏文蔚的让宅之举，恰好化解了老朋友的居所之难。老渔阳里 2 号来了新主人，

① 《陈独秀年谱》（1879—1942），第 21 页。
② 《陈独秀年谱》（1879—1942），第 21 页。
③ 徐光寿：《老渔阳里 2 号的红色印迹》，2020 年第 4 期，《大江南北》。

1922年共产国际四大，前排左一为陈独秀，后排左一为刘仁静、左二为瞿秋白

"柏公馆"因此成了《新青年》编辑部的办公室，这原本再平常不过的里弄宅子顿时变得生气勃勃，越发热闹起来。而那些将拯救民族于危亡视为己任的热血青年，也时常在这石库门里往来进出。李达后来更是直接住进了楼上亭子间，干起了《共产党》月刊的编辑工作。

维经斯基4月来华，他先到北京，然后到上海指导陈独秀成立中国共产党，5月初来到上海。到沪后也常来此处，与中国的马克思主义者们交流时局、指点江山，商讨建党方略。维经斯基，原名格里格里·纳乌莫维奇·札尔欣（沃依琴斯基），在华期间化名吴廷康，笔名魏琴、卫金等。是共产国际帮助成立中国共产党的第一人。

1920年5月5日，毛泽东到达上海，住在哈同路民厚南里29号（今安义路63号），住了两个月，其间，他也曾风尘仆仆地来到老渔阳里2号，与陈独秀晤谈马克思主义和湖南改造问题，回忆这段往事，亦让毛泽东在十多年后仍有所感怀。[①]

1920年5月，在"红色使者"维经斯基的帮助下，陈独秀以上海马克思主义研究会为基干，加快了建党工作的步伐。自从陈独秀住进渔阳里，上海的笔杆子邵力子和李汉俊、戴季陶、沈玄庐、沈雁冰、陈望道、俞秀松等人，便被渔阳里的"磁

---

① 《陈独秀年谱》（1879—1942），第87页。

力"吸引了过去。①这些人中，邵力子、戴季陶、沈玄庐、沈雁冰、陈望道都是南社人，这些南社人跟着陈独秀，开始了成立中国共产党的伟大事业。

老渔阳里内成了"红色大本营"，老渔阳里2号内点燃了革命火种的传奇，恐怕是让出住所的柏文蔚所没有想到的。

戴、沈、李《星期评论》　　陈望道首译《宣言》

1918年5月，南社社员戴季陶到了上海。

戴季陶，名良弼，又名传贤，字季陶，号天仇，生于四川广汉，在日本加入中国同盟会，1910年参加了南社，入社号为115。1917年，孙中山在广州出任大元帅，戴季陶被任命为法制委员会委员长，旋又兼任大元帅府秘书长。1918年5月4日，因桂系军阀操纵国会，孙中山受到排挤，愤然宣布辞去大元帅之职，在戴季陶的陪同下，于21日离开广州前往上海。

戴季陶到达上海后，遇到了从日本回到上海的李汉俊。

说起李汉俊，此人也不是等闲之辈。

李汉俊，原名李书诗，号汉俊，1918年从日本东京帝国大学毕业，同年回国，李汉俊在日本期间，结识了日本的马克思主义经济学者河上肇和其他进步人士高津正道、宫崎滔天等，树立了用社会主义来改造中国的思想。他留日时学习勤奋刻苦，通晓日语、德语、法语、英语四国语言，并认真研读马克思原著，准备以其解决中国革命的实际问题。

李汉俊一见到戴季陶，即开始谈论马克思主义。由于戴季陶也曾读过相关马克思主义的著作，两人便经常在一起聊天。

两人自然谈起了《每周评论》。《每周评论》是1918年12月22日在北京创刊，由陈独秀主编。②主要撰稿者有李大钊、胡适、周作人、高一涵、王光祈、张申府等。

---

① 《陈独秀年谱》（1879—1942），第85页。
② 《陈独秀年谱》（1879—1942），第52页。

李汉俊

戴季陶

李汉俊说："《每周评论》在北京影响很大，我们上海如果能办一份类似的刊物，与北京呼应，对马克思主义的传播会有很大的影响。"

"对！"戴季陶说。"我也有这个想法。在'五四'期间，《每周评论》对于激发人民爱国热情，鼓舞人民革命斗志，宣传马克思主义，批判敌人，起了很大的作用。我们可以效仿。"

"好，他们叫《每周评论》，我们就叫《星期评论》。"

就在他们商议创办《星期评论》时，又有一位南社社员参与了进来，他就是沈玄庐。

沈玄庐，本名沈定一，字剑侯，浙江萧山人，比李汉俊和戴季陶大七八岁。他当过云南广通县知县、武定州知州、省会巡警总办。后来，他因帮助中国同盟会发动河口起义，被人告发，无法在国内立足，只得流亡日本。在日本，沈玄庐研读各种社会政治学说之后，认为社会主义学说最为正确，就这样，他开始钻研日文版的社会主义理论书籍。

沈玄庐1916年回国，出任浙江省议会议长。当《新青年》创办之后，沈玄庐也积极为之撰稿。如今，沈玄庐热心加入《星期评论》，成为"三驾马车"之一。沈玄庐为创办《星期评论》倾注了很多心血。刊物发起的时候，仅凑集了三五十元的开办费，于是沈玄庐自掏腰包支持办刊。

1919年6月3日，戴季陶、沈玄庐和孙棣三联名在《民国日报》上刊登了《星期评论》出版公告；1919年6月8日，《星期评论》创刊号出版。沈玄庐写了《发刊词》，《发刊词》中写道："我说，我是我的我，一切世界，都从心里的思想创造出来。这个心原是我一个人的心，却凡是人都有心，就都有我。合众我众心的思想和意识，就是创造或改造世界的根本。""我就要问我，现在的世界是谁的世界？我便直截了当答应是'我的世界'。又问现在的国家是谁的国家，我也直截了当答应是'我的国家'。"《星期评论》对自我的强调，与《新青年》所提倡的"自主而非奴隶的"的独立精神是一致的。

沈玄庐为刊物写稿、审稿，还亲自做发行工作，有时自己骑着自行车在上海市区送发报纸。他的老母亲，也负担了发行上的不少工作。

《星期评论》上刊载的文章，内容丰富：劳工思潮、社会主义思潮、三民主义思潮、女子解放思潮、工读互助思潮……适合时宜的内容吸引了广大读者。

戴季陶撰写了不少文章，着力于宣传爱国主义思想，宣传社会主义思潮，对共产主义也做了广泛介绍。他还曾尝试用共产主义说明中国伦理问题，称赞马克思和恩格斯是"天才"，称马克思是"近代经济学的大家""近代社会运动的先觉"等，并撰文批判有人企图压制思想解放，说："翻译马克司（思）的著作和研究马克司批评马克司的著作，岂是可以禁止的？又岂是能禁止的吗？"

1920年2月，《星期评论》报社从爱多亚路新民里号搬迁到法租界白尔路三益里号，这里也是李汉俊与哥哥李书城的寓所。

李书城也是南社社员，早年赴日本东京弘文学院留学。1903年参与创办《湖北学生界》，任编辑及主要撰稿人并参加了拒俄义勇队。1904年再赴日本，入日本陆军士官学校。1905年加入中国同盟会及铁血丈夫团。1908年归国任广西陆军干部学堂监督，后兼陆军小学堂监督，暗中发展革命势力。1911年进京，任军咨府第五厅科员兼官报局副局长。武昌起义成功后，任战时总司令部参谋长，协助黄兴指挥汉阳保卫战。1912年任中华民国临时政府总统府秘书处军事组长兼陆军顾问官。南北议和后，任南京留守府总参谋长。1912年10月21日加入南社，1913年参加"二次革命"。1917年参加护法运动，任广州护法军政府军委会委员。他对弟弟李汉俊的革命行为非常支持。

《星期评论》的作者包括戴季陶、沈玄庐、李汉俊、朱执信、刘大白、沈仲九、孙棣三、周颂西、查光佛、徐苏中、康白情、廖仲恺、胡适、蓓玉、徐蔚南、查光

李书城

沈玄庐

佛、胡适、康白情、罗家伦等人。后世的研究者把《每周评论》《星期评论》《湘江评论》《星期日》并称为"五四"时期宣传新思潮新文化的"四大周刊"。

其中的徐蔚南，原名毓麟，笔名半梅、泽人。与柳亚子是同乡，吴江盛泽人，也是南社社员。他自小与邵力子相识，两家为世交，后入上海震旦学院。之后留学日本，庆应大学毕业，归国后在绍兴浙江省立第五中学任教。

戴季陶有一个大胆的想法，在《星期评论》上连载《共产党宣言》。《共产党宣言》是马克思在1847年12月至1848年1月为共产主义者同盟起草的纲领。《共产党宣言》在中国一直没有全译本。而要成立共产党，要了解共产主义，怎可不读《共产党宣言》的全文呢？

戴季陶在日本时，便买过一本日文版《共产党宣言》，自然深知这本书的分量。他曾想翻译此书，无奈，细细看了一下后，便放下了。因为，要翻译此书，难度很大，译者不仅要对马克思主义理论有一定的研究，而且要有相当高的中文文学修养。

一天，戴季陶与邵力子说起了这件事。邵力子想了想，就向他推荐了一个人：陈望道。

陈望道，原名参一，笔名佛突、雪帆，浙江义乌人，后来与柳亚子一起发起成立了新南社。1915年1月，赴日本留学，先后在东洋大学、早稻田大学、中央大学等校学习文学、哲学、法律等，并阅读马克思主义书籍。1919年（民国八年）5月

陈望道

回国，1919年6月被浙江第一师范学校聘为语文教员。浙江"一师"校长经亨颐是教育界名流，也是南社人。在经亨颐先生的倡导下，浙江"一师"已经成为传播新思想、新文化的重要阵地。当时，浙江"一师"时为浙江最高学府，鲁迅、李叔同、俞平伯、沈钧儒、叶圣陶、朱自清等人均曾于此执教，其中鲁迅、沈钧儒也是南社人。

邵力子与陈望道是同乡，陈望道经常为《民国日报》撰稿，二人为乡党朋友。1920年2月初，邵力子就给陈望道去了一封信。

陈望道当时刚从浙江省立第一师范学校愤然离职不久。接到邵力子的信，陈望道的心里翻腾着："一师风潮"正酣，力子先生此时来函，难道有什么要紧事？莫非力子先生想让我为《民国日报》撰文，声援同学们？

陈望道一边轻轻撕开信笺封口，一边猜想着信中所言之事。

展开信函，读着读着，陈望道的脸上露出了微笑。邵力子在信里称，戴季陶约请他为《星期评论》周刊翻译《共产党宣言》在《星期评论》上连载。还给他寄来了戴季陶提供的日文版本与英文版本两种《共产党宣言》，供陈望道参照翻译。

翻译需要一个清静的场所，于是陈望道便回到故乡义乌。在分水塘家中，陈望道避开了所有的亲友，躲进了柴房里。这间房子半间堆着柴火，墙壁上积了一寸多厚的灰尘，角落里还布满了蜘蛛网。在母亲的帮助下，陈望道打扫了一下房间，搬来了两条长凳，横放一块铺板，组成了桌子。在泥地上铺了几捆稻草，算是凳子。

陈望道翻译的《共产党宣言》

陈望道就在这样的环境下，在油灯下、寒风中专心致志地译书，就连一日三餐和茶水等也常常是老母亲自给他送过来的。一盏昏暗的煤油灯，伴随着他走过了无数个漫长的寒夜，最终迎来了黎明前绚丽的曙光。

有一天，陈望道的母亲看他不分昼夜地工作，人都累瘦了，便给儿子做了糯米粽子，外加一碟红糖，送到书桌前，催促儿子趁热快吃。陈望道一边吃粽子，一边继续琢磨翻译句子。过了一会儿，母亲在屋外喊道："红糖不够，我再给你添一些。"儿子赶快回答："够甜，够甜的了！"当母亲前来收拾碗筷时，竟见到儿子满嘴是墨汁，红糖却一点儿没动，原来陈望道是蘸了墨汁吃了粽子，于是母子相视大笑。

1920年4月末，陈望道终于译完了《共产党宣言》，他带着稿件到了上海。陈望道翻译的《共产党宣言》，经过陈独秀与李汉俊二人校阅，终于成稿。①

5月1日，陈望道来沪没有几天，即同陈独秀、施存统等人在上海澄衷中学，共同发起纪念"五一"国际劳动节的活动。陈独秀在会上作了《劳动者的觉悟》的演讲。②紧接着又在老靶子路（今武进路）的空地上举行庆祝集会。参加这次纪念大会的有各行业工人和各界来宾500人。这是中国工人阶级第一次纪念自己的节

①　《陈独秀年谱》(1879—1942)，第85页。
②　《陈独秀年谱》(1879—1942)，第86页。

日——国际劳动节。

陈望道是《星期评论》邀他来上海的，但是，没过多久，《星期评论》却发生了变故。《星期评论》触怒了反动当局，当局虽然没有公然用强力来禁止，但是用秘密干涉的手段，一方面截留各处寄给该社的书报信件；另一方面没收由该社寄往各处的本志，自47期以后，已寄出的被没收，未寄出的不能寄出。《星期评论》像山一样的堆在社里。就在这样的困难时期，主编戴季陶接到了孙中山从广州来的电报，要他去广州。得到孙中山的召唤，戴季陶不得不离开上海。

6月的一天，戴季陶离开上海前，陈望道来到了《星期评论》编辑部。编辑部在三楼，当时戴季陶、李汉俊、沈玄庐都在，沈雁冰、李达也在场。

沈雁冰就是著名作家茅盾，原名沈德鸿，字雁冰，汉族，浙江嘉兴桐乡乌镇人。从北京大学预科读毕，无力升学，到上海后入上海商务印书馆工作，改革老牌的《小说月报》，成为文学研究会的首席评论家，也参加了南社。

李达，字永锡，湖南零陵人，1913年后到日本留学。1918年5月参与组织中华留日学生救国团，罢课回国请愿。1919年五四运动后，在《觉悟》副刊上连续发表文章，介绍欧洲各社会主义政党的情况，并翻译《唯物史观解说》《马克思经济学说》和《社会问题总览》等著作，积极传播和宣传马克思主义。刚由日本回国不久，他参加了筹建中国共产党的一系列活动，也成为中共一大代表，这是后话。

戴季陶一见陈望道，说哭了起来，说自己舍不得离开《星期评论》，大家的心情都很沉重。但也无可奈何。6月6日，《星期评论》出了53期后。因"本社言论受无形禁止"为借口，宣布"中止刊行，暂时以刊行本志同样的努力，致力于学术研究"，就此停刊。

《共产党宣言》中译本就在1920年8月由上海社会主义研究社列为社会主义研究小丛书的第一种，首次正式出版。出版前曾由陈独秀和李汉俊两人做了校阅。[①]该书一经出版立即受到工人阶级和先进知识分子的热忱欢迎，反响极为强烈。陈望道翻译的《共产党宣言》后来成为国民党统治时期在国内流传最广、影响最大的一部马克思主义经典著作。

---

① 《陈独秀年谱》（1879—1942），第85页。

渔阳里群英聚会　研究会传播马列

1920年4月的一个晚上，上海人已进入了梦乡，而《民国日报》的编辑室里，灯火还亮着，邵力子还在翻阅着当天从全国各地寄来的稿件。

突然，有一份稿件一下子吸引了他的眼球——《河南印刷厂工人罢工宣言》。他立即拿过来读了起来，读着读着，一股热血涌上了心头。邵力子一字一句地看着，逐字逐句地琢磨着，一下子推开纸张，提笔写了起来，《读"河南印刷厂工人罢工宣言"的感想》一挥而就，字里行间透露出了他按捺不住的激动心情："我读了他们的宣言以后，更高兴得不得了，觉得劳动界里有一颗星，他的本体小，光芒却大，在这黑沉沉的世界，怎么不特别欢迎他？"

邵力子为什么这么激动呢？因为他从中看到了工人革命的信息，看到了中国革命的希望。他想到了五四运动的风潮，五四运动，标志着中国工人阶级开始以独立的政治力量登上历史舞台。如今，全国工人的革命烽火已经点燃。如果将马列主义在工人中传播，建立一个新的政党，中国革命将会以新的姿态展立在世界东方。

邵力子写完后将这文章列排进了他主编的《民国日报》副刊《觉悟》之中，亲自排版，又亲自将《觉悟》的清样送到了印刷厂，当他完成这些时，东方已露出了鱼肚白，新的一天又开始了。

第二天中午，邵力子拿了一份当时的《觉悟》副刊与《河南印刷厂工人罢工宣言》，直冲冲地去找一个人，这个人就是他的同乡陈望道，此时陈望道因陈独秀的推荐任《新青年》编辑。

陈望道家离邵力子家不远，他到了陈望道家，就大声地说道："望道，望道，有好事，有好事。"

陈望道正准备出门，听到邵力子的喊声，急忙迎了出来。没等陈望道反应过来，邵力子就把带来的《觉悟》副刊和《宣言》递给了他，并兴奋地说："工人起来斗争了，他们更需要马克思主义的武器，成立工人政党条件快具备了。"

陈望道是一位斯斯文文、气宇轩昂、颇有风度的学者。他细细地看完《觉悟》

王会悟

1920 年 5 月 1 日出版的上海《星期评论》
"劳动日纪念" 专号

和《宣言》，也感到特别振奋，对邵力子微笑着说："真是件大好事，我们去找独秀，让他也高兴高兴。"

"好，我们立即就去。"说着，邵力子拉着陈望道就往外走。

原来，陈独秀到上海后，就立即召集了上海志同道合的人一起，开展了筹建中国共产党的伟大事业。陈独秀是新文化运动的急先锋，被誉为"学界重镇"的思想领袖，一下子将邵力子、陈望道等人吸引住了。

邵力子与陈望道到了陈独秀的住处。一敲门，一个着白衣黑裙，剪齐耳短发的俊秀姑娘出来开了门，她就是王会悟。

王会悟是浙江省桐乡县乌镇人。1919 年，五四运动爆发后不久，王会悟前往上海，寻求妇女独立解放途径。经介绍，被安排到上海中华女界联合会做文秘工作。其间，李达作为留日学生总会的代表回国办事，与"女联"有些来往，王会悟和李达便在工作中相识了。李达经常向她讲述推翻封建制度，争取妇女解放以及组织共产党的道理。1920 年，这对志同道合的情侣，在上海陈独秀家的客厅里，举行了一个革命化的婚礼。

她一见来人是邵力子和陈望道，赶忙叩开房门，兴奋地喊道："陈先生，您看谁来了？"

邵力子与陈望道两人跟随王会悟跨进门去，只见室内布置得幽雅别致、大方朴素的客厅里烟雾缭绕，有五六个人团团围坐着，其中有李汉俊、沈玄庐、俞秀松等人。

大家一见是邵力子和陈望道，就不约而同地起立让座，陈独秀上前紧紧握住他俩的手，满面春风地连声道："我们刚才还提起你俩，快坐，快坐。"

寒暄过后，邵力子就把《河南开封印刷工人罢工宣言》递给陈独秀，然后说道："看，工人已经起来斗争了。"

陈独秀接过报纸的宣言，认真地阅读着，看完后大声说道："工人起来斗争啦！对中国革命很有利。"

陈独秀到上海，就是为了发动工人，筹建政党。20世纪20年代的上海，是拥有229万人口的中国第一大城市。当时全国工人队伍发展到194.6万人，其中上海有51.4万人，占全国工人总数1/4还要多。五四运动后，上海掀起了"罢工、罢市、罢课"运动，罢市风潮如同多米诺骨牌，仅半天时间，全市没有一家商店开门做生意。工人们喊出，"吾辈数十万工人，愿牺牲生命，为学界商界后援，与野蛮的强权决战"。1920年4月中旬，中华工业协会、中华工会总会等7个工界团体，在上海筹备召开"世界劳动节纪念大会"。5月1日，上海五千多工人举行集会，呼喊"劳工万岁"等口号。这些对陈独秀都是鼓舞。

1920年，陈独秀在各种报刊上发表了约二十篇关于工人运动的文章。同年4月2日，陈独秀在上海船务栈房工界联合会成立大会上发表了题为《劳动者的觉悟》的演说，高度评价工人阶级在社会中的重要地位，称赞"社会上各项人只有做工是台柱子"，他认为"只有做工的人最有用，最贵重"。他希望工人群众迅速觉悟起来，认识到自己的伟大力量和历史使命。陈独秀除了到工人中进行调查外，还约请北大的进步学生和各地革命青年，深入工人中调查了解工人的状况，并在此基础上编辑出版了《新青年》第7卷第6号《劳动节纪念号》。这个纪念专刊共发表28篇文章，其中大部分反映了上海、北京、天津、长沙、南京等地工人的状况，介绍了各国劳动组织和工人运动的情况。

邵力子带来的消息，如同给陈独秀又增加了一剂兴奋剂。陈独秀略加思索，严肃地说："我已同北京的李大钊商议过建党的意见，鉴于当前工人运动急需马克思

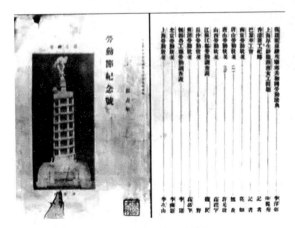

《新青年》第 7 卷第 6 号《劳动节纪念号》

上海《民国日报》副刊《觉悟》刊登的反映工人阶级斗争的版画《世风》（叶天底作画、陈望道题字）

主义指导，而黑暗的军阀政府又视马克思主义为洪水猛兽，对马克思主义的传播者大加摧残和迫害，给革命工作的开展带来很大的困难，可否将上海赞成马克思主义的知识分子聚集起来，先成立一个宣传、研究马克思主义的组织，然后在这个基础上着手建立中国共产党。"大家都很赞同陈独秀的意见和做法。

1920 年 5 月，马克思主义研究会由陈独秀、沈玄庐、邵力子、李汉俊、李达、沈雁冰、陈望道等人在上海发起组织。[①]其中沈玄庐、邵力子、沈雁冰、陈望道都是南社人。

共产党上海成立　南社人欣然参与

1920 年 4 月的一个下午，上海的天气有点沉闷，5 个俄国人以"记者团"的名义悄然搬进了上海霞飞路716号。

①　《陈独秀年谱》（1879—1942），第88页。

一行5人，维经斯基是这个"记者团"的负责人，俄文《上海生活报》记者，中文名叫吴廷康。除维经斯基外，另外4人是：别斯林、米诺尔、维经斯基的夫人库茨涅佐娃、担任翻译的俄籍华人杨明斋。

维经斯基一到上海，就去找陈独秀。[①]陈独秀正在家里写文章，一听有人来访，立即起身开门。

一进门，维经斯基做了自我介绍并递上了李大钊的信。

原来，维经斯基并不是一名普通记者。22岁时，他在美国加入社会党，开始介入政治。十月革命胜利后，他欢欣鼓舞地回到俄国，在海参崴加入了俄共（布）。1920年3月，经共产国际的批准，俄共（布）远东局海参崴分局的领导人威连斯基·西比利亚科夫派遣维经斯基和他的两名助手赴华。他们的任务是了解中国国内情况，与中国的进步力量建立联系，考察是否有可能在上海建立共产党。为了在中国方便工作，维经斯基取了一个中文名字——吴廷康。他率领"记者团"，经共产国际东亚书记处所在地伊尔库茨克，随大批回国华工进入中国。

5月，维经斯基至上海前，先去了北京，在那里与李大钊会面，商议中国建党的事。[②]李大钊热情地接待了他，两人谈得很兴奋。他对维经斯基说："上海是国际大都市，不少英杰都集中在那里，而且也是工人集中的地方，建党有基础。"

维经斯基听后热血沸腾，立即说："我即去上海，但我去找谁呢？"

"陈独秀。"李大钊说，"我可以写封信，你去见他，他在那里已做了大量的工作。"

李大钊提笔给陈独秀写了一封信，让维经斯基带上去见陈独秀。李大钊在信中直白地介绍了维经斯基此行的目的：要联络中国共产主义运动的领袖人物。

维经斯基向陈独秀讲明了来意，经杨明斋一翻译，陈独秀十分高兴，他对维经斯基说："我和李大钊多次谈论过在中国建立布尔什维克式的政党，这次吴先生和杨先生来华，正是我们求之不得的。"

维经斯基说："威连斯基·西比利亚科夫对中国的革命很关心，派我们来就是支持中国建党。我想通过多方接触，了解情况。"

---

① 《陈独秀年谱》（1879—1942），第84页。

② 中共中央党史研究室著，胡绳主编：《中国共产党的七十年》，中共中央党史出版社1991年8月出版。

陈独秀说："吴先生想和中国先进分子取得广泛联系，上海是最适合的地点。这里集中了各个学派和社团的各种各样的人物。这几天，你们先休息一下，隔日，我给你们介绍情况，安排你们见面。"

此后，通过陈独秀介绍，维经斯基多次召开谈话会，罗章龙、戴季陶、沈玄庐、李汉俊、张东荪、邵力子、沈雁冰、陈公培等人都曾参加。[①]开会地点有在上海法租界环龙路老渔阳里2号陈独秀寓所，即《新青年》编辑部，也有在上海图书馆。

一天，在上海图书馆，维经斯基主持召开了谈话会，上海的一些革命者参加了会议。

主持人介绍后，维经斯基就向大家介绍了俄国革命和革命后的政治、经济、教育等各方面的情况。他向大家展示了《国际》《震撼世界十日记》等书刊，有俄文版的，也有英文版、德文版的。他特别向大家介绍说："《震撼世界十日记》是美国记者介绍十月革命的图书，通过这本书，大家可以了解十月革命。"

大家就十月革命后苏俄的情况和中国社会改造等问题进行了座谈，令与会者大开眼界、耳目一新，他们开始酝酿走俄国人的路，走社会主义和共产主义的道路。

上海成立了"第三国际东亚书记处"。6月，陈独秀在维经斯基的帮助下，决定成立共产党组织，初步定名为社会共产党，并起草了党的纲领。此后不久，围绕着是用"社会党"还是用"共产党"命名的问题，陈独秀写信征求李大钊的意见。李大钊主张定名为"共产党"，陈独秀表示完全同意。

维经斯基与陈独秀等人一致同意开始进行中国共产党的建党准备工作。陈独秀开始筹建工作。

一天，陈独秀约了戴季陶、施存统、沈玄庐、陈望道、李汉俊、周佛海、杨明斋和袁振英等人，会同共产国际派来指导工作的维经斯基，来到戴季陶的住处，秘密商讨成立中国共产党的方案。

经李汉俊介绍，陈独秀认识了戴季陶。当时，陈独秀与戴季陶的居所几乎毗邻，陈独秀的住所为靠环龙路的老渔阳里2号，戴季陶的住所为靠霞飞路的渔阳里6号，为同一里弄的两端，相距仅百米左右，因而陈、戴二人来往密切。

---

① 《陈独秀年谱》（1879—1942），第85页。

这次会议作出了一个重大决定：正式成立中共党组织。鉴于戴季陶在马克思主义理论方面的突出才能，陈独秀等人将党纲的起草工作交给了他。陈独秀说道："如今大家都没有起草党纲的经验，也没有其他国家共产党的党纲借鉴。而戴季陶，可是个大理论家，熟悉马克思主义和苏联共产党的情况，而且自1912年以来，一直任孙中山的机要秘书，类似党内组织文章自然比别人轻车熟路了。"

大家也异口同声地赞同。于是，戴季陶就承担了起草《中国共产党党纲》任务。

没几天，《中国共产党党纲》的初稿就放在了陈独秀的办公桌上。陈独秀一看，非常满意，他的建党思想在戴季陶起草的十多条党纲中表述得十分清楚，如明确提出了用劳工专政和生产合作作为革命手段，规定了共产主义者的理想是废除生产资料私有制，消灭阶级。为了实现这一伟大的目标，工农必须夺取政权，建立无产阶级专政，镇压资产阶级，建设共产主义，并以此为收纳党员之标准。

党纲是边讨论边修改的，后来，确定增加了其中一条"共产党员不做资产阶级政府的官吏，不加入资产阶级的政治团体"。这让戴季陶倒吸一口凉气，独自关门垂泪，内心十分痛苦。

当这个《中国共产党党纲》起草完成后，陈独秀、李汉俊、沈玄庐、施存统、俞秀松等人在陈独秀家开会，讨论正式成立党组织。

这天讨论时，戴季陶却意外地缺席了。待会议快要结束时，戴季陶才姗姗来迟。他推门进来的时候，这些人已经将成立共产党的事确定了，戴季陶要做的事就是点头同意。但是戴季陶竟然说出出乎大家意料的话："请诸位谅解，我不能参加共产党。我不但不能参加共产党，只要孙中山先生在世一天，我就绝不可能参加任何一个政党。"

戴季陶的话一出口，举座皆惊，整个会场的气氛都凝结了。因为凭着戴季陶对马克思主义的研究，大家认为谁不参加都有可能，唯有戴季陶不可能不参加。

戴季陶之所以不愿意加入中共党组织，一是因为戴季陶本人逐渐与马克思主义中的一些观点相排斥，他并不赞成阶级斗争，也反对工人运动，这使他与马克思主义渐行渐远；二是戴季陶准备参与创建中共党组织的事情被孙中山知道了，他立刻遭到了孙中山的严厉呵斥。因为经过孙中山修订的国民党的《规约》里有这样一条规定："国民党党员不能兼入他党。并不得自行脱党。"

新渔阳里 6 号戴季陶寓所

为了此事，戴季陶还大哭了一场。在遭到孙中山的反对后，戴季陶也彻底放弃了加入中共党组织的念头。大家没有想到的是，他不仅没有参加，反而在中共一大召开的 3 年之后成了国民党右派的旗帜性人物，成了彻头彻尾的反共派。

戴季陶没有加入中国共产党，而另一位南社人，在国民党中很有影响的邵力子，加入了共产党的行列，在中国革命史上留下了亮丽的一笔。

1920 年 8 月的一个晚上，邵力子正在卧室里审查稿件，突然他儿子跑进来说："爸爸，你看谁来了。"

邵力子开门一看是陈独秀，喜出望外，连忙站了起来："原来是陈先生大驾光临，快快请坐！"

陈独秀礼貌地点了点头："仲辉贤弟不要客套。"

邵力子给陈独秀泡了一杯茶，陈独秀一边喝茶，一边向邵力子讲起了成立中国共产党的事情："仲辉贤弟，关于组建中国共产党的意向，我和在上海的李汉俊、陈望道、沈定一、施存统等人也谈过，他们都表示赞成。"[1]

邵力子随声附和："如此说来，事情进展得很顺利。"

---

[1]　朱顺佐著：《著名民主人士传记丛书·邵力子》，花山文艺出版社1997年3月第一版，第97—98页。

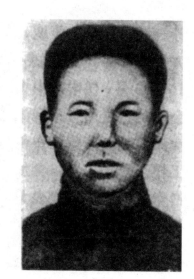

维经斯基　　　　　　　　　叶天底

陈独秀又侃侃而谈："我们一直认为，凡是参加中国共产党的人，都要表示愿意参加的明确意思。季陶表示他与孙中山有深切的关系，不能成为共产党员。我们知道，你也是老同盟会会员，与孙中山关系也非同一般。但是我们欢迎你参加并作为发起人之一，不知贤弟意下如何？"

邵力子当即面色一正，坚定地表示："我愿意参加共产党，为了救国，义无反顾！"

陈独秀站起身来，一把握住了邵力子的双手，用力晃了几晃道："谢谢，谢谢！"

两个人又聊了几句，陈独秀便起身告辞。虽然两个人的谈话很简单，但这简单的谈话，却注定了邵力子的政治命运。

就在当月，在上海法租界老渔阳里2号《新青年》编辑部正式成立"上海中国共产党发起组"，这个发起组习惯上被称为"上海共产主义小组"。发起人除陈独秀、李汉俊、李达、俞秀松，还有南社人陈望道、沈玄庐、邵力子等人。推举陈独秀为书记。[①]

上海中国共产党发起组成立后，陈独秀指派发起组的年轻成员俞秀松等人组建社会主义青年团。当时，这一组团的工作是在陈望道、李达等人的指导下进行的。

_____

① 《陈独秀年谱》（1879—1942），第88页。

后来参加新南社的叶天底参加了陈独秀召集的在新渔阳里6号密商组织的筹备会议。8月22日，上海社会主义青年团成立，叶天底和俞秀松、施存统、袁振英、金家凤等人成为上海社会主义青年团的创始人和第一批团员。

1920年9月，上海中国共产党发起组和上海社会主义青年团在新渔阳里6号创办了一个外语教育机构——外国语学社，主要目的是为来沪青年提供学习革命理论知识和外语（主要是俄语）的较安定的环境，并在上海共产党发起组领导下进行革命实践。挑选其中优秀分子到苏俄进一步学习马克思主义学说，为中国革命培养干部。由杨明斋负责，俞秀松任秘书，叶天底和施存统等人主持团务。叶天底在此攻读俄语和马克思主义著作，思想认识大大提高。1921年春，获准赴苏学习。于1923年底加入中国共产党。1925年9月，中共上海区委委派侯绍裘在乐益女中秘密主持建立了中共苏州独立支部，直属上海区委领导，叶天底任支部书记，这是后话。

《新青年》望道主编　《共产党》茅盾译文

1920年8月的一天，沈雁冰早早出了门，因为是陈独秀约他见面。

沈雁冰1920年初到上海，主持《小说月报》"小说新潮栏"编务工作。

沈雁冰以前就在《新青年》上读过陈独秀的文章，为他的激进思想和犀利笔锋所折服，对这位负有声望的理论家十分敬佩，但是一直未能碰面，今天是第一次会面，他按捺不住内心的激动。

按照约定的时间，沈雁冰找到法租界环龙路老渔阳里2号，轻轻地敲了几下门。门开了，只见一个中等身材，四十来岁，头顶微秃的男人笑呵呵地站在门前，他就是陈独秀。

沈雁冰见到了他久仰的陈独秀，一时激动得不知所措。陈独秀热情地招呼他进门，让他坐下，并递上了茶杯。

沈雁冰刚坐下，又传来了敲门声。门开了，陈望道、李汉俊、李达都来了。

互相问候后，陈独秀对大家说："我和大钊主张《新青年》谈政治，而胡适和他的追随者却主张不谈政治，并且要《新青年》发表不谈政治的宣言。把《新青

老渔阳里 2 号　　　　　《共产党》月刊

年》办成单纯研究文、史、哲的学术性刊物,这样《新青年》就失去了存在的价值。"他顿了顿,接着说:"我一气之下和胡适翻了。我对他说,《新青年》本来是我创办的,我要把它带到上海去办。"陈独秀的目光扫视了一下在座的几位,带着微笑说:"在上海就要仰仗在座的诸位了!"

陈独秀的话,让大家了解了《新青年》的现状和陈独秀的想法,大家纷纷表示,都愿为《新青年》出力。

一天,南社社员沈尹默来到《新青年》编辑室,他是陈独秀请来的。1918年1月,《新青年》四卷一号发表了沈尹默的三首诗,即《鸽子》《人力车夫》和《月夜》,这是《新青年》第一次刊登白话诗,《月夜》被誉为中国"第一首散文诗"。如今,陈独秀就告诉他,准备把《新青年》编辑部从北京搬到上海,请他一起参加《新青年》的编辑工作。陈独秀一开口,沈尹默就说,愿意参与编辑工作,但是因为眼睛有病,编辑非自己所长,因而有患难之意,就说:"我会积极写稿的。"陈独秀还是盛情邀请,沈尹默就答应了。

1920年9月的八卷一号起,《新青年》的编辑部从北京搬到了上海,[①]成立了新的编辑委员会,编委7人:陈独秀、周树人、周作人、钱玄同、胡适、刘半农、沈

---

① 《陈独秀年谱》(1879—1942),第88页。

上海《新青年》编辑部旧址

尹默。并规定由7个编委轮流编辑，每期一人，周而复始。轮到沈尹默的时候，他就请钱玄同、刘半农代编。但他在《新青年》发表了一些稿件，他在《新青年》上发表的《三弦》等著名的白话诗篇，是中国新诗的最早倡导者之一。

沈雁冰从《新青年》移沪后的第二期（即八卷二期）起就给《新青年》写稿，先后发表译作《游俄之感想》《罗素论苏维埃俄罗斯》《一封公开的信给自由人》《西门的爸爸》《十九世纪及其后的牙利文学》《海青赫佛》等论文、小说等。

1920年10月，沈雁冰和邵力子一起又来到了陈独秀的家里，当时第三国际代表维经斯基也在座。

陈独秀说："我们现在已成立了上海共产党发起组，我们的目的是要按照共产主义者的理想，创造一个新的社会。"

沈雁冰和邵力子听了都精神为之一振。

陈独秀继续说："要使我们的理想社会有实现之可能，第一步就得铲除现在的资本制度。"

沈雁冰和邵力子两人都对陈独秀的话表示认同。不久，沈雁冰也正式加入了上海共产党发起组。

11月7日，由上海共产党发起组主办的新杂志《共产党》创刊，在创刊号的《短言》明确提出了办刊者的目的，公开声称要"跟着俄国共产党"，宣布"中国要走十月革命的道路，建设社会主义和共产主义"。

《共产党》杂志公开亮出了"共产党"的旗号，宣传共产党的基本知识，介绍

沈尹默

列宁建党学说国际共产主义运动中各国建党的经验。创刊号还刊登了《俄国共产政府成立三周年纪念》《俄国共产党的历史》等文章，讴歌十月革命并介绍俄国共产党的经验。

杂志的广告公开刊登在《新青年》杂志上，《新青年》广为发行，也就使这份新杂志一创刊就广为人知。

就在当年12月，一件意想不到的事情发生了。

一天，陈独秀正在《新青年》编辑部思考着下一年《新青年》的编辑方针，突然，有人急急忙忙地跑来对他说："陈先生，大事不好了。"

看着来人慌慌张张的样子，陈独秀让他定定心再说。来人略停了一下说："当局已派人来抓你了。"

原来，陈独秀和上海共产党发起组的成员制定了《中国共产党宣言》，明确宣布："要组织一个革命的政党——共产党。共产党将要引导革命的无产阶级同资本家斗争，并要从资本家手里获得政权……正如1917年俄国共产党做的那样。"

1920年12月，他们在上海出版了《劳动界》，组织了机器工会，这些引起了北洋政府的极大恐惧。于是，就下令查禁《劳动界》，并且要逮捕陈独秀。

陈独秀只得逃出上海。去哪里呢？他应粤军司令陈炯明的邀请，赴广东主持教育工作。于是，由李汉俊担任共产党上海发起组代理书记，陈望道担任了《新青年》主编，沈雁冰也就进入了《新青年》编辑部。

　　《星期评论》突然被当局勒令停刊，陈望道旋即应陈独秀的邀请参加《新青年》的编辑工作。如今，让他担任主编，他感到责任重大。陈望道搬家了，从原居住的法租界白尔路三益里17号搬到法租界环龙路老渔阳里2号，也就是柏文蔚让给陈独秀的居所，这样，他就全身心地投入到了《新青年》的编辑工作中。

　　陈望道和李汉俊、沈雁冰几乎天天碰头，商议着《新青年》的编辑方针。

　　一天，他们在编辑部开会，李汉俊说："为了扩大《新青年》的马克思主义倾向，我们必须进一步改进工作思路。"

　　陈望道接过李汉俊的话说："我也一直在思考这个问题，我想，我们可以采取'树旗帜'的办刊方针。"

　　"树旗帜？"沈雁冰说："具体如何做？"

　　陈望道说：《新青年》既然已经是马克思主义研究会的刊物了，为什么内容还是那样庞杂？为什么还刊登不同思想倾向的文章？我们的做法不是内容完全改，不是把旧的都排出去，而是把新的放进来，把马克思主义的东西放进来，先打出马克思主义的旗帜。这样原来写稿的人也可以跟过来，色彩也不被人家注意。我们搞点翻译文章，开辟《俄罗斯研究》专栏，就是带有树旗帜的作用。"

　　于是，从这以后，《新青年》每期都开辟了《俄罗斯研究》专栏，专门介绍十月革命后苏维埃俄国的成就和各项政策，使中国人民能够了解到世界上第一个社会主义国家正在发生的翻天覆地的变化。同时，《新青年》还翻译刊登了大量有关马克思主义的论著以及介绍、研究社会主义的文章。

　　就在《新青年》朝着新的方向前进的时候，陈望道收到了胡适的一张明信片，明信片中说他并不是反对陈望道编辑《新青年》，而是反对把《新青年》用来宣传共产主义。

　　原来，陈独秀将把编辑《新青年》的责任交给陈望道的事写信告诉胡适，《新青年》改组后的这一办刊方向，引起了胡适的强烈不满和反对。他声称："国内的新知识分子闭口不谈具体的政治问题，却高谈什么无政府主义与马克思主义，我看不过了，忍不住了。"胡适当即给陈独秀复信，提出了改变《新青年》办刊性质的三个方案：（一）使《新青年》成为一种有特别色彩之流的杂志，而另创一个哲学文学的杂志；（二）恢复我们"不谈政治"的戒约；（三）停办。

鲁迅　　　　　　　　　　　　沈雁冰

　　胡适的这一主张遭到了李大钊、鲁迅等人的坚决反对。[①]鲁迅也是南社人，他是南社分社越社的成员，他与南社发起人陈去病、柳亚子关系都很好。1912年辛亥革命成功之时，他曾与陈去病一起在绍兴合作创办《越铎日报》。鲁迅有名的《自嘲》一诗："运交华盖欲何求，未敢翻身已碰头。破帽遮颜过闹市，漏船载酒泛中流。横眉冷对千夫指，俯首甘为孺子牛。躲进小楼成一统，管他冬夏与春秋。"最早就是写给柳亚子的。

　　当时，李大钊表示："我觉得外面人讲什么，尚可不管，《新青年》的团结，千万不可不顾"，"绝对不赞成停办，因为停办比分裂还不好"。鲁迅也明确表示赞同陈望道等人的办刊方针，他在给胡适的信中说："发表新宣言，说明不谈政治，我却以为不必。"此后，鲁迅在《新青年》上发表了散文《故乡》，译作《三浦右卫门的最后》（日本菊池宽）、《狭的笼》（俄国埃罗先珂）等；周作人发表作品更多，杂文3则，文艺论文1篇，翻译小说5篇，杂译日本诗30首。也是对陈望道的支持。

　　这是一场马克思主义与实验主义，革命与改良的激烈斗争。陈望道在李大钊、鲁迅等人的支持下，坚持和捍卫了《新青年》的马克思主义办刊方向。陈望道从1921年1月八卷五号担任主编至1922年7月九卷六号，前后共出版8号。

---

　　① 邓明以、张骏：《陈望道与中国共产党的创立》，《复旦大学学报（社会科学版）》1991年第一期。

就在沈雁冰配合陈望道编辑《新青年》的时候，李汉俊找到了他。

李汉俊常给《小说月报》写稿，沈雁冰与他是熟悉的。沈雁冰非常敬佩李汉俊的正直和聪明，李汉俊对沈雁冰的博学多识和对新文学的一腔热情也很赏识。李汉俊就邀请沈雁冰为《共产党》月刊翻译文章。

不久，《共产党》主编李达也给沈雁冰来信约他为杂志写稿。于是，沈雁冰就开始在杂志上亮相了。

该刊第二号，沈雁冰用"生"作笔名写了一篇文章，译了7篇文字，翻译了《共产主义是什么意思》《美国共产党党纲》《共产党国际联盟对美国IWW的恳请》①《美国共产党宣言》等文章，还从英文转译列宁著作《国家与革命》第一章，这些译文为早期共产主义者了解马克思主义和共产党的知识，并为从事建党活动提供了精神食粮和思想武器。特别是《美国共产党宣言》，这是一篇马克思主义理论应用于无产阶级革命实践的简要论文。它论述了资本主义的崩溃、帝国主义战争与革命、阶级斗争、选举斗争、群众工作、无产阶级专政、共产主义社会的改造等，让人耳目一新。

沈雁冰为《共产党》月刊译文，自己也不断进步，他对同事说道："通过这些翻译活动我算是初步懂得了共产主义是什么，共产党的党纲和内部组织是怎样的，学到了共产主义的基本原理。"

《新青年》与《共产党》相得益彰，为中国共产党的成立打下了思想基础。

1921年，中国共产党正式成立。

李书城扶助汉俊　邵力子服务"一大"

1921年的春节，在上海大世界的上空，雪片似地飞舞着"贺年卡"，人们纷纷上前迎接。拿到手里一看，正面印着"恭贺新年"，背面印着一首诗："天下要太平，劳工须团结。万恶财主铜钱多，都是劳工汗和血。谁也晓得，为富不仁是强

---

① "IWW"是世界工业劳动者同盟的简称。

盗；谁也晓得，推翻财主天下悦；谁也晓得，不做工的不该吃。有工大家做，有饭大家吃。这才是共产主义太平国。"

这就是李汉俊、邵力子、李达、陈望道、沈雁冰共同研究策划的，是上海共产党发起组的第一次公开活动：进行革命宣传。

上海共产党发起的活动，得到了共产国际的支持，于是，中国共产党的成立摆上了议事日程。

1921年6月，共产国际派代表马林和赤色职工国际代表尼克尔斯基先后来到中国，帮助建立中国共产党。

共产国际和俄共（布）十分关注中国工人运动的开展和无产阶级政党的筹建工作。在这种情况下，代理书记李达分别与在广州的陈独秀和在北京的李大钊商议，确定在上海召开中国共产党全国代表大会，这就是我们党发展史上的"一大"。

邵力子积极参与了"一大"的联络和总务等工作，所有代表的吃、住以及会议的地点，都由李达的夫人王会悟和邵力子一手安排。党的"一大"是在极为秘密的状态下召开的，所以必须考虑到代表们的安全。邵力子想到了"博文女校"，因为这所学校的董事长是黄兴的夫人徐宗汉，校长黄绍兰思想进步、为人正直，又与李达的夫人王会悟很熟，不会引发事端。此时正是学校的暑假，学生们都放假了，宿舍正好空闲下来，如果把代表们安排在"博文女校"住宿，安全一定有保障。于是，邵力子便让王会悟以北京大学师生暑假团的名义去"博文女校"联络，黄绍兰爽快地同意了。

住宿问题解决了，还要确定会议地点。王会悟向邵力子建议："李汉俊是'一大'代表，李汉俊的哥哥李书城正在外地巡查，房子空着呢，你可以去找李汉俊商量，咱们把会场安排在'李公馆'，李书城是政府的高官，可以起到掩护的作用。"

邵力子当即答应："会悟同志，你这个意见提得好，咱们一同去找李汉俊。"

"李公馆"是李汉俊和李书城兄弟租用的寓所。李汉俊是中共"一大"代表，而李书城是国民党元老。这里不仅是李家兄弟的寓所，同时还是《新时代丛书》社的通讯处。该社是由李大钊、陈独秀、李达、李汉俊、沈雁冰、陈望道、邵力子、沈玄庐、夏丏尊、经亨颐、周建人等15人于1921年6月发起成立的，是一家专事翻译的出版机构。

李书城在1912年10月加入了南社。护法运动失败，他一时走投无路。就在这

中共一大会址"李公馆"

时，他的弟弟李汉俊从日本留学回到了上海，给李书城带来了苏联十月革命胜利的消息，也带来了马克思列宁主义救中国的真理。

兄弟二人住在一起，每次吃饭都是并排而坐，边吃边谈，从十月革命讲到五四运动，从新文化运动讲到马克思主义在中国的传播。李书城既理解弟弟，也支持弟弟的革命行动，还在经济上给了弟弟很大的支持。李汉俊可没有把哥哥给的钱用在自己身上，他把哥哥给的钱都用在了革命事业上。

1920年秋，由于家里人口减少，李书城决定将家从白尔路三益里17号租住的寓所搬迁到法租界贝勒路树德里租的二楼二底的石库门房子，即望志路106号、108号(后改为兴业路76号、78号)居住。

分作东、西两个亭子间。李书城与妻子薛文淑住在西边二楼的亭子间，亭子间也分作前、后两处。前面的房间是李书城会客的地方，后面是卧室。楼下住着李书城的警卫员梁平和一位姓廖的厨师。李汉俊住在东面楼上的亭子间的前面，后面住的是李书城的大女儿声韵和姨娘。一楼是饭厅。东、西两个亭子间有一个共用的楼梯，李书城每次上楼必须经过李汉俊的房间才能到达他的卧室，所以李汉俊的每一个举动都瞒不过李书城。因为李书城是军政府的高官，所以人们把这里称作"李公馆"。

共产党人经常在"李公馆"聚会，客人少时在李汉俊的房间，客人多时就在楼下的饭厅里。到这里聚会的客人经常为了某些问题发生争论，争论起来声音很大。李书城时不时就得提醒他们要小声交谈，不要惊动邻里，引起外人注意，那样会引来麻烦的。李汉俊和同志们听后都十分感动。从这点来看，李书城尽管不是共产党人，但是他起码是共产党的支持者。

毛泽东曾对李书城说："你的公馆，是我们党的'产床'。"① 李汉俊是共产主义在中国最早的传播者，是中国共产党的奠基人，组织筹划了中共中央第一次代表大会，《中国共产党宣言》即由李汉俊和董必武共同起草。②

1921年7月23日，中国共产党第一次代表大会在李书城的家里召开了。当时李书城不在上海，去了湖南主持讨伐湖北督军王占元的军务，警卫员梁平随他一同前去。"李公馆"全部交给了中共"一大"使用。

出席中国共产党第一次全国代表大会的各地代表共13人，他们是：上海小组的李达、李汉俊，武汉小组的董必武、陈潭秋，长沙小组的毛泽东、何叔衡，济南小组的王尽美、邓恩铭，北京小组的张国焘、刘仁静，广州小组的陈公博，旅日小组的周佛海，还有受陈独秀个人委派的包惠僧，他们代表着全国五十多名党员。马林和尼克尔斯基出席了会议。

在李公馆举行了七天会议，各地代表报告本地区党团组织的状况和工作进程，交流了经验体会，集中议论了此前起草的纲领和决议。在会议期间，出现了一个意外。7月30日晚，"一大"举行第六次会议，会议刚开始不久，法租界巡捕房密探突然闯入。陌生人的出现引起了大家的警觉。当人们询问这个不速之客时，对方含含糊糊地回答："我找社联的王主席。"接着又说："对不起，我找错地方了。"表示歉意后匆匆退了出去。具有丰富秘密工作经验的马林，警觉地说这人一定是"包打听"，建议立即停会，大家分头离开。

果然，十几分钟后两辆警车包围了李公馆，这时，参会的大多数人撤离后，只有李汉俊不顾个人安危留下应付随之而来的巡捕房警探的搜查和盘问。对法警询问家里为何藏有许多社会主义书籍，两个外国人是什么人，他镇定地用法语回答，自己"兼任商务印书馆的编译，什么书都要看看"，并告知那两个外国人是北京大学的英国教授，利用暑假来沪一起谈"编辑新时代丛书的问题"。

法籍警官亲自带人进入室内询问搜查，没有找到多少证据，威胁警告一番后撤走了。

---

① 梅兴无：《毛泽东："你的公馆是我们党的'产床'"》，《北京日报》，2018年1月2日。

② 林楚晗：《中共一大代表、创始人之一李汉俊烈士90周年纪念会在潜举办》，《潜江论坛》，2018年4月27日。

中国共产党第一次代表大会代表

　　转移出来的"一大"代表当晚集中于李达寓所商讨，大家一致认为会议不能在上海举行了，有人提议到杭州开会，又有的提出杭州过于繁华，容易暴露目标。当时在场的李达夫人王会悟提出："不如到我的家乡嘉兴南湖开会，那里游客多，可以雇一只船，代表们扮作游客，一边游湖一边开会。嘉兴离上海很近，又易于隐蔽。"

　　在大家还有点犹豫时，邵力子来到了李达的家中，他庆幸没有出事，同时也向李达提出了转移到嘉兴南湖继续开会的建议。邵力子的父亲邵霖担任过江苏吴江县县丞，分防在嘉兴附近的盛泽镇，而邵力子的母亲就是盛泽人，邵力子早年曾在盛泽镇读书、任教，因而对嘉兴南湖也比较熟悉。这样，大家都赞成了。

　　第二天清晨，代表们分两批乘火车前往嘉兴。两位国际代表目标太大，李汉俊因是"李公馆"的房主，担心已受监视，不宜离开，何叔衡因事，几日前就回了长沙，陈公博因受了惊吓与妻子乘车去了杭州，都没有参加嘉兴的会议。

　　10时左右，代表们先后到达嘉兴车站，在鸳湖旅馆稍事休息后，登上事先租好的南湖画舫。11时许，"一大"会议在缓缓划行的画舫上开始了。南湖会议继续着上海30日未能进行的议题，最后，选举中央领导机构，代表们认为党员人数少、地方组织尚不健全，暂不成立中央委员会，先建立三人组成的中央局，并选举陈独秀任书记，张国焘为组织主任，李达为宣传主任。

　　党的第一个中央机关由此产生。会议在低声的"第三国际万岁""中国共产党万岁"的呼欢声中闭幕。

第三章　进步追求

　　1924年至1927年，中国共产党同中国国民党第一次合作结成了革命统一战线。建立民主联合阵线，是随着两党领导人、党员的认识不断进步而实现的。在国共合作的进程中，南社人追求进步，一马当先：有与侯绍裘一起创建国民党江苏省党部的柳亚子；有共产党创立的革命学校——上海大学的正副校长于右任、邵力子，学务长陈望道，评议员陈德徵，校董蔡元培、张继、马君武等；有黄埔军校党代表廖仲恺，二任政治部主任戴季陶、邵元冲和邵力子……

——题记

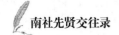

省党部师生执委　助出国同志情深

1921年的一天，一艘远洋客轮停在了上海码头，客人们纷纷上了船，其中有一个华侨装扮的人，挤在人群中，慢慢地向岸边走去。他叫朱季恂，松江人，柳亚子的学生。

上海，这座国际大都市，朱季恂对它有着深厚的感情。1905年，朱季恂到上海健行公学求学，就在这里，他接受了民主革命的思想。望着上海蔚蓝的天空，当年的情景又展现在了他的眼前，让他心潮激荡。

健行公学是辛亥革命时期革命党人所办学校。健行公学设在上海南市西门唐家湾宁康里，它按此前的爱国学社的模式开办，宣传反清革命，培养后备人才。1906年初，为抗议日本当局的"取缔规则"而归国的南社人高天梅、朱少屏等人在上海老西门宁康里创办健行公学。由朱少屏、柳亚子、陈陶遗等人任讲师。就在这里，朱季恂成了柳亚子的学生，也就在这里，他接受了民主主义教育。

松江，是朱季恂的家乡，1917年（民国六年）春，他离开家乡赴南洋群岛，在爪哇一所华侨中学任教，一晃四年多了。他回国有两个原因，一是他在爪哇看到了侨胞备受压迫，怀着一股爱国反帝信念，回国参加革命；二是他的肺病复发了，要回国治疗。

回到松江没几天，他的学生侯绍裘来找他。侯绍裘也是松江人，17岁考进松江江苏省立第三中学，天资聪颖，又富有正义感，朱季恂对他十分欣赏，两人后来的关系亦师亦友，成了忘年交。

此时的侯绍裘已是一名革命者了。他于1918年考入上海南洋公学。五四运动中，他积极参加声援活动，并担任了上海学联教育科书记。他回到松江，是要在家乡开展革命活动的，于是首先想到了他的老师朱季恂。

寒暄一阵后，侯绍裘就向他说道："景贤女校要停办了。"

"停办？"朱季恂感到很吃惊。"为什么？"

朱季恂自然知道，景贤女校是一座老学校，在1905年由姚文鎏、宋占梅夫妇

朱季恂

侯绍裘

捐资创办，还请来著名学者任教，其中就有南社人马君武，培养了一大批人才。民国初年，孙中山到松江时，特往视察，并为学校亲题"怀清台竣"的匾额，以示褒扬，民国五年，教育部颁赠了金色一等奖章和奖状。

侯绍裘说他了解了情况，学校对家境贫寒者豁免学费，因而来上学的人很多，还办了分校，因为经费筹措无着，现在面临停办的危险。

一听这个情况，朱季恂连声说可惜。

侯绍裘就说："我想把这学校接过来，把它办成革命的摇篮。"

"好！"朱季恂听后接口道，"我与你一起办。"

侯绍裘本来就是想与朱老师一起合办，但一时不知怎么开口，一听他这么一说，心中大喜。

侯绍裘与朱季恂等人接办了这所学校，改名景贤女中。学校共11名兼职教员都只领一半薪水，他和朱季恂不仅完全尽义务，而且瞒着家庭，拿家里田契抵押借钱，甚至变卖田产，资助办学。

景贤女子中学坐落于松江县城一处三幢两进的楼房，教室宽敞明亮。侯绍裘担任校务主任后，学校实行改革，提倡妇女解放，培养学生具有"完全的人格"，具有"观察力及判断力"，能以科学态度对待各种问题。自1922年暑假起，侯绍裘连续邀请各界有识之士到学校演讲。先后应邀演讲的有恽代英、萧楚女，还请来了沈雁冰、杨贤江、邵力子、于右任、柳亚子、杨杏佛、陈望道、沈玄庐、叶楚伧等南社人。景贤女中因此成为共产党和国民党在松江的活动据点，被誉为"反封建的堡垒，革命者的摇篮"。

1923 年 4 月，侯绍裘与朱季恂、高尔松、姜长林等人创办了革命刊物《松江评论》，以"批评地方时事，唤起革命精神，介绍新的思想，提高民众常识"为宗旨，宣传科学民主，反对因循守旧，反对封建迷信；宣传社会主义，介绍俄国十月革命和孙中山先生提出的三民主义，积极促进社会的改造，引导青年走革命道路。是年秋，侯绍裘加入中国共产党，成为光荣的无产阶级先锋战士。他是松江第一位中国共产党党员，景贤女中也就成了党在松江最早的活动基地，他的理想与坚持吸引了一大批青年共同走向革命运动。

同时，侯绍裘还经邵力子介绍加入国民党。1923 年秋，侯绍裘和朱季恂一起在松江教育界发展国民党的组织，积极开展统一战线工作。1924 年 5 月，江苏第一个国民党县党部——松江县党部成立，侯绍裘是主要负责人。

1924 年下半年，因江浙军阀连续混战，侯绍裘率景贤女中和新创办的松江中学一起迁到上海。次年春，他受聘为中共领导的上海大学附中主任，精心治学，指导学生投入各项社会活动，要求学生"认定一个人不是为一己而生，以最大多数人之最大幸福为人生最终目的最大责任，而以尽此责任为荣"。

后来，国共合作，1925 年 8 月 23 日，国民党江苏省党部在上海正式成立，侯绍裘、柳亚子、朱季恂三人当选为执行委员会常务委员，侯绍裘同时兼任宣传部副部长。不久，侯绍裘又任国民党省党部的中共党团书记。他把主要精力放在从事党的统一战线工作上，在当时复杂的政治环境下，立场坚定，旗帜鲜明，坚持孙中山提出的"联俄、联共、扶助农工"的三大政策，在与国民党右派的坚决斗争中始终站在最前列。

国民党江苏省党部成立，柳亚子是朱季恂的老师，侯绍裘又是朱季恂的高足，师生三代联合进入国民党江苏省党部，成了革命史上的一段佳话。

就在朱季恂联合侯绍裘办景贤女中的时候，另一位南社人李根源，也做了一件在中国革命史上有影响力的事，就是帮助朱德出国。

李根源与朱德也有师生之谊，这里面有这么一段故事：

李根源，字印泉，云南腾冲人。早年留学日本，1905 年加入中国同盟会，1908

李根源

年底，李根源毕业于日本陆军士官学校第六期步兵科，刚回到昆明，便被云南当局任命为讲武堂的监督，主管教学和军事训练，后又升任总办（校长）。民国成立后，李根源离开云南，入京当了国会议员。袁世凯想收买他，聘任其为总统府高等顾问，李根源断然拒绝。黎元洪继任总统后，特邀李根源北上襄助，先后任命其为航空督办、农商总长，兼署国务总理。

朱德，字玉阶，四川仪陇人。听说了云南讲武堂在招学生，在1907年到了云南就去讲武堂报考，可是发榜时却榜上无名。什么原因呢？原来是讲武堂只招云南人。不久，讲武堂补行招生，朱德又去报了名，用了"朱玉玠"的名字并将自己的籍贯填写为云南临安府蒙自县。由于成绩优秀，自然就顺利过关被讲武堂录取了。入学后，朱德浓重的四川口音使他假填籍贯报考的事很快就暴露了。按规定，应予除名。李根源得知了这一情况，找朱德进行了一次谈话。李根源被眼前这位朴实的年轻人打动了，于是便在校务会议上说："籍贯错了改回来就可以了，不要为这样一个问题把一个不远千里跋涉来投考讲武堂的有志青年拒于校门之外。"由于李根源力排众议，朱德遂得以留在讲武堂。

1922年3月，唐继尧回到了昆明，朱德被迫离开云南到了上海，就准备出国。8月份，他到了北京，就来找老师李根源了。

师生见面，两人都非常高兴。李根源说："你在讲武堂很有出息。"朱德说："我一心一意投入讲武堂的工作和生活，从来没有这样拼命干过。我知道我终于踏上了可以拯救中国于水火的道路。"

李根源就问朱德："以后有什么打算？"朱德回答说"去德国寻找革命真理，德国是《共产党宣言》的诞生地。还得请老师帮忙。"

没过几天，李根源为朱德办理了去德国护照，朱德在陆军讲武堂的同学李雁宾资助了路费，朱德就去了德国。

建"上大"国共联合　南社人各领风骚

1923年4月的一天，上海同心楼饭店，一席人正在推杯换盏。

主位上坐的是于右任，主宾是李大钊，次宾是张继，相陪的有邵力子。李大钊是中国共产党的创始人之一，而其他几位，于右任、邵力子、张继都是南社人。[①]

酒过三巡后，就谈到了今天聚餐的主题：上海大学。

上海大学是1922年10月23日成立的。说起上海大学的成立，这里面还有一段不平凡的故事。

1922年1月21日，共产国际执委会在莫斯科召开远东民族代表大会，又称远东各国共产党及民族革命团体第一次代表大会。出席这次大会的有中国、朝鲜、日本等国的代表。大会期间，列宁抱病接见了中国共产党代表张国焘，中国国民党代表张秋白，铁路工人代表邓培，鼓励国共合作。

5月，中共首任总书记陈独秀根据共产国际的意见和中国革命的形势，在《广东群报》上发表了《共产党在目前劳动运动中应取和态度》，第一次公开提出建立民主联合战线的主张，[②]国民党人于右任也在《东方杂志》发表文章，支持国共合作，他认为"合则两益，离则两损"。在这种形势下，为加速培养更多的共产党干部，中共中央决定创办一所干部高等院校，陈独秀与李大钊等人多次酝酿筹划。就在这时，邵力子向他们报告了一个情况。

10月中旬，邵力子正在《民国日报》社编辑部，突然来了十几个东南高师的学

① 许毓峰：《李大钊年谱（下）》，《信阳师范学院学报（哲学社会科学版）》1983年第3期。
② 《陈独秀年谱》（1879—1942），第121页。

生。他们怎么会来找邵力子呢？原来学校出现了状况。

在前段时间，报纸上登出了一个广告，这是当时的校长王理堂以男女同校、提倡新文化相号召而刊登的，说东南高师有名人、学者任教。于是，全国各地的青年纷纷慕名负笈来学。开学后学生们发现名不符实。各科虽都有课程名目，但无教师，即使有老师的，也都不称职，根本没有什么名人学者。于是，学生们都愤怒了。而这个时候，王理堂又带着学生们上缴的学膳费留学日本了。忍无可忍的学生们成立"十人团"领导核心，并争取到了部分教师的支持，草拟了宣言，揭露学校黑幕，宣布改组学校。他们知道邵力子是个热心人，就来找他。

师生代表一见邵力子，就开门见山地说："高师管理混乱，教育质量低劣，校长把学生变成经营式的学店。"邵力子针对性地说："学校是培养人才的园地，不许当作赚钱谋利的场所。"师生代表进一步说："我们想驱逐办学谋利的校长，革新教育，你看行不行？"邵力子说："我看行。""我们想请你出任校长行不行？"师生代表说。邵力子赶紧说道："这可不行，我还不够资格，但我有一个合适人选。""谁？"师生代表异口同声地问。邵力子喝了一口茶说道："德高望重的于右任先生，你们说可以吗？"邵力子带着征求意见的口气说道。师生代表高兴地说："当然可以。""我们欢迎。""还望邵先生费心。"有个代表提出："请邵先生当我们的副校长。"

学生为什么欢迎于右任和邵力子做他们的正、副校长呢？因为于右任和邵力子不仅热心新闻事业，而且热心教育事业。他们协助教育家马相伯创办了"复旦公学"，后来改成"复旦大学"。为了表彰于右任、邵力子、钱新之对复旦办学的贡献，三人被授予了"法学博士"，这件事在上海还是很有影响的。

是否就任校长，于右任在思考着，这时，柳亚子听到这一情况，来找他了。于右任与柳亚子就相识于上海。1907年4月2日，于右任创办了《神州日报》，这时，于右任和柳亚子二人，都颇为仰慕对方，只是没有正式会面。二人真正相识是在"竖三民"报馆。1909年5月15日，"竖三民"中最早的《民呼日报》在上海创刊，以"大声疾呼，为民请命"为宗旨，于右任任社长，柳亚子为撰稿人。一天，柳亚子专门写了一诗《满江红·祝民呼日报用岳鄂王韵》送到报馆，与于右任相识。后《民呼日报》被查封，1909年10月3日《民吁日报》创刊，此报继承《民呼日报》传统。就在这年11月13日，柳亚子与陈去病、高天梅等人发起成立了南社，于右任也成了南社社员。现在，听说上海大学要创办，请于右任当校长，而于右任有点举棋不定，柳亚子就来找他了。见了于右任，柳亚子就对他说："现在正是国共合作的时候，你担任上海大学校长，可以将上海大学纳入国民革命的政治轨道，是对革命的重大贡献。"

也就在这段时间，其他南社人柏文蔚、杨杏佛、叶楚伦等都来极力促驾了。大家都认为这是件好事。于是，于右任就同意担任校长了。

于右任与邵力子两位南社人都是支持国共合作的，一天，他俩在一起商议上海大学办学方针时，就谈起了国共合作的问题。邵力子说："现在国民党缺乏明确的革命纲领，成员复杂，组织涣散，死气沉沉。孙中山所说国民党在堕落中死亡，因此要救活它，就需要新鲜血液的见解是很精确的。"于右任深有感触地说："是的，国民党要继续革命斗争，就必须淘汰不纯分子，吸收革命分子，国民党必须争取共产党人和工农分子加入才有生机、有力量。"邵力子颇有同感。"何况共产主义是三民主义的好朋友，应该欢迎共产党员加入国民党。"于右任附和着。"孙中山曾对冯自由、林森等气愤地说过，你们怕共产党，不赞成改组，可以退出国民党。你们不赞成，那就解散国民党，我个人可以加入共产党。可见中山先生对改组国民党的态度是很坚决的。"邵力子侃侃而谈。"国共合作是适应中国革命需要的，也是符合国共两党的共同利益的，我在《东方杂志》上发表的文章中，写了'合则两益，离则两损'，并不是没有道理的。"于右任也滔滔而言。

于右任与邵力子两人就找到了李大钊等中国共产党的领导人商议，最后决定将"东南高师"改办成一所综合性大学，取名为"上海大学"。并且，将这所学校办成国共合作、为中国国民革命培养干部的学校。

通过李大钊邀请，聘请了邓中夏为总务长，瞿秋白为社会学系主任，[①]南社人陈望道也参与了上海大学的管理工作，后来担任了学务长。

1922年10月23日，由于右任亲自书写的"上海大学"的牌子挂在了学校门口。上海大学在大雨滂沱之中召开成立大会，于右任到校讲话并宣布就职。当天，《民国日报》刊登启事："本校原名东南高等师范专科学校，因东南两字与国立东南大学相同，兹从改组会议议决变更学制，定名'上海大学'。公举于右任先生为本大

---

① 许毓峰：《李大钊年谱》（中），《信阳师范学院学报（哲学社会科学版）》1983年第2期。

学校长。"

1922年年底，于右任收到了法院的传票，说有人把他们告了。原来是校长王理堂从日本赶回上海，向法院起诉，说这学校是他的，于右任他们没理由占有。

法庭上，双方针锋相对，便开庭数次。王理堂的起诉屡遭学生们义正词严的驳斥。官司一直打到了第二年1月下旬。在事实面前，法院也不能支持王理堂他们，于是，他们不得不请求和平解决，撤销讼案，无可奈何地宣布："所有校具及其他各种物件，均应归改组后之上海大学所有，同人等从此即脱离该校关系。"这样，历时三个多月东南高师学生改组学校的斗争以胜利而告终。

1923年4月，李大钊到了上海，于右任、邵力子设宴，专门与其商谈上海大学校务问题。

邵力子向李大钊敬了一杯酒，然后说："我们上大，应着力为国民革命多培养一些专门人才。"

李大钊说："邵先生说得有理。"

于右任接话道："我们的任务，重点在唤醒群众的觉悟，培养革命者。"

张继也说道："现在革命形势发展很快，打败了军阀，建设新的国家，就需要各类人才。"

李大钊对他们说："是的，从中国革命的需要出发，上海大学应开办社会科学系，并以它为办校重点，培养国民革命骨干。"

邵力子就真诚地对李大钊说："大钊先生，上海大学创办以来，虽然正朝着健康的方向发展，但是矛盾也很多，是能让大钊先生以在北大办学的经验来办上大？"

李大钊说："我手上事情很多，抽不出身来上大，但是，我给你们推荐一个人。"

"谁？"于右任与邵力子异口同声地问。

李大钊说："可以让邓中夏来上海大学参加管理工作。"

于右任与邵力子眼前一亮，邓中夏是李大钊的学生，北大文科毕业，是前直隶高等师范的教授。

李大钊介绍说，邓中夏于1920年3月与何孟雄等人发起成立马克思学说研究会。同年9月，北京共产主义小组成立，邓是最早的基本成员之一。1922年7月，出席在上海召开的中共第二次全国代表大会，当选为中央委员。同月，中国劳动组合书记部总部迁北京，任书记部主任。1923年3月，邓中夏随中国劳动组合书记部

邓中夏

瞿秋白

总部由北京迁回上海。

1923年4月，邓中夏到校任总务长，负责行政工作。之后，陈独秀又派瞿秋白担任社会学系主任，切实加强上海大学的领导力量和教学力量。

1923年8月8日，学校召开全体教职员会议，议决组织上海大学评议会，决策全校重大事务。于右任为主席评议员，邓中夏、瞿秋白、陈望道、邵力子、陈德徵等9人为评议员。8月11日，于右任在上海大学特设了董事会，孙中山任名誉校董，蔡元培、汪精卫、李石曾、章太炎、张继、马玉山、张静江、邵力子、马君武等为校董；设立校舍建筑委员会，邓中夏任委员长，张继、邵力子为顾问。其中，于右任、陈望道、邵力子、陈德徵、蔡元培、张继、马君武都属南社人。

1923年，孙中山、李大钊、廖仲恺、刘仁静、胡汉民、戴季陶等人曾来校演讲。孙中山希望将上海大学办成"以贯彻吾党之主张，而尽言论之职责"的革命学校，他指示："今后要按月给上大拨办学经费。"翌年定为国民党党办大学。上海大学从不张挂当时的中华民国国旗——五色旗，迥异于沪上诸校，所用的是由国民党党徽和蓝底白字组成的上海大学校旗，强调反对北京政府的反动统治。

于右任放手起用共产党人和进步人士，又先后聘请蔡和森、张太雷、李汉俊、恽代英、沈雁冰、郑超麟、任弼时、安体诚、李季、蒋光慈、杨贤江、萧楚女、田汉、萧朴生、郑振铎、高语罕、张秋人、胡朴安、周建人、俞平伯、赵景深、朱光潜、朱自清、刘大白、周越然、丰子恺、黄葆钺、章太炎、胡适、郭沫若、吴玉章、施存统、谢六逸、徐蔚南、李仲干、冯子恭、陈抱一、叶圣陶、曹聚仁、方光焘、蒋光慈等人到校任职任教。

上海大学跻身当时的中国一流名校，培育出许多重要人才，有中国共产党早期领导人博古、王稼祥，中国红军早期杰出高级指挥员之一许继慎，南昌起义领导人之一李硕勋，著名抗日将领张治中，红军唯一的女将领张琴秋，新中国开国大将陈赓，中华人民共和国国家主席杨尚昆……

新南社重举旗子　国共人再度携手

1923年春的一天，柳亚子在黎寿恩堂内，望着配有玻璃镜框的横匾"磨剑室"3个大字，心里久久不能平静。

斋名"磨剑室"，取唐贾岛《侠客》诗意，既好游任侠，又寓刻苦砥砺之意，表达其蓄志宏大。自1900年之后，柳亚子自命为维新党，热心诗学革命，仰慕法国人卢梭《民约论》天赋人权之说，更名人权，字亚卢（亚洲之卢梭），就抱负不凡，想干一番大事。如今，二十几年的风风雨雨，柳亚子回首往事，虑及前途，思潮滚滚……

柳亚子此时是心潮沸腾。在13年前，他和陈去病、高天梅等人发起成立了南社，当年的情景，又展现在了柳亚子的眼前：

南社人就是一群"叛逆"的组合。19人乘坐雇用的画舫，带着船菜，又唱又笑，连哭带闹，疯子一般从阊门外阿黛桥出发，沿着七里山塘河向虎丘而来。

开会的地点是张公祠。这张公祠年久未修，庭院里杂草丛生。正中大厅门窗也已经破旧不堪，这是个游人稀少的幽静之地。陈去病事先雇人略为打扫，又借来了两张方桌，八条长凳。参加会议的人在虎丘山下合影后，就进入了张公祠，祠堂里摆下了两桌船菜，他们边饮酒边开会。会上通过了《南社例十八条》，又选举产生了职员，陈去病任文选编辑员，庞檗子为词选编辑员。柳亚子为书记员，朱少屏为会计员。

南社一成立，就得到了全国的响应。辛亥革命前有社员二百余人，辛亥革命后

新南社第一次聚餐会摄影

剧增至一千多人。1911年，绍兴、沈阳、广州、南京等地相继成立越社、辽社、广南社和淮南社。然而，到1917年，正当张勋复辟前后，南社内部因对"同光体"的评价发生争论。姚锡钧、胡先骕、闻宥、朱玺等吹捧陈三立、郑孝胥等遗老诗人，柳亚子、吴虞则持激烈的批判态度，争论中，朱玺由为"同光体"辩护发展为对柳亚子进行漫骂和人身攻击。8月1日，柳亚子以南社主任名义发表紧急布告，宣布驱逐朱玺出社。随后，又驱逐了支持朱玺的成舍我。成舍我是中国近代著名报人，在中国新闻史上享有很高的声望与影响。同月，成舍我与广东分社的蔡守结合起来，成立"南社临时通讯处"，号召打倒柳亚子，恢复原来的三头制，并提名高燮等人出任文选、诗选和词选主任。

陈去病、姚光、王德钟等支持柳亚子。自8月14日至9月15日，先后有社员8批二百余人次在《民国日报》发表启事，声明"驱逐败类，所以维持风骚；抵制亚子，实为摧毁南社"。同年10月，进行南社改选。虽然在收到的432票中，柳亚子以385票继续当选，但由于这次内讧，柳亚子受到刺激，心灰意懒。1918年10月，劝社友改选姚光为主任。此后南社即每况愈下，社务逐渐停顿。

13年过去了，已有点时过境迁的感觉了。忆往昔，岁月峥嵘，当年国民革命的精英，如今在何方？柳亚子在心中呐喊着，此时此刻，他想到了南社中的英雄人物黄兴。

黄兴与孙中山一起创建了同盟会。1912年（民国元年）1月，南京临时政府成立，黄兴任陆军总长。二次革命爆发，黄兴由上海至南京，强迫江苏都督程德全宣布独立，黄兴被推为江苏讨袁总司令。1915年（民国四年），袁世凯称帝，黄兴支持护国战争，由于长期为革命事业而奔波，积劳成疾。10月31日，终因食道与胃静脉曲张破裂出血在上海去世，时年仅42岁。

不一会儿，一些在反袁斗争中壮烈牺牲的南社人的身影也清晰地展现在了柳亚子的眼前：宁调元、杨德邻、范光启、程家柽、吴鼐、仇亮、陈以义、陈其美、陈子范……

南社成立的时候是何等热闹，它独树一帜，吸引了当时大批的革命者。如今，政治形势突飞猛进。1919年10月10日，孙中山在上海法租界将中华革命党改组为中国国民党，并公布规约。1921年，中国共产党成立。回首四顾，发现南社大多数社员，依然抱着十八世纪遗老式的头脑，顽固反对新文化。在新文化运动的巨大光辉面前，南社愈显黯淡，愈显萎靡不振。这该怎么办？

他想起了叶楚伧的提议：成立新南社。前几天他还在思考之中，今天，他决定了，扛起"新南社"的大旗，携手国共两党成员，创出一番新天地。

春意浓浓，柳亚子一袭长衫，来到了《民国日报》叶楚伧的办公室。叶楚伧不在，桌上除了文房四宝外，还有半盒雪茄烟，半瓶五加皮和一只空酒杯。柳亚子也不拿自己当外人，拿起酒瓶就往酒杯中倒酒。背后传来叶楚伧的吴侬软语："你给我留点儿，不要都喝完了。"

叶楚伧走了进来，一坐下就说道："还是那件事，考虑得怎么样？"叶楚伧说的那件事，就是成立新南社的事情。

柳亚子说："对于这一个运动，我原是同情的，反对封建礼教，提倡男女平权，打倒孔家店，在我都是很早的主张。欢迎'德先生、赛小姐'来主持中国，我当然也举双手赞成……"

德先生和赛先生是当时对民主和科学的形象的称呼，也是中国新文化运动期间的两面旗帜。叶楚伧听了柳亚子的话，就立即说道："那还犹豫什么？要动起来才能融进去。"

柳亚子这回倒痛快："好吧，发起宣言和组织大纲你来写。"

5月的一天，柳亚子来到了上海《民国日报》社的会议室，他一进门，余十眉

1909年，南社第一次雅集

已经在那里了。

余十眉，名其锵，字十眉，号秋槎。是浙江嘉善西塘镇人。浙江高等学堂毕业后，历任上海南洋女校、爱国女校、嘉善县立高小、陶庄小学等校教师。民国初年，徐自华为纪念秋瑾在上海创竞雄女校，聘其主教。1912年与柳亚子、陈去病相识，加入了南社。民国六年，余十眉随陈巢南赴粤，在孙中山护法政府任宣传部秘书。后来在柳亚子的影响下加入了国民党。

两位老朋友一见面，自然想起了西园雅集。

那是在1920年11月27日，柳亚子过西塘，在"探珠吟舍"相会了余十眉。老友相见，异常高兴，两人纵论天下，说到兴奋处，相与拊掌。在余十眉家里，柳亚子被一盆虎须菖蒲吸引住了。这盆虎须菖蒲青翠诱人，一簇一簇，看起来生机盎然，而且细长的还有一种飘逸感。余十眉见柳亚子一眨不眨地看虎须菖蒲，就说："柳兄的英雄人物，文气盎然，一如这虎须菖蒲。"柳亚子忙说道："十眉兄过奖了，你才有英雄本色。"说着，话锋一转，"培育这棵虎须菖蒲你可花了不少心思吧。""这是当然的。如柳兄喜欢，拿走便是。""哎，我可不能夺人所爱。"话是这么说，柳亚子还是将这虎须菖蒲拿回了黎里。

柳亚子将虎须菖蒲携回吴江黎里老宅。但不料归家第三天，该盆菖蒲即莫名其妙失踪，成为一个谜了。柳亚子怅然若失。想着菖蒲，想着余十眉。过了5天，12月2日他约了陈去病等人又到了西塘。

　　他们是在芦墟参加了柳亚子的弟弟柳公望的结婚典礼后到西塘的。晚上还是住余十眉家的"探珠吟舍"。

　　那天，陈去病、柳亚子等人到西塘后，余十眉在余寓仁荣堂设宴欢迎，到的西塘社友有蔡韶声、陈觉珠、郁慎廉等人。当夜，余家任荣堂灯烛辉煌，宾主即席联吟，盛极一时。

　　第二天，柳亚子、陈去病在余十眉等人陪同下游览西园。

　　西园，建于明代，是西塘镇历史上最大的私家花园。几百年来几易其主，到民国初年时许多景点已废，只存一棵高数丈的白皮松。民国后，这里又开了一家茶园，取名"听涛轩"，不久又开了一家照相馆。柳亚子、陈去病等人慕名来到了"听涛轩"，诗酒唱酬，欢会尽情。余十眉取家中虎须菖蒲再次分赠诗友留念，一说起这次雅集，说起虎须菖蒲，柳亚子与余十眉都开心地笑了起来。

　　新南社筹备会，柳亚子邀请新文化运动的健将陈望道、曹聚仁和陈德徵参加，其余是南社旧人叶楚伧、胡朴安、余十眉和邵力子。这8个人中，除了柳亚子、余十眉外，都是《民国日报》社的人。

　　叶楚伧拿着《新南社发起宣言》分发给每一个人："请诸位斧正。"大家一看，只见上面写着："……南社的发起，在民族气节提倡的时代；新南社的孵化，在世界潮流引纳的时代；南社里的一部分人，断不愿为时代落伍者。哪一点，新南社孵化中应该向国民高呼声明的。南社在提倡民族气节以后，引纳世界潮流以前，中间经过几次困厄，被人指摘也不少；然而这些都是新南社孵化的动机，发起新南社的，非但不愿引为耻辱，并且将深自庆。南社是应和同盟会而起的文学研究机关，同盟会经几度改革以后，已有民众化的倾向，新南社当然要沿袭原来的使命，追随着时代，与民众相见。南社在民元以前，唯一使命，是提倡民族气节。因为要提倡民族气节，不知不觉形成了中国文字的交换机关。新南社是蜕化文字交换，而蕲求进步到国学整理和思想介绍的，这次的孵化作用，分析起来，颇多感慨……"

　　柳亚子看后，不禁称赞道："小凤，这篇宣言我个人以为好极了。首先将新旧南社的区别分清楚了，而南社里的一批人，断不愿为时代落伍者，尤其新南社要沿袭原来的使命，随时代前进，已经把我们创立新南社的初衷讲明白了。"

　　陈望道说："我是第一次参加会议，南社的文字是革命的文字，但南社鱼龙混杂，这是最大的败笔。新南社的文字是与蜕化的文字，与不符合时代精神的文字来一个交换，这点也非常重要。换句话说，就是与抱残守缺者来一个切割！新南社的责任有二，一是国学整理，二是思想介绍，我们要把世界上先进的思想和学说介绍给大众。"

邵力子频频点头："对于世界新思潮向国内输送，我十分赞成，这是我们新赋予的责任，只是这新责任太重大，恐怕不是我们几个人的肩膀能扛得起来的。"

叶楚伧："我已经意识到了，所以要和别的团体进行合作。"余十眉也应声赞同。

几个人还讨论了新南社宗旨、人事安排、出版刊物、成立时间，并将临时通讯地点定在上海白克路竞雄女学余十眉处，胡朴安的住处新闸路池浜桥永德里15号为临时收款处。

南社发起人陈去病开始没有参与新南社的发起，他曾在南社和新南社之间动摇。当时，他一方面对社会主义有所疑惑，另一方面在文言文和整理国学主张上与柳亚子所提倡的新南社精神有所游离。但是，因为与柳亚子等人的感情及文人的凝聚力，他也就积极参与了。因此，宣言刊登时发起人增加到了16人，陈去病也名列其中。

新南社《发起大纲》和《组织大纲》在报上发表以后，旧南社社员和一些文学青年陆续报名，10月14日，新南社在福州路小花园都益菜馆召开新南社成立大会。

说来也巧，南社社友邵瑞彭也在这一天到达上海，受到全体社友的热烈鼓掌欢迎。

邵瑞彭刚做了一件轰动全国的大事，大家都把他当成了英雄。1923年，直鲁豫巡阅使曹锟谋任总统，密遣内务总长高凌霨出面收买国会议员，或聘作顾问，或奉为咨议，月给"津贴"200元。10月1日，设在北京甘石桥的总统选举筹备处，向在京议员分赠支票一张，面额5000元，规定总统选出3日后即行兑现。邵瑞彭对曹锟贿赂议员之恶行十分愤慨，表面上与已出卖灵魂的议长吴景濂相周旋，取得行贿证据的支票一张，暗中做脱身准备。当日深夜，化装乘火车逃至天津。10月3日，邵瑞彭致函京师地方检察厅，控告高凌霨、吴景濂等人为曹锟谋任总统向议员行贿的丑行；同日，通电全国说明得到一张5000元支票之由来，并将支票制版向各报发布，于是曹锟贿选总统丑闻大白于天下。10月5日，曹锟粉墨登场，遭到举国上下的一致声讨。

叶楚伧

　　参加新南社的人员除了发起人外，还有陈布雷、潘公展、张继、朱凤蔚等38人。

　　新南社成立会上，众社友依然推举柳亚子做社长。

　　大家对新南社的成立报以热烈的掌声。依照《新南社条例》，邵力子、陈望道、胡朴安为编辑主任，叶楚伧、吴孟芙、陈布雷为干事，胡朴安为会计，余十眉为书记。在10月19日，柳亚子在《民国日报》上发表《新南社成立布告》："新南社的成立，是旧南社中一部分的旧朋友，和新文化运动中一部分的新朋友联合起来，共同组织的。……新南社的精神，是鼓吹三民主义，提倡民众文学，而归结到社会主义的实行……"

　　新南社登上了中国历史舞台。

陈望道介绍社友　高尔松兄弟入党

　　新南社成立了。

　　柳亚子说："在历史时间上，这时候已是1924年（民国十三年）1月，中国国民党改组前夜。南社的成立，是以中国同盟会为依归的；新南社的成立，则以行将改组的中国国民党为依归，在契机上可说是很巧妙的了。"

一天，陈望道收到了柳亚子的来信。他打开细细地读了起来："我以为现在文学革命的南京政府已经成立，所急需的是多数的清乡委员，去剿清各地的拖辫子⋯⋯我极希望先生能成为清乡委员的领袖，看到辫子便剪，而自己则光着头颅在街上走。"

读着柳亚子的信，陈望道领会了柳亚子信背后的意思：新南社已经成立，需要更多的文学革命的社员，清剿各地的旧文化，并希望陈望道成为领头羊。

于是，陈望道就开始联络同道，他介绍沈雁冰、杨贤江和叶天底等人加入新南社。这三人都是中共党员。

沈雁冰即茅盾，1921年1月发起成立了"文学研究会"，成为文学研究会的首席评论家。同年7月，中国共产党成立，沈雁冰成为中国共产党最早的党员之一。就在此时，在陈望道的介绍下，沈雁冰和夫人孔德沚也一同加入了新南社。

陈望道来到了《新青年》编辑部找到了叶天底，一见陈望道，叶天底急忙迎上前来，恭恭敬敬地叫了一声"陈老师好"。

叶天底在1916年秋考入浙江第一师范，陈望道1919年到浙江第一师范任教，两人在浙江"一师"有一段师生之谊。陈望道十分喜欢这个学生，叶天底进《新青年》编辑部也是陈望道介绍的。两人一见面自然而然谈到了当年的浙江"一师"学潮。

浙江"一师"是当时在国内很有影响的学校，与南社人有着深深的缘分。浙江"一师"前身是浙江两级师范学堂，南社人沈钧儒、鲁迅、马叙伦等人都曾在这里任教。辛亥革命后，浙江两级师范学堂改为浙江省立第一师范学校，校长经亨颐是一位民主主义教育家，也是南社社员。

经亨颐是浙江上虞人，他身瘦而挺拔，长颈方额，巨眼赭鼻，出声昂昂。1902年留学日本。回国后参加筹建浙江官立两级师范学堂，辛亥革命后任校长，并兼任浙江省教育会会长。五四运动时期，他鼓励支持爱国民主斗争，倡导新文化运动，他提出"与时俱进"的口号作为办学总方针，对学校进行大刀阔斧的改革，浙江"一师"逐渐成为浙江新文化运动的精神高地。

陈望道来到浙江"一师"任教时，正值五四浪潮冲击到浙江之际。到校后，他立即与学校其他进步教员一起，配合校长经亨颐，以校为营，积极投身于轰轰烈烈的反帝反封建新文化运动中。他主编了《浙江新潮》，被誉为五四时期"浙江的一颗明星"，也是浙江最早一份受十月革命影响宣传社会主义的刊物。

浙江省立第一师范学校

1919年11月7日出版的《浙江新潮》第二期刊登了学生施存统写的《非孝》一文。大意是主张在家庭中用平等的爱来代替不平等的"孝道"。施存统点起了一把火，他确实也非等闲人物，后来成了中共最早的党员之一，参与了东京共产主义小组的组建工作。

一石激起千层浪，此文一经刊发，引起浙江当局的高度紧张，再联系到浙江"一师"发生的蔑视"祭孔"行为，就用"非孝、废孔、公妻、共产"之罪名，并归罪于校长经亨颐及浙江"一师"的"四大金刚"，也就是积极传播新文化的新派国文教员陈望道、刘大白、夏丏尊、李次九。先是由省长公署发文至教育厅，命令教育厅查办。浙江省教育厅趁多数学生放寒假回家之机，在1920年2月9日发布了一道命令：调任第一师范学校校长经亨颐为浙江省视学，任命王锡镛为第一师范学校校长。于是，掀起来一场学潮。

3月28日，杭州学联理事长宣中华发动了四千多名学生，向省公署请愿，要求收回"驱逐经亨颐"的成命，与警方发生了冲突。当时，叶天底也在请愿队伍之中。他冲在请愿队伍前面，厉声斥责警方。巡警用枪托向叶天底脸上打来，叶天底被打得鼻青脸肿、满面鲜血，晕倒在地。同学见状把他抬到了安全的地方。叶天底一苏醒，嘴角还在淌着鲜血，但还是昂首大声呼喊："打倒军阀。"

"一师学潮"后，经亨颐与陈望道都被迫离职。叶天底也感到愤慨，在毕业前一个学期就离开了学校。

经亨颐离职后拒绝担任浙江省视学，在上虞创办春晖中学并担任校长。陈望道离开浙江"一师"后就到了上海，1920年5月，与陈独秀等人在上海组织马克思主义研究会，并参与社会主义青年团筹建工作，还担任《新青年》编辑。1920年暑假，叶天底也到了上海，他找到了陈望道，陈望道就将他推荐到一家印刷厂校对《新青年》文稿，这时期，叶天底正式走上了革命道路。

1920年8月中旬，叶天底、陈望道以及俞秀松一起来到了杭州，在沈玄庐家中商议开展马克思主义的宣传活动。1920年8月，在上海霞飞路渔阳里六号，陈独秀召集叶天底、俞秀松等人密议，[①]22日，上海社会主义青年团建立，叶天底成了创始人和第一批团员，后来主持了团务工作。1921年春，叶天底赴苏联学习，回国后，到经亨颐的春晖中学教务处工作。1923年初由陈望道介绍参加了上海东方艺术研究会，从事艺术研究。此间，经常去上海大学听课，在陈望道的引导下，结识了邵力子、瞿秋白、罗亦农、恽代英等早期共产党员，1923年底由瞿秋白、恽代英介绍加入了中国共产党。

如今，叶天底一听说陈望道与柳亚子等人发起成立了新南社，也异常兴奋，当即表态同意加入。

杨贤江是浙江慈溪人，可以说是陈望道的同乡，他在浙江第一师范学校学习了5年，虽然这时陈望道还没有进浙江"一师"，但对这位学生，他后来是听说过的。当陈望道找到他，请他加入新南社时，此时的他，沉浸在对浙江"一师"的回忆之中，因为他是在浙江"一师"读书时知道南社的。

1913年，杨贤江还是师范预科学生时，写了一篇《论教育当注重实用》的文章，就得到了经校长的指导，并推荐发表在《浙一师校友会志》第1期上。这是杨贤江发表的第一篇教育论文。

在浙江"一师"教师中，他有两位交情最深的老师——夏丏尊和李叔同，这两位都是名师，也都是南社社员。

夏丏尊是浙江绍兴上虞人，1908年，夏丏尊任杭州浙江省两级师范学堂通译助教，后任国文教员。两人有不少差异：夏丏尊一袭布衫，一介寒儒；杨贤江西装革履，风度翩翩。夏丏尊是教授杨贤江日文的老师，夏丏尊还出借《汉译日文词典》

---

① 《陈独秀年谱》(1879—1942)，第88页。

杨贤江

《辞林》等工具书供杨贤江参考，杨贤江也常主动向夏先生借书刊资料。

夏丏尊是南社社员，有《南社丛刻》，杨贤江对《南社丛刻》十分喜爱，就一期接一期地照借不误，夏丏尊也有求必应，这样，杨贤江了解了南社，也了解了柳亚子。一次，杨贤江去更换《南社丛刻》时，正临近期末，考试在即，夏丏尊关切地问他："还有余力阅读《南社》？"杨贤江回答道："我与平常一样的。"

杨贤江一边有夏丏尊等老师的精心指导，一边又自学日语教材，阅读日文书刊，在日语学习上进步很快。同时杨贤江思想也发生了变化，于1918年写出《学生之兼善思想》发表在商务印书馆的《学生杂志》上，该文立即引起了武汉中华大学学生恽代英的关注，恽代英、杨贤江后来成为我国青年运动领导人。

李叔同，就是赫赫有名的弘一法师。原籍浙江平湖，从祖辈起移居天津。曾在日本学习过艺术，多才多艺，在浙江第一师范时只有22岁，在他的周围有一批很有艺术才华的学生，杨贤江在艺术方面禀赋不高，所以未列名李叔同的艺术弟子之中，但他治学的精神和做人的道理给杨贤江打上了深深的烙印，他们之间形成了特殊的师生感情。有一次，杨贤江请教于李老师，畅谈自己的抱负和理想，谈到高兴之时，李叔同当即奋笔书写了"神聪"二字的条幅赠给杨贤江，表示对他的鼓励。

1915年的最后一天是星期五，这天有叶墨君的心理学和经亨颐的修身课，他们

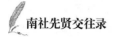

夏丏尊（左三）、李叔同（左四）等人在浙江"一师"合影

都没有按照原计划授课，而是反复说明民主共和制的进步，封建君主专制的落后，教育救国的重要，师范学校的重任。原来中国出了一件大事，袁世凯不顾全国人民的反对，急于黄袍加身，爬上皇帝宝座，要把中华民国改为"中华帝国"，由民国大总统变为"帝国皇帝"，并决定1916年为"洪宪元年"，于元旦举行"中华帝国皇帝"的登基大典。对袁世凯这种倒行逆施的复辟活动，杨贤江心情沉重。

李叔同的音乐课更是一反常态，自始至终与学生唱着由他作词谱曲的《送别》："长亭外，古道边，芳草碧连天。晚风拂柳笛声残，夕阳山外山。天之涯，地之角，知交半零落。一瓢浊酒尽余欢，今宵别梦寒。"老师和学生，不发一言，就这样翻来覆去唱着这首熟悉的歌曲。杨贤江唱出了眼泪，唱出了悲哀，也唱出了愤怒。那芳草，那夕阳，在杨贤江脑海里变成了民主、共和，他愈唱愈憋不住了。课后，他立即邀了朱文叔、李宗武等好友，一起议论国事，他们痛斥袁世凯的卖国罪行，诉说压在心头的忧愤，也表达了内心的惆怅。

1924年1月，中国共产党与国民党第一次合作，建立了革命统一战线，开展了轰轰烈烈的大革命运动。杨贤江积极投入大革命洪流，成为一名英勇的革命战士。

杨贤江、沈雁冰、叶天底等人加入了新南社，增加了南社的革命力量，带动了南社加入了共产党的行列。

1923年10月，新南社社员高尔松、高尔柏经杨贤江、沈雁冰介绍，加入中国

高尔柏　　　　　　高尔松

共产党，成为青浦最早的一批共产党员。

高尔松与高尔柏兄弟是青浦县练塘镇人。高尔松，字继郇，笔名高希圣。1916年秋入南洋公学中院（即中学部）。结识了侯绍裘、陆定一等人，深受其影响。高尔柏字咏薇，笔名郭真，与兄高尔松齐名。颜安小学毕业后，进入上海南洋工学中院学习。也是在侯绍裘等人的指引下，走上革命道路，参加过宣讲坛和义务工人夜校等活动。高尔松与高尔柏兄弟俩加入了新南社，高尔松的夫人史冰鉴，高尔柏的夫人唐纯茵也都参加了新南社，这在南社史上成为一段佳话。兄弟俩合写了《加纳博士底妇女参政运动》，在新南社第一期社刊上发表了。

1924年秋，高尔柏进入中国共产党所领导的新型大学——上海大学，同时，在附中任教师兼训育主任，并为上海学联的主要负责人。下半年由杨贤江、施存统介绍，加入中国共产党，先后任党小组长、支部书记、独立支部书记。

孙中山联苏联共　廖仲恺鞍前马后

1923年11月的一天，叶楚伧带着一位个子不太高，却十分干练的身穿西装的中年人来见柳亚子，介绍说："这是廖仲恺先生。"

1916年4月9日，孙中山（前排右四）、廖仲恺（后排左二）、何香
凝（前排右三）及友人在日本东京田中昂寓所举行"帝制取消一笑会"。
前排左四为宋庆龄、前排左二为廖梦醒，中间怀抱者为廖承志

　　一听"廖仲恺"三个字，柳亚子赶紧站了起来，快步上前，紧紧地握住他的手
不放。叶楚伧笑着："不要紧，跑不了的。"廖仲恺也笑了。

　　廖仲恺大名鼎鼎，柳亚子早有耳闻。

　　廖仲恺是广东归善（今惠阳）人，生于美国旧金山。1902年，他与夫人何香凝
先后到日本留学。他们到了日本，对孙中山很仰慕，有一次在中国留学生聚会上，
真的见到了孙中山。因为是公开的大会，去的人很多，孙中山在那次会议上作了演
讲，廖仲恺和何香凝都听得入了神。

　　散会以后，廖仲恺和何香凝没有马上离开，他俩挤到了台前，靠近了孙中山，
廖仲恺先向孙先生鞠了一躬，说："孙先生，我叫廖仲恺，她叫何香凝，我们二人是
夫妻。我们夫妇都很敬仰您，今天听了您的演讲，心里豁然开朗。我们想追随您，不
知先生能否把您寓所的地址示下，以便我们夫妇二人时时能得到您的教诲？"

　　孙中山仔细打量着眼前的夫妇二人，笑容满面地点了点头："好哇。我欢迎你
们伉俪到我那里去做客，我们一同努力，去推翻清朝的腐朽统治。"接着，孙中山
把自己的住址告诉了廖仲恺。夫妻二人激动得连声道谢。

　　几天后的一个晚上，廖仲恺夫妇在留日的学生黎仲实的带领下，穿过石子路，
来到了小石川的一间普通小旅社，日本人叫它"下宿屋"。孙中山是天生的演说家，
口若悬河，滔滔不绝，从鸦片战争谈到太平天国，谈到戊戌变法，谈到义和团，最

后归结到清政府的无能，他振臂而谈："正因为清政府无能，所以我们一定要进行反清革命。"

廖仲恺和在场的留学生都受到了孙中山强大气场的感染，无不血脉偾张，跃跃欲试。廖仲恺和何香凝向孙中山表示："孙先生，我们也要参加革命，愿意追随您为推翻清政府出力。"

孙中山颔首称赞："只要我们有决心，就一定能够成功！但只是我们这些人还不够，你们回去以后，要在日本留学生中物色有志之士，广为结交。"从那以后，廖仲恺与何香凝就开始在留日学生中进行宣传联络工作。

1905年，黎仲实来到了他们的家里，说孙中山想将联络点设在他们的家里。原来孙中山也由欧洲回到日本，开始筹建同盟会。孙中山住在一间名叫"高阳馆"的旅馆。他因为收发很多书信，又有许多人来这里相聚，这情况引起了日本警察的注意。于是，孙中山想找一个可靠的人家作为开会和收信的地点。孙中山想到廖仲恺和何香凝。何香凝一听就答应了。黎仲实说："这是一件很秘密的事，一定要严格保密，而且不宜雇用女佣人。"何香凝根据要求，在神田租了一间合适的房子，由本乡搬到了神田，每天下课后就自己亲自操持家务。这样，何香凝的家里就成了同盟会的通信联络站和聚会场所。廖仲恺、何香凝夫妇也双双加入了中国同盟会。

柳亚子一见叶楚伧带廖仲恺走了进来，十分惊喜，立即说道："仲恺一向在粤追随中山先生，怎么到上海来了？"

廖仲恺说："我奉中山先生之命来此，与各省支部讨论国民党的改组问题。也想听听亚子兄的见解。"说着，就讲起了他的经历。

早在1918年夏，孙中山被滇桂军阀排挤出广东军政府后，就开始把目光转向苏俄。一天，他找到了廖仲恺，对他说："要与苏俄建立一个更紧密的联系。这是绝对必要的。"廖仲恺十分赞同地说："俄国革命以后，私有废除，生产分配之事，掌诸国家机关和人民合作社。空前之举，震慑全球。"孙中山对廖仲恺说："苏俄甚至在危难之中也是我唯一的朋友。"廖仲恺回答："苏共的成功，中共革命成功的时日也不远了。前途曙光，必能出人群于黑暗。"

此后，孙中山与列宁之间多次进行函电的来往。6月26日，孙中山由广州经日本到达上海后，以南方国会和中国革命党的名义首次致电列宁和苏维埃政府。电文内容是，"俄国革命和中国革命抱有同样目的，即解放工人并建立以承认俄、中两

孙中山(左)和廖仲恺(右)　　　　孙中山与马林

国伟大无产阶级共同利益为基础的持久和平。"契切林成为列宁与孙中山通信联系的桥梁，廖仲恺和宋庆龄、朱执信分担了起草这些函电稿件的工作。1919年间，廖仲恺在上海时，和朱执信等就开始和苏俄人士接触，并在孙中山领导下组织了俄文学习班、李章达、陈璧君、查光佛、刘纪文等人都是学员，他们准备学习和研究列宁的革命理论。在他们编辑的《建设》杂志上，还发表了介绍十月革命的文章。

1921年，马林来到中国。他在协助陈独秀成立中国共产党后，听说共产国际召集中国各个革命团体参加远东人民代表大会的消息，于是，他有了一个想法，共产国际应当与孙中山和国民党建立密切的联系，力量弱小又与工人运动毫无关系的中国共产党，最好的出路也许就是加入国民党。于是，他就在张太雷的陪同下开始对中国革命进行了考察。

1922年1月，马林与孙中山见面了。但是，第一次会谈，双方所持观点迥异，甚至有些剑拔弩张。孙中山对马林介绍的共产主义理论不以为然，认为自己的三民主义才是造成新世界之工具。马林离开桂林经广州返回上海时，廖仲恺在广州与他会面，并进行过友好的会谈。会谈给原来已对苏俄具有好感的廖仲恺以深刻的影响，使他对十月革命和苏俄有了更多的认识，马林也希望他能做做孙中山的工作。

不久，国内形势发生了变化，陈炯明于6月16日发动兵变，炮轰总统府和粤秀楼，妄图谋害孙中山，推翻革命政府。孙中山在深夜冒着枪林弹雨冲出叛军的包围，转移到了永丰号兵舰上。廖仲恺被陈炯明囚禁在石井兵工厂达62天，在何香凝等人的营救下才被释放。

8月14日，孙中山到了上海。陈炯明的叛变对孙中山触动很大，于是孙中山又开始重新思考马林的建议。25日，孙中山会见了马林，这次两人谈得很融洽。马林就对孙中山讲："共产国际已经命令中国共产党人加入国民党，为国民党的主义和目标而奋斗。"孙中山表示很乐意接受马林的建议。

没几天，马林和高尚德到了杭州。8月29日，中共领导人陈独秀、李大钊、张国焘、蔡和森、张太雷等走上了苏堤，进入了南屏路的一座屋子。中共中央在这里召开特别会议。[①]会上，讨论了一个非常敏感的问题：共产党员加入国民党。西湖会议后，陈独秀、李大钊和马林分别去拜访孙中山，孙中山立即赞成中共党员加入国民党，以实现国共合作的主张。

孙中山就委托南社社员张继等人与在沪各负责人商议，并通电国民党相关支部，允许中共党员加入国民党。几天后，陈独秀、李大钊、蔡和森、张太雷等中共党员就由张继介绍，孙中山亲自主盟，正式加入国民党。随后，张国焘也由陈独秀介绍、张继主盟，加入了国民党。[②]1923年1月1日，孙中山发表《中国国民党宣言》。孙中山改组的国民党进入一个新阶段。

1923年1月18日，在上海一家豪华酒店里，一行人频频举杯，喝得正欢。宴会的主人是孙中山，贵宾是苏联全权代表越飞。越飞是应孙中山之约到达上海的，在随后的几天里，孙中山和越飞两人就中俄革命之合作关系等问题进行了广泛的会谈，廖仲恺参与了会谈，并为会谈宣言的发表做了重要工作。

1月26日，各大新闻媒体都热闹了起来，头版头条登出了一个夺人眼球的标题：《孙文越飞联合宣言》。读着《孙文越飞联合宣言》，廖仲恺有点热泪盈眶。这是中俄双方第一次以平等互助的精神发表的宣言，其中表明了孙中山公开确立联俄政策，也表明苏俄政府对孙中山的支持。他协助孙中山联俄，终于有了实质性的进展。

29日，越飞为进行苏日复交谈判和顺便治疗足疾而前往日本。廖仲恺受孙中山委派，与越飞一同去日本。"亚洲皇后号"轮上，廖仲恺与越飞望着奔腾的大海，心潮起伏。为掩人耳目，廖仲恺借口是以带女儿治病为由去日本的。他们两人都感

---

① 《陈独秀年谱》（1879—1942），第125页。
② 《陈独秀年谱》（1879—1942），第125页。

越飞

到肩上压着一副沉重的担子，他俩负有一项特殊使命，那就是要在日本继续进行商谈，进一步落实孙越宣言的内容和磋商中俄联合反帝等问题。

"亚洲皇后号"轮于2月1日抵达横滨后，当天廖仲恺就与越飞一起赶赴东京，住进了筑地静养轩。在东京的一个星期里，廖仲恺经常与越飞共同进餐，并一起会见了中国留日学生；在4日和9日还两度同越飞的秘书谢瓦尔沙龙进行了短暂商谈。2月10日，廖仲恺父女与越飞等人又一起前往伊豆山海岸的温泉风景区热海，共同下榻于热海饭店。廖仲恺与越飞在热海会谈取得重大成果，商讨关于苏联政府向孙中山广州革命政权提供经济、物资和人员援助等问题，最终获得俄共（布）最高当局的同意。

1923年10月，廖仲恺与张继、戴季陶、汪精卫、李大钊被孙中山任命为国民党改组委员，[①]5位委员中除李大钊外其余4位都是南社社员。历史不断地演变，在以后的历程中，廖仲恺始终是坚定的国民党左派，其他三人都成了右派，这是后话。12月29日，廖仲恺到了上海，商讨国民党改组的有关问题。正巧与新南社社员叶楚伧相遇，叶楚伧就带他来见柳亚子。

柳亚子与廖仲恺坐下，听了廖仲恺讲了一番经历，非常激动。他说道："我们

---

① 尚明轩著：《廖仲恺传》，北京出版社1982年8月第一版，第92页。

国民党第一次全国代表大会

刚刚成立了新南社，就是要秉承新文化运动的宗旨，以文学革命推动社会革命，希望仲恺兄多多支持。"叶楚伧接话道："亚子，你是三句不离本行。"廖仲恺说："新南社的情况我已经从《民国日报》上看到了，不但我要参加，我的夫人何香凝也要参加。"

廖仲恺、何香凝夫妇参加了新南社。柳亚子对其期望甚高。在一次聚餐会上即席赋诗赠廖仲恺："招邀豪俊开诗国，整顿河山入酒觞。书生尚有如椽笔，待奏饶歌下建康。"

1924年1月20日，在广东高等师范学校，以国共合作为标志的中国国民党第一次全国代表大会召开。出席的代表有165人。而令人瞩目的是，其中有一批共产党的领导人，如李大钊、谭平山、林伯渠、张国焘、瞿秋白、毛泽东等。大会主席是国民党总理孙中山，廖仲恺被孙中山指定为广东省三代表之一，并担任了大会的党务审查委员会委员、国民党章程草案审查委员会委员。

孙中山在开幕式上致辞，他说道："今天在此开中国国民党全国代表大会，这是本党自有民国以来的第一次，也是自有革命党以来的第一次。⋯⋯此次国民党改组，有两件事：第一件是改组国民党，要把国民党再来组织成一个有力量有具体的政党。第二件就是用政党的力量去改造国家⋯⋯"

当天下午会议继续，廖仲恺走上主席台，就国民党改组问题作了专门发言，他

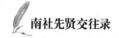

说道："本党何以要改组？国家何故此时再来建设？必先求其原理，在本党宣言书与政纲中，都已发表出来。……一个党为什么要讲组织和方法？自然因为都是很紧要。但组织若无内容，则组织不成为组织；方法若无主义，则方法尽变为空虚，永远没有成功的希望。……现在我们已有宣言，目标算是已定……"廖仲恺的发言，带来了一阵响亮的掌声。

第一次国共合作翻开了新的一页。

柳亚子依托中共　县党部江苏先锋

1924年1月，中国国民党第一次全国代表大会在广州召开。大会通过了《中国国民党章程》和《中国国民党第一次代表大会宣言》。宣言以反帝反封建为主要内容，确定"联俄、联共、扶助农工"三大政策，重新解释了三民主义。于是，第一次国共合作开始，国民党的改组工作在共产党的帮助下，也蓬勃开展起来。

1924年6月的一天，柳亚子回到了吴江黎里镇。他此次回来，与以往不同，因为他肩负着国民党江苏省临时执行委员会交给他的一项重任：秘密组建地方组织。在1923年12月，柳亚子以同盟会会员资格，由叶楚伧、陈去病介绍加入中国国民党。

波澜壮阔的大革命时代拉开了序幕。柳亚子回到家乡，借着东风，一面四处奔波联络，秘密发展组织；一面以《新黎里》和其他新字号报纸为阵地，濡墨挥毫，大造舆论，鼓动人们投身即将到来的大革命洪流。

《新黎里》发表了他的《拜孙悼李楼随笔·列宁和孙先生》，文中指出："列宁的成功，是靠苏维埃联邦人民的拥护，我们中国有孙先生这样伟大的人物，倘然不能够合全国人民的力量去拥护他，那真是国民的羞耻，民族的羞耻了！"

《新盛泽》刊出了他的《敷衍社会和反抗社会》，文中写道："我以为阴霾的天气，非雷霆霹雳，不足以振聋发聩；沉重的疾病，非芒硝大黄，不足以回生起死。这种死血的社会，你要用和平手段来劝导他，一千年也不得成功，弄到后来，或者连自己也社会化起来。只有大吹大擂，拼命地开炮，做反抗社会的举动，使他们从惊怖唾骂中认识我们的面目，了解我们的主义……"

1924 年 6 月，国民党吴江县第一次代表大会于盛泽召开

他还发表了《国民救国的一条大路》，直截了当地指出："要想救国只有大路一条，就是加入孙先生所领袖的中国国民党，帮助孙先生去奋斗。"在《新黎里》上斗胆公开号召："同胞们快快投奔到中国国民党的旗帜底下去罢！前进啊！奋斗啊！"

与此同时，柳亚子发表了《青年应看的杂志和周刊》致任梦痴的一封公开信，向广大青年读者热情推荐共产党人创办的革命期刊。他介绍蔡和森主编的中共中央机关刊物《向导》周报："处在军阀和外力压迫之下的中国人民，谁能引导他们向解放的路上走呢？只有马克思派陈独秀所办的《向导》周报。"又介绍瞿秋白主编的中共理论刊物《新青年》："《新青年》当为改造社会的真理而与各种社会思想的流派辩论。"还介绍了瞿秋白主编的中共机关刊物《前锋》："这个月刊，是国民运动的一支尖兵，打头阵的前锋。"⋯⋯柳亚子意气风发，急切呼唤奔涌呼啸的大革命潮头。

在吴江党建具体工作中，柳亚子得到了邵力子的大力协助。邵力子还参加了不少吴江地区的革命活动。吴江当地流传过这样一句话："吴江两个子，一个柳亚子，一个邵力子。"是年暑假，邵力子委派复旦大学学生党员黄雅声协助柳亚子工作。黄雅声是吴江震泽人，他一回家乡，即赴黎里联络，并受柳亚子委托去震泽一带秘密发展党员。

1925 年 7 月，国民党吴江县"二大"在黎里召开，会后举行夏令讲学会，侯绍裘、沈雁冰等 10 人演讲

吴江党建进展迅速。截至 7、8 月间，全县先后成立 5 个区党部，13 个区分部，共有党员 200 余人。

瓜熟蒂落。1924 年 8 月 24 日，中国国民党吴江县第一次代表大会在盛泽镇东庙书厅召开，国民党吴江县党部正式宣告成立。共产党员邵力子、侯绍裘、张应春等人出席了会议。大会选出县党部执行委员 5 人，监察委员 1 人。柳亚子当选为执行委员会常务委员。大会决定，县党部设在黎里，下设农民协会、工会、学生会、商民协会、妇女解放协会，发动秘密工作。

柳亚子和朱季恂、邵季昂、邵力子都做了演讲。前来听讲的有黎里、严墓、平望、八坼、震泽、城区学界人士。柳亚子讲《中华革命史》，历述中国几十年革命历程，孙中山创建中华民国、组织国民党的意义，以及国民革命的含义。朱季恂讲《政党和国家》，分析专制和共和的区别，组织政党的必要。邵季昂讲《弹性论》，以钢条弹性作喻，论述政治之道。邵力子讲《中产阶级与国家之关系》，认为"中产阶级系一国之中坚分子"。

国民党吴江县党部，是江苏省最早组建的国民党基层组织之一。国民党吴江县党部成立刚 3 天，8 月 27 日江浙战争爆发，党务被迫停顿。10 月 13 日江浙战争结束之后，柳亚子毅然停顿新南社社务，全身心投入吴江党务。

1925 年 7 月 13 日下午 6 时，柳亚子、毛啸岑等二十余人来到黎里第四高等小学会议室，国民党吴江县第二次代表大会筹备会议将在这里召开。

毛啸岑与柳亚子都是黎里人，跟着柳亚子从事革命工作，是新南社的骨干之一。

自1924年8月24日在盛泽召开全县代表大会成立县党部后，已有近一年了。中间由于江浙战争，县党部活动停顿了一段时间。直到1925年5月3日，举行追悼孙中山大会期间召开了执行委员会议，第二次会议通过了县代表大会的组织法、选举法，第三次会议决议编印全县党员名录和《三五月刊》。

《三五月刊》作为国民党吴江县党部的刊物，由柳亚子主编，毛啸岑等编辑，宣传"三民主义"和"五权宪法"，专门刊登国民党重大活动以及吴江各区党部活动。

1925年6月1日，《三五月刊》创刊，创刊号上刊发了《中国国民党第一次全国代表大会宣言》《中国国民党党章》。7月1日刊发了第二期，刊登了《孙中山略史》《中国国民党的经过》《三民主义问答》。现在，即将召开国民党吴江县第二次代表大会，预示着吴江的党建工作将进入一个新的历史发展时期。

1925年7月14日上午9时，国民党吴江县第二次代表大会正式召开。首先，全体人员起立，肃听大会主席柳亚子恭诵总理遗嘱。柳亚子致了开幕词后，新南社社员徐蔚南、徐遽轩等作了演讲。下午讨论议案时，毛啸岑带头附议了汪大千口头提议的各区同志应创办平民义务学校，和日间口头宣传中山主义、夜间用幻灯片放映中山照片案。同时，又向大会提交了两份书面提案，一份是县党部经费案，提出应有各区分部党员负责维持；另一份是县党部发行的《三五月刊》经费案，因经费无着，应请全体党员共同维持。这两个提案得到了与会者的附议，最后决定县党部经费由区分部于收到党费项目下，提出十分之二汇交县党部。《三五月刊》经费由党员共同负担，每个党员至少承担基本金大洋4角。

第二次全县代表大会后，立即举行了夏令讲学会。为了提高广大党员的觉悟，积极投身反对帝国主义的行列，县党部决定外请当时党内名人公开讲学。

7月14日，朱季恂、侯绍裘来到黎里，住在第四高等小学，作为校长的毛啸岑接待了他们，与他们促膝谈心。

7月15日，讲学会正式开始。第一天，由朱季恂讲《革命的口号及方法》，侯绍裘讲《五卅事件经过情形和帝国主义的关系》。这两人是"五卅"运动的直接参

1925年8月,国民党江苏省党部成立大会在上海召开(前排右起第三人为柳亚子)

与者,讲得生动有味。下午讨论,毛啸岑向大会提议,用"中山主义宣传团"名义向群众实行通俗演讲,各讲师欣然赞成。

晚饭后,各区的同志集中四高小学整队提灯出发演讲。吴中旧俗,元宵、中秋均有灯会,而本日并非佳节却胜似佳节。满街张灯结彩,人海如潮。游行队伍各纸灯上写着"推翻帝国主义""取消不平等条约"等口号特别引人注目。游行队伍击鼓以唤起民众的注意。从七时半出发,长长的提灯队伍,流光溢彩,口号声此伏彼起,至晚上11点才结束。

第二天,因董亦湘有事延期来黎,朱季恂有事返沪,由徐蔚南讲《法国最近文坛上之两大激流》。后侯绍裘继续开讲《教育界的切身问题》。第三天,侯绍裘因下学期担任苏州乐益女中教务主任,匆匆赴苏预备招考事宜。于是,临时安排柳亚子讲了《苏曼殊之我观》,徐蔚南讲了《文学之本质》。下午五时许,王一知、董亦湘、姜长林到黎里,全体同志当晚开了茶话会。柳亚子致欢迎词后,姜长林报告了江苏临时省党部的状况,董亦湘报告最近国内及国际状况,柳亚子报告了吴江县党部情况。会议至11时20分结束,毛啸岑送姜长林他们进宿舍后,还依依不舍,谈了许久。第四天,王一知讲"妇女问题",董亦湘讲《民族问题》,姜长林讲《国民党怎样站到民众中间去及怎样指挥民众去适应革命潮流》。毛啸岑担任了姜长林讲课的记录，不时地为姜长林的话语所感动。傍晚，沈雁冰、杨贤江、邵季昂到黎里，柳亚子、毛啸岑等人又是一阵兴奋。

7月19日，讲学会的第五天，毛啸岑与柳亚子、徐蔚南3人担任主席。沈雁冰讲《甘地主义与中国》，杨贤江讲《青年问题》，邵季昂讲《中国国民历史的使命》，讲课的3位在国内知名度很高。毛啸岑听了他们的讲课，特别是他们所讲的"盖世界最后解放，必以社会革命为归宿，而在殖民地之社会必以民族革命为先导……"，使毛啸岑耳目一新，他深深感到，无论所讲的为国际政治问题，为青年问题，为历史使命问题，终不能脱离总解放之途径。至此，他对国民革命的思考又进了一步。

3人讲课把讲学会推向了高潮。他们讲毕，讲学会也就进入了尾声。柳亚子致了闭幕词后，会场上又响起了口号声："打倒帝国主义！""打倒军阀！"……全场环而和之，会议在欢呼声中闭幕。

讲学的人都要归去了，柳亚子和张应春、毛啸岑、沈华昇等人送行。在轮船码头上，诸讲师向各同志挥手告别，情殊恋恋。

此后，1925年10月10日，国民党吴江县党部在震泽镇召开了第三次代表大会。1926年1月1日，在平望召开了国民党吴江县第四次代表大会。

国民党吴江县第四次代表大会召开的时间，与国民党第二次全国代表大会开幕的日子相同。这次会议，江苏省党部代表、共产党人肖楚女、侯绍裘和姜长林前来参加。会议主题鲜明。会上，肖楚女作了反帝反封建的报告，侯绍裘提出了"打倒军阀""打倒帝国主义"等口号，并号召大家与教会作斗争。会议通过了通电庆祝国民党第二次全国代表大会开幕、反对日本出兵东北三省、拥护国民政府、声讨叛党党贼、实行清党事务、组织宣传委员会、组织吴江县反帝国主义同盟、本党党内教育和训练、通电庆祝国民政府统一广州、声讨段祺瑞等10项议决案。

2月17日，毛啸岑与柳亚子、张应春转道嘉兴前往上海，参加在景贤女中分校举行的江苏省各市县党部联席会议，会期3天。后参加全省干部寒假训练班，历时旬余。会后，柳亚子留沪主持江苏省党部工作，张应春在上海大学社会科学系做了旁听生。毛啸岑回到黎里，继续参与国民党吴江县党部的工作。4月5日，在同里召开了国民党吴江县第五次代表大会。

吴江县党部成为江苏省著名的国民党基层组织之一，也成了国共合作的典范。

"五卅"案全国声援　南社人书生意气

1925年5月30日，沈雁冰拖着疲惫的身子回到家中，坐在书桌前，紧张的心情难以平静，白天发生的一切又浮现在眼前：那是一个多么令人痛心的场面：许多无辜的人倒在了血泊之中；那是一派多么激动人心的场面：有万千争自由的旗帜前赴后继。他亲身经历了"五卅运动"。

1925年，沈雁冰身在商务印书馆。他在那里，生活异常平静，然而，白天、夜间却判若两人。白天躲在商务印书馆的小圈子里埋头古籍，钻研学问。晚上，坐在灯前，为新文学撰译新文章，有时也参加中共支部的活动，讨论当前的斗争形势。因而，他的夫人孔德沚开玩笑地送了他一个称号："阴阳人。"

不久，他平静的生活就被打破了。

1925年5月1日，全国劳动大会在广州召开，大会决定成立全国总工会，上海工人运动的热火也燃烧了起来。5月15日七厂（织布厂）的夜班工人去上班，工厂却紧闭大门，宣布：没有纱，工人统统回家去。工人据理力争，但厂方不理。有个人站了出来，他就是顾正红。顾正红是江苏阜宁人。1924年夏，参加了中国共产党在上海举办的工人夜校的学习和沪西工友俱乐部的活动，成为俱乐部的积极分子；1925年2月，顾正红参加了工人纠察队和罢工鼓动队，在这场斗争中加入了中国共产党。他带领工人撞开厂门，冲进工厂，七厂大班川村凶狠地朝顾正红开枪，子弹击中他的左腿，鲜血直流。他忍着伤痛，振臂高呼："工友们，大家团结起来，斗争到底！"敌人再次开枪，击中他的小腹。他紧紧抓住身旁一棵小树，顽强地挺立着，继续号召工人们坚持斗争。刽子手又向他连开两枪，用刀猛砍他的头部。顾正红当即倒在血泊之中，第二天下午伤重不治而逝。

"顾正红事件"激起上海工人的极大愤怒，16日，内外棉五、七、八、十二等厂一万余名工人全部罢工，并组织罢工委员会，设立纠察队、交际队、演讲队、救济队等，提出"惩办凶手，承认工会"等8项要求。5月24日，在谭子湾举行顾正红烈士追悼大会后，进一步扩大宣传，组织全市的罢工、罢市、罢课的"三罢"准备阶段工作。

5月30日，在共产党的领导下，发动了规模更宏大、组织更严密的游行，下午，上海的工人、学生会合到南京路参加反帝示威运动。沈雁冰作为领导者之一与孔德沚、瞿秋白的爱人杨之华一起上街参与了示威游行。沈雁冰走进了上海大学的行列，看到了一个人，急忙说道："你也来了！"此人不是别人，正是上海大学副校长、新南社社员邵力子。

1925年初，中共中央指示中共上海区执行委员会在上海有条件的基层建立5个党支部。中共上海大学支部正式成立，震惊中外的"五卅运动"正是在共产党人云集的上海大学酝酿并且发起的，上海大学西摩路校园是"五卅运动"的指挥场所，有大幅标语从三楼悬挂到楼下，上海大学学生几乎全部参加了"五卅运动"。5月30日，邵力子、陈望道就和上海大学的师生一起，组成了38支"学生宣讲团"，约有四百多人的游行队伍，在西摩路上海大学校区集中，一路向东来到南京东路。

沈雁冰等人跟着上海大学学生宣传队前进。"打倒帝国主义"的呼声此起彼伏，整条南京路挤满了情绪激昂的人群。到了先施公司时，忽然听得前面传来"砰、砰、砰"的枪声，南京路上示威的人也从前边潮水似的退下来，沈雁冰急忙上前问前面发生了什么事。几个学生模样的人愤怒地说："巡捕开枪了，演讲队有几个人被捕房抓进去了，工人学生涌到捕房，要求放人。结果捕房的巡捕开枪，打死上海大学学生执行委员何秉彝、交大学生陈虞钦。"这时，先施公司已经拉上铁栅门，把沈雁冰他们关在公司门里，出不去。正在焦急时，杨之华认出一个熟悉的先施公司的小职员，于是杨之华由这个小职员带路，从后门走了。

当天深夜，中共中央举行紧急会议，决定由瞿秋白、蔡和森、李立三、刘少奇和刘华等人组成行动委员会，建立各阶级的反帝爱国统一战线，组织上海民众罢工、罢市、罢课。沈雁冰和陈独秀、蔡和森、李立三、恽代英、王一飞、罗亦农等在闸北宝兴里张国焘的内里开会，研究对策，决定发动全市的罢工、罢学、罢市运动，并立即组织上海总工会，并由上海总工会、全国学生总会和上海学生联合会、上海总商会和各马路商界联合会共同组织工商学联合会，为这次"三罢"领导中心。同时，沈雁冰还与瞿秋白、邵力子一起参加了上海学生总会在上海南京亚东医科大学召开的秘密会议，讨论了任务和他们的分工。

"五卅运动"爆发时上海总工会的游行队伍

　　会议一直开到深夜。沈雁冰拖着疲惫的身子，两眼布满血丝，回到家里，但是还是不能入睡，白天的情景像电影般地展现在了眼前："打倒帝国主义"的呼声、青年学生染红了土地的鲜血，沈雁冰由衷地感叹道："真是空前悲壮的活剧啊！"于是，他拿起了笔，铺开了纸，破天荒地突破了自己以前设置的禁忌，用散文的形式写下了《五月三十日下午》，把自己爱憎分明的情感宣泄在了纸上……

　　5月31日，上海大学学生会继续组织"学生宣传队"上街演讲，下午，有人急急忙忙地向邵力子报告，游行被当局镇压，有六十多人被捕。邵力子为自己的学生被捕感到非常痛心，当天晚上，他与瞿秋白、邓中夏等学校领导秘密召开会议，形成了"罢课"的决议。

　　6月1日，上海实现了"三罢"，上海大学向全国发出通电："本校决定自六月一日起实行罢课，誓达惩办雪耻之目的。"大学生们涌上街头，散发传单，和罢工的工人融为一体，各阶层人民的反帝斗争达到高潮。但帝国主义的血腥镇压也更加疯狂，他们任意搜捕群众，解散学校，枪杀无辜，引起全市人民更强烈的愤怒。当天，上海总工会宣告成立，举行了20万工人的总同盟大罢工。

　　6月4日，突然有四十多名英国巡警包围了上海大学，以查"共产党秘密文件"为名，把师生全部赶出了校园，紧接着，美国海军陆战队开进了上海大学，将学校作为驻地。面对这突然发生的事件，邵力子和瞿秋白立即将帝国主义的暴

顾正红　　　　　　　　　　　　恽代英

行通电全国，表示"努力以抗，决不退让"。第二天，上海大学师生借地方继续战斗。

6月4日下午，沈雁冰等三十余人发起成立上海教职员救国同志会，并在小西门立达中学召集筹备会，会后发表宣言。6日，沈雁冰、杨贤江、侯绍裘3人对外发表谈话，声明成立教职员救国同志会的目的、任务。后来，教职员救国同志会借中华职业学校举行讲演会，一共定了8个讲演题，沈雁冰亲自去讲演了《"五卅"事件的外交背景》。

"五卅惨案"引起全国各大城市的声援响应，北京、天津、汉口、长沙、南京、济南、青岛、杭州、福州、郑州、开封、九江、南昌、镇江、汕头、广州等地也纷纷示威游行，发动抵制英日货的运动，声援上海。

就在6月1日，邵飘萍在《京报》第二版以大标题发表《沪租界巡捕枪杀学生之惨剧》一文，迅速披露"昨日接有上海访员30日下午8时发来之专电"，报道了5月30日上海发生的惨案，详细介绍了学生被屠杀的经过及原因。6月2日，《京报》又用第二版及第三版的部分版面，刊载《上海昨日罢市》《北京学生对沪惨案之奋起》《外交部准提极严重之抗议》等消息及英路透社、日东方社有关电讯稿，进一步报道上海"五卅惨案"的情况和全国各方面的反映和声援。邵飘萍则亲自撰写《外人枪毙学生多名巨案》的评论，公开署名"飘萍"，发表在《京报》的"评坛"栏内。为了引人注目，标题还特意用手书体大字再加上着重圈来

"五卅运动"期间，学生在永安公司前散发传单

突出。

上海"五卅惨案"发生后，共产党员恽代英从上海来到苏州，找到了新南社社员叶天底。5月31日，叶天底先在乐益女中召开声援上海的斗争大会，后去苏州青年会召开会议，具体研究集会游行事宜期间，他还陪同恽代英等人到知名人士家中走访，发起成立"苏州各界联合会"，领导全城声援上海工人斗争。6月2日，发动了苏州各团体在公共体育场集会，再次声援上海工人的斗争，并发动各界募捐，支持上海遇害工人。会后，他组织青年学生，分批前往车站、码头、剧院进行宣传募捐活动。叶天底还发动乐益女中学生募捐义演。为了保证演出的及时性，叶天底夜以继日赶画布景，双眼熬出了血丝。三天募捐演出，场场客满，尤以《昭君出塞》《红拂传》和张闻天辅导排演的《虹霓客传》剧目轰动了全市。上海《申报》报道：支援上海工人，组织募捐，苏州乐益女中成绩最佳……

6月16日，《新黎里》上发表了柳亚子的三千字长文《对于上海大惨剧的感想》，驳斥"帝国主义不足为中国患"的谬论、历数十几年来帝国主义利用军阀挑起内战，屠杀中国人民的累累罪行。文中尖锐指出："倘然中华民族除了上海人以外，还是隔观火，不痛不痒，中国二十二行省，何难尽变上海？而扬州十日，嘉定三屠，满鞑子入关的惨剧，更何难在文明的二十世纪重行搬演一下呢？……此次上海惨剧是帝国主义屠戮中华民族的血证，也就是中华民族打倒帝国主义者的兴奋剂，不论此次结果是成功还是失败，但我们的根本主张，终是万万不可抛弃，也就是万万不容抛弃的。……"

消息传到北京，南社社员马叙伦当即联合北京各界人士组成"五卅惨案后援会"，并担任主席，他每天到会办公。7月18日，北京500多个团体在天安门前举行国民大会，马叙伦担任大会总指挥。大会通过了废除中英间一切不平等条约、接管上海公共租界及各地英租界等决议，并推举李石曾、易培基、马叙伦等20余人为执行委员，通电全国人民督促政府执行。会后，马叙伦与易培基将大会决议送交执政府……

"五卅惨案"后，高尔松、高尔柏兄弟俩也走在了前列。高尔松参加上海大学演讲组，编写传单：《打倒帝国主义》《顾正红烈士被害事件》等，并四处演讲，影响很大。高尔柏撰写长文分析"五卅"运动的发生及原因，还指挥上海大学的示威游行。

而另一个南社人杨杏佛，在另一条战线战斗着。"五卅惨案"发生后不久，他又与上海各界知名人士发起组织中国济难会，以救济那些因参加爱国运动而遇难的同胞及其家属。他起草了"中国济难会宣言"，宣言指出："'五卅'事变前后，青、沪、汉、粤、渝、宁、津等地死伤入狱者之多，近世所未有。现在内外强敌方盛，吾民欲争得自由，今后还不知若干牺牲。这些因国家、社会而牺牲的人们，固然不期我们之救济，但社会人士却不应坐视他们和他们家属的危难困苦而不予以同情和救济……"宣言一起草，于右任、杨杏佛、戴季陶、陈望道、杨贤江、沈雁冰等南社人就签了名，签名者有150余人。

1926年1月17日下午1时，中国济难会在北四川路中央大会堂举行募捐游艺大会，到会团体180余个代表300余人，连同其他来宾，不下2000余人。杨杏佛等人作了演讲。杨杏佛大声说："中国民众为解放运动而死者，屡为国家所轻视，我们济难会的目的，在表同情于为民族谋解放的人。其中工人、农民所作牺牲大，他们困难多，我认为必须对他们给予更多的同情与救济……"会上表演了许多文娱节目。最后，会议选举韩觉民、李石岑、杨杏佛、恽代英、胡寄南等10人为审查委员，阮仲一等为组织委员，郭沫若等为文书委员，杨贤江等为宣传委员，柳亚子为筹款委员，进一步实现了国、共两党人士的团结与合作，促进了济难会工作的顺利开展。

建黄埔国共联手　廖仲恺堪称"慈母"

1924年初，廖仲恺接到了孙中山的指令，去筹建黄埔军校。当时，他正任海陆军大元帅大本营秘书长、国民党一大中央执行委员、中央常委、工人部长。

1924年1月，中国国民党第一次全国代表会议决议建立军官学校，这是孙中山在苏联帮助下和中国共产党共同创办的新型军事政治学校，因校址始设于广州黄埔长洲岛，所以通称为黄埔军校。黄埔军校筹备时，蒋介石是军校筹备委员会委员长，但任职不满一月就弃职而去，还自行解散筹备处。紧急关头，廖仲恺又被任命为代理委员长。他一到军校，首先稳住人心，强调军校是国民党中央决定创办的，不是蒋介石个人要创办，要求大家继续推进筹备工作。在蒋介石返回前的两个月内，在廖仲恺的主持下，军校修建了校舍，选定了各级干部，录取了第一期学员。

1924年5月，廖仲恺正在办公室忙于开学工作，戴季陶带一个人走了进来，并介绍说："这就是新任政治部副主任的张申府。"廖仲恺一听，马上走上前，伸出双手说："你终于来了。"

这张申府不是一般人物，是中共中央派进学校的"红色教官"。在孙中山委任的第一批17名教官中，他是唯一的共产党员。

张申府是经李大钊介绍，廖仲恺诚邀进入黄埔军校的。张申府并非一般的中共党员，与陈独秀、李大钊关系甚为密切，也曾是陈独秀主办的《新青年》的编委之一。1918年12月与陈独秀、李大钊联手创办了《每周评论》。1920年冬，张申府抵达法国后，见到了先期到达的周恩来，1921年春介绍周恩来加入中国共产党，他们与后来到达巴黎的赵世炎、陈公培一起组成了中共巴黎小组，该小组后来成为中国共产党正式成立时的8个发起组织之一。两年后，张申府与周恩来一同前往德国柏林，在这里遇到了朱德，张申府与周恩来一起介绍朱德加入中国共产党。[①]1922年旅欧中国少年共产党（简称"少共"）成立，由于张申府仗着老大哥身份，不出席

---

① 天津马列主义研究学院王静：《张申府与中国共产党》第12—16页第三章"张申府与中共旅欧组织的建立" 2010年5月。

少共的会议，但经常对少共发号施令，于是少共于1923年宣布开除了张申府。1924年2月，张申府到达广州，正值黄埔军校筹建之际，需要有共产党人的参与，李大钊就将张申府介绍给了廖仲恺。

一见张申府的到来，廖仲恺非常高兴，就向他谈起了孙中山建黄埔军校的宗旨："创造革命军，来挽救中国的危亡。"张申府的建军思想与孙中山和廖仲恺的建军思想是一致的，他们都认为，所谓革命军，根本上是要有革命精神，这就要学习列宁经验，仿效俄国，培养一批具有奋斗精神，立志为打倒帝国主义、打倒军阀、救国救民而战斗的革命战士。

张申府一进入黄埔军校，就配合廖仲恺投入到军校筹建工作中。由于当时各省都在军阀势力的统治下，黄埔军校并不能公开招生，国民党中央只好趁一大会议之便，委托返籍各省的国民党一大代表及中央委员私下招生。当时积极参与招生工作的有毛泽东、于右任、戴季陶、居正等。经过当地考试合格后，大约有1300名考生来广州复试。复试的国文试题为戴季陶拟定，数学试题由王登云负责，张申府则除了和几位苏联顾问负责口试外，还负责笔试监考和阅卷工作。第一期初次招生近500名，其中包括陈赓、徐向前、蒋先云、李之龙、周第、左权、宋希濂、郑洞国、侯镜如等日后的著名人物。

有一天，廖仲恺忙到凌晨4点才回家，夫人何香凝不免有些意见。廖仲恺含泪说："我晚上在杨希闵家，等他抽完大烟才拿到这几千元，不然黄埔师生再过两天便无米食了！"何香凝知道，当时黄埔军校缺少经费，就是靠廖仲恺这堂堂国民党大员求爷爷告奶奶而来的，他忍辱负重，四处借贷，连尊严都放弃了。何香凝看着丈夫也不由心酸，于是说："我们还有点积蓄，先拿出来用吧。"看着何香凝，廖仲恺感动得不知说什么好。

廖仲恺与何香凝真是一对知心夫妻。他想起了一件往事：中日甲午战争爆发后，廖仲恺再也坐不住了，他要去日本留学，寻求革命道路。当时，他的父亲已经去世。他的亲哥哥是清政府的外交官员，不同意廖仲恺去日本，"兄弟，我不同意你去日本留学。此时正是日本欺负我们，咱怎么能去日本呢？"廖仲恺说："哥哥此言差矣！清政府战败，正是因为腐败无能，日本的明治维新正是我们要借鉴的。我此番到得日本，正是要寻求维新经验，以改变我国封建统治，创立共和……"作为清政府的官员，哥哥哪儿还敢再听下去。哥哥也知道廖仲恺的脾气，他认定的目

廖仲恺

张申府

标，就是用九头老牛也甭想拉回来。哥哥打断了廖仲恺的话，"我不同你讲大道理，我只告诉你，你在国内到哪儿读书家里都供给；果然你一定要去日本，家里也不阻拦，只是有一条，留学的经费你自己解决。"当时，廖仲恺已与何香凝成婚，可是还与家里一起生活。到日本留学不是一天两早晨的事，他到哪里弄钱去？愁得廖仲恺坐在家中唉声叹气。何香凝见到丈夫这个样子，知道他是因为去不了日本而发愁，她也不说话，一转身出去了。何香凝知道，现在最好的安慰就是能让廖仲恺出国，就把结婚时娘家陪送的首饰变卖了，给廖仲恺做资金。廖仲恺捧着何香凝变卖首饰换来的钱，激动得一句话也没说。何香凝当然懂得廖仲恺的意思了，她告诉廖仲恺："你先到日本安置安置，待我想办法筹些钱，就去日本找你。我们夫妻相聚指日可待。"果然，何香凝变卖了一些家产，在两个月之后也去了日本。

1924年6月16日，黄埔陆军军官学校举行开学典礼。廖仲恺任党代表，戴季陶任政治部主任，蒋介石任校长，构成了黄埔军校的"三驾马车"。孙中山在开学典礼上曾致辞："我们开办这个学校，要用里面的学生做根本，成立革命军，诸位就是将来革命军的骨干。创立了革命军，我们的革命才能成功。"

在越飞、鲍罗廷的影响下，廖仲恺可以说是国民党内对俄国革命的成就最为信服的领导人之一。5月11日，他向黄埔学生作过的一次演讲中表明了自己的心声："以德国教育之发达，科学之昌明，举世并无其匹，乃一经挫败即不复振。俄国文化程度，在欧洲为最，然各国能打倒德国，卒不能打倒俄国者，俄国之思想与组织有以抗之也。……我们的军校要有统一的组织、统一的意志、统一的精神，……如果这三件事做不成功，就是本校的失败······"

军校筹办时，廖仲恺和戴季陶让张申府为军校推荐人才。张申府开列了一份名单，第一位就是周恩来。张申府告诉廖仲恺说："周恩来人才出众，但是个穷学生，希望能汇些路费给他。"廖仲恺当即表示，给周恩来发聘书、寄路费，让他回国。于是，张申府给远在法国的周恩来写信，让他到黄埔军校任职。

1924年7月底，周恩来动身，9月初到达广州，11月，他便在张申府的推荐下，担任了黄埔军校的政治部主任。[①]而此时，张申府因为看不惯蒋介石的专横作风，已于1924年6月19日仓促离校。1925年，张申府因反对与国民党结盟，而主动退出中共，自此脱离共产党。

军校一开学就设有三民主义、国民党史、各国革命史、社会进化史、帝国主义侵略史及中国土地与劳动问题等政治课程，由胡汉民、廖仲恺、戴季陶和邵元冲分别担任教授。

邵元冲也是南社社员，在周恩来到来之前，他也曾担任了两个月的政治部主任。邵元冲在政治部主任的位置上，可谓来也匆匆、去也匆匆，接着以孙中山机要秘书的身份，随从孙中山离校北上。

周恩来接任政治部主任一职后，在党代表廖仲恺的领导关怀下，将政治部从广州市迁进军校内，逐步建立起一整套行之有效的政治工作制度，并健全了政治工作机构，开设了理论性很强的政治课，传授三民主义和马克思主义理论，开展多种形式的思想政治教育工作，使政治部工作完善起来并发挥出应有的作用，从而开辟了黄埔军校乃至日后国民革命军政治工作的新局面。

邵力子是1925年5月25日蒋介石呈请中央执行委员会任命他为黄埔军校秘书处处长的，邵力子一到黄埔军校报到，第一个遇到的就是周恩来。两位老乡就这么认识了，后来成了好朋友。后来，邵力子在黄埔军校历任校长办公厅秘书长、国民党特别党部宣传委员、政治部副主任、主任。北伐战争兴起后，他便离开了军校。

廖仲恺不屈不挠地奉行孙中山三大政策，密切地同中国共产党人合作，支持工农革命运动，推动了中国国民革命发展。为了加强对军校师生的组织和教育，廖仲恺和鲍罗廷发起组织了"青年军人社"。青年军人社于1925年1月25日成立，不

---

① 王静：《张申府与中国共产党》，第五章"张申府与黄埔军校"，第26页。

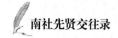

少共产党人都积极参与。廖仲恺亲任社长，并出版机关刊物《青年军人》，还以他对军校的题词"烈士之血，主义之花"为名，成立了文艺性的团体"血花剧社"。1925年黄埔军校成立了"中国青年军人联合会"。

中外反动势力都视廖仲恺为眼中钉，欲置之于死地。1925年8月，廖仲恺竟遇刺身亡。

8月20日，廖仲恺同何香凝从东山寓所驱车赴秀南路九十三号中央党部参加国民党中央执行委员会第一〇六次会议，在途中，遇到了国民政府监察委员陈秋霖，便载之同车而行。当汽车开到平时警卫森严的中央党部大门前，廖仲恺和陈秋霖先下车，在门前登至第三级石阶时，突然自骑楼下跳出两名暴徒，向他开枪射击；大门铁栅内也有暴徒同时发枪，共射二十余发。他身中4弹，俱中要害，当场仰面倒地，不能作声。同行的陈秋霖也被射中一枪，带伤避入宣传部办公室。

遇害前两天，在国民政府的一次会议席上，曾有人告诉廖仲恺说听到有人将对他不利，请他注意。廖仲恺当时耸耸肩笑了，回答道："我们都是预备随时死的，那有什么关系！"甚至到遇害前一天，又有人以右派要杀害廖仲恺的确切消息报告，他还是慨然地说："际兹党国多难之秋，个人生死早置度外，所终日不能忘怀者，为罢工运动及统一广东运动两问题尚未解决！"1925年8月19日晚，廖仲恺为了给黄埔军校筹集经费工作到深夜，回到家已经很晚了，想不到第二天就遇难了。

廖仲恺在路上已处于弥留状态。面对呼吸极为困难的丈夫，何香凝悲愤交加，不断地催促司机加快车速。10时15分左右，车到达医院时、廖仲恺已经无法救治，气绝身亡。年仅48岁。

何香凝面对束手无策的医生，面对流在车垫子上的成堆血迹，面对廖仲恺已逝的遗体，脑中顿时变幻着他们之间二三十年的师友之谊，夫妇之情，同志之爱，止不住痛哭失声，热泪倾涌。何香凝流着眼泪向廖仲恺的遗体告别说："我知道你最担心的是三大政策不能顺利执行，我一定要继承你的遗志，把你的工作接过来，一定把它实现，请你安息吧。"

凶讯传来，举国沸腾，进步人士愤慨难忍，周恩来特为此撰文指出："自国民党改组以来，最显著革命势力便是革命军的组成和工农群众之参加国民革命，这两件伟大事业的做成，大部分的功绩是属于廖先生的。廖先生因此而愈见忌恨于反革命分子，而终至被杀害牺牲。我们一定要为廖先生报仇。"[①]

　　南社的发源地——江苏吴江也为廖仲恺举行了追悼大会，柳亚子悲痛欲绝，廖仲恺是新南社标杆式的人物，又是广东国民政府著名的左派人士，他的死对南社的损失不言而喻。柳亚子满腔思念，集于一联，曰："难忘畴昔周旋，南渡离筵频入梦。所赖英灵呵护，东征义旅早成功。"

　　1925年9月1日，廖仲恺出殡时，广州黄埔军校师生、工人、农民、市民群众等二十多万人参加。他的遗体暂厝于广州驷马岗他的好友朱执信的墓侧。1935年9月1日，迁葬于南京紫金山中山陵，即如今的廖仲恺何香凝墓。

---

① 人民网：周恩来《勿忘党仇》；尚明轩：《廖仲恺传》第168页，北京出版社1982年8月第一版。

第四章　心系民众

1926年"三一八"惨案，中山舰事件，1927年"四一〇"惨案、"四一二"惨案、"马日事变"，蒋介石、汪精卫叛变革命，疯狂地镇压革命，疯狂屠杀共产党人和工农群众，南社人心系民众，心系国家，经受着历练：邵飘萍、林白水、叶天底惨遭杀害；鲁迅、柳亚子、成舍我、毛啸岑、高尔松、高尔柏死里逃生；李书城痛失胞弟；柳亚子秣陵悲秋；杨贤江参与了上海武装起义；杜国庠在战斗中加入了中国共产党……

——题记

"三一八"惨案惊人　南社人主持正义

　　1926年3月18日，天安门广场北面搭建的一个主席台上，台上悬挂着孙中山先生的遗像和他撰写的对联："革命尚未成功，同志仍须努力。"台前横幅特别醒目："北京各界坚决反对八国最后通牒示威大会。"

　　上午10点钟，飘了小雪，有数千名北京学生和市民不顾寒冷，集合于天安门前，示威大会开始了。

　　怎么会有这么多人集中在天安门广场呢？起因在3月16日的一件突发的事情。那天，英、美、法、意、荷、比、西、日八大帝国主义国家，联合援引《辛丑条约》海口不得设防之条款，向北京政府外交部提出44小时限期"最后通牒"。八国公使团向北京政府提出要拆除大沽口国防设施，否则以武力解决。同时各国派军舰云集大沽口，武力威胁北洋政府。北洋政府外务部接到列强外交团之"最后通牒"后，经紧急磋商即于当日午夜答复，称"最后通牒"内容"超越《辛丑条约》之范围"，所以"不能认为适当"。3月16日，在北京的国共两党开会，决定组织各学校师生和群众团体在天安门集会。

　　天安门广场上，这是一场国共合作反对帝国主义的大会。中共北方区委的领导李大钊、赵世炎、陈乔年参加大会。最后大会形成决议："通电全国一致反对'八国通牒'，驱逐八国公使，废除一切不平等条约，撤退外国军舰，电告国民军为反对帝国主义侵略而战。"会后进行了示威游行。

　　下午天色阴沉，恐怖的政治气氛与寒气一样逼人。到了下午1点钟左右，游行队伍至东城铁狮子胡同执政府前请愿时，代表携带大会决议案请求入见国务总理，被拒绝。但在代表向游行群众报告时突然遭到段祺瑞政府军警的枪击，当场死亡28人，重伤189人，送医院抢救无效又死去了19人。共产党员李大钊、陈乔年等掩护群众而负伤，震惊中外的"三一八"惨案爆发了。

　　当时，邵飘萍在《京报》馆里。一听到"三一八"惨案的消息，惊跳了起来。邵飘萍与李大钊是革命同志，就在上一年，经李大钊、罗章龙介绍加入了中国共

"三一八"惨案死难烈士追悼会

产党。①

邵飘萍立即增派新闻记者和摄影记者，赴出事地点和有关医院调查采访。那天，邵飘萍组织采访，编排《京报》版面之外，还亲赴权威方面采访，一直到深夜才回到报馆。在报社，他的心情久久不能平静，奋笔疾书，写下了《世界之空前惨案不要得意，不要大意》的讨段檄文。文中起首就写道："世界各国无论如何专横暴之君，从未闻有对徒手民众之请愿外交而开枪死伤数十百人者，若必强指为暴徒乱党，则死伤之数十百人，明明皆有姓名学历可以考查，政府不能一手掩众目也！……"连夜排版印刷，第二天，这篇文章在《京报》上发表了，立即在社会上引起了强烈的反响。当天报上，发表了署名"飘萍"的文章《日英之露骨的干涉》，用黑底白字手书体作标题，特别引人注目。

19日夜幕垂下之时，邵飘萍和摄影记者又赶到女师大，要给在运动中惨遭杀害的刘和珍照相。刘和珍是江西南昌人，北京女子师范大学学生自治会主席，3月18日率学生向段祺瑞政府请愿遭卫队枪杀，牺牲时22岁。邵飘萍见到了石评梅，约石评梅写稿，3月20日《京报》副刊上刊登了石评梅的《血尸》，不日又刊其《痛哭刘和珍》一文。

邵飘萍在白色恐怖下战斗，两昼夜不眠。19日晚自女师大归后，又连夜疾书，连续发表了社论《可谓强有力之政府——举国同声痛哭，列强一致赞成》、特写

---

① 华德韩：《报业巨子新闻导师邵飘萍传》，杭州出版社1998年1月第一版，第338页。

《小沙场之战绩》及时评《警告司法界与国民军段、贾等可逍遥法外乎？各方注意屠杀案要点》《敬告法大学生》等文章，唤醒民众，鼓舞斗志。

3月23日下午，北京各团体、学校一万多人，在北京大学三院大操场举行"三一八"死难烈士追悼会，公推国民党市党部代表陈毅为主席。陈毅1919年赴法国勤工俭学，1921年回国，1922年加入中国社会主义青年团，1923年加入中国共产党。1925年下半年，在中共北京地方委员会领导下，开始从事工会工作、学生运动和统战工作，担任北京市学生联合会党团书记；经中共组织批准参加国民党北京特别市党部担任执行委员会委员。3月16日"最后通牒"的事一发生，陈毅就召集教育宣传委员会研究紧急措施，决定18日"八国通牒"满期以前，举行群众大示威，督促执政府严重驳回无理通牒，并发起17日开各团体联席会议。3月18日天安门前举行"反对八国通牒示威大会"和示威游行，陈毅身在前列，傍晚，陈毅脱离险境，返回翠花胡同8号国民党北京市党部机关。陈毅与刘清扬商量决定：由刘清扬等女同志装扮成国际红十字会医务人员，乘车前往政府门前抢救倒在血泊之中的受伤者。随后，陈毅赶到中共北方区委机关，参加由李大钊主持召开的党团紧急联席会。会议决定，组织力量做好善后工作，派人慰问受伤者以及抚恤死者家属，并召开追悼大会。北大三院门前扎着彩牌楼，横书"三一八死难烈士追悼大会"，左书"先烈之血"，右书"革命之花"。沿途左右墙壁石山之上均挂有挽联、花圈。祭台上，置各烈士生前死后的遗像及其血衣等物件。台下用白布写明殉难烈士杨德群、刘和珍等47人的英名，各团体代表及其来宾不下数千余人。

下午1时开会，大会主席陈毅宣布开会后首先发表演说。他用大量的事实痛斥段祺瑞丧权辱国、祸国殃民、屠杀爱国民众的罪行，深刻阐述"三一八"运动在中国民族解放运动史上所具有的重大意义。其慷慨陈词，声震全场，激起了"打倒段祺瑞""打倒帝国主义"的阵阵口号声。

陈毅讲完话以后，邵飘萍昂首向前，撩衣登台演讲。邵飘萍与陈毅是在文学研究会认识的。陈毅也曾写一些政论性的文章发表在邵飘萍创办的《京报》及其副刊上，因而，邵飘萍十分支持陈毅的革命行动。

邵飘萍接过陈毅的话题，厉声指斥："世界各国无论如何专横暴虐之君主，从未闻有对徒手民众之请愿外交而开枪死伤数十百人者！"他警告段祺瑞这笔血债总有结算之日。他又深情地劝告与会爱国诸君切莫大意。

越铎日报社

　　邵飘萍在追悼大会上激昂陈述惨案发生的原因及责任，顿时震动了大会，听者无不义愤填膺。邵飘萍在此次大会上敢说敢怒的革命精神，给陈毅留下了极深刻的印象。

　　随之，演说者相继登台，无有中断。追悼会开得很成功，广大民众受到了深刻启示。

　　"三一八"惨案发生的当天，鲁迅，也就是周树人，得知段祺瑞卫兵枪杀请愿群众的事，极度愤慨，那时他正在写《无花的蔷薇之二》，已写了三节，听到这惨绝人寰的消息后，无法再按原来的思路写下去，把满腔的悲愤注入到这篇杂文的四至九节中，鲁迅写道："这不是一件事的结束，是一件事的开头。墨写的谎说，决掩不住血写的事实。血债必须用同物偿还。拖欠得愈久，就要付更大的利息！"并郑重其事地在文末注明："三月十八日，民国以来最黑暗的一天。"

　　鲁迅是南社分社越社的成员，他与南社发起人陈去病有着一段深情的交往。1910年9月，鲁迅至绍兴府中学堂担任监学兼教生物课，就请宋琳至中学堂任教数理化科兼庶务。陈去病在1908年曾在绍兴府学堂担任国文教师，宋琳是他的学生，介绍他加入了同盟会。1910年陈去病再度到浙江，介绍宋琳加入了南社。宋琳就有意在绍兴成立南社的分社越社。陈去病十分支持。宋琳将这件事告诉了鲁迅。鲁迅对这事也十分赞同。陈去病起草了《越社成立叙》。越社在4月成立，首批加入的有

刘和珍

鲁迅

鲁迅、范爱农、陈子英、李宗祐等，社员发展至数百人。11月5日，绍兴光复。越社在绍兴召开大会，鲁迅被推为主席。他提议组织武装演讲队，上街宣传革命。11月8日，王金发率领革命军进入绍兴。鲁迅、范爱农、孙德卿及越社的青年出城迎接。宋琳决定创刊一份报纸，宋琳先找到了鲁迅，想请鲁迅领头。对宋琳等人的行为，鲁迅表示支持，还一起给报纸起了一个合意深邃的名称——越铎，意见是给绍兴军政府分府的王金发等人敲敲警钟。但鲁迅表示他可以参与报纸的筹建工作，但不担任总编辑。于是，宋琳想到了陈去病。宋琳再次邀请陈去病去绍兴主持《越铎日报》笔政。

《越铎日报》在1912年1月3日创刊了。创刊号上，二版头条刊登了鲁迅以"辣"的笔名撰写的《越铎出世辞》。《越铎日报》的宗旨得到了陈去病的赞同。1月11日，陈去病与徐自华一起到了绍兴，即日与宋琳会面。后经宋琳介绍与鲁迅见了面，一起研究《越铎日报》的事。他答应在绍兴期间担任总编辑，负责写社论。这样，陈去病就开始主持了《越铎日报》的笔政。

1925年4月，鲁迅又应邵飘萍之邀，主编《原》周刊，至同年11月《原》共出刊32期，鲁迅在《原》发表有四十余篇作品。此次惨案发生，邵飘萍又联系了鲁迅。

1926年2月25日，鲁迅参加了女师大为刘和珍、杨德群烈士举行的追悼会，鲁迅题写挽联："死了倒也罢了，活着又怎么做。"他积愤难遣，长时间独自在礼堂外徘徊，回到家中，他望着茫茫长夜，刘和珍的形象不时地在他眼前展现着：刘和珍在执政府前中弹了，从背部入，斜穿心肺，已是致命的创伤，只是没有立即便死。同去的张静淑君想扶起她，中了四弹，其一是手枪，立仆；同去的杨德群君又想去扶起她，也被击，弹从左肩入，穿胸偏右出，也立仆。但杨德群还能坐起来，一个兵在她头部及胸部猛击两棍，于是杨德群牺牲了。

他想到了追悼会上，服务员程毅志对他说："先生能否写一篇文章，让刘和珍等人的英名和事迹留在世上，让后人永远记得？"当时，鲁迅就答应了，如今想到白天的承诺，他提起了笔，思绪在脑海里盘旋着，一段段文字，随着他控制不住的思绪，一下子出现："以后真的猛士，敢于直面惨淡的人生，敢于正视淋漓的鲜血。⋯⋯我们还在这样的世上活着；我也早觉得有写一点东西的必要了。离三月十八日也已有两星期，忘却的救主快要降临了罢，我正有写一点东西的必要了。⋯⋯长歌当哭，是必须在痛定之后的。⋯⋯这是怎样的一个惊心动魄的伟大呵！中国军人的屠戮妇婴的伟绩，八国联军的惩创学生的武功，不幸全被这几缕血痕抹杀了。⋯⋯真的猛士，将更奋然而前行。呜呼，我说不出话，但以此纪念刘和珍君！"

北京政府惧怕事件发展为革命运动，对李大钊等5名请愿运动领袖发出逮捕令，鲁迅等50名进步知识分子也被列入黑名单。预感到危机的鲁迅暂到日本医生经营的医院避难。4月，张作霖进入北京，鲁迅又躲到德国医院和法国医院。5月，鲁迅一度返家，但北平已然没有安居之地，鲁迅只得与许广平等人避赴南方。

中山舰风波陡起　南社人义愤填膺

大革命时期影响国共合作的重大事件首推中山舰事件。

中山舰原名永丰舰。1922年国民党军队由粤北大举北伐时，粤军首领陈炯明在广州叛变，大元帅孙中山先生由总统府突围上永丰舰避难。1925年孙中山逝世后即将永丰舰更名为中山舰，以志纪念。

1926年3月18日，黄埔军校管理科交通股股长兼驻省办事处主任欧阳钟向海军局代局长、中山舰舰长共产党员李之龙传达指令，派中山、宝璧两舰出海到黄埔救援被匪徒攻击的一艘外轮。军舰到了黄埔后向黄埔军校教育长邓演达请示任务。邓演达回答不知。

3月19日下午，由于苏联使团欲参观中山舰，李之龙电话请示蒋介石调中山舰回广州。蒋介石说了这么一句话："我没有要你开去，你要开回来，就开回来好了，问我做什么呢？"中山舰就往回开了。

就在此期间，汪精卫打了几个电话询问蒋介石的具体行踪；再加上一些别有用心的人故意设置谜团，蒋介石就怀疑是苏联人、共产党和汪精卫串通一气，要对他实行绑架。于是，中国近现代史上的一场惊涛骇浪陡然掀起。

1926年3月20日，当中山舰开回广州的时候，蒋介石在前往汕头的半路返回广州，说中共和苏联顾问季山嘉要兵变。欧阳格、陈肇英带兵占领中山舰并逮捕李之龙，包围苏联顾问和共产党机关，扣留了第一军和黄埔军校中周恩来等中共党员，严密监视邓演达。中山舰舰长换成欧阳格。

对于这次事件有两种猜测。一种认为是蒋介石故意将中山舰调动又矢口否认，以制造借口打击中国共产党。另一种认为这是和"西山会议"派关系密切的"孙文主义学会"成员欧阳格等故意向李之龙假传蒋介石的指令，离间中国国民党和中国共产党。事件的起因成了一个谜。

事情发生后，在国共两党中间产生了巨大的影响。当天下午，何香凝径直去见蒋介石，质问他派军队到处戒严，究竟想干什么；斥责他是不是发了疯，想投降帝国主义。

一些共产党人也有与之针锋相对的主张，新南社成员之一的沈雁冰就目睹了毛泽东的奔走与努力。

沈雁冰是共产党员，专程去广州参加国民党二大。事变的当日，他曾随时任国民党代理宣传部长的毛泽东，一起去苏联顾问寓所了解情况。

毛泽东的下榻之处离苏联顾问住所很近，就是一箭之遥。

毛泽东来到了苏联顾问的住处，一到那里，遭遇的是荷枪实弹的士兵，苏联顾问的住处已经被士兵包围了起来，所有出入这里的人都要受到严密的盘查。一见毛泽东和沈雁冰到了跟前，他们瞪大双眼，紧握大枪，如临大敌！

沈雁冰一见这情景，很替毛泽东担心，就看着毛泽东，摇了摇头，那意思是在与毛泽东商量："咱们还是回去吧！"

时任中山舰舰长、共产党员李之龙中将与中山舰

毛泽东根本没把这些士兵放在眼里，他向沈雁冰点了一下头，沈雁冰领会了其中的意思：既来之，则安之。

于是，两人昂首挺胸，迎着凶神恶煞的大兵走了过去。有一官员样子的人走了过来，那是带队的连长。

他一看毛泽东的模样吃了一惊：毛泽东三十岁左右的年纪、身材伟岸，身穿一袭灰布长衫、内衬白小褂，脚上是一双布鞋，虽然穿戴很普通，可是他的身上却带着千股豪气、凛凛的威风！看着毛泽东一步步向前走来，这个连长感到了一阵压力。

毛泽东走到他们身边，告诉他们："我是中央委员，宣传部长。"然后，毛泽东用手一指沈雁冰说："这是我的秘书。"

听到毛泽东说话，士兵加上连长这才醒过神儿来，他们看着气度不凡的毛泽东，没一个敢说话的。还是那个连长见过世面，他立刻满脸堆笑地一摆手，那意思是让士兵们让开。手下人立刻"唰"地闪开了一条通道，毛泽东带着沈雁冰，大步流星地走进了院子。

进了院子，毛泽东让沈雁冰留在传达室等候，他独自走进后面的会议室。工夫不大，沈雁冰就听到会议室传来争吵声，其中毛泽东的声音最激昂。沈雁冰猜测会议室里的人不会少，一定是有其他中共广州负责人在场。

大约有一个时辰的样子，毛泽东走了出来。只见他满脸怒容，默不作声，一直走到家中，他才平静下来。毛泽东把了解到的情况和自己的分析告诉了沈雁冰：

"蒋介石这番动作是一种投机，我们示弱，他就得步进步，我们强硬，他就缩回去。当务之急，就是联络各军，并通电讨蒋，指责他违反党纪国法，必须严办，削其兵权，开除党籍。"

从毛泽东的语气中，沈雁冰听出来事态的严重性："润之先生，其他同志和苏联顾问的态度如何？"

毛泽东没说话，只是失望地摊开双手。沈雁冰明白了：苏联顾问和其他的共产党领导还在犹豫。毛泽东当时在共产党内虽说也是重量级的人物，但毕竟不是政策的决定者。他对"中山舰事件"，也是无可奈何。

沈雁冰不禁打了个寒战，他似乎感受到了未来形势的严峻。

柳亚子听说了"中山舰事件"，他拍案而起，当即给儿子柳无忌写了封信，他告诉儿子："广州确有事变，并不完全是谣言，不过真实情况恰恰和报纸上所载相反，报上说共产派倒蒋，完全是胡说，但反动派陷害共产党，是确实的。"

柳亚子不只是在私底下发发议论就算完，他还在国民党中央第二届委员会第二次全体会议上公开指责蒋介石。

1926年5月15日，国民党二届二中全会开幕。蒋介石主持会议，提出了"整理党务案"，规定：加入国民党的共产党员在国民党中央和省、特别市党部任执行委员总数不得超过三分之一，不得担任国民党中央机关的部长；加入国民党的共产党员名单交国民党中央执行委员会主席保存；共产国际和中国共产党对加入国民党的共产党员的指示，须先交两党联席会议讨论。

对于这一限制共产党活动的提案，出席这次全会的中共党员内部争论激烈。毛泽东主张坚决顶住，但张国焘作为中共中央代表，按照事前同陈独秀商定的让步方针，强迫大家接受。5月17日，二届二中全会通过了"整理党务案"。何香凝在会场上坐不住了，当场站了起来，含泪痛斥这个提案是违反孙中山先生真意的。她慷慨激昂地说："中山先生逝世不足十五个月，尸骨未寒，你们这班不肖的党员为达到自私自利的目的，竟采用这样的手段，这是反共、反对联俄，对工农不利的行为⋯⋯"说到愤慨处，拍案顿足，激动异常，几乎把地板踩裂。柳亚子也站了起来，他义愤填膺，几乎激动到失去知觉的程度，半个字也讲不出来，只有连连拍掌，赞成廖夫人的讲话。另一位站出来的是彭泽民，他当场也气得手足发抖，不能发言，到散会以后，对着总理的遗像伤心地大哭起来。面对此情此景，会场在座的毛泽东深为感佩。何香凝顿足，柳亚子拍掌，彭泽民痛哭，后传为二中全会的痛史，邓颖超后来回忆："当会议上举手表决时，何香凝和柳亚子先生未举手，有勇气反对这一决议案。对这件事，毛泽东同志后来常常提起他们两位坚决的革命性，是真正忠于孙中山先生的国民党左派，硬骨头。"

那时候，作为监察委员的柳亚子还是第一次见到蒋介石。国民党二大以后，蒋介石可以说是炙手可热的人物，哪一个见了这位新权贵不是满脸堆笑、极力奉承啊？可是柳亚子却不同，他见了蒋介石是冷眼相对、铁青着脸，说到"中山舰事件"，蒋介石抓捕共产党人、包围苏联顾问住处时，柳亚子拍案而起，质问蒋介石："你到底是总理的信徒还是总理的叛徒？如果是总理的信徒，就应该切实执行三大政策。"

别看平时蒋介石耀武扬威，可这时候他还真不能发作。他知道这类的文人不好惹，他们不畏生死，什么话都敢说。蒋介石强压怒火，放低了声音狡辩："政策和主义不同，主义亘古不变，政策不妨变通一下。"

这就是强词夺理！柳亚子的火气更大了，词锋也更加尖锐起来："你不懂得政策和政略的分别。政略是可以随时变通的，政策就不应该轻易放弃。就以政略而论，必须环境变化，才有变通的必要。总理生前为了反帝反封反买办资产阶级，所以定下了伟大的三大政策。现在帝国主义嚣张犹昔，北洋军阀虎负如前，而买办资产阶级，以广州而论，就曾挑起了商团之变。这些都是事实胜于雄辩，难道你身负党国重任，还能瞠目不睹吗？"

柳亚子的一番话，说出了许多人不敢说的话，也道出了事实的真相。再凌厉的嘴，你也辩不过事实呀！

"放肆！"不过这是蒋介石在心里怒喝的一声，表面上他还真没说什么，他不是不想说，而是被柳亚子噎得说不出什么来了！蒋介石就弄不明白：环顾广州军政大员，党国要人，包括汪精卫、戴季陶和居正、张继那张嘴就骂人的几位在内，哪一个敢以这样的口气与我对话呀？蒋介石一时不知从何说起，他狠狠地瞪了柳亚子一眼，一甩手，拂袖而去。

蒋介石的态度让柳亚子有一种不祥的预感，会后他找到正在广州的中共重要领导人恽代英。恽代英在国民党二大中当选为中央执行委员，留驻广州。是月，任黄埔军校政治主任教官，兼军校中共党团书记，并在广州农民运动讲习所任教。

1924年5月，国民党上海执行部部分成员在孙中山寓所合影。最后一排左二为毛泽东

在恽代英寓所，柳亚子将他跟蒋介石会晤的情况陈说一番，随即建议采用紧急手段，派人谋刺蒋介石。

柳亚子向恽代英提出了警告："你们要提防蒋介石，这个人就是陈炯明第二，说不定要闯出大乱子。"

尽管恽代英与柳亚子相识多年，彼此交情深厚，但当时蒋介石的右派面目尚未彻底暴露，出于维护国共合作的考虑，恽代英不便对党外人给蒋介石下评语。开始笑而不答，追问之下，他表示不能赞同。

恽代英道："北伐大业未成，我们还需要留着他打仗呢！"柳亚子坦诚言道："北伐为的是什么，不是目的在求中国之自由平等吗？倘然让这种总理的叛徒去统一中国，结果一定比北洋军阀还要糟糕。在杨、刘割据时代，总理不是说过，他们戴了我的帽子，来蹂躏我的家乡，是非常痛心的事情吗？照我的意见，与其让蒋介石戴着中国国民党的帽子，来做出卖民族的勾当，还不如让北洋军阀打进来，连广州都不要。因为后者不过是军事上的损失，随时可以卷土重来。而前者呢，把中国国民党的金字招牌，丢到粪坑里去，将来就是有人把它捞救出来，三熏而三沐之，恐怕臭气熏蒸，还是叫人家不容易忍受吧！所以，照我的主张，就非立刻出重赏求勇夫，把这个王八蛋打死了再讲。不然，将来的后果，我就不忍再言了。"恽代英笑道："人家叫我们共产党做过激党，认为洪水猛兽。你老哥的看法，却比我们共产党还要深刻到几十倍。那么，应该在过激党上面，再加一个过字，把'过过

柳亚子

激党'四字来做你老哥的微号吧！"此时，柳亚子再也沉不住气了。他站起身来拉住了恽代英的手，正色道："吾谋适不用，勿谓秦无人。我们好朋友好同志，玩笑是玩笑，正经是正经，你今天不赞成杀蒋介石，怕蒋介石将来会杀你呢！"言辞慷慨，声泪俱下。

恽代英被柳亚子的真情感动了，他不禁为之动容，但说此事关系重大，他不能擅自做主，说道："我们好好地再考虑一下吧！"彼此惨然而别。

为了能说服共产党人对蒋介石进行裁抑，柳亚子找到毛泽东，郑重其事地向毛泽东提出了这个问题。

珠江畔一座古色古香的茶楼，柳亚子和毛泽东首次会晤。[①]

毛泽东不过30岁出头，柳亚子比毛泽东长6岁，已近不惑之年，两人一见如故。

品茗论道历来是文人所特有的雅兴，两人豪兴遄飞，谈文论诗，说国家大事，评人物春秋，好不尽兴。

柳亚子再次提出倒蒋建议，毛泽东与恽代英说法一致，也不同意柳亚子的意见。[②]他耐心地向柳亚子解释："我们共产党人相信群众，不重视个人，搞群众运动，不搞阴谋。如今北伐在即，更是要加强国共合作。"

① 张明观：《柳亚子传》第306页，《磨剑室诗词集》（上）第668页。

② 陈迩冬：《一代风骚》，《人民日报》1987年5月28日。

柳亚子见毛泽东也不采纳他的意见，急得直跺脚："吾计不用，你们要后悔呀。"

毛泽东还是微笑着劝解柳亚子："凡事都要行光明之举。"

柳亚子只能摇头长叹。尽管如此，对于广州这首次会晤，柳亚子和毛泽东均留下了难以磨灭的深刻印象。通过与毛泽东的长谈，柳亚子对共产党有了进一步的了解。从此开始了他们长达二十余年蜚声海内的"诗交"。1945年两人在重庆二次会晤，柳亚子赋赠七律一首，首句为："阔别羊城十九秋。"1949年再度重逢于北平，柳亚子有句："珠江粤海惊初见。"毛泽东亦有句："饮茶粤海未能忘"都是指这次会晤。

柳亚子回到上海以后，经过反复思考，他觉得，共产党才是中国革命的希望。于是，他找到了陈独秀，要求加入共产党："要我革命，就允许我加入共产党，否则我回吴江隐居了。"

陈独秀没有同意柳亚子的要求。倒不是柳亚子不够共产党员的标准，而是陈独秀另有想法。他认为，柳亚子留在国民党内作用更大。就这样，柳亚子就回到了吴江，但他对国民党的党务很少过问了。

1926年9月，柳亚子又一次"访陈独秀"，值此大量发展党员之际，柳亚子的入党问题出现了转机。[①]

1927年3月7日的《申报》第一版上，登载了这样一则寻人启事："柳安如鉴：你事现在已可解决，但非你亲来不可。见此望速到沪。裘。"这则启事连登了3天。

柳亚子又叫柳安如。寻找柳亚子的"裘"是谁呢？就是与柳亚子关系很密切的共产党人侯绍裘。当时侯绍裘任职的国民党江苏省党部是在上海。这则启事正是中共党组织召唤柳亚子去解决入党问题。说柳亚子加入共产党的事已可解决，要柳亚子前来面谈入党一事，甚至履行入党手续。

然而，柳亚子没有看到这则"寻人启事"。此时的他正因遭到孙传芳的指名查捕，初避居于吴江平望的姑母凌氏家，后来匿居于上海法租界的贝勒路恒庆里，并改姓名为唐隐芝。

1927年4月11日，侯绍裘等18人被逮捕遇害，使得柳亚子的入党问题不了了之。

---

① 金建陵：《柳亚子要求加入中国共产党——解读〈申报〉上的一则寻人启事》，《墨痕微漾》，南京大学出版社2010年11月第一版。

邵飘萍明星陨落　林白水忠魂归天

"三一八"惨案发生后，段祺瑞政府更加疯狂地镇压革命，迫害革命党人，下令通缉、搜捕爱国进步人士。

有一天，邵飘萍正在《京报》报社内，忽然外面来报，说有军人求见。邵飘萍心里一惊，他想难道要对自己下毒手了？

来人是张作霖派来的，进入了他的办公室，却不是来逮捕他的，而是递上了一张10万元的支票，然后说道："邵先生，这是张大人给你的，希望你能和他合作。"原来，当时反动军阀惧怕邵飘萍的名声，又想利用《京报》为自己做宣传，因而派人前来用钱收买。

邵飘萍当场拒绝，说："别来这一套。"

来人沉着脸说："这是大人的好意，你别敬酒不吃吃罚酒。"

邵飘萍也厉声说道："张作霖出30万元买我，这种钱我不要，枪毙我也不要！"

来人只得拿着支票回去了，向张作霖一汇报，张作霖气得大发雷霆，说出了一句话："打到北京后，立即处决邵飘萍。"

1926年4月15日，张宗昌率军入京，段祺瑞政府垮台，奉张集团窃取了北京政权。他们占领北京后，钳制舆论，封闭报馆，捕杀报人。

对骤变的风云，邵飘萍也有所觉察。冯玉祥部一撤离，他便在朋友的安排下躲入东交民巷的外交使馆区里的六国饭店。《京报》由夫人汤修慧维持，照常出版。

张作霖是要杀邵飘萍的，但是邵飘萍躲进了租界，他们是一点办法都没有。因为当时军界是不能也不敢进入使馆区抓人的。邵飘萍始终是张作霖的心病。

一住数天，到了4月24日这天，意料不到的事还是发生了。

邵飘萍碰上了张汉举。这个张汉举在北京也办了一家小报馆《大陆报》，宗旨与《京报》正好相反，这是一个地地道道的小人。就连当时北京的妓女都极其鄙视他，叫他"夜壶张三"。

张汉举出现在了张作霖的眼中，张作霖承诺事成之后，给其两万大洋，同时让

京报馆

邵飘萍和妻子汤修慧

其做造币厂厂长。得到张作霖的这个承诺之后,张汉举几乎没怎么迟疑,就去骗邵飘萍了。

邵飘萍与张汉举是旧交,邵飘萍没想到他被张作霖收买了。当时正愁无人闲话,了解信息,于是便与张汉举闲聊起来。

张汉举对邵飘萍说:"危机已经过去,《京报》馆并未查封,说明你没有什么危险。"他又故作神秘地说:"我已和张学良取得默契,只要你邵飘萍改变作风,不仅其人身安全可以保证,且《京报》也可照常出版。你已无事了,回家不会出问题的。"

邵飘萍听信了张汉举的话,当夜想潜回家中取些文稿。谁想一离开使馆区,出东交民巷,便被王琦的军法处军警布下的埋伏所逮捕。

邵飘萍被捕的消息一传出,惊动当时北京的报界,报界同人立即出马营救,但是都无济于事。

军团司令部连夜审讯,仓促定案,1926年4月26日凌晨便将邵飘萍秘密枪杀于北京天桥。

刑场上,邵飘萍表现得非常从容和镇定,面对现场进行监督的官兵说了句:"诸位免送。"然后就仰天大笑,从容就义。邵飘萍死后,其妻汤修慧接办《京报》。这位坚强的女子,居然能够继续办报宗旨,顶住压力而坚持将报纸办下去,堪为女中豪杰了。

邵飘萍遇难了，中共北京地委机关报《政治生活》发表署名文章悼念邵飘萍同志。中共中央机关刊物《向导》，先后发表文章赞扬邵飘萍是"北方舆论界平常反对帝国主义及奉系军阀最激烈者"，号召"全国舆论界，应该为邵飘萍君之死而力争言论的自由，和人权的保障"。新中国成立前夕，毛泽东在日理万机中，于1949年4月21日在一份报告上亲笔批复，确认邵飘萍为革命烈士，并多次派人到京报馆舍慰问、关照邵飘萍的遗孀汤修慧。这些都是后话。

在邵飘萍遇难不久，另一位南社人林白水被张宗昌杀害了。

林白水，福建省闽侯县人。在革命党中流传着这么一个故事：一天，赵声和刘光汉来找林白水，他们要到南京发动起义，请他代为筹款。林白水手中既无现款，当时又无处借贷，苦思半日，最后想出一个办法，用三天三夜的工夫写完《中国民约精义》。写好后，又恐书局不肯出高价买，因此刺破左手手指，用鲜血写了一封悲壮的书信，详述革命需款的迫切情形，恳请书店当局慷慨相助。他知道书局是同情革命的，所以大胆说出实话。这封信使每个看过它的人，都潸然泪下，而这部巨著，又使他们如获至宝。书局立即付给他1000元。林白水拿到钱后，全部用于支持革命。回家后，发现家中已3天无米了。

1921年春，林白水在北京创办《新社会报》，自任社长，以白水为笔名，发表政论文章，揭露军阀政客的黑幕丑闻。于1922年2月10日被当局勒令停刊3个月。翌年遭查封，入狱3个月。出狱后，《新社会报》改为《社会日报》出刊。5月1日以《社会日报》新名称复刊。他在当日的社论中写道："自今伊始，斩去《新社会报》之新字，如斩首然所以自刑也。"这表现了士可杀不可辱的愤慨之情。1923年10月，《社会日报》因刊登揭露曹锟贿选总统丑闻的文章，报馆又遭封闭，林白水再次入狱。出狱后，是年4月，冯玉祥的国民军被迫撤出北京时，《社会日报》著文称赞国民军。1926年奉鲁军进入北京后，以"讨赤"为名镇压爱国运动，4月21日在《社会日报》登载《合肥政治闭幕》时评。

邵飘萍遇害了，林白水应引以为戒，但他为了代小百姓哀告，仍大声疾呼，无所顾忌。林白水拍案而起，破口大骂："军既成阀，多半不利于民，有害于国。除是死不要脸，愿作走狗，乐为虎伥的报馆，背着良心，替他宣传之外，要是稍知廉耻，略具天良的记者，哪有不替百姓说话，转去献媚军人的道理。"他面对武装到牙齿的军阀恶行，对好心劝他收敛的亲友说："世间还有公道，读报的还能辨别黑白是非，我就是因为文字贾祸，也很值得。"

　　这些话埋下了杀机，林白水直接送命的原因是骂潘复。潘复是军阀张宗昌的心腹，号称"智囊"。8月5日，他在《社会日报》发表时评《官僚之运气》，文中写道："狗有狗运，猪有猪运，督办亦有督办运，苟运气未到，不怕你有大来头，终难如愿也。某君者，人皆号称为某军阀之'肾囊'，因其终日系在某军阀之胯下，亦步亦趋，不离晷刻，有类于肾囊累赘，终日悬于腰间也。此君热心做官，热心刮地皮，固是有口皆碑，而此次既不能得优缺总长，乃并一优缺督办，亦不能得……甚矣运气之不能不讲也。"

　　他在文中将潘复"智囊"变作"肾囊"，并暗讽张宗昌又因擅长逃跑而有的"长腿"号。此文一出，世人无不拍手称快。但他自己也就"惹祸上身"。潘复读到了此文，勃然大怒。

　　当晚，林白水接到了一个电话，勒令其在报纸上刊出更正声明，并且公开道歉。原来是潘复叫人给林白水打电话。林白水从容地回答："言论自由，岂容暴力干涉"，断然拒绝了潘某的要求。

　　潘复就去找他的主子了，在张宗昌面前哀哀戚戚地哭诉，要张宗昌为他做主。

　　第二天凌晨1点时分，京畿宪兵司令王琦奉张宗昌之命，乘车来到报馆，略谈数语，便将林白水强行拥入汽车。

　　报馆编辑见势不妙，赶紧打电话四处求援，林白水的好友薛大可、杨度、叶恭绰等人急匆匆赶往潘复的住宅，找到正在打牌的张宗昌及潘复，为林白水求情。

　　张作霖安在邵飘萍头上的罪名是"宣传赤化"，而且邵确实也是个共产党员。林白水的罪名是宣传社会主义，告发他的潘复就称他是共产党的要人，办《社会日报》是为了宣传社会主义。张作霖、张宗昌这两个穷苦出身的人恰恰又特别仇恨共产党和社会主义，薛大可长跪不起，王琦与潘复耳语后离去。

　　时间已是凌晨2点，张宗昌见薛大可还跪在那里，在薛大可等人的说和下，张宗昌意识渐趋清醒，因小失大也有些不太合适，特别是对言论界人士更有些不妥。于是改变心思，决定放林氏一马，就抄起电话往宪兵司令部打，接电话的正是王琦。张宗昌说同意将"立即枪决"的命令改为"暂缓执行"。王琦报告说，林白水已于半小时前被绑赴天桥枪决。事已至此，张宗昌与众人只好表示此系天命，无力回天了。

林白水

其实这是潘复与王琦串通，谎报行刑时间，定要置林白水于死地。事实上，这个时候林白水仍然活着。潘复见到几位京城名流前来说情，料想张宗昌毕竟对言论界人士还有顾虑，可能会被说动并放了林，遂与王琦出门紧急商讨。王琦是潘复在山东时的旧交，而王琦的宪兵司令位子也是靠潘复在张宗昌面前费了力气才弄到手的，因而王琦对潘复唯命是从。为置林白水于死地，潘、王二人想出了一个谎报行刑时间的计谋，此计果然成功。

8月6日凌晨4点10分，林白水被押赴天桥刑场枪决。遇难之时，林白水身穿夏布长衫，须发斑白，子弹从后脑入，左眼出，陈尸道旁，双目未瞑，见者无不为之骇然伤心。

由于林白水的断头之日与邵飘萍之死恰好间隔百日，于是就有了"萍水相逢百日间"的说法。

当年，北京新闻界激于义愤，为邵飘萍、林白水这两位新闻史上的烈士召开了盛大的追悼会，会场高悬一联，把两人的名字嵌入其中，满是悲愤痛悼之意：一样飘萍身世，千秋白水文章。

邵飘萍、林白水相继被杀，而另一位南社社员、报业巨人成舍我也因为声援"三一八"运动，被张宗昌逮捕入狱，造成了另一段公案。

鲁迅躲避了，成舍我却有了牢狱之灾。

"三一八"惨案发生了，《世界日报》就以大量篇幅刊登了有关惨案的新闻和照

成舍我

片，发表了署名"舍我"的时评《段政府尚不知悔祸耶》，严厉谴责军阀政府镇压学生爱国运动。在谴责军阀当局镇压学生爱国运动的同时，提出了段祺瑞引咎辞职、惩办凶手和抚恤死难者三项要求。这一下，就得罪了当时的政府。

1926年8月7日凌晨，手帕胡同35号成舍我家，成舍我刚看完《世界日报》的大样，上床不久，忽然听到家外人声鼎沸。三辆卡车急停下来，四合院大门被砸开了，一群如狼似虎的直鲁联军士兵涌了进来。

成舍我与夫人急忙起床，只见宪兵中一位当官模样的人气势汹汹地说："宪兵司令部王司令请你谈话。"随即不由分说将成舍我拖出家门，押上卡车带走了。

成舍我心知不妙，只好老老实实跟着走。成舍我被抓后，宪兵司令部宣布其三大罪状：恶毒反奉；和冯玉祥有密切勾结；替国民党广为宣传，最近还接受广州方面10万大洋之宣传费等。

当晚，夫人杨璠看了成舍我留下的字条，立即找到他的把兄弟孙用时，由孙带着去见其父孙宝琦。孙宝琦，字幕韩，浙江杭州人。清山东巡抚、民国时期外交总长、国务总理。当年成舍我曾支持过孙宝琦。孙宝琦倒念旧情，天一亮便赶到石老娘胡同张宗昌公馆找到张宗昌，就宪兵司令部对成舍我所列的三大罪状一一进行辩驳，商请缓颊行事。张宗昌正想拉拢孙宝琦这位北方政界的元老，便答允考虑，绝不重办，保成舍我一条命。

孙宝琦回来后，就嘱咐《世界日报》同人和杨璠，尽快收集一些证明材料，由他附信送给张宗昌过目。张回信称："本应立予枪决，此承尊嘱，已改处无期徒刑。"孙宝琦丢下信，再次赶到张公馆，说如果没有成舍我接受国民党宣传费的确凿证据，就应该立即放人。张宗昌见此情形，料定孙宝琦和成舍我关系非同一般，加上几天来已有多位名流写信或登门为成舍我求情，于是答应判刑一事暂缓。成舍我被捕的第四天下午，就被释放了，可以说是死里逃生。

杨贤江上海从武　杜国庠汕头参军

1926年，北伐战争开始时，杨贤江在上海，是上海市党部青年部负责人，公开身份是《学生杂志》编辑，当时，中共上海区委把武装起义作为上海党的中心工作。于是，杨贤江这位文人就投笔从戎了。

1927年2月23日，中共中央与上海区委联合成立了特别委员会，同时组织了党的特别军委，中共中央军委书记兼中共江浙区委军委书记周恩来任军委主席。

2月下旬的一天，杨贤江来到了南市景平女中参加特别军委的会议，就在这次会议上，他认识了周恩来。周恩来在会上总结了前两次工人武装起义失败的教训，明确了第三次武装起义的任务和各项准备工作。

那天，杨贤江的心情特别激动，他在周恩来的身上感到了一种力量，一种希望。

前两次工人武装起义，杨贤江都参加了。

1926年10月23日，在中国共产党上海市党部办公室，杨贤江与林钧等上海市党部负责人在忙碌着，要举行上海工人第一次武装起义，他们商议着成立宣传队和救护队，起草了起义宣言和告市民书，一直工作到了第二天凌晨。然而，在起义举行之时，却有意外发生了。10月22日夏超率残部向余杭退出，在余杭公路上被打死。当时，上海各区工人纠察队先后进入岗位待命。罗亦农、赵世炎等于23日半夜得知夏部失败消息时，一分析形势，认为起义没有把握成功，于是在24日早晨决定停止起义。

对于第一次起义的失败，杨贤江心情非常沉重，但是他没有气馁，中共中央和上海区委开始了第二次暴动前的策划工作，他也是积极参与。而此时，杨贤江的政治身份已经暴露了。于是，他结束了已经做了6年的编辑生活，专心投入到了武装起义之中。第二次工人武装起义的目标是，立志"创造一个上海的巴黎公社"。李大钊等中共早期领导人在建党之初就奋力传播巴黎公社历史故事，将巴黎公社塑造成中国革命的榜样。如今，巴黎公社的理想将在中国实现，杨贤江能不激动吗？

1927年2月15日，中共中央召开紧急会议，决定组织第二次武装起义。第二次上海工人武装起义在紧锣密鼓地进行，中共上海特别区委在发动罢工时，号召全市罢市，但是事情进展的并不顺利。上海工商学各界和共产党、国民党代表还是坚持起义，于是22日成立了"上海市民临时革命委员会"，当天下午4时，中共上海区委发出特别紧急通告，动员上海市民在傍晚6时暴动。可是，第二次工人武装起义也失败了。

在上海工人第二次武装起义失败后，封建军阀李宝章的大刀队任意搜捕残杀工人，上海市陷入一片恐怖之中。就在这黑云压城，工人武装起义面临两次失败的危难之际，周恩来怀着对封建军阀残酷暴行的强烈愤慨，为夺取武装建立人民自己的政府的使命，担负起领导上海工人第三次武装起义的重任。

那天，杨贤江在南市景平女中召开会议，会议结束回到家中，他就拉着妻子姚韵漪的手，兴奋地说："我今天见到了周恩来同志，工人起义又要举行了。"

2月下旬，北伐军占领了杭州、苏州等地，前锋已到达了松江。上海第三次工人武装起义的准备工作紧张地进行着。

2月27日，杨贤江参加党团联席会议。会议由中共上海区委书记罗亦农主持。

大家静静地听着罗亦农的讲话。当他讲到要派人去江浙联系的时候，大家都不约而同地表示，愿意承担此重任。

罗亦农扫视了一下大家说道："根据周恩来同志的提议，派市总工会的章郁庵和市党部的杨贤江去浙江完成这一重要任务。"随接，他眼光盯住了杨贤江问道："杨贤江同志，有没有困难？"[①]

周恩来提议是有他的考虑的。因为章郁庵的胞兄在东路军司令部当报处长，他可以直接去杭州东路军司令部探听白崇禧的消息。杨贤江与国民党浙江省党部的宣

---

① 金立人、贺世友：《杨贤江传记》第187页，江苏教育出版社，1990年3月第一版"2月27日，中共上海区委书记罗亦农召开党团联席会议，根据周恩来提议决定……派杨贤江去浙江……"。

中华、潘念之等人有联系，便于了解东路军的情况。

一听这任务落在了他的身上，杨贤江心中一阵激动。他知道，这是组织上对自己的信任。他立即起身说道："没有问题，坚决完成任务。"

上海的形势是紧张的，军警还在抓捕参加工人武装起义的人。第二天，杨贤江来到了上海铁路局，找到了同窗好友郑文利，郑文利是国民党上海铁路局党部的成员，一见面，杨贤江就直接让郑文利帮助弄了一套铁路的工作服，然后请他掩护，避开军警的检查，登上了去杭州的火车。

一到杭州，杨贤江就与宣中华等人见了面。宣中华是浙江诸暨人，五四运动时期杭州著名的学生运动领袖，当时的身份是浙江省党部执行委员会常务委员兼中国国民党浙江省党部党团书记，负责省党部的全面工作。

杭州的形势与上海截然不同。北伐军占领不久的杭州城，正处在欢乐的气氛之中。国民党和共产党人都可以公开活动。杨贤江在杭州，接触了北伐军的相关人物，了解了杭州北伐军的情况。

他的家乡余姚，也是当时中国共产党的红色基地。此时，根据中共上海区委、上海市总工会关于隐蔽干部以保存力量的指示和上海商务印书馆党支部的安排，陈云（化名廖陈云）带领陈公庆、徐新之、谢庆斋（余姚人）、孙诗圃、孙琨瑜等5名工会和积极分子由上海转移到浙江余姚隐蔽。陈云也参加了上海工人第二次武装起义，起义失败后他们就到了余姚。

3月中旬，上海工人武装起义的时机逐渐形成，杨贤江惦记着上海的工作，于起义前夕赶回上海，向上海区委和特别军委报告杭州之行的情况和东路军的信息，提请党发动起义时一定要依靠和掌握自己的武装力量。

杨贤江到达上海之时，武装起义的准备工作已全面就绪，三千多人的工人武装纠察队已进入临战状态，上海市民代表大会已经召开，建立市民政府的工作也已完备。根据上海区委的指示，杨贤江到上海大学组织学生纠察队，配合工人武装参加战斗。

20日下午，杨贤江来到了上海大学，召开了党团支部会议。会上，杨贤江传达了上海区委的指示，并严肃地说道："这次起义事关重大，我们不能袖手旁观。我们要组织一支学生纠察分队参与起义。"他的话得到了参会人员的响应，于是四十余名党团员与先进青年学生的名单列了出来。

3月21日下午，第三次工人武装起义的战斗打响之后，上海大学纠察队的人员，配合商务印书馆的100多武装纠察队员，进攻铁路警察所，一下子旗开得胜，控制了天通庵车站的交通。随后，杨贤江与商务馆纠察队队长组织部分学生纠察队队员去担任联络和救护的任务，一部分集中到天通庵路景贤女中待命。

下午4时左右，忽然有一支溃退的军阀部队冲到天通庵车站，战斗突然激烈起来。这时夜幕降临，几十名溃兵窜到景贤女中门前，情况十分紧张。杨贤江当机立断，令胡竟红等十几位女同学迅速翻出后墙，撤到安全地界。他组织其余纠察队员手执武器固守大门两侧，准备抵抗。正在这个紧急时刻，周恩来从北火车站派来增援武装，与商务馆工人武装联合围歼了天通庵车站的溃兵，上大学生纠察队转危为安，又和工人队伍会合在一起。就在这一天，第三次工人武装起义胜利了。

22日，上海市民代表会议召开，宣布上海特别市临时政府成立，推选钮永建等19人担任临时市政府委员，23日，推杨杏佛与钮永建、白崇禧、王晓籁、汪寿华5人为市临时政府常委。

上海临时政府一成立，就遭到了蒋介石、白崇禧的反对，3月26日，蒋介石从芜湖赶到上海，要对付共产党和上海人民。

蒋介石开始公开采取威胁的办法，直接反对临时市政府的成立。杨贤江、罗亦农等人团结国民党左派，采取了针锋相对的办法，在当天下午，上海市党部召开全市市民代表大会，举行临时市政府委员就职典礼，杨贤江代表上海市党部出席大会并担任会议主席，在一片欢呼声和鼓掌声中，宣布上海临时市政府正式成立并公开办公。接着，杨贤江致辞说："临时市政府产自民众，受民众之监督革弊，为建新猷，是为民众谋幸福。所期望诸位委员者，遵循总理遗嘱，切无辜负民众之期望。"

1927年4月12日，蒋介石、白崇禧在上海发动反革命政变，血腥屠杀共产党人和革命群众，把杨贤江列为重犯通缉。奉党指示，杨贤江于4月下旬秘密到武汉，留在武汉国民革命军总政治部工作，任机关报《革命军日报》总编辑。

7月12日中共中央改组，周恩来任中共中央政治局临时常务委员会委员。国共合作全面破裂后，他和贺龙、叶挺、朱德、刘伯承等人一起于8月1日在江西南昌领导武装起义，任中共前敌委员会书记。[①]不久，另一位南社人杜国庠来到了周恩

① 周恩来纪念网《周恩来生平年谱（1922年—1935年）》。

上海第三次工人武装起义

来的身边。

杜国庠，广东澄海人，早年留学日本，1907年（清光绪三十三年）赴日本留学。杜国庠到了日本之后，就积极物色志同道合的朋友，结识了周恩来、鲁迅、李大钊、郭沫若，成为知己好友。1916年，袁世凯在日本帝国主义扶持下，复辟称帝。全国人民响应孙中山的号召，群起声讨。在日本的杜国庠和李大钊立即筹组"丙辰学社"，发动留日的中国学生，声援国内的反袁斗争。[1]1916年秋，杜国庠进了京都帝国大学，听日本马克思学者河上肇讲经济学，是中国较早接触马克思主义学说的学者之一。

1919年7月，北京大学，有一人来找李大钊，当时李大钊在北京大学任教。来人正是杜国庠。一看老友到来，李大钊非常高兴。倒了茶就询问杜国庠回国后的想法。杜国庠说正在找工作，还没有最后落实。李大钊就说："来北大吧。"李大钊的这句话让杜国庠心里暖洋洋的，能与李大钊一起工作也是他的愿望，在日本时，他就接受了李大钊的思想熏陶，于是二话没说就答应了。

经李大钊介绍，杜国庠也成了北京大学的教员，[2]讲授马克思主义政治经济学说、政党论、社会政策、工业政策等课程。还在中国大学、朝阳大学、平民大学等校兼课。此时开始，他在《新青年》上发了文章。1920年3月12日，为北京大学教

---

① 陈雪峰：《杜国庠和李大钊：两位早期革命者之交情》，《潮商》2019年第2期。
② 陈雪峰：《杜国庠和李大钊：两位早期革命者之交情》，《潮商》2019年第2期。

1926年底，北伐军总政治部和各军政治部负责人工作会议合影。其中，前排右一李富春，右二朱克清，右三郭沫若；中排右一卢立群，右三彭年，右四杨贤江；后排右一何畏，右二马哲民，右三黄克谦，右四林伯渠，右五李一氓，右六成仿吾

职员筹备选举委员事，李大钊、陈大齐等致函周俊甫、杜国庠诸人。就在这一年，杜国庠与谭平山、李春涛、邝摩汉等人发刊《社会问题》杂志，以马克思主义说明问题，一期，即遭禁售。1924年1月21日，列宁逝世，他参加了追悼会后，又与李春涛一同担任列宁纪念刊编辑。2月16日，杜国庠与北京大学教授四十余人一起，为恢复中俄国交，致书顾少川、王儒堂。

1924年9月，天高气爽，北京的气候，十分宜人。杜国庠与李春涛相见了。李春涛也是吴贯因的学生，也住在了吴贯因家中，于是两人同居一室。久别重逢，更加亲热。李春涛愿意在北京教书，杜国庠就介绍他与李大钊、胡鄂公、邓中夏认识，李春涛顺利地被聘为平民大学、北京师范大学等校的教师。[1]

1924年9月，李春蕃到了北京。李春蕃即柯柏年，是从上海到北京的，他在上海与瞿秋白、张太雷、施存统住在一幢房子里，1924年1月在上海大学经同学杨之华介绍，加入中国共产党。他找到了杜国庠和李春涛，与他们谈了要建立北京"反对基督教同盟"的想法，杜国庠和李春涛都愿意参加，于是李春蕃就把带在身边的他所翻译的列宁的《帝国主义论》送给杜国庠和李春涛每人一本。于是，在杜国

---

[1] 陈雪峰：《杜国庠和李大钊：两位早期革命者之交情》，《潮商》2019年第2期。

杜国庠

李春蕃

庠、李春涛合住的"赭庐"四合院里成立了北京"反对基督教同盟",参加的共8人。一致推举杜国庠、李春涛为会长,李春蕃、李辞三(清华大学)、李典煌(北京工业大学)、黄雄(李辞三的外甥)、王洪声(朝阳大学)、李春铎(李春涛的弟弟)6个学生为会员。

1925年春,正处于北伐前夕,南方广东革命根据地则朝气蓬勃。杜国庠热血沸腾了起来。他乘奔母丧机会,辞去北京的一切教职,毅然南下回到潮汕。8月,接任澄海县立中学校长,革新校政,首先招收女学生,其中就有后来参加共产党的蔡楚吟等。

不久,征军讨伐陈炯明的队伍进入了潮汕,政治部主任周恩来兼任东江行政公署主任。于是,杜国庠就找到了周恩来。他在日本时与周恩来有过交往。两人一相见,周恩来此时正在用人之际,就向杜国庠下达了一个任务,改组澄海县国民党党部。① 杜国庠就开始行动,被选为执行委员会主席,全县政权及农会、工会都归国民党左派掌握。1925年年底,杜国庠奉周恩来命令接办在潮安的省立第四中学(金山中学),他就往来于澄海、汕头、潮安之间,从事革命工作。

1927年4月,蒋介石背叛革命,大肆屠杀共产党人。杜国庠在汕头得朋友掩护,转移至近郊乡村,嗣又绕道回澄海兰苑村。老家聚族而居,便于隐蔽。

---

① 邱汉生:《杜国庠传略》,《史学史研究》1984年第3期。

1927年秋间，杜国庠听说南昌起义部队由叶挺、贺龙率领，南下入汕头。杜国庠乃去汕头，在汕头商见到了周恩来，两人一起至起义军总部。就在此时，杜国庠曾向周恩来提出了加入中国共产党的要求。他说道："目前是革命困难的时候，大家都应吃苦。我希望党允许我加入，给我更多的教育。"周恩来答应向汕头市委提出。[1]

共产党委派杜国庠任潮阳县长，刚要筹备赴任，前线战事失利，他就随军撤退。至流沙，与部队失去联系，得农民协助，夜乘航船去了香港。杜国庠留下了一个遗憾：未及办理入党手续。

1928年元月，杜国庠由香港到上海，加入了中国共产党，这是后话。

"四一〇" 啸岑历险 悼师长泣血和泪

1926年国民党江苏省党部迁到了南京，4月7日，秘书长毛啸岑正在南京省党部起草文件，就接到了一个匿名电话，叫他第二天当心点。他顿时感到将有情况发生，当即要省党部的人员整理好文件资料，把没有用的烧掉，有用的藏好，并将两个公章用手帕包好塞在米缸内，准备紧急时拿了就走。下班前，看一切就绪，又嘱咐全体女同志第二天不要来上班，以防不测。

4月8日下午，张曙时与毛啸岑在省党部值班，一个工作人员从外面跑进来报告说，一批暴徒打着"劳工总会"的旗号，手持铁棒、木棍和手枪正冲进来。毛啸岑感到担心的事终于发生了，他对张曙时一使眼色，两人就从边门走到园子里，准备从后门撤退。

这时前门已被砸开，一个头戴呢帽、身穿长衫和黑马褂的人一进门就咆哮怒骂："你们是反动派，破坏革命！"随即手枪一扬，又尖声说道："我们奉总司令的命令，打倒你们！"他的话音刚落，一批流氓就蜂拥而上，大打出手，见人就打，见物就砸，门窗玻璃被打得粉碎，文件、财物被抢劫一空。黄竞西、戴盆天、高尔

---

① 邱汉生：《杜国庠传略》，《史学史研究》1984年第3期。

柏等二十余名工作人员都被暴徒用绳索捆绑起来，推上汽车。

毛啸岑与张曙时正准备开后门，一听后门外已有人把守，进退无路，就躲进了厕所内。这旧式旱厕，坐便木架与粪池高低差一米左右。他俩掀起地板，进入下层粪池内。刚藏好，暴徒也进了厕所，猛踏地板噔噔作响，又用木棍捅捅便槽，认为无人，就呼啸而去。

毛啸岑与张曙时回到办公室，只见室内一片狼藉，文件、财物被洗劫一空。他们很是着急，但一想到幸亏及早准备，重要的文件资料没有落到暴徒手里，心里也就有了一丝安慰。

他们刚想离开，又一批暴徒冲了进来，张曙时急忙把纸条吞入了腹内。暴徒用手枪抵住了毛啸岑和张曙时，高喊"打倒你们这些跨党分子"。说着，把毛啸岑、张曙时用绳索捆绑了起来，押出了大门。暴徒离开时，将铁门关闭，贴了"奉总司令命令查封"的封条。

毛啸岑、张曙时被押着向暴徒的驻地走去，行至五马路口，巧遇武汉政府派来的政治部少将吴琪带卫兵骑马经过。张曙时在汉口时曾与吴琪相熟，吴琪一看张曙时被人捆绑双手押着行进，就过去问："怎么回事？"暴徒凶恶地说："抓跨党分子！"吴琪拔出手枪，吴琪的卫兵也拔出了手枪。吴琪对暴徒说："混蛋，都是流氓，大白天抓人，把他们放了。"领头的暴徒还想争辩，一看吴琪胸口有一星的少将胸章，不敢违抗了，只得放了毛啸岑和张曙时，纷纷逃散了。

毛啸岑让张曙时到旅社暂避，他来到省党部办公地点，只见门口封条已启封，挂上了"国民革命军第一军第三师军械股"的招牌，还有卫兵荷枪实弹站立门口。他与站岗的士兵聊了一会儿，趁有人走来士兵未在意时，大大方方地走了进去。他将米缸内的省党部印章和银箱内的2000元钱取出，扎在身上混出了大门。

回到旅社，却不见张曙时的身影，一打听原来张又被暴徒绑架走了。毛啸岑立即与侯绍裘通了电话，侯绍裘约他晚上在四象桥南洋旅社见面。

吃过晚饭，毛啸岑去了南洋旅社，侯绍裘已经在那里等候他了。他向侯绍裘汇报了张曙时被绑架的情况。侯绍裘告诉毛啸岑："别着急，张曙时第二次被绑架后，又被人救走了。现在是要研究下一步的对策。"看看四周没有人，又对毛啸岑说："明天，我们要召集群众大会揭露右派的罪行，然后向蒋介石请愿，提出保障省党部正常工作，要求释放工作人员，惩办流氓暴徒。在提出释放人员时，还得提张曙时，他是国民政府正式任命的江苏省政府委员，有说服力……"

4月10日上午9时，江苏省党部召开了"南京市肃清反革命大会"。到会群众有四五万人。会议由中共党员、省党部执行委员兼工人部部长刘重民主持。侯绍裘代表省党部讲话，他号召全体党员要团结起来，与蒋介石作斗争。

毛啸岑正在维护会场秩序，突然有人告诉他，得到密报，有暴徒要在会场上暗杀侯绍裘。毛啸岑找到侯绍裘，向他汇报了情况，并请示说，兵工厂纠察队准备回厂携枪保护。侯绍裘说："取枪不妥，这样会使到会群众遭到意外。我们现在得赶快开完大会，完成我们的预定目标。"最后商量以木棍围成圈圈，保护主席台。

上午10时，风声越来越紧。为了安全起见，毛啸岑让侯绍裘先离开会场。侯绍裘不肯离开，毛啸岑与在场的省党部其他同志一起劝说侯绍裘，并表示他们会把会开好的。侯绍裘这才接受大家劝说，越墙而走。临行前，侯绍裘要毛啸岑、刘少游二人主持下面的会议。他紧紧握住毛啸岑的手说："必须坚持斗争，如果斗争失败，我们只好转入地下，各归故里，从头做起。"

上午11时，毛啸岑等带领请愿队伍，浩浩荡荡来到了总司令部。首先，由刘重民等6人为代表同蒋介石交涉，至下午1时尚无明确答复；第二批代表又进去了，到2时还无明确答复；第三批代表又进去了，仍无音讯。到下午4时，群众的情绪很激奋，高喊着口号，要冲击总司令部，守卫的军警鸣枪警告，情况十分危急。毛啸岑就带了第四批代表进了总司令部。请愿书中，向蒋介石提出7点要求：1.恢复省、市党部和总工会；2.将反革命分子交人民审判委员会审判；3.惩办温建刚主持的公安局；4.武装工人纠察队；5.省、市党部组织武装自卫队；6.释放张曙时等同志，并保证他们生命安全；7.封闭伪劳工总会。

蒋介石被迫接见了他们，一见面，蒋介石就发了一通脾气，又说："第七项无论如何办不到，组织劳工总会无所谓真伪。"毛啸岑他们十分气愤，据理力争，纷纷表示：不达到目的誓死不离开总司令部。

下午5时，反动派组织伪劳工总会的流氓二百余人突然冲来，在反动军官指挥下，手持凶器向群众乱击。而蒋介石又发了一通脾气后就甩手而去，不再理睬请愿的代表。

听到暴徒冲击的报告，毛啸岑等人感到情况紧急，就退了出来。这时外面喊

侯绍裘

声、叫声还夹杂着枪声一片混乱。反动军警也荷枪实弹，开始血腥镇压请愿的人们，枪声刺破长空，当场被打死、打伤数十人。毛啸岑与刘少游等人一商量，感到事态发生了变化，为了保存力量，减少伤亡，立即组织群众撤离。

　　向蒋介石的请愿失败了。毛啸岑吃不下睡不着，侯绍裘的形象不时地浮现在他的眼前。他悲悲切切，恍恍惚惚。蒋介石叛变革命，中国大地到处腥风血雨，白色恐怖笼罩。毛啸岑如若长空孤鸿，一时无路可走，只得遵照侯绍裘临别时的嘱咐，回到了家乡吴江。

　　回到吴江不久，毛啸岑听到了一个痛不欲生的消息：侯绍裘被蒋介石杀害了。

　　4月10日晚11时，南京市党部、市总工会等革命团体的共产党负责干部在纱帽巷10号王宅召开紧急会议，因事不机密，被公安局侦缉队侦悉。11日凌晨2时，五十多名特务包围了王宅，侯绍裘、刘重民等18人不幸被捕。张应春4月11日凌晨从上海到南京，发现省党部被毁，就找到了南京市党部妇女部长陈君起，陈君起不知王宅已被特务破坏，带她到了王宅，被埋伏的特务逮捕。侯绍裘等人被捕后坚贞不屈，大义凛然。特务没办法，就将侯绍裘、刘重民、张应春等六七人全部杀害。用刺刀刺死后，又斩成数段，装入麻袋，用汽车运到通济门外九龙桥，沉入了秦淮河。

　　此时此刻，毛啸岑的心凉到了极点，他的良师侯绍裘离他而去了，他的革命

1929 年的通济门外九龙桥　　大纱帽巷 10 号

道路何去何从呢？他加入中国共产党的手续什么时候能办呢？毛啸岑心中一片
茫然⋯⋯

　　毛啸岑是在 1924 年 8 月 24 日国民党吴江县第一次代表大会上结识侯绍裘的。
1926 年 7 月初，侯绍裘回到上海，继续主持国民党江苏省党部工作，毛啸岑就来到
了侯绍裘的身边，担任了国民党江苏省党部第三任秘书长，在与侯绍裘的接触中，
他对共产党、对共产党人有了更深的了解。他深深感到，要真正成为一个革命者，
必须加入中国共产党。1926 年下半年，毛啸岑向侯绍裘提出要求加入中国共产党，
侯绍裘说："国民党江苏省党部已有三分之二的委员是共产党，你就保持纯粹的国
民党员，不要再跨党了。"但以后毛啸岑还是多次郑重地向侯绍裘表示加入中国共
产党的愿望。

　　1927 年 2 月的一个晚上，侯绍裘来到毛啸岑的住处，郑重地告诉他："组织
上已批准你加入中国共产党了。"听到这消息，毛啸岑异常激动。他凝望着侯绍
裘热情祝贺的脸色，胸中如同波涛汹涌，他的愿望终于实现了。不一会儿，他带
着感激的心情问怎样办理手续。侯绍裘说："会给办妥的。"接着，侯绍裘又对
毛啸岑说："国民革命军誓师北伐，从广州打到武汉，现在已迫近沪宁杭三角地
带，革命任务很重，党组织给了我新的任务。"原来，侯绍裘接受了中共中央军
委的任务，到上海配合举行第三次工人武装起义。临别时，侯绍裘语重心长地对

毛啸岑说："我们要分开一段时间，入党手续以后再办，你要经受得住革命的考验。"当时，毛啸岑紧紧地握住了侯绍裘的手，要侯绍裘放心，说自己会经得住考验的。

1927年3月12日，是孙中山逝世三周年的纪念日，国民党江苏省党部在上海香山路中山先生故居举行纪念大会。毛啸岑带着沉重的心情走进了会场。杨杏佛主持会议，侯绍裘到会讲话。会议开始不久，有人传来消息，说在环龙路44号，"西山会议"派的人也在开纪念会。与会的人们情绪顿时激动了起来，有人大声地呼喊着："总理是我们的总理，不是'西山会议'派的总理。他们反对总理的三大政策，我们要去和他们斗争。"侯绍裘、毛啸岑也向杨杏佛提议，不能等闲视之。

杨杏佛接受了群众的意见，与会者的队伍从马斯南路（现名斯南路）折入环龙路，浩浩荡荡地向环龙路44号而去。毛啸岑跟着侯绍裘走在队伍的前列。到了环龙路44号门口，侯绍裘他们就去敲门说理，守门人走了出来，双方引发了争执。

正在争吵间，紧闭的铁门突然打开了，里面冲出了一伙人，不由分说，把侯绍裘拉了进去，毛啸岑等想救援却未能成功。后来毛啸岑等人把侯绍裘营救出来时，侯绍裘已被国民党右派打得口吐鲜血，身受重伤，毛啸岑很难过地扶着侯绍裘，与其他人一起把他送进了医院。过了一天，毛啸岑去医院看望侯绍裘，很为他的伤势担心，侯绍裘却笑着对毛啸岑说："没有什么，斗争总是要付出代价的，这还是刚刚开头，不要怕。"看着侯绍裘那坚定的目光和大无畏的革命精神，毛啸岑被深深地震撼了。他进一步明白了要革命就会有牺牲，只有坚韧不拔、敢于牺牲的人，才是真正的革命者。

毛啸岑到了家乡，继承侯绍裘的遗志，联络同志，保存力量，想继续在家乡开展革命斗争。5月9日，他在吴江城隍庙参加了反英讨奉群众大会，会议开到一半，有人急急忙忙地奔来告诉他，反动政府要来抓他，让他赶快撤离。

原来"四一二"反革命政变后，国民党反动派在江浙一带大都市屠杀共产党人和革命志士，风声很紧。黎里的土豪劣绅就向反动政府控告柳亚子、毛啸岑、凌应桢等10人。

在同志们的掩护下，毛啸岑到了盛泽镇，匿居在岳母家中。

柳亚子复壁逃难　思应春秣陵悲秋

1927年5月8日深夜，柳亚子一家都已睡了，忽然传来了一阵急促的砸门声，惊醒了熟睡中的柳亚子一家人。

在国民党"清党"行动中，柳亚子上了黑名单。起因在于国民党二届二中全会。"四一二"反革命政变一爆发，苏州警察局突然接到命令：要他们速到黎里镇抓捕柳亚子。他们坐着"小火轮"，摸到了黎里。

柳夫人郑佩宜，出身大家闺秀，满腹锦绣文章，很有见地，也是南社社员。她也听柳亚子说过国民党清党一事，听到砸门声，她立刻意识到危险："亚子，听说当局在上海杀人杀红了眼，你平时放言无忌，在广州又得罪了大人物，莫不是找你霉头的？"

不用夫人提醒，柳亚子也猜到了是军警来抓人了。此时的郑佩宜头脑是冷静的，她立即让柳亚子躲进了复壁。复壁，就是原来在江南一些大户人家里，为了防范土匪都设有密室。柳亚子躲进了复壁，郑佩宜和女儿柳无垢，连忙抬过大衣柜挡在复壁前面，看看没露出痕迹，才又回到卧室。

刚将柳亚子藏好，就听楼梯上传来"咯噔咯噔、噼哩噗噜"一片声响。"李大头"带着十几个军警冲上了二楼。领头的一声令下，手下人立刻分散开来，一间屋一间屋地折腾。柳亚子家的宅子特大，足有上百间屋子，十几个军警搜查了足有多半个时辰，都跑回来报告，没发现"白白的、胖胖的、戴着眼镜、说话口吃的中年男子"，把李大头气得"呼、呼"直喘粗气！他亲自带着十几个军警，又里里外外搜了一圈，还是一无所获。

此时藏在复壁内的柳亚子对外面的动静听得真真切切，军警的脚步声越来越近，他感到危险已经近在咫尺了！在这生死关头，柳亚子并无惧色，反而镇定自若，竟随口赋诗一绝："曾无富贵娱杨恽，偏有文章杀祢衡。长啸一声归去也，世间竖子竟成名。"

就在军警在复壁前耀武扬威的时候，几个士兵在楼下天井角落，找到一个穿长

柳亚子故居

袍的男子，如获至宝，高声嚷道："柳亚子在这儿！"一个为首的士兵问道："你是柳亚子？"此人不是别人，是在柳亚子家做客的柳亚子妹妹柳公权的丈夫凌光谦。

当时，凌光谦吓得期期艾艾地说不出话来。有一军警见到凌光谦这副模样，自作聪明地说道："不错，就是他！他是哑子，柳哑子。"（北方话"亚""哑"同音，那批士兵不是本地人。）于是，他们把凌光谦带走了。

柳亚子从复壁中出来，大家默默庆幸自己脱险了。郑佩宜立即借来一只小船和一套乡下人穿的衣服，让柳亚子打扮成渔民模样。夜色朦胧，柳亚子匆匆上船，弓身进了灯火如豆的船棚。竹篙一点，丝网船悄然离岸，一直朝东向着上海方向急橹而去。

上海正处于白色恐怖之中，柳亚子到了上海，化名唐蕴芝匿居法租界贝勒路（今黄陂路）恒庆里。不久柳亚子就去了日本。6月3日午前抵达日本，暂寓神田区日华学会。

6月10日，柳亚子在井之头公园附近，发现一栋出租的二层楼房，这里环境幽静，空气清新，他当即租下，准备搬迁。

就在这天夜半，柳亚子在恍恍惚惚之中，只见一个人站在了他的眼前。"应春。"柳亚子定神一看，竟然是张应春，不由自主地喊了出来。张应春来到了柳亚子身边，颜色如平时没有变化，他用手牵着柳亚子的衣服，急切地说道："党祸已

柳亚子与郑佩宜

追近，你要快速想出对策。"柳亚子急忙站了起来，去拉张应春的手，然而什么也没有拉到，原来这是一场梦。

第二天，柳亚子突然收到了一封信，是四妹柳均权从国内寄来的信。信中带来了一个噩耗：张应春在南京遇难！

9月初，柳亚子为送儿子柳无忌北上清华学堂就学，从黎里赶到上海，住在振华旅馆，曾去看望过张应春和省党部诸同志。有一天，张应春在南京路参加示威游行，被军警追捕。危急之际，她灵机一动，匆忙避入柳亚子的旅馆居室。她饿得发慌，找到一些饭菜便大口大口吃了起来，然后又到浴室间洗了个澡稍作休息，重又精神抖擞出门奔波。第二天风大雨稠，柳亚子从上海经嘉兴回黎里。张应春顶风冒雨前往沪杭路南站送行。列车开动了，柳亚子望着窗外，只见张应春头戴男帽，身穿碧色雨衣，在滂沱大雨中频频挥动着扬起的手绢向他告别，没想到这一别竟成永诀！

柳亚子与张应春的同志关系非同寻常，他们是同乡，又曾患难与共。

1925年8月上旬的一天，柳亚子正在黎里家中，忽然有两位贵客登门了，一位是侯绍裘，一位是姜长林，两位都是中共上海地委的委员。他们来找柳亚子，是商量一件大事：组建国民党江苏省党部。

5月，中共上海地委曾召开会议，研究国民党江苏省党部的组建工作，提出了

张应春

包括柳亚子、朱季恂、侯绍裘在内的13名执委的建议名单。6月12日，侯绍裘就省党部执委人选等事宜致信柳亚子，征求柳亚子意见。这次侯绍裘是亲自登门，来确定这件事情。

一坐下，喝了几口茶后，侯绍裘就言归正传。柳亚子同意参与组建国民党江苏省党部，并说："中山先生倡导国共合作，我是坚决拥护的。能为这事尽点微薄之力，也是我的荣幸。"

听了柳亚子的这番话，侯绍裘很高兴，他说道："国民党吴江县党部在亚子先生的领导下，工作开展得轰轰烈烈，在全国形成了表率。"姜长林接口道："国民党江苏省党部还得请亚子先生费心。"

柳亚子说："吴江县党部的成果，靠的也是你们诸位的大力支持。"

侯绍裘接着说："省党部的人选基本确定，现在还有一位妇女部长的人选需要与亚子先生商量。全省女党员最多的，要推吴江、松江两县。"

柳亚子说："松江范志超，思想进步，应该是个合适的人选。"

"范志超是不错，但体质太弱。"侯绍裘说，"对工作可能会有影响，还是在吴江推荐一人。"

柳亚子沉思了许久，就提出了一个人：张应春。

张应春，原名蓉城，字应春，后改字秋石。1901年生于黎里镇葫芦兜村。她的父亲张鼎斋，名肇甲，清末秀才，亦是南社社员。早年，张鼎斋任教黎里女子高等小学，张应春随父上学，成为柳亚子四妹柳均权的学友。1923年秋，至松江景贤女中任教，经侯绍裘介绍加入中国国民党。如今在黎里女子高等小学任教，有政治觉悟，有文化知识，也有一定的胆识，而且是上海体育学校毕业的，身体强壮。

1925年8月23日，国民党江苏省党部成立典礼在上海闸北景贤女中分校举行，柳亚子和张应春一起参加了会议。会前，全省各县以通讯方法进行选举，会上宣布选举结果。省党部执行委员9人：柳亚子、朱季恂、侯绍裘、张应春、董亦湘、刘重民、黄竞西、戴盆天、宛希俨。候补执行委员5人：张曙时、姜长林、黄麟书、姚尔觉、杨明暄。监察委员3人：黄春林、高尔松、糜辉。执行委员会互选常务委员3人：柳亚子、朱季恂、侯绍裘。省党部分设8个部：柳亚子为宣传部长，侯绍裘为副部长；朱季恂为组织部长，姜长林为副部长；刘重民为调查部长，张曙时为副部长；宛希俨为青年部长，姚尔觉为副部长；张应春为妇女部长，杨明暄为副部长；刘重民兼工人部长；戴盆天为农民部长；黄竞西为商人部长，黄麟书为副部长。省党部设立秘书处，姜长林兼任秘书长。省党部20名执监委中，共产党员12名，共青团员1名，其余均为国民党左派。

张应春在1925年秋加入了中国共产党。在柳亚子、侯绍裘的协助下，她在上海创办了《吴江妇女》（月刊），并任主编，积极推动妇女解放运动。1926年下半年，被推选为中共江浙区委妇女运动委员会委员、济难会委员……

张应春是与侯绍裘一同遇难的。往事历历在目，柳亚子泣血和泪，感成一绝："血花红染好胭脂，英绝眉痕入梦时。挥手人天成永诀，可怜南八是男儿。"

不久，侯绍裘、刘重民、黄竞西先后遇难的消息纷至沓来，朱季恂先于是年3月12日呕血病逝于广州。柳亚子悲痛欲绝，作了《三哀诗》悼之："十载艰难呕血身，竟拚皮骨委劳薪。如君早死犹为福，胜我江湖作浪人。（朱季恂）指天誓日语分明，功罪千秋有定评。此后信陵门下士，更从何地觅侯生？（侯绍裘）英绝眉痕故自奇，难忘病榻絮心期。罡风吹堕华鬘劫，倘遣魂归后土祠。（张应春）"

1928年，柳亚子结束了在日本的生活，以中央监察员的身份到南京出席国民党二届五中全会，在这期间，他不惧白色恐怖，四处寻访张应春的遗骸，但是没有结果。

柳亚子回到家里，张应春的形象一直在眼前浮现，为了这不能忘却的纪念，柳亚子就想到了通过作画以示纪念。

柳亚子请南社旧友陈树人、诸贞壮各绘《秣陵悲秋图》一幅。"秣陵"是南京古名，张应春号秋石，"悲秋"即为悼念张应春。

看到了陈树人所绘那幅《秣陵悲秋图》，柳亚子对张应春的怀念之情油然而起，就仿六朝骈俪体，在图上题上了小序："体裙罗袜，难寻碎玉之墟；青冢黄昏，绝少理魂之窟。嗟夫！嗟夫！尚忍言哉！戊辰八月，余来斯地，河山犹是，人物已非。爰驱车林薄间，携樽酒奠之，更乞陈子树人绘图以纪。呜呼！返生无术，何来不死之香；文字有灵，庶慰沉冤之魂。"

这以后，柳亚子以《秣陵悲秋图》广征题咏。《秣陵悲秋图》在南社社友间流传着，随即，一首首题诗汇集到了柳亚子手中。计有柳亚子、陈树人、诸贞壮、沈长公、林庚白等17人的诗词，共诗84首，词19阕，曲4首。柳亚子辑成了《礼蓉招桂龛缀语》，虽然有一些题咏之作并未编入《礼蓉招桂龛缀语》，编入《礼蓉招桂龛缀语》的更不限于《秣陵悲秋图》的题咏之作，可是，《礼蓉招桂龛缀语》《秣陵悲秋图》及其题咏成为了纪念张应春的不朽篇章。

当年10月，柳亚子接到南社旧友沈长公来信，说想在分湖滨北莲荡滩无多庵畔，叶小鸾墓侧，为张应春营筑衣冠冢。柳亚子十分高兴，立即回信表示赞同。11月张应春诞辰翌日，柳亚子补奠一律："浴血冤魂泣蒋州，恨无清酒奠觥筹。当年应喜蓉开瑞，此日谁怜桂折愁。风露秋江原有劫，烽烟残骨已无丘。西台恸哭浑闲事，豪气销沉未敢谋。"

沈雁冰奔赴武汉　杨贤江密居上海

1927年的元旦，一艘英国轮船正向武汉开去。甲板上，沈雁冰望着奔腾的水流，心潮起伏。就在1926年12月，沈雁冰接到了中共中央的通知，派他到中央军事政治学校武汉分校去任政治教官。一接到任务，他就与夫人孔德沚一起到了武汉。

1926年3月中山舰事件发生，沈雁冰回上海。1926年9月，北伐军以叶挺独立

瞿秋白与夫人杨之华

团为先遣队，浴血奋战，10月10日攻克武汉三镇。武汉成为大革命时期革命力量的中心。此时的他，心已经到了武汉。

轮船终于靠了岸。到武汉后，他们住在阅马厂福寿里二十六号，这里离学校不远。沈雁冰担任了中校二级薪政治教官，拿中校二级的工资。他的课学生很喜欢，他讲哲学概念，讲政治问题，发挥了自己的文学才能，深入浅出，形象生动。

他在学校没有多少时间，中共中央又派他出任汉口《民国日报》主编。这张报纸名义上是国民党湖北省党部机关报，但实际上是共产党掌握的一张大型报纸。社长是董必武，总经理是毛泽东的胞弟毛泽民。沈雁冰进报社后，报社归宣传部负责领导，宣传部主要负责人是瞿秋白，在这段时间，沈雁冰和瞿秋白往来较为密切。

沈雁冰是在1923年春天上海大学的一次教务会议上与瞿秋白相识的。瞿秋白是陈独秀派到上海大学来的。瞿秋白生于江苏常州，1922年春正式加入中国共产党，为中国共产党早期主要领导人之一。当时瞿秋白担任上海大学教务长兼社会学系主任，讲授社会科学概论。比瞿秋白年长3岁的沈雁冰为中文系兼课教员，讲授小说研究。两位江浙人，也可称为"老乡"，因而一见如故。后来，瞿秋白参加了沈雁冰与郑振铎、叶圣陶等作家于1921年发起成立的"文学研究会"，两人成了革命的同志，文学的挚友。1923年6月，在党的"三大"，瞿秋白被选为中央委员。此时，瞿秋白与沈雁冰、沈泽民等人，每隔几天就要开一次会。1924年至1925年沈雁冰任商务印书馆支部书记的时候，支部会议常在他家里开，瞿秋白代表党中央常来参

沈雁冰与夫人孔德沚

加会议，常与沈雁冰谈论政局和党内的问题。一天，沈雁冰去找瞿秋白，瞿秋白招呼他坐下后，就直截了当地对他说："当前的报纸宣传要着重三个方面：一是揭露蒋介石的反共和分裂阴谋；二是大造工农群众运动的声势，宣传革命道理；三是鼓舞士气，做继续北伐的舆论动员。"听了瞿秋白的一席话，沈雁冰深深感到时局的严重和自己肩负责任的重大。为了工作方便，他把家由武昌搬到汉口歆生路德安里一号，住在报社编辑部楼上。

一天深夜，沈雁冰痛苦地坐在书桌前，拿出了国民党江苏省党部工作人员的合影，看着照片上的侯绍裘，不由两行泪水流了下来。4月12日，蒋介石在上海大开杀戒，屠杀中共党员。继而在南京、广州大肆捕杀共产党员，沈雁冰昔日共同进行革命活动的朋友侯绍裘、萧楚女惨死在了蒋介石的屠刀之下。

沈雁冰悲愤不已，感到十分痛心，他提起笔，写下了声讨蒋介石的评论稿。

1927年5月21日夜，驻长沙的许克祥独立团，突然袭击省党部、市总工会、农民自卫军总部、特别法庭等革命机关，夺了工人纠察队的枪支，并对共产党员、国民党左派人士和革命群众进行了血腥屠杀，这就是历史上著名的"马日事变"。事发后，他们诡称："马日事变"只是驻军与工人纠察队之间的一场误会，并声称继续拥护武汉政府。6月中旬，湖南各团体请愿代表团到武汉，长沙事件才真相大白。

"马日事变"发生了，沈雁冰怒火万丈。他组织记者找当事人采访真相，连续写了《欢迎中央委员暨军事领袖凯旋与湖南代表团》等4篇社论，并连续3天在《汉口民国日报》登载了关于"马日事变"真相的长篇报告，愤怒抨击反动势力的罪行，

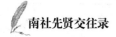

声援工农群众的革命斗争。

不久，让沈雁冰意想不到的事发生了，汪精卫叛变革命。1927年7月14日晚，武汉国民党中央政治委员会主席团召开秘密会议，接受了汪精卫提出的"分共"主张，决定将《统一本党政案》和《统一本党政策决议案》提交国民党中央执行委员会常务委员会扩大会议通过实行。8月1日，武汉国民政府发布命令，要国民政府领域之内的共产党员"务须洗心革面"，否则，一经拿获，即行明正典刑，"决不宽恕"。汪精卫集团在武汉地区搜捕、屠杀共产党人、革命人士和工农群众。随着汪精卫集团的叛变革命，国共两党的合作彻底破裂。

沈雁冰只得离开武汉，原准备参加南昌起义，但是九江路途阻塞，只能从牯岭潜回上海。

到了上海，国民党通缉共产党人，沈雁冰亦在通缉名单之中，他只好转入地下，根据组织安排，隐蔽起来。1928年7月东渡日本。

沈雁冰被通缉，另一位南社人杨贤江也在武汉被通缉，在沈雁冰回到上海前，他秘密回到上海，住进了绍敦电气公司。

"四一二"反革命政变后，杨贤江去了武汉。不久，党组织就派他潜回上海，因为当时在上海的中共党组织遭到了破坏，党的领导人先后遇难。1927年6月26日，设在施高塔路（现山阴路）恒丰里的中共江苏省委机关遭到破坏，省委书记陈延年不幸被捕。7月2日，住在北四川路志安坊的代理江苏省委书记赵世炎，由于叛徒告密，也突然被敌探包围被捕。没多久，中共闸北部委书记郭伯和、沪西部委书记余立亚、上海总工会副委员长杨培生等人被敌人逮捕。这些中共领导人物被捕后没有屈服，最后都英勇就义。

就在这白色恐怖之时，杨贤江到了上海。他所住的绍敦电气公司是共产党人避难的一个重要地点。双开间门面，楼下经营家用电器。公司经理是蔡叔厚。蔡叔厚在1924年11月由日本回国后，筹资开办上海绍敦电气公司，任经理兼工程师，他以企业为掩护从事中共地下工作，后来参加了共产党。

楼上是卧室。除了杨贤江一家外，还有刚从武汉来上海的张秋人、徐诚梅夫妇。张秋人是浙江诸暨人，1920年在上海结识俞秀松、施存统、沈雁冰、邵力子、陈独秀等人，开始接受马克思主义，参加了早期建党建团活动。1926年3月到广东黄埔军校，担任《政治周报》编辑和政治教官，1927年3月17日，国民党右派开始在广州"清党"，黄埔军校也下令通缉张秋人。他和阳翰笙一起取道香港转赴武汉，6月29日，何键发出反共训令。7月15日，汪精卫也撕下了遮羞布，到处捕杀共产党人。张秋人转移到了上海，和邓中夏等同志一起在党中央宣传部工作。妻子徐诚梅也是中共地下党员，中共三大被选为中央执委。

一天，杨贤江化装成一个教书先生，手拿课本就要出门。蔡叔厚以特有的机警对他说："你在上海认识的人很多，通缉的名单又见了报，不能再在街上露面了。"杨贤江深情地看了看蔡叔厚说道："不妨事的，我会当心的。"

杨贤江知道出门是危险的，但他还是义无反顾地步入了马路上的人群。因为他有一件重要工作急于去完成。

中共中央在撤离武汉之前，党组织有一笔重要经费交给了他，要他想办法带到上海。杨贤江通过英国汇丰银行用化名寄到了好友郑文利的名下。郑文利仍在上海铁路局工作，有固定的职业，平时又是一个不问政治的技术人员，不易引起敌人怀疑。杨贤江必须立即与郑文利取得联系，请他取保支出这笔经费，及时转交给党组织。

当郑文利看到杨贤江时，也着实吃了一惊。在军警密布的情况下，这一举动实在太担风险了。可是对杨贤江来说，为把这笔经费安然交给党，再危险他也毫不犹疑。

1927年9月的晚上，杨贤江与张秋人、徐诚梅夫妇一起就餐。1927年4月11日，蒋介石开始在杭州大肆搜捕共产党员，许多同志牺牲了，在杭州的浙江省委机关遭到严重破坏。9月，张秋人就接到了中共中央组织部的通知，去杭州重建浙江省委，担任省委书记。

明天，张秋人和徐诚梅就要启程了，杨贤江备了些酒肴为他们送行。

喝了一口酒，杨贤江对张秋人说道："秋人，你是被国民党通缉的要犯，此去杭州，可得千万，千万小心。""是的。"徐诚梅接口说道："你在杭州的熟人又多，随时都有被捕的危险。"张秋人也喝了一口酒，说道："革命就会有牺牲，看来，我的头要砍在杭州了。"

听到了张秋人的这句话，杨贤江不由产生了一种悲凉。前途未卜，但是作为一名中共党员，入党时就已经宣誓，为共产主义奋斗终生。

两人对视着，他们想起了"四一二"反革命政变后已有大批的共产党人惨遭杀

张秋人

害，如今，产生了一种诀别的心情。杨贤江实实在在地告诫张秋人说："地下工作的领导，凡事要注意隐蔽，切勿感情用事。"

9月下旬的一天，蔡叔厚急忙来找杨贤江，沉重地说道："秋人夫妇被捕了。"

原来，张秋人到杭州没几天，接到一个黄埔军校学生的电话，说要找他，约他在西湖见面。那天，张秋人就和徐诚梅来到了西湖，他们刚到西湖，就有一批巡警一拥而上，两人双双被捕。原来，张秋人夫妇刚刚踏上杭州的土地，就被一个黄埔军校的学生发现了，这学生就向警方告了密。

蔡叔厚一听说张秋人夫妇被捕的消息，立即找到杨贤江，与他商量解救的办法。他说，他有个亲戚在浙江省政府当厅长，想去通通关系设法营救。

张秋人被关押在陆军监狱，蔡叔厚的亲戚一时也没有办法营救。一连数日，杨贤江是坐卧不宁。不久，却得到了张秋人英勇就义的消息。

1928年2月8日，张秋人和薛暮桥正在下棋，突然听到敌人传呼："张秋人开庭。"张秋人知道生命的最后时刻终于来了，他整了整衣服，从容地迈出了牢门。他轻轻地把近视眼镜取下来送给了一位同情革命的进步看守，随即大声向牢房里的同志们讲："同志们，今天要同你们分别了，你们继续努力吧！"并高呼："共产党万岁！"难友们含着热泪，跟着张秋人唱起了雄壮的《国际歌》。张秋人被推向刑场，他奋力甩开了刑警的手，放声大笑着，昂首阔步地朝刑场走去。他一次又一次地高呼："马克思列宁主义万岁！中国共产党万岁！中国革命必然成功万岁！……"随着雄壮激昂的口号声，张秋人身中几弹而英勇牺牲了。

上海的环境日益恶劣，国民党到处在捕杀共产党人，一天，团中央的负责人李求实来通知杨贤江：中央决定，处于危险境地的党员，要尽可能地出国隐蔽。杨贤江再留在上海是很危险的，组织上派他到日本去，既是去避难，同时也让他担任中共留日学生的中共党组织的负责人。有关去日本的安排，组织上已经办妥。

这时，杨贤江的夫人姚韵漪已经怀孕，正需要杨贤江的照顾和安慰。但是为了革命的事业，姚韵漪未发一句怨言，只是在默默地为丈夫做着启程的准备，偶尔流露出依恋的情感。

1927年深秋，杨贤江离别了妻儿，只身离开上海到达东京。

"四一二"反革命政变后，不少南社人也因此而逃避流亡。

1926年4月，高尔柏与陈云、徐勋等人在上海发起学友会。后来，他与陈云、朱国沧、徐勋、吴开先等24人组织"青浦旅沪学友会"，在《青浦旅沪学友会缘起》中呼吁青年学生向黑暗势力斗争，并以"联络感情，互相砥砺，团结青年，改造家乡"为宗旨，开展民主革命活动。冬季，高尔柏在上海见周恩来，被邀去黄埔任军官，因故未能成行。翌年北伐军到上海，在3月12日纪念孙中山逝世两周年党员干部会议和3月21日欢迎北伐军将士大会上，高尔柏代表上海党部发言，驳斥了"西山会议"派叶楚伧和北伐军东路总指挥白崇禧的言论，维护孙中山反帝、反封建、"联俄、联共、扶助农工"的政策，不久赴任江苏省府委员兼秘书长。侯绍裘等人被捕牺牲。高尔柏因出席"南京市肃清反革命大会"未及参加会议，幸免于难。高尔柏就将情况书面向江、浙区委汇报，书记罗亦农指示，认为他在上海人头太熟，并且淞沪警备司令部已悬赏银圆一千元缉捕他，高尔柏不能立足，宜暂避乡间隐蔽较为妥当。未几，国民党中央通缉令下，他被列在黑名单上，被迫出走，东渡逃亡日本。

"四一二"反革命政变青浦县政府和县党部被上海刘昂组织的"共进会"打手捣毁，国民党右派随即"清党"。高尔松也被列入了黑名单，于是也逃亡日本。

1927年3月，北伐军抵达青浦后，出任国民党青浦县党部常务执行委员，在公选县长高尔松往任之前，代理县长职务。蒋介石叛变革命，县党部被歹徒捣毁，姚湘涛被通缉，潜逃于洛阳一带达2年之久。抗战胜利后，姚湘涛在上海从事地下革命活动，于1946年参加中国共产党。青浦解放前夕，姚湘涛在上海突遭国民党政府逮捕。经多方营救，关押7天后获释。这是后话。

李书城悲悼汉俊　叶天底英勇就义

1927年12月，李书城沉浸在悲痛之中，他的弟弟李汉俊遇难了。

1927年1月，国民党湖北省第四次全省代表大会召开，李汉俊当选为执行委员。1月16日，湘、鄂、赣三省党部推出毛泽东、李汉俊等人组成农讲所筹备处，3月7日，武昌中央农民运动讲习所正式上课，李汉俊主讲"世界政治经济状况""中国职工运动"。4月10日，湖北省政府成立，李汉俊任省政府委员兼教育厅厅长。"七一五"汪精卫叛变革命后，在新的复杂形势下，他与詹大悲等人继续坚持革命立场和孙中山"三大"政策，并利用蒋、汪争夺国民党最高统治权力的矛盾，同省党部和政府内反共右派势力进行了坚决斗争，掩护了一些共产党人。1927年4月28日，李大钊英勇就义。5月22日，李汉俊在一次纪念李大钊的演讲中毫无畏惧地说："无论何时何地，均必须有牺牲的决心。"11月，桂系军阀占领武汉后，李汉俊与詹大悲等人以省政府名义下令释放在汉被捕的共产党嫌疑分子三百多人，营救和保护了大批共产党的干部。李汉俊、詹大悲二人在《新华日报》《楚光日报》上多次揭露蒋介石的可耻行为。

12月17日晚上，汉口公安局局长林逸圣带着一帮军警，包围了李汉俊、詹大悲的住所，日本人在前，林逸圣尾随其后，闯进了李汉俊的卧室。当时李汉俊穿着睡衣、拖鞋，正与詹大悲下棋，坐在一旁观战的还有詹大悲的主任秘书危浩生。林逸圣以"共产党首领"和"密谋暴动"等罪名要将李汉俊带走。一见军警进来，李汉俊就知道大事不妙，但镇定自若，要求让他更换好衣服和鞋后再跟他们走，但林逸圣不允许。在那寒冷的冬天里，李汉俊只得穿着一件单薄的睡衣离开家门。林逸圣将李、詹等人直接押至后花楼街汉口公安局内关押。

李书城得知李汉俊和詹大悲被捕的消息后，心急如焚，立即去找了他的老同学程潜。程潜当时任西征军的总指挥，他立即打电话到卫戍司令部询问，电话未通。

李汉俊（后排左二）、李书城（后排左三）的大家庭

又派他姓李的秘书长赶到卫戍司令部交涉，可是当李秘书长的汽车行至大街上时，通街已戒严，车无法通过，待李某绕道赶到卫戍司令部时，李汉俊、詹大悲已被杀害了。

事情的原委是这样的：林逸圣抓获了李、詹两人后，十分得意，当即到汉口沿江大道武汉卫戍司令部司令胡宗铎的公馆内，一面向胡邀功请赏，一面请示处置办法。胡宗铎说："问一下上面后再研究。"这时，站在旁边的胡宗铎的老婆张行忠却插话："问什么哟，李汉俊肯定是共产党的头子，留着干什么！"胡宗铎听了老婆的话，一时犹豫不决，他知道李汉俊的背景，想应该要慎重一些。张行忠却说，李汉俊曾是她的老师，她明白李汉俊的底细，又催胡宗铎尽快将李汉俊杀掉。胡宗铎就默许了。就在当天下午，林逸圣在没有将李、詹二人押送卫戍司令部和没有经过任何审讯的情况下，就直接押往汉口济生三马路，当街枪杀了。第二天武汉卫戍司令部贴出布告说他们是"湖北共产党首领······执行枪决"。

李书城听到李汉俊被害的消息，如晴天霹雳，眼泪立即夺眶而出。李书城与李汉俊两兄弟感情深厚。他在思念李汉俊时，手下告诉他，李汉俊被杀后，其尸体被曝晒数日，不准亲友们收殓。于是，李书城就叫副官周惠年，在一个漆黑的夜晚，冒着生命危险将已腐臭的尸体运往武昌大东门的长春观内。

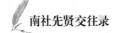

李汉俊烈士墓

　　李汉俊是中共一大代表，党的创始人之一。1933年北京人民将李大钊的灵柩移葬西山的万安公墓，武汉人民也要求安葬李汉俊，民政厅长李书城也请求省政府予以安葬。这样，李汉俊的遗体才移葬于武昌卓刀泉庙后。武汉人民万人空巷，举行路祭。李书城在追悼李汉俊时，写了一副挽联："枭鸟九头，死在泉壤难瞑目，荆楚三户，终是暴秦掘墓人。"李汉俊的战友陈望道亦曾亲书"欲哭无泪"四字，以寄哀思。新中国成立后，1952年8月，中华人民共和国中央人民政府主席毛泽东亲自签发了《革命牺牲工作人员家属光荣纪念证》，证书上写着："李汉俊同志在革命斗争中光荣牺牲，丰功伟绩永垂不朽！"①

　　1927年12月18日，李汉俊被害的第二天，武汉卫戍司令部又以"共产党嫌疑犯"的罪名，将藏匿在大智路一家旅馆里的李书城和孔庚逮捕，软禁在卫戍司令部楼上。不准李书城与外界接触，不准他阅读报纸杂志，只允许他读佛经。后来经过各方面人士的营救，以及谭延闿、冯玉祥、程潜等人来电求情，桂系迫于压力，于1928年3月释放了李书城。随即他离开武汉去了上海。

　　就在李书城被软禁的时候，另一位南社人叶天底也被杀害了。

　　"四一二"反革命政变后，浙江上虞的政治局势急剧逆转，右派势力抬头，反动商会会长刘介安纠集一批地痞流氓和受蒙蔽的群众，妄图火烧县党部，进攻纠察

① 《李汉俊与中共一大》，《百姓生活》2020年第7期。

队，杀害叶天底。

叶天底是1926年回到上虞的。

1925年9月初，在苏州乐益女中，中共苏州独立支部秘密成立，直属上海区委领导，叶天底为独立支部书记。这是苏州第一个中共党组织。苏州革命形势的发展，引起了反动势力的注意，在反动势力的威逼下，乐益女中被迫停办。1926年春天，叶天底从苏州到达上海。他一到上海就生了病，病魔缠身，病情愈发严重，于是，在上海党组织的劝说下，他离沪返乡养病。他说是养伤，但离开上海时，领导的话语时常回响在他的耳边："你回上虞养伤，还有一个重要任务，就是建立上虞党组织。"

1926年7月16日，在上虞谢家桥叶丛青的家里，叶天底与吴拒天、钱念先等人正举行着一个秘密会议。叶天底拿出了一张纸，缓缓地、严肃地念道："从今天起，上虞县共产党支部正式成立，直属省委领导。"一下子，大家的脸上露出了欣喜的笑容。

接着，列席会议的中共浙江省委委员代表上级宣布了分工：叶天底同志担任支部书记，吴拒天同志担任宣传委员，钱念先同志担任组织委员。

会议通过了四项决议：

一、支部绝对采取秘密行动，组织上虞县国民党县党部，成立国民党临时执行委员会；

二、开展农民协会工作，夺取各区保安团武装，成立农民赤卫队；

三、改组县警卫队为工农纠察队；

四、联络国民党左派，发展共产党员。

会议决定，叶天底以上虞农民协会委员长的身份负责开展农民运动，罗文英、夏友连、夏青连、陈能四人组织四郊农民协会。这年冬天，在中国共产党领导下，全县各地先后组织了农民协会，开展反霸斗争。

"四一二"反革命政变发生后，政治形势急变。反动商会会长刘介安开始动手了，他把魔爪伸向了共产党人。4月16日国民党邵万顺部队入城时，中共党员夏友连、夏青连、陈林章三人被捕，工农纠察队部分武器被缴，国民党开展清党行动，4个中共党员都被开除国民党党籍并受到通缉。叶天底立即召开党支部紧急会议，做出决定：镇压暴乱，埋藏武器，分散隐蔽。叶天底、钱念先、罗文英、李平等共

浙东暴动会议旧址

产党员被迫离开上虞。

当时，叶天底重病在身，农友们连夜用轿子把他抬到山里隐蔽起来。4月底，叶天底从上海到杭州居住在他表哥家中。右派势力几次派兵追捕，由于农民群众的悉心掩护，全都扑空。然而，上虞的党组织遭到了严重破坏。

看着国民党左派的猖狂，叶天底心里非常痛苦。他要恢复党组织，与敌人继续战斗。

5月3日，叶天底来到了西湖畔的湖滨旅馆。在那里等他的是刚被浙江省党部委任为国民党上虞党务指导员的郑师泉。郑师泉1923年从复旦大学毕业，他思想开明，为人正直，虽是国民党员，却是国民党的左派，同情革命，支持共产党，处处帮助别人。

两人一见面，叶天底就给他讲述了当前共产党面临的险情，但他想回上虞继续革命。郑师泉就同意叶天底等人回到上虞，并应允在他抵上虞后立即释放被捕的夏友连等三人。

郑师泉到上虞任职，一切如约照办，同时介绍徐用宾去慈溪、徐镜渠去余姚分别任国民党党务指导员。5月16日叶天底返回上虞，夏友连等三人已获释，中共上虞独立支部不久重新恢复，叶天底继续担任书记。

叶天底与他的战友们在白色恐怖情况下，以上虞城里的义务小学为中心，成立石榴社，出版《石榴报》。并秘密组织了农会，取出了早先隐蔽埋藏的武器，建立了武装队伍，上虞的农运又有所恢复，上虞的革命活动也逐渐活跃起来。

中共苏州独立支部所在地乐益女子中学

8月下旬，在上虞一间不起眼的小屋内，中共上虞独立支部正召开秘密会议。叶天底压低了声音说道："我刚从绍兴回来，我党在绍兴召开了九县联席会议，会议的主要内容是：积极开展'二五'减租，恢复农民武装，准备秋收暴动。我们今天商量一下，我们上虞如何响应上级的号召。"于是，创办《星期周刊》，开展农民运动的决议就确定了。10月下旬，上虞全县2700余名农民集合在县城运动场向县政府请愿，要求实行"二五"减租。经过一天说理斗争，迫使县长方赞修签字，取得了斗争的胜利。

11月，叶天底又拖着带病的身体，主持召开了党支部会议，这次商议的主题是确定新的战斗方案：中共浙江省委遵照"八七"会议精神，决定进行浙东大暴动。

叶天底带病与党支部的同志研究，决定分头发动农民，组织人员，调配武装力量，制定行动路线，待命行动。不料，暴动计划被敌人探悉。叶天底11月12日在上虞被捕。

监狱的门上闪现着"浙江陆军监狱"6个阴森森的灰色大字，敌人把叶天底推入了四监的一间牢房。

审讯开始了，审讯他的人说："只要你在自首书上签一个字，就可释放。"叶天底断然拒绝："要我签一个字，我宁可死！"敌人改变手法，千方百计进行诱降，说："只要你讲句'我以前走错路了'，就可放你。"他仍然理直气壮地回答："我叶天底走的是光明正大的道路！有什么错！"一天，他的一位浙江"一师"的同学前来见他了，一见故友他很高兴，却不想那人一开口就对他说："识时务者为俊杰，看现在的形势，你还是服了吧。"叶天底一听火冒三丈，厉声说道："你要当走狗你去当，别来咬我。"一声声严词训斥让来人灰溜溜地走了。

叶天底的哥哥又来看他了，带来了物品，并告知正设法营救他。他对哥哥说道："你们不要再营救我了，免得浪费金钱。……天底相信共产党，加入共产党。我遗憾的只是替党做事太少了。我既然被抓，就不免一死，我早就预备好，天为棺材盖，地为棺材底，为共产主义而死是光荣的。"

1928年2月3日，叶天底望着监狱上方那小小的天窗，想起了亲人，他预料敌人将要对他下毒手了，提笔给大哥写了一封信，信中说："我决无生路，不死于病，而死于敌人之手。大丈夫生而不力，死又何惜，先烈之血，主义之花。但我最放心不下的（是）母亲，希望你代我尽责，扶养母亲。我决不愿跪着生，情愿立着死！"

2月8日，敌人用门板把病得不能动弹的叶天底抬押到刑场，叶天底英勇就义。

第五章　国难赤心

"九一八"事变发生，日军入侵中国，大部分南社社员怀着一颗赤子之心，在抗日这大是大非问题上表现了高尚的气节。马君武诗哀沈阳、何香凝画展上海、邵力子力捉和平、陈布雷倾心抗战、李根源筑"英雄冢"，沈钧儒在狱中书写"还我河山"；杨杏佛与宋庆龄等筹建"中国民权保障同盟"，马叙伦组织"北平文化界抗日救国会"，鲁迅、沈雁冰、杜国庠领导"中国左翼作家联盟"；共产党《八一宣言》南社人奔走行动……

——题记

马君武诗哀沈阳　何香凝画展上海

1931年9月18日，震惊中外的"九一八"事变发生了。

18日夜22时20分左右，日本关东军铁路守备队柳条湖分遣队队长河本末守中尉为首一个小分队以巡视铁路为名，在奉天（现沈阳）北面约7.5千米处，离东北军驻地北大营800米处的柳条湖南满铁路段上引爆小型炸药，炸毁了小段铁路，并将3具身穿东北军士兵服装的中国人尸体放在现场，作为东北军破坏铁路的证据。爆炸后，驻扎中方北大营和沈阳城的日军兵分南北两路，向中国军队驻地北大营进攻。

东北地方当局和国民政府依据蒋介石的对日消极态度错误地采取了"不抵抗政策"，东北各地的中国军队或宣布"独立"，或继续执行张学良的不抵抗主义，11月19日，日军攻陷齐齐哈尔。

这时，有个南社人愤怒了，他叫马君武。

马君武原名道凝，又名同，改名和，字厚山，号君武。广西桂林人。马君武在辛亥革命中也是一个显赫人物。1905年在日本加入中国同盟会，和黄兴、陈天华等人共同起草同盟会章程。武昌起义爆发后作为广西代表，担任南京临时政府实业部次长，1917年参加孙中山发起的护法运动，任广州军政府交通部长。1921年，孙中山就任非常大总统，马君武任总统府秘书长；接着就任广西省省长。后因军阀横行，被迫辞职出走。1924年国民党实行改组，马君武跟不上革命形势，反对国民党改组和"联俄、联共、扶助农工"三大政策。1925年出任北洋政府司法总长，被国民党第二次全国代表大会开除党籍。此后致力于科学教育事业，先后任上海大夏大学、北京工业大学、上海中国公学校长。1927年，应广西省政府之邀在梧州创办广西大学，任校长。马君武是诗人性格，感情激越奔放，嬉笑怒骂皆形于色。

1931年11月20日，马君武听说日本占领了沈阳，在上海《时事新报》上发表了《哀沈阳》："赵四风流朱五狂，翩翩蝴蝶最当行。温柔乡是英雄冢，哪管东师入沈阳。告急军书夜半来，开场管弦又相催。沈阳已陷休回顾，更抱佳人舞几回。"

1930 年 5 月，马君武（左二）与胡适、蔡元培等友人在中国公学钟楼前合影

借以讽刺张学良。诗句形象而又深刻，诗中的"赵四"即张学良的红颜知己赵一荻；"朱五"即朱湄筠，原北洋政府内务总长、代总理朱启钤第五个女儿；"蝴蝶"则指上海著名电影明星胡蝶。诗句说，张学良在"九一八"事变之夜仍然与胡蝶翩翩起舞，结果断送了东北三省。诗作刊登后，各报广为转载。张学良被国人骂为"风流将军""不抵抗将军"；胡蝶被视为"红颜祸水"，给二人造成了巨大的精神压力。也引起了一段公案。

其实，马君武所言并非事实。

张学良当时是东北的最高长官。"九一八"前几天，他因伤寒发烧住进协和医院。9 月 18 日当晚，原本在协和医院养病、刚刚退烧的张学良偕夫人于凤至及赵四小姐来到了前门外中和戏院，这是为招待英国公使及宋哲元等将领而举办的演出，梅兰芳演《宇宙锋》。张学良是京剧"发烧"票友，与梅兰芳是朋友。就在他看得津津有味的时候，副官谭海急急忙忙地奔了进来，报告一件令他震惊的事："沈阳发生事变。"

张学良立即起身返回装有外线电话的协和医院，一面接通东北边防军司令长官公署参谋长荣臻，一面通宵打电话与南京联系，请示应对。同时，招来顾问端纳，请他立即通知欧美各国驻北平记者举行招待会，宣布日寇进犯沈阳的特大新闻。这一夜，张学良几乎没睡。

"九一八"前，张学良在北平建行营于顺承王府，30 岁的张学良，自羁不力，生活不甚整饬，社交亦失检点。因而外面风传风流少帅张学良与胡蝶情意缠绵，其实少帅与胡蝶终生未曾相见，因此，所谓"九一八"事变之夜胡蝶与张学良翩翩起舞一事，纯属子虚乌有。

当时的胡蝶随明星影片公司为赴北平拍外景，一行四十余人在导演张石川率领下，于1931年9月中旬离开上海北上，到北平已经是9月底。但是，10月初，当时臭名昭著的汉奸于冲汉，借着马君武的《哀沈阳》，放肆攻讦张学良，说他是"整天和什么赵四、朱五、胡蝶、鸳鸯等一群妖精厮混在一起，再加上吗啡白面，三毒交攻，把小伙子弄成像鬼一般，躲在协和医院里半年不出门，军政大事怎么去处理？"

作为当红艺人的胡蝶，特为此事刊出了辟谣启事："蝶于上月为摄演影剧曾赴北平。抵平之日适逢国难，明星同人乃开会集议，公决抵制日货，并规定罚则。禁止男女之演员私自出外游戏及酬酢，所有私人宴会一概予以谢绝。留在平五十余日，未尝一涉舞场。不料公事毕回申，忽闻有数报登载蝶与张副司令由相与跳舞而过从甚密，且获巨值馈赠云云。蝶初以为此种捕风捉影之谈不久必然水落石出，无须亟亟分辩乃日。昨有日本新闻将蝶之小影与张副司令之名字并列报端，更造作馈赠十万元等等之蜚语。其用意无非欲借男女暧昧之事，不惜牺牲之个人之名誉，以遂其诬蔑陷害之毒计。查此次日人利用宣传阴谋，凡有可以侮辱我中华官吏与国民者，无所不用其极，亦不仅此一事。惟事实不容颠倒，良心尚未尽丧。蝶也国民之一份也，虽尚未能以颈血溅仇人，岂能于国难当前之时与守土之责者相与跳舞耶？'商女不知亡国恨'，是真狗彘不食者矣！呜呼！暴日欲逐其并吞中国之野心，造谣生事，设想之奇，造事之巧，目的盖欲毁张副司令之名誉，冀阻止其回辽反攻。愿我国人悉烛其奸，而毋遂其借刀杀人之计也。"她认为，要警惕日本人在夸大事实，企图"侮辱我中华官吏与国民"，"欲毁张副司令之名誉，冀阻止其回辽反攻"。胡蝶很有大局观念，不惜牺牲个人之名誉来澄清事实，得到了人们的称赞。

"九一八"事变丢失了东北三省，国民政府竟然采取"不抵抗政策"，马君武激于义愤的心情写了这诗。历史就是这样诡秘，两首凭借风言风传的胡诌"歪诗"，牵系历史风云，掺杂暧昧美色，当时的人虽知其歪，仍难遏止它的传播。也有资料说马君武晚年对《哀沈阳》二首心生悔意。这些都是后话。

马君武的诗在当时广为传播，而另一位南社人的画，在当时也广为流传，这名南社人就是何香凝。

1932 年，何香凝与柳亚子、经亨颐等"寒之友社"成员合影

"九一八"事变爆发，日本侵占了我国东北三省。何香凝闻讯立即结束旅居法国巴黎的舒适安逸生活，回到上海积极投身于抗日救亡运动之中并写下了《感赋》一诗："怕听吹弹破国吟，徘徊道路倍伤神。牺牲权利何轻重，失去河山那处寻？萧萧叶落雁南飞，万里飘零故国归。八载中原前后事，教人回忆泪沾衣。"

1931 年，"九一八"事变后，何香凝在报纸上发表了《对时局的意见》，斥责蒋介石的专制独裁，她还邀请全国著名书法家、画家捐赠作品，连同她的书画，举办了"救济国难书画展览会"，为慰劳抗日将士筹集经费。

1931 年 11 月下旬，何香凝到了上海。一到上海，就立即去找了宋庆龄。两人交流了对时局的看法。一致认为，国难当头，不能沉默。

11 月 29 日和 12 月 1 日，何香凝连续向《民国日报》和国闻社记者发表谈话，表明了自己对抗日救亡的主张，她的声音在全国响了起来："是以我国欲依靠国联解决，则诚不识国联也，盖国联实为一各大国宰割小国及分赃之集团。吾除自救外，别无他策"，抗日救国"是我中国四万万同胞所同具责"。她强调："凡有利国家人民及余个人力量所能办到，即牺牲任何一切亦所愿也。"

夜色降临，何香凝在书桌前，想着日本帝国主义的侵略和蒋介石的"不抵抗政策"，痛心疾首，提笔写下了《对时局之意见》。意见中斥责蒋介石专制政策的罪恶统治，提出切实执行三大政策，挽救民族危亡及支持人民群众救国运动的主张，并郑重宣布：此后坚决辞去中央委员职守，努力尽国民一份应尽的责任。

1931年，何香凝带此巨幅画作《松菊》归国，柳亚子为此图做350 何香凝
字长跋，历数何香凝半生的革命经历与艺术生涯

　　没几天，何香凝和几个不肯为国民党政府效劳的南社社友柳亚子、经亨颐组成了"寒之友社"，经常在一起作画题诗，抒发积愤。

　　一天，何香凝到浙江绍兴白马湖经亨颐的长松山房做客，专门致函请来了柳亚子，三位南社人相聚在了一起。经亨颐自负诗、画、书三绝，以郑板桥为比，再加上擅长治印和喝酒，柳亚子称他有五绝。柳亚子是著名诗人，诗才罕见，出口成诗。何香凝是画家，作品气势宏大，笔力坚劲。在非常时期，他们做了非常之事。松树、翠竹、梅花被称为"岁寒三友"。何香凝作了一幅《岁寒三友图》，经亨颐创作了一幅《松》。何香凝、经亨颐合作了《梅花、水仙》和《松菊》。柳亚子在两人的画上题了诗。《岁寒三友图》题诗："娄也南天旧俊才，虬髯大侠出峨嵋。倘教添我成三友，堪比图中松竹梅。"《松》题诗："嫣红姹紫付轻尘，谁伴河山劫外身。要为乾坤留正气，苍龙鳞甲护秾春。"《梅花、水仙》和《松菊》上，柳亚子题诗道："寒冰为骨玉为身，不似优昙顷刻春。雪地霜天斗幽艳，孤山新妇洛川神。""彭泽羞为五斗折，秦庭肯受大夫封，毫颠岂仅冰霜操，际地蟠天百怪胸。"这是三人高尚的理想、独立不倚的品格和爱国精神的流露。

　　何香凝在以美术来倡导抗日的时候，忽然一个灵感骤然而升：举办救济国难书画展览会，动员艺术人士用笔参与抗日。

　　说干就干，何香凝立即行动，她精心组织，认真策划，她首先将原为办理仲恺农工学校而积存的书画全部拿了出来，同时，动员了多个省市的书画名家捐赠作品。

1931年12月28日，救济国难书画展览会正式开幕，地点在西藏路宁波同乡会。

贺天健《救济国难书画展厄言》，阐明了此次展览性质和意义，同时对何香凝筹展极表感佩，表达了上海书画界的共同心声："急矣国难，暴日占我东省，复有功锦之举，锦州若失，则平津危矣；平津危，则我东南各省势将亲临其厄，故此时而欲谋救济，尚有余日，过此恐不复再予我人以从容绸缪之机会矣。我书画家虽各以个人主义自矜，而至亡国丧邦之时，其痛苦则亦未异于人也。何香凝女士始自西欧归，发起救济国难书画展览会，海上书画家多被邀参与，一时景从，有若万流归海。何女士令人之景慕一至于此，抑亦共赴国难人同此心乎？"

公开展览，不收入场券。开幕当天，军界要人蒋光鼐、戴戟都认购定价五百元以上画作一幅。参观者纷至沓来，当日即达两千多人，以致会场拥挤不堪。各名家即席挥毫，更是观者如堵。而浙江新昌县六逸书画会吕曼丞女士及杭州褚雪琴女士，均来函接洽，言将有大批画件捐助于该会。

设在四楼的抽签赠品现场更是热闹非凡。展览券分为三种：30元、2元、1元，每券可以到会抽一彩。其赠品办法：30元之彩，有名家古画，名人遗墨，及当代名书画家作品，包括何香凝本人作品若干幅。2元、1元券也有何香凝及各书画家作品，并有各种画集书籍。展览券已在展览前于各处劝销。

北苏州路599号振元纱号陈光裕购1元券一张，抽签时抽得有正书局印行美术特刊一部，价值20元。而北浙江路18号罗希三购1元券一张，抽得何香凝女士函一幅。画展之第三日，参观者较前更盛。

南社主任柳亚子也没有停着，何香凝将救济国难书画展览会的想法与亚子一说，柳亚子立即兴奋了起来。何香凝与张红薇、郑曼青、马公愚、钱瘦铁、贺天健、熊松泉合作画件，柳亚子与戚饭牛、王礼锡等人，也创作书法多幅。在何香凝等人合作作品上，柳亚子题了一诗："健儿塞北横戈日，画客江南吮墨时。一例众芳零落尽，忍挥残泪为题诗。"展览会上，何香凝的《竹菊图》特别引人注目，柳亚子买了下来。

由于陆续加入作品日多，参观者日众，救济国难书画展览会不得不延长三天展期，1932年1月1日，《申报》和《民国日报》为此同时刊发展览会启事："本会会期自元旦起延长三天，至一月三日止，欢迎各界参观，分为抽签、售卖两部，抽签

1932 年，国民伤兵医院全体职员合影（前二排左十四为宋庆龄）

部仍在西藏路宁波同乡会四楼，售卖部在该会楼下大厅，陈列自第五百零一号起，计有三百余号，一律平价出售，每件定价大洋三十五元，内多平、津、港、粤及上海书画名家精品，务请各界踊跃购买，勿失交臂为幸。"

救济国难书画展览会取得了圆满成功。

伤兵院香凝出力　　"英雄冢"根源尽心

"九一八"风波未停，"一·二八"事变发生了。

为了转移国际视线，并迫使南京国民政府屈服，日本侵略者于 1932 年 1 月 28 日晚，突然向上海闸北的国民党第十九路军发起了攻击，十九路军在军长蔡廷锴、总指挥蒋光鼐的率领下，奋起抵抗。

就在当天，何香凝得知了十九路军抗敌御辱、守土作战时，心里十分欣慰和高兴。她不能上战场抗敌，但她忙着打电话召集会议。应邀参加会议的人都是各医院、慈善团体和工商界的负责人或知名人士，他们共同商议支前、慰劳和救护

何香凝与宋庆龄

事宜。

30日，天气依然十分寒冷、雨雪飞扬。何香凝寓所内从晨开始就灯火通明，气氛十分热烈。人员进进出出，客厅里堆满了慰劳用品。

上午8时半，两辆满载着慰劳品、救护用品及一些慰问人员的大汽车和几辆小汽车从何香凝寓所开出，车上插着"慰劳队""救护队"的旗子。街上的市民看到，都兴奋得流泪鼓掌欢呼。

何香凝与宋庆龄坐在车内看到这情景，也被感动得热泪盈眶，她不顾寒冷把头伸向窗外向沿途市民挥手致意。车队在郊区急速行驶，还不时地有路边的农民，一听说是开赴前线慰问战士的车队，便拥上来送上很多吃的东西，让何香凝她们带给前线战士。

车队直接开到了吴淞前线第十九路军翁照垣旅驻守的太阳阵地，翁照垣旅长及部属一看到慰问人员的到来，也是非常感动，不由激动地向何香凝等人敬了军礼。

一进庙，翁旅长向大家介绍了战况，讲到前方伤员颇多，急待救护时，何香凝立即说："同来的30余名医生、护士组成救护队，分头行动，立即出发，前往战地救护。"一声令下，救护队行动起来。

1932 年，宋庆龄、杨杏佛服务于国民伤兵医院的童子军（摄于交通大学）

　　雪越下越大，望着冰冷的天气，何香凝心里是一阵阵不安。她对翁照垣说：
"我要上前线去看望战士们。""天寒地冻，路途难走，并且前线还在作战，您还是
不要去了。"翁照垣劝阻道。"前线战士拼着命在保家卫国，这点困难我还不能克服
吗？"何香凝不由分说就走了出去。翁照垣便陪着她一起到附近战地做短暂视察。
何香凝边走边向战士们致意，勉励战士们坚守阵地，英勇杀敌。当何香凝看到官兵
们只穿着一套单夹衣在严寒中抗击着敌寇的入侵，心中十分难过。

　　何香凝的慰问极大地鼓舞了前线官兵，他们纷纷表示一定不辜负何先生和全国
人民的期望，誓死坚守阵地。

　　在翁旅长和随行人员一再劝阻下，何香凝才回到太阳庙中休息。就在这时，外
面传来了一阵嘈杂声。发生什么事？何香凝站了起来走出了门。只见外面有一群学
生模样的人，提着糨糊桶，夹着大捆宣传品来到庙里。原来，这是一支由复旦大学
学生组成的队伍，来前线进行抗日宣传。他们看到何香凝，便整理队伍，在院子中
间立正，请何香凝为他们训话。何香凝站在台阶上，望着一张张冻得红扑扑的年轻
生动的面庞，十分激动，亲切地叫了一声"孩子们！"便老泪纵横再也说不下去
了。停了一会儿，才接着说："中国不会亡！中国没有愿做亡国奴的人！我们的老
百姓都爱我们的国家！日本人在 40 小时内扫平上海的狂妄恫吓，已被我英勇的十九
路军粉碎了，我们要打败日本侵略军！你们是国家的主人翁，要为国家争气，要向

李根源为抗日烈士所建的"英雄冢"

十九路军学习！……""我们向您保证：愿为反抗侵略、保卫国家不惜牺牲一切！"
学生们举手高呼着。悲愤、高昂的口号声和救亡歌声，震动着太阳庙，响彻在前沿
阵地。

1932年2月，日本侵略者把战火燃烧到江湾、吴淞一带，战事越来越激烈。从
阵地战到肉搏战，伤员越来越多，却得不到很好的护理。

一天，何香凝、宋庆龄、杨杏佛聚在一起，商量一件大事：在上海交通大学创
办伤兵医院，救护从前线退下的伤员。

为何选择交通大学？由于交大濒临沪西战区，且有华界与法租界毗邻之地利，
方便出入往来。交大的前门开在法租界海格路（今华山路），后门则在华界虹桥路。

伤兵可以从华界送进医院，医师、护士、设备器材以及各界人士捐献的慰劳品
均能从租界进入医院。

2月底，上海红十字会先出面致函上海交大，请他们拨出部分校舍作为伤兵医
院。随后，杨杏佛去找了交大校长黎照寰。黎照寰早年留学美国时，就结识了孙中
山先生，并加入同盟会。他与孙中山既是广东同乡，又是革命战友，还曾一度充任
孙的秘书，与宋庆龄私交甚好。他大力支持创办国民伤兵医院。3月5日，国民伤
兵医院在徐家汇上海交通大学正式成立。

何香凝、宋庆龄亲自担任医院理事，中西医务专家多人负责医疗工作，医院的
全体职员均尽义务，不拿任何薪水。在"国民伤兵医院"创办不久，何香凝还同陈
铭枢夫人、蔡廷锴夫人等在金神父路法政学院又创办起"国难战士救护伤兵医院"。

何香凝经常到这两所医院处理各种事务，并通过她主持的办事处为医院筹备所需药品。

何香凝常去看望伤员，给他们安慰和鼓励，一天，她带去了自己的一首诗——《赠敬爱的伤兵》，在医院里朗诵了起来："君流血，我流泪，锦绣江山被人取。增你勇气，快到沙场，恢复我们土地。好男儿，救国不怕死。死！留名于万世。"一首诗，让伤兵们深受感动。

就在何香凝在上海积极为抗日出力的时候，另一位南社人李根源在苏州也做出了一件名震全国的大事。

此时的李根源正居住在苏州小王山。1923年，李根源因反对曹锟贿选总统，退出政坛，隐居吴中。

1932年初，日本侵略者悍然进攻上海及其附近地区。驻守上海的十九路军总指挥蒋光鼐、军长兼副总指挥蔡廷锴激于民族义愤，在未接到抵抗命令的情况下，奋起抗敌。

这天，李根源早早出门了，他的心情非常激动，他要去参加苏州人民的群众集会，呼吁全民抗日。

当主持人宣布会议开始时，他就首先登坛，一开言就自我介绍："我是李根源。"然后，他大声地展开了演讲，在讲演中猛烈地抨击南京国民党当局的不抵抗主义，揭露南京政府几年来一系列的卖国行为，最后，他毅然地说道："我建议，用苏州各界群众抗日大会的名义，致电南京政府，要求与日本帝国主义断绝国交，立即出兵抗日。"

李根源的话，引起了经久不息的掌声。

会议没过几天，李根源家里来了一群不速之客，一进门就说："我们奉命前来征求将军对国事的意见。"一见来人，李根源就知道他们不怀好意。

李根源的抗日言论引起了蒋介石特务的密切注意。根据CC派特务头子陈果夫的指示，吴县县长带了人来到李根源的住地，明为征求意见，实质是侦探李根源的动静。这位县长走后没几天，又有一人来到了李根源家，竟然询问李根源家中有没有无线电台及收发报机，最近有什么打算，是否要外出。李根源坦然一笑，没有理会。

宋庆龄、何香凝发出捐制棉衣的号召，5天就赶制了3万套棉衣送至前线，在苏州也产生了影响。

一天,李根源与苏州的几个耆绅集中在了一起,有张一麐、刘正康、金松岑、邓邦述。一集中,李根源就说:"日本人打了进来,前方战士在浴血奋战,我们该什么办?"张一麐接口说:"国家兴旺,匹夫有责,我们不应沉默。我建议组织治安会,募集衣物、药品、食品慰劳前方将士。"金松岑等人都表示赞同。李根源接着说:"现在全国民众抗日热情高涨,纷纷组织抗敌后援会,我们要行动起来。"在李根源等人的推动下,苏州民众抗敌后援会成立了,会址在苏州阊门外,李根源不顾病体,多次组织募捐,指挥护理伤员,输送弹药物资,支援前线将士。

十九路将士坚守上海一个月,毙敌万余名,迫使日寇三易主帅。但终因蒋介石不肯派部队增援、不给补给,使十九路军和第五军伤亡惨重,被迫退守苏州。"吴淞战事"起,李根源就与张仲仁等人抚伤救民,收殓大批阵亡将士遗骸,沪战一结束,他即献出善人桥北马岗山麓的一块墓地,并由他发起,带领爱国人士将在淞沪抗战中牺牲的78名烈士安葬于马岗山麓,命为"英雄冢"。

"英雄冢"坐西向东,封土高1.5米,墓的左右侧矗立石碑两块。阳碑阴刻"英雄冢"3字,为李根源亲笔所题。"英雄冢"立了一块碑,碑上刻着碑记:"中华民国二十年九月十八日,日本陷我辽东三省。明年一月二十八日,复犯我上海,我十九路军、第五军与之浴血鏖战,至三月一日援兵不至,日寇潜渡浏河,我军腹背受敌,二日全军退昆山。是役也,战死者万余人。异葬于苏州善人桥马岗山者七十八人,著姓氏于碑。题曰:英雄冢。中华民国二十二日四月朔日。腾冲李根源题书。"阴碑镌刻郑伟业书抗日阵亡战士王得胜、梁林等78人姓名。

边上还有一碑,由张治中将军著文:"李印泉先生在苏集前第十九路军及我第五军上海抗日一役殉国将士骸骨,凡七十八具,葬于马岗山之麓,命名为英雄冢。以治中曾忝附斯役属题。自维当时制敌无术,书此不觉愧悲交集,泪下如缏矣。中央陆军军官学校教育长,前第五军军长张治中。"并于碑上题"气作山河"四个径尺大字。碑之阴镌刻着奉化俞济时篆书和北路军第四路军、第三纵队指挥官、陆军第八十七师师长王敬久楷书题记各一段。安葬烈士那天,李根源手执掸绋,走在队伍的最前列,心情极为悲愤。

这是李根源第一次建"英雄冢"。此后,他又有三次建了"英雄冢",在中国抗战史上成了一段佳话。第二次是1937年七七事变后,日寇再次向我国发动了全面性大规模进攻，不久于"八一三"又进攻上海。李根源再次与苏州爱国耆绅做好后方供应工作，组织红十字会赴前方抢救伤员，殡殓忠骸。第三次是1942年夏，英勇牺牲在缅甸抗日前线的二〇〇师师长戴安澜之灵柩运送回国，抵腾冲，绕道怒江上游，然后交八十八师接运过江，到漕涧，举办隆重的公祭仪式。时为云贵监察使的李根源亲自主持了迎接戴师长灵柩的公祭仪式，并同时向云南保山至安宁各县发出通电，令各县长率民众"敬谨郊迎，公祭忠烈"的电文。第四次是1945年初，抗战胜利，李根源辞去了云贵监察使之职，回到家乡云南腾冲，即积极倡导修建腾冲国殇墓园。经过半年多的努力，国殇墓园完工了。园中建了忠烈祠、纪念塔、纪念碑。国民党要人蒋介石、于右任、何应钦、卫立煌及二十集团军将领都题了词。腾冲抗战中牺牲的军队官兵和民工的名字都刻在了碑上。

这些都是后话。

建同盟保障民权　救同志全力以赴

1932年夏秋间，杨杏佛与宋庆龄、蔡元培、黎照寰、林语堂等人在上海开始筹备中国民权保障同盟。

"一·二八"淞沪抗战一发生，杨杏佛与宋庆龄、何香凝在上海创办国民伤兵医院。杨杏佛所在的中央研究院有各种科学技术人员，如何在抗日战争中发挥作用？他与同人们一商议，就成立了一个"技术合作委员会"，委员会倡议本院技术与行人员均参加服务，并且重点为参战的中国军队服务。

杨杏佛带人来到十九路军，军队首长热情地接待了他们。一坐下来，十九路军的首长就对杨杏佛他们上门进行技术支持表示欢迎。首长的开场白一讲完，杨杏佛就向首长们介绍了"技术合作委员会"的情况，随后说道："十九路军官兵的抗日行为让我们深深敬佩。我愿意为十九路军的弟兄们做技术服务。十九路军所有技术方面的问题，如果我们能解决的，我们义不容辞，如果我们不能解决的，我们也会联络各方力量努力解决。"杨杏佛的话音刚落，就迎来了阵阵掌声。

自此，十九路军的技术问题差不多都由"技术合作委员会"接了，"技术合作委员会"成了一个有利抗战的咨询机关。

杨杏佛他们回到单位后，形成了一个规定，每日下午4时开会，请十九路军派代表参加，共同商讨与抗日有关的技术问题。这样，"技术委员会"先后为十九路军设计并制作了防毒面具、通信器材和交通等用具，有的虽未成批生产，但绘成了草图或试制成样品，极大地鼓舞了十九路军的抗日热情。

到了1932年夏秋间，杨杏佛就与宋庆龄、蔡元培一起商议成立中国民权保障同盟委员会。12月17日，杨杏佛与中国民权保障同盟筹委会的同志起草的中国民权保障同盟宣言终于对外发布了。目的与任务十分明了：为释放国内政治犯与废除非法的拘禁、酷刑及杀戮而斗争；刊布关于压迫民权之事实，以唤起社会之公意，援助为争取言论、出版、集会、结社等自由权利的一切斗争。

在中国民权保障同盟发表宣言的当天，杨杏佛与宋庆龄、蔡元培就以同盟的名义打电报给蒋介石、宋子文（行政院代院长）和于学忠（北平、天津卫戍司令）。电文说："北平警探非法逮捕、监禁各学校教授学生许德珩等多人，至今未释，摧残法治，蹂躏民权，莫此为甚年来国势陵夷，民气消沉，皆坐民权不立。人民在家，时怀朝不保暮之恐惧，对外何能鼓同仇敌忾之精神？欲求全国精诚团结，共赴国难，唯有即日由政府明令全国保障人民集会、结社、言论、出版、信仰诸自由，严禁非法拘禁人民和检查新闻，希望即日释放在平被非法拘禁之学校师生许德珩等，以重民权而张公道。"

1932年夏，蒋介石效仿希特勒，以侄子蒋孝先为宪兵第三团团长，将其调到北平，专门对付要求抗日与民主的各校爱国师生。12月11日至13日，北平特务机关奉南京指令，以共产党嫌疑犯名义先后逮捕北平师范大学教授马哲民、北平师大教授侯外庐和北京大学教授许德珩。同时被捕的还有北大、师大和北平农学院的师生数十人。消息传开，轰动全国。经过声援，许德珩等人才被释放。

12月19日，北平监狱的门开了，许德珩从里面走了出来。刚出门，就有两人迎了上去，一位是北大法学院的周炳琳，另一位就是杨杏佛。

原来，为了营救许德珩，杨杏佛在12月17日到达了北平，来到了北京大学许德珩的家里，会见了许德珩夫人劳君展，对许夫人表示慰问，并且相约劳君展一起去监狱看望许德珩。就在此时，张学良怕北平教育界问罪，若各校罢课，则不好收拾，一听说杨杏佛来北平，他就顺水推舟，将许德珩释放了。许德珩一见杨杏佛，

许德珩

　　心里一阵感动，两人拥抱在一起，久久没有松开。

　　12月29日，杨杏佛与蔡元培代表中国民权保障同盟在上海举行中外记者招待会，正式宣告同盟成立，宋庆龄任主席，蔡元培任副主席，杨杏佛任总干事。其中蔡元培后来担任南社纪念会名誉会长。1933年1月24日，杨杏佛携杨小佛经南京赶赴北平，以视察中央研究院院务的名义筹建中国民权保障同盟北平分会。1月30日，该同盟北平分会在欧美同学会召开成立大会，胡适当选为分会主席。

　　民盟成立后，在宋庆龄、蔡元培、杨杏佛的领导下，为保障人民的民主自由权利，营救政治犯，反对国民党的非法拘禁和杀戮，开展了多项活动。

　　中国民权保障同盟成立前，杨杏佛即与宋庆龄、蔡元培一道，开展营救政治犯的活动。波兰人牛兰，原名保罗·鲁埃格，1930年3月来华，担任泛太平洋产业同盟（乃国际红色工会远东分会公开名称）秘书，负责组织与资助中国的工人运动。1931年6月15日，由于叛徒顾顺章出卖，牛兰夫妇被上海英租界当局以共产党嫌疑犯的罪名逮捕。不久，引渡给国民党军事当局，监禁在南京、苏州等地。1932年7月11日，宋庆龄、杨杏佛、斯诺以及其他中外知名人士发起组织营救牛兰夫妇委员会，民权保障同盟成立后，杨杏佛等继续为营救牛兰夫妇做了不懈的努力。10月15日，陈独秀在上海被捕。23日，杨杏佛、蔡元培、柳亚子、林语堂致电国民党中央和政府，要求释放。

1933年1月31日，杨杏佛、胡适、成舍我三人在张学良的外事秘书王卓然陪同下视察监狱，杨杏佛当场向政治犯表示，自己是受宋庆龄委托前来探望的，并请王卓然向张学良等军政当局转达宋庆龄关于举行政治犯大赦、释放爱国青年的要求。在此期间，杨杏佛还与当地的中共地下党组织进行接触，并为拟议中的公祭李大钊的游行活动书写了挽联："南陈已囚，空教前贤笑后生；北李犹在，哪用吾辈哭先生。"

日本侵略者疯狂叫嚣：4小时占领上海。在十九路军的英勇抗击下，日军猛攻两昼夜，未能占领闸北，反而受到重创，日军惨败后，一面紧急向本国求援，一面提出休战三日。援兵到达后，他们又自食其言，1933年1月31日晚，日军再度猛攻，激战一星期，日军又遭惨败。

有一天晚上，宋庆龄、杨杏佛、史量才聚在了一起。宋庆龄说："现在战事吃紧，我们一起研究一下战争情况与发展趋势，看我们能做什么工作。"杨杏佛接着宋庆龄的话说："我认为，日本还将从本土增援大部队，但租界不过弹丸之地，黄浦江不能应付大量运输，估计敌人将在长江沿岸或东海沿岸地区登陆。"史量才对杨杏佛的话表示赞同。杨杏佛接着说："我们决定请中央研究院和中国科同事绘制地图，标明水底深度，并晒成蓝图多份，供中国军队在战争中参考。"史量才说："这是件有意义的事。图晒出来，我们要交上海市民地方维持会讨论。"宋庆龄说："好，我们分头行动。"

没多久，蓝图晒出来了，史量才把它交给了上海市民地方维持会并面交上海市长吴铁城转呈蒋介石。但是蒋介石没有重视此事。

2月底，侵沪日军已增加到10万人，而十九路军连同前来参战的部分第五路军，总共不足4万人，武器装备还不如日军，但却能坚持抗战一个多月，杀伤敌人1万多，打得日军三易主帅而不能有所推进。到了3月1日，日军舰果然再运兵在太仓洲大规模登陆，使十九路军腹背受敌，最后，被迫于3月2日放弃庙行、江湾、闸北阵地。5月5日，国民政府被迫与日本签订有损国家主权的《淞沪停战协定》，使上海抗战以中国失败而告终。

1933年4月3日，民权保障同盟临时全国执行委员会和上海分会在中央研究院召开联席会议，参加会议的有30多人。杨杏佛主持会议，他报告了今天会议的主题是继续营救陈赓等4人。

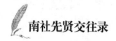

1933年3月24日，红军领导人陈赓因腿部受伤，经组织送往上海治疗，在一家电影院门口，被叛徒认出而被捕。与他同住一处的谭人凤的孙女谭国辅，化名陈藻英，伪装成陈赓之妹，也于同日被捕。3月28日，中华全国总工会上海执行局书记罗登贤、中华海员工会党团书记廖承志和余文化三人在上海公共租界开秘密会议，也因叛徒告密，被租界老闸巡捕房逮捕。

宋庆龄、杨杏佛一听到消息传开，就立即发动民权保障同盟积极开展营救活动。经民权保障同盟和何香凝的积极营救，廖承志因为是廖仲恺和何香凝的儿子，于3月31日晚被保释出狱。但罗登贤、陈赓、余文化和陈藻英，却于4月1日被押解南京，关入了军事监狱。

杨杏佛报告了廖承志、罗登贤、陈赓等5人被捕的经过，提出了组织营救政治犯委员会的意见，一下子得到了与会者的赞同。于是，宋庆龄、蔡元培、杨杏佛、吴凯声、王造时、沈钧儒、陈彬和7人被选为营委会成员，并决定推派宋庆龄、杨杏佛、沈钧儒、伊罗生、吴凯声5人为代表至南京，具体展开营救行动。

4月5日上午，5位代表乘京沪特别快车到南京，住在下关扬子饭店二楼。

一住下，杨杏佛马上去了国民政府，报告了宋庆龄到南京的消息。

下午5时许，当时行政院院长汪精卫和司法部部长罗文干带侍从到扬子饭店看望宋庆龄。

双方一坐下，宋庆龄立即说道："我们是民主同盟派来的代表，我们的主张是从抗日大局出发，释放一切政治犯、废止滥刑、改善狱中待遇，并特别请求政府停止'剿共'，一致抗日，以孚民望。"杨杏佛接着说道："过去遵照孙总理'联俄、联共、扶助农工'的政策，国共合作，取得北伐战争的胜利。现在日寇侵入东北，举国同愤，有志青年奋起抵抗，但中央反其道而行之，将成千上万的抗日志士加以种种名义，非法逮捕，滥施酷刑，令人痛心，应速改变这种违反民意的政策。"

汪精卫听了两人的话，脸色有点变了，但随即回答说："孙夫人、杨先生所谈各点，我将仔细研究，然后向中常会转达。"

宋庆龄和杨杏佛接着提出了要求"探监"，汪精卫、罗文干没有办法阻拦，只好答应了。

当天晚上7点钟，一辆汽车开进了南京卫戍司令部，上面坐着宋庆龄、杨杏佛等民主同盟的人员。一下车，有个青年军官就迎上前来，领着他们穿过不少曲折的甬道，来到一间牢房。牢房里住着一个"囚犯"，脸上长了一层胡子，面容消瘦，但眼光炯炯有神，宋庆龄和杨杏佛一看，正是他们要看望的陈赓。

杨杏佛急忙问陈赓："你受了刑没有？"陈赓看了守卫一眼，说："我不要紧。"接着他说："请照顾我的妻子，她什么也没有，生活很苦。"杨杏佛指着边上的一个人说："这是吴凯声律师，你有什么要求，可以告诉他，要求依法办理。"宋庆龄拿出了一个糕点盒，交到了陈赓手中，并说道："这里有重要的东西。"陈赓心领神会地接了过来。后来，陈赓打开来看到，其中有一份秘密文件。

接着杨杏佛他们又探望了陈藻英、罗登贤、余文化。罗登贤当着守卫的面大声对"同盟"探监的代表说道："我领导工人阶级向帝国主义斗争。我不怕牺牲，愿为无产阶级流尽最后一滴血，献出宝贵的生命。请你们告诉在外面的同志们，我一定奋斗到底，什么狂风暴雨，都阻挡不住我。"

1933年5月，丁玲、潘梓年突然失踪，上海的共产党组织心急如焚。丁玲在1930年初，参加中国左翼作家联盟。1932年，加入中国共产党。同年下半年，担任"左联"党团书记。潘梓年是哲学家，1927年加入中国共产党，先后在中共上海文化工作委员会和中共江苏省委工作。

杨杏佛与民权保障同盟的同志开始展开调查。一天，杨杏佛在办公室里，想着丁玲、潘梓年失踪案，紧锁双眉，想着调查的方向。突然，收到了署名"蔡飞"的来信，原来，丁玲和潘梓年在5月13日被国民党特务绑架了。杨杏佛立刻将此信公开发表，使丁玲、潘梓年失踪案真相大白于天下。杨杏佛又提议组织"丁潘营救委员会"，开展了一系列的活动：募捐用于法庭斗争；在国内外报刊报道并召开记者招待会，发动舆论界掀起抗议浪潮等。于是，要求释放丁、潘的呼声此起彼伏，外国知名人士和著名作家如巴比塞、瓦杨、故里、罗曼·罗兰等也积极声援。在国内外舆论的压力下，国民党反动派不敢公然杀害丁、潘二人，而采取不杀、不放的政策。后来，丁玲经上海地下党组织的营救于1936年逃出了南京。潘梓年是在1937年第二次国共合作时，经中共与国民党交涉，也获得了释放。

由于民权保障同盟坚持不懈地同国民党黑暗统治做斗争，国民党的反动派极为恼恨，发表公告，诬蔑同盟为"非法组织"，要求予以解散。

不久，杨杏佛也遇难了。

蒋介石杀杨儆宋　杨杏佛遇刺牺牲

杨杏佛与宋庆龄、蔡元培等著名人士在上海组织了"中国民权保障同盟"，担任总干事，营救了不少被关押的共产党人和爱国人士。欲行独裁的蒋介石视杨杏佛为眼中钉、肉中刺，蒋介石下令："杀杨儆宋。"

蒋介石的暗杀命令下达后，复兴社特务处处长、杀人魔王戴笠就行动了起来。

蒋介石的这道命令可以说是一箭双雕。表面上看，他杀掉杨杏佛是为了警告宋庆龄。其实蒋介石杀杨杏佛并非一时心血来潮，他的主要目的是扼杀民权保障同盟，一举扫除专制道路上的障碍。

戴笠亲自指挥，暗杀小组成立了。小组由6人组成，组长是国民党四大杀手之一、人称"追命太岁"的赵理君；副组长叫王克全，他是共产党的叛徒。组员李阿大，是上海苏北帮著名杀手，在江湖上很有名气。另外还有郭得诚、施芸之和刘阿三等人。

1933年4月的一天，在法租界迈尔西爱咸斯路一楼三层楼房内，戴笠正召集下属人员开会，这里是他们行动部的办公室。戴笠对大家说："委员长亲自下了令，要除掉杨杏佛，这次行动只许成功，不许失败。"赵理君接着说道："委员长信任我们，我们坚决完成任务。"随即，他们就制订了计划，确定了行动方案，进行了部署，在行动前，特务们举行了"不成功即成仁"的宣誓仪式。

特务们通过侦察了解了杨杏佛的行踪，杨杏佛骑术娴熟，在大西路的马厩中饲养了两匹名马，每星期日早上有空，他经常骑马驰骋在大西路中山道上。由于与夫人离异，他一人独居在上海法租界亚尔培路331号中央研究院国际出版物交换处楼下一间房内。每星期六晚上，他都将长子杨小佛接来，第二天带他到上海西郊北丰公园游玩。特务们就决定将暗杀行动确定在星期天。

对于特务的暗杀，杨杏佛是有思想准备的，在此以前，他已收到了恐吓信。

6月16日，杨杏佛来到宋庆龄的住处探望宋庆龄，一进门就将一叠纸递给了宋庆龄，宋庆龄以为是什么文件，接过一看，却是几封恐吓信。杨杏佛说："这是最

1932年杨杏佛与儿子合影

近几个星期收到的。""竟有此事？"宋庆龄十分惊讶地说。"不仅如此，还有人传来了要杀我的一些口头警告。"杨杏佛说道。"那你要多加小心。"宋庆龄关切地说。"我不怕，我要像邓演达一样，有着牺牲的决心。"杨杏佛的脸上露出了坚毅的表情。一听这话，宋庆龄的心中一阵哀思。

邓演达被蒋介石杀害已一年多了，当年邓演达创建"第三党"的情景又出现在了她的眼前：

时空回溯到1927年：蒋介石和汪精卫相继叛变革命，杀害共产党人。10月，在苏俄南部的高加索，宋庆龄与陈友仁、邓演达相会，一致认为中国革命不能中断，为了复兴中国革命，有必要先成立一个"临时性的革命领导机构"，这个组织应该是一个独立的、中国式的、贯彻孙中山三大政策的革命团体。关于这个"临时性的革命领导机构"的名称，宋庆龄说："我们还是要按孙中山先生的三大政策去做，现在要的是行动和行动的人。"陈友仁提出："我国华侨对国民党有感情，为了能对华侨发生影响，还是要把'国民党'摆在前面。"经过多次商谈，最终达成一致意见：将这个新的革命领导机构定名为"中国国民党临时行动委员会"，并由邓演达起草宣言。

11月1日，宋庆龄、邓演达、陈友仁在莫斯科联名发表了由邓演达起草的《对

邓演达手戴镣铐上囚车前（1931 年 8
月 17 日）

中国及世界革命民众宣言》（简称《莫斯科宣言》），《莫斯科宣言》中引人注目的有
三点，一是宣告南京武汉的伪党部中央之罪过，不承认其作用；二是高举"中国国
民党临时行动委员会"的旗帜，临时行使革命领导之机能，立即着手筹备召集中国
国民党全国各省市代表大会，以解决一切革命问题；三是到全国各省市代表大会成
立之日，该会职权即行撤销。

1930 年 8 月 9 日，邓演达在上海主持召开了第一次全国干部会议，通过了党纲
《我们的政治主张》。"中国国民党临时行动委员会"正式登上了中国历史舞台。因
他处于共产党和国民党之间，因而有了"第三党"的名称。

"第三党"在中国发展很快。杨杏佛在 1930 年秘密加入了"第三党"，与郑太
朴、谢树英等人负责该委员会中央直属区工作，主要任务为争取蔡元培、于右任等
上层人士和教育、科技界知识分子。他进行反蒋活动后，开始与共产党战斗在一
起。正是在杨杏佛的秘密联络下，在国民党元老蔡元培、"第三党"首领邓演达和
第十九路军陈铭枢、蒋光鼐、蔡廷锴之间形成了一个三角联盟，计划以法律之外的
暴力手段推翻蒋介石的专制统治。

参加"第三党"的南社人还有施方白、毛啸岑等。施方白是崇明外沙（今启东
北新镇）人。1929 年就参加了"第三党"，1930 年春，邓演达自德国秘密返沪，8

月召开14个省市左派代表会议，正式成立中国国民党临时行动委员会。邀老部下季方、施方白参加发起，两人被选为中央干部会干事。施方白担任江苏干部会的负责人，在南通、苏州等地开展工作。毛啸岑是江苏吴江人，1930年参加了"第三党"，江苏省革命行动委员会成立了，毛啸岑与张曙时、戴盆天、郑太朴、王民峰、张一声等被推举为委员，毛啸岑分工负责财务和组织发展工作。回到吴江，毛啸岑根据上级的指示，以高涨的革命热情开展"第三党"的发展工作。

当时，"第三党"的组织活动和武装准备已经有了一定的规模，在社会上亦产生了相当大的影响，反动派对它的忌恨也随之加剧。蒋介石派王柏龄到上海，与淞沪警备司令熊式辉合谋侦探"第三党"活动，并悬赏3000元缉捕邓演达。8月17日下午，邓演达被捕。

一想到当年的往事，宋庆龄和杨杏佛都痛心疾首。

1931年8月17日，邓演达准备给国民党左派上课，不料蒋介石已通过叛徒得知时间和地点，立刻派人去愚园路20号抓了邓演达。邓演达被押到南京，关在陆军监狱的一个单独牢房。1931年11月29日夜，在南京麒麟门沙子岗的荒地里，邓演达被害，年仅36岁。

当时，宋庆龄还不知道邓演达已遇害，来找蒋介石，说要见见邓演达。蒋介石知道瞒不过去，只好硬着头皮说邓演达已不在了。宋庆龄公认的有涵养，这次也罕见地掀翻了桌子，大骂蒋介石无耻。蒋介石不敢顶嘴，躲在楼上不敢下来，还是宋美龄出面，才把二姐劝走了。

杨杏佛向宋庆龄表达了自己的决心，临走时，又关切地对宋庆龄说，在他收到的恐吓信中，有几封将宋庆龄的名字也列入恐怖狙击的名单中，希望宋庆龄也务必小心。

6月18日是星期天，早晨7点钟，赵理君带领他的特务们坐着两辆汽车出发了。两辆汽车分别停在了亚尔培路和马斯南路的转角处，赵理君留在车上观察指挥，命令郭得诚、施芸之、李阿大、王克全身穿黄灰色劳动服，分散潜伏在中央研究院附近。王克全假装行人散步，在路口接应，李阿大、郭得诚等人分散隐蔽在杨杏佛住宅附近。

8点刚过，杨杏佛果然像过去一样，身穿麂皮上衣和骑马裤，头戴灰色呢帽，带着15岁的儿子杨小佛，走出了他居住的中央研究院大门，准备乘汽车去大西路马

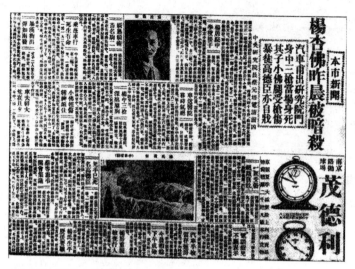

《申报》刊登杨杏佛被国民党特务暗杀的报道

厩骑马。中央研究院门口停着两辆车，一辆是"道奇"牌车，一辆是敞篷车。

杨杏佛本来是应该坐"道奇"轿车，但杨杏佛一看，"道奇"车被敞篷车挡住。他也没细想，绕过"道奇"车上了那辆敞篷车。谁想得到，就是这么一个不经意的改变，让杨杏佛陷入了死亡的境地。因为敞篷车毫无遮挡，杨杏佛处境更加危险。

当汽车刚驶出中央研究院大门，拟向北转入亚尔培路时，敌人动手了。赵理君立刻发出了信号。特务们接到命令，各就各位。就在杨杏佛乘坐的敞篷车开出大门的一瞬间，4支手枪同时向敞篷车射击。

这阵枪雨并没有击中杨杏佛，只打中了司机两枪。司机是个胆小鬼，他没有继续开车，而是狠踩刹车，将车停了下来，他抱着脑袋跳车逃命。

虽然杨杏佛没有受伤，但是他护子心切，顾不得自己的安危，一伏身，趴在儿子杨小佛身上。又是一阵弹雨射来，他身上连中3弹，一弹由左肋射进，由右肋穿出；一弹击中左腰，留在体内；另一弹击中心尖，成为致命的一弹。杨小佛在父亲的保护下，仅右腿部受轻伤，而幸免于难。

这时，中央研究院对面362号利喊汽车公司职员俄国人培克听闻枪声，从二楼奔下，于流弹横飞之际，舍身上前，至杨杏佛的汽车门旁，向内一看，杨杏佛已倒在车厢内的血泊之中，杨小佛在他的身下。

培克急忙问杨杏佛出了什么事，此时的杨杏佛伤势过重，已说不出话来，只听得喘息的声音。培克不顾自身安危，将车门关上，驾驶车辆将杨杏佛父子送到金神父路广慈医院抢救，到了医院，已是9点20分，杨杏佛已气绝身亡，只得转入太平间安放。

再说赵理君一看行动得手了，就发出撤退信号，将车从拐角处开了出来，准备接应杀手逃跑。没想到，法租界巡警已经出现在了街头。

杀手郭得诚是第一次在法租界作案，他有点紧张，撤退时跑错了方向。等他明白过来的时候，接应的汽车已开出去十几丈远了，郭得诚拔腿猛追，一边追一边喊："等等我！等等我！"赵理君骂了一声道："真他妈的笨！"他有心停下车来，让郭得诚上车。可是他抬眼一看，巡捕离郭得诚也就不到五米远了。赵理君心中暗叫了一声：等等你，等等你我们就全完了！

赵理君把心一横，举起手枪，把一梭子子弹都打出去了。眼看郭得诚倒在血泊中，他一踩油门，汽车冲出了法租界。

别看郭得诚身中数枪，但是他没死，但是郭得诚也没有胆量活下去。因为临行前上级有交代，不成功便成仁，只要被人抓到活口，自己一家老小都甭活。郭得诚只得抬起手中枪，扣动了扳机，向自己的左颈射击，负伤倒地。巡捕将他捕获后，也将他送进了广慈医院。

郭得诚经救治后，能说话了，他称到上海仅一星期，往西摩路访友，路过此处，流弹误伤。矢口否认自己是杀害杨杏佛的凶手之一。但是捡获的手枪暴露了他的身份。戴笠知道了郭得诚还能说话，马上通知在法租界巡捕房担任华籍探长的军统特务范广珍，他带上毒药，以巡捕关系去接近郭得诚。

第二天，报纸上登出了郭得诚"气绝身亡"的消息。

悼杨铨前赴后继　传正义国庠入狱

杨杏佛被害的消息，举世震惊。南社人的心中也充满了悲哀和愤怒。

蔡元培听到了杨杏佛遇刺的消息，立即走出了家门。在危机四伏的气氛下，他不顾个人安危，于上午9时驱车到了中央研究院，一听杨杏佛被送广慈医院，就立即赶到了医院。但是，杨杏佛已经逝去了。

环视着杨杏佛的遗体，两行眼泪从蔡元培的眼眶中流了出来。为了抗议蒋介石政权的暴行，宋庆龄、蔡元培、杨杏佛、林语堂等人开始筹备中国民权保障同盟，杨杏佛是同盟的积极分子，1933年春，他还到华北等地活动，批评蒋介石对政治犯的迫害，并主张停止内战、一致抗日。想不到杨杏佛是壮志未酬身先死。

当蔡元培得知杨杏佛随身携带的笔记本被法巡捕房取走时，他马上委托该医院的宋梧生医师从速取回。宋医师又转请吴凯声律师与法巡捕房政治部撒利交涉，取回了写有同盟成员地址的笔记本，防止了国民党特务窃取同盟的机密，保护了同盟的其他成员。蔡元培以中央研究院院长的名义致电南京政府主席林森和行政院院长汪精卫，要求"急予饬属缉凶，以维法纪"。法租界警务当局也立即派多名探员调查，表现出相当程度的重视。

6月19日，蔡元培又到了广慈医院，遇到了于右任。于右任一早就到广慈医院悼念杨杏佛，老泪纵横。

10时45分，杨杏佛的遗体从广慈医院送往万国殡仪馆。蔡元培在殡仪馆对《申报》记者发表谈话，他说道："杨为一文人，遭此非常变故，人民生命可谓毫无保障。"

6月20日下午2时，祭堂两边，摆满了花圈。在祭堂正中，挂着一副联文"当群狙而立，击扑竟以丧君，一瞑有余愁，乱沮何时，国亡无日"；"顾二雏在前，鞠养犹须责我，千回思往事，生离饮恨，死田吞声"。上款为"杏佛先生千古"，下款为"赵志道哭挽"。这些天前来万国殡仪馆凭吊的有宋庆龄、鲁迅、邹韬奋、胡愈之、伊罗生、黎照寰、郑洪年、叶企孙、洪深、沈钧儒、李四光、刘海粟、周象贤、唐瑛、王云五、吴稚晖、孔祥熙，以及中央研究院、中国科学社共200余人。送花圈的有柳亚子、李烈钧、陈铭枢、易培基、马良、陈光甫、宋子文等。

这一天，大雨滂沱，乌云滚滚，国民党特务又放出风声，说在这一天要暗杀民权保障同盟其他成员。其矛头主要指向宋庆龄、蔡元培和鲁迅。他们三位，义无反顾地都到了现场。

蔡元培在杨杏佛的精神鼓舞下，也毫不犹豫地去殡仪馆主持吊祭，直到下午4时始返回。

蔡元培率中央研究院同人举行公祭，他泣不成声地说："中央研究院同人，今

杨杏佛与鲁迅

日谨以敬意，致祭于杏佛先生之前。同人以时间仓促，未备祭品，未作祭文。追念先生献身于国民党以来，努力服务，以后供职于大学院、东南大学及各大学，均勤恳任职，得国人之敬佩。最近供职于中央研究院，努力从公，中央研究院得有今日，先生之力居多。今先生以勇于任事，努力服务之人，而死于非命，同人等之哀悼为何如！人孰不死，所幸者先生之事，先生之精神，永留人间。元培老矣，焉知不追随先生以去？同人等当以先生之事业为事业，先生之精神为精神，使后青年学子有所遵循，所以慰先生者如此而已。"蔡元培的话音刚落，在场的人哭声四起。

鲁迅为了悼念这位挚友，不但坚决去殡仪馆，而且不带钥匙，以示自己不怕牺牲的决心。鲁迅与杨杏佛的交往密切，时间虽然不长，只有180多天的时间。鲁迅参加了民主同盟以后，他们为争取平等的生存权利、为争取民主与自由、为营救共产党人和爱国进步人士、为反对法西斯独裁专政，曾共同奋斗过。此时此刻，鲁迅望着杨杏佛的遗体，幕幕往事如电影般展现在了眼前：

1933年1月6日，鲁迅应同盟副主席蔡元培之邀，参加民权保障同盟临时执行委员会，研究筹建上海分会和要求释放北平进步学生的问题。从此，杨杏佛与鲁迅来往频繁。为了抗议希特勒纳粹党人蹂躏人权、摧残文化，鲁迅和杨杏佛又一道赴德国驻上海领事馆递交抗议书，使中外各界都受到震动。1933年，萧伯纳作环球世界旅行，2月17日，由香港到上海。当日，蔡元培与杨杏佛在中央研究院接待肖伯

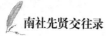

杨杏佛大殓前（1933年摄于万国殡仪馆）

杨杏佛之墓

纳的来访。中午，宋庆龄在寓所举行欢迎萧伯纳的宴会，蔡元培与杨杏佛陪同萧伯纳前往。这天，鲁迅到的较晚，当他到达时，宴会已经开始，但杨杏佛对鲁迅特别尊重，当杨杏佛与宋庆龄、蔡元培、鲁迅、林语堂、萧伯纳、伊罗生、史沫特莱七人合影后，他自己又与鲁迅二人单独合影。这些照片后来由杨杏佛冲洗放大，单独寄给了鲁迅，宴会结束后，杨杏佛又和鲁迅等人陪同萧伯纳乘车到世界学院参加有50多位作家、艺术家参加的笔会。

送殓回家后，鲁迅盛赞杨杏佛用自己的身体保护儿子的高尚品质，说："有后代，就是有将来！……能够如此，也是不容易的。"对宋庆龄、蔡元培也表示由衷的敬佩，他说："打死杨杏佛，原是对孙夫人和蔡先生的警告，但他们两人是坚决的。"

鲁迅无法控制自己的悲愤心情，吟出了一首七言律诗："岂有豪情似旧时，花开花落两由之，何时泪洒江南雨，又为斯民哭健儿。"

柳亚子听到了杨杏佛遇难的消息后，也是悲痛异常，夜不能寐。杨杏佛是在武昌起义后加入南社的。1928年，柳亚子在杨杏佛的劝告下回国，先后担任江苏革命博物馆编纂、江苏通志编委会委员、上海通志馆馆长等职。"九一八"国难后，柳亚子积极主张全面抗战，与何香凝组建国难救护队后方理事会，为义勇军出关抗敌筹钱集粮，同时参加反帝大同盟和人权保障同盟，积极支持十九路军的淞沪抗战。当年，于右任同意担任上海大学校长之职，也是经柳亚子、杨杏佛、叶楚伧等人促劝而上任的。

就在人们还在悼念杨杏佛的时候，另一位赞同鲁迅的南社人杜国庠也被国民党盯住了。

国民党定都南京，蒋介石实行白色恐怖，到处抓人杀人，共产党员和革命工农群众的鲜血染红了南京的雨花台。工农红军则在井冈山竖起了革命的红旗，创建革命根据地，推行土地革命。在白区，共产党员进行出生入死的地下斗争，动摇国民党的统治基础。就在这种形势下，1928年元月，杜国庠由香港到了上海。

杜国庠到上海之后，住在钱杏村、蒋光慈所办的春潮书店。钱杏村，笔名阿英，安徽芜湖人。青年时代曾参加五四运动，1926年加入中国共产党，1927年从芜湖逃亡到武汉后到上海，长期从事革命文艺活动。蒋光慈，安徽霍邱人。1921年赴苏联莫斯科东方大学学习，第二年加入中国共产党，回国后从事文学活动，曾任上海大学教授。1927年，钱杏村与蒋光慈等发起组织"太阳社"，编辑《太阳月刊》《海风周报》等，倡导无产阶级文学。

杜国庠到了上海，与钱杏村、蒋光慈一起从事了革命文学活动，他一到上海，就向他们讲了自己的经历，并说："在潮汕，我提出过申请加入中国共产党，周恩来同志也同意了，但是因为部队的撤离而未能办理手续。现在，我重新申请，要求加入中国共产党，请党组织考验我。"钱杏村、蒋光慈也了解杜国庠的革命经历，于是就立即向上海党组织汇报。2月，由钱杏村、蒋光慈介绍，杜国庠终于加入了中国共产党。此时的他，意气风发地投入到了上海地下党文化战线的斗争中。不久，他又与创造社负责人成仿吾接上关系。以后就用吴念慈、林伯修等笔名发表翻译文章和论著，在严重的白色恐怖之中，他坚持了马克思主义的传播工作，一本本翻译和编辑的著作在上海流传：普列哈诺夫的《艺术论》《史的一元论》，德波林的《辩证唯物论入门》，编有《政治经济学辞典》⋯⋯

1934年的一天，杜国庠兴致勃勃地回到了家里，兴奋得睡不着觉。因为他与潘梓年、邓初民等发起组织的中国社会主义者联盟终于成立了。中国社会主义者联盟是中国共产党的外围组织，第二年10月改称中国社会科学者联盟，简称"社盟"。杜国庠担任了"社联"党团书记。"社联"与"左联""教联""剧联""美联"等合组为"文总"，统一领导。

潘汉年、冯雪峰、朱镜我等人先后代表共产党来领导"文总"及其所属各个

杜国庠

阳翰笙

"联"的工作。"文总"成立党团，杜国庠是党团领导成员之一。当时"文总"的党团成员也是中央宣传部"文委"的成员。杜国庠曾调中央宣传部工作，参加《红旗报》的编辑。

1930年3月2日，杜国庠早早地来到了上海窦乐安路的中华艺术大学，在这里，遇到了他的老领导和老朋友潘汉年、钱杏邨、鲁迅等人。中国左翼作家联盟成立大会在这里召开。成立大会上，鲁迅作了《对于左翼作家联盟的意见》讲话，第一次提出文艺要为"工农大众"服务的方向，他说道："对于旧社会和旧势力的斗争，必须坚决，持久不断，而且注重实力，……战线应该扩大，……联合战线是以有共同目的为必要条件的。……如果目的都在工农大众，那当然战线也就统一了。"杜国庠对鲁迅的话十分赞同。一天，"左联"领导开会，杜国庠在会上提出："必须尊重鲁迅对于文艺的意见，必须善于同鲁迅合作。"

1933年冬，杜国庠回到家中，心里非常沉重。国民党当局对共产党人和革命志士疯狂镇压，中共临时中央政治局在上海也陷入无法立足的困境，不得已于1933年1月由上海陆续迁到苏区中央根据地江西瑞金。

各部门与党有联系的在上海的机关，多被破坏。中共中央决定在上海组织"中共上海中央局"，又称中共临时中央局，代表中央指导领导上海等白区党的工作，并负责同共产国际联系。杜国庠想着想着，就做出了一个决定，把他的寓所作为各方面同党接头的地方。党中央同意了，自此，每天都有一二十人在这里进进出出。中央代理宣传部部长朱镜我也常来这里。因而，引起了国民党反动当局的注意。

1935年2月19日，杜国庠来到了"中国左翼文化同盟"党、团书记阳翰笙的家中商量工作。突然，一伙巡捕冲进了阳翰笙的家中，两人一同被捕了。

面对敌人，两人表现得非常从容，因为他们已经做好了最坏的打算。

1934年3月，和上海中央局有着直接关系的江苏省委连续遭到破坏后，6月下旬，中共上海中央局遭遇第一次大破坏，中共重要干部周光成被逮捕。而后此人随即转向，声明与共产党脱离关系，他叛变后又穷凶极恶地破坏中共组织，中央局书记李竹声、中央局秘书处负责人李德钊、江苏省委书记郑玉龙等一大批共产党领导被捕，上海党组织几乎被破坏殆尽。李竹声、郑玉龙等人随后叛变脱党，并参加特务组织，1934年10月，中共上海中央局第二次遭到破坏。10月5日，当时继任上海中央局书记的盛忠亮等人在住所被捕，设在公共租界华盛路同乐坊122号的中共秘密无线电台被破坏。盛忠亮在被捕后随即叛变，加入国民党中统组织，于是有了1935年2月上海中央局再遭第三次破坏。在2月19日夜至20日清晨，公共租界和法租界共同进行了逮捕行动，破坏了中共在公共租界福煦路的密设总机关及其他场所。

杜国庠和阳翰笙两个人的手铐在一副手铐里。同时被捕的还有中共上海中央局书记黄文杰、宣传部部长朱镜我、组织部部长何成湘等一大批中共领导人，上海中央局的组织部、宣传部、秘书处、左联等机关均遭破坏，损失空前惨重。

杜国庠被关进伪上海市公安局看守所。他在上海狱中，滔滔不绝地宣传抗日，因而被不断调换囚室，但这却为他提供了更多的宣传场所。他对审问他的敌人说："在你们手里由你，假如在我们手里由我。"一下子触怒了审问者。审问者歇斯底里地说："你不要敬酒不吃吃罚酒。"杜国庠回答说："要杀便杀，发脾气对彼此都不合卫生。""老虎凳会让你改变想法的。"审讯者厉声说。"我四十多岁了，改变不了啦！要改变也要三十年吧，急是急不来的。"杜国庠调侃的语调慢条斯理地说。"你要吃苦头了！"审讯者说。"吃苦头也算不了什么，打到发昏便不觉得痛了。"杜国庠还是不紧不慢地说。说得敌人喜怒皆非，十分狼狈。

3月17日，杜国庠被调进另一囚室，难友知道他是做理论工作的，就要他做关于巴黎公社的报告。3月18日，正是巴黎公社纪念日，杜国庠就在囚室内讲起了巴黎公社的故事，同难友一起纪念巴黎公社起义。他慷慨陈词地说："巴黎公社是无产阶级推翻资产阶级统治，建立无产阶级专政的一次伟大尝试。公社战士在同强大敌人战斗时表现出来的英勇不屈、视死如归的精神将永垂史册。"

报告一下子引起了敌人的恐慌，立即加以制止。

当晚，在滂沱大雨中，杜国庠和黄文杰、朱镜我、田汉、阳翰笙、何成湘等8人被国民党作为要犯解往南京，关进国民党宪兵司令部看守所。

值得一提的是此次被捕者，在被捕后个个铁骨铮铮，坚不吐实，体现了共产党人忠贞不屈的风范。其中也有一位南社社员田汉。

田汉，1898年3月12日出生于湖南省长沙县东乡茅坪田家塅一户贫农家庭；1930年3月，他以发起人之一的身份参加了中国左翼作家联盟成立大会，并被选为7人执行委员会之一，接着参加了中国自由运动大同盟。同年6月，南国社被查封，左翼剧团联盟改组为左翼戏剧家联盟，他是发起与组织者之一；1932年，田汉在上海加入中国共产党，并担任左翼剧联党团书记。1934年冬，田汉作为"上海电通影业公司"编剧，创作了以长城抗战为主题的电影《风云儿女》剧本。主题曲为《义勇军进行曲》。"起来！不愿做奴隶的人们！把我们的血肉，筑成我们新的长城！中华民族到了最危险的时候，每个人被迫着发出最后的吼声……"这是一首令人热血沸腾的雄壮歌曲，它充分表达了当时全国人民团结抗日的爱国热情，唱出了中国人民誓死反抗侵略的抗日心声。不料，1935年2月19日的夜里，国民党特务以"宣传赤化"的罪名，将田汉逮捕。

田汉被捕之后，电通公司加快推进这部宣传抗日救亡的作品问世。著名音乐家聂耳主动为《义勇军进行曲》谱曲。聂耳，原名聂守信，1912年出生于云南昆明，1930年夏，聂耳来到上海，1932年在明月歌舞团担任小提琴手。当时，田汉常去该团，两人由此相识。接触后，田汉发现聂耳思想进步且很有才华，就积极引导他走上革命道路。1933年初，经田汉介绍，聂耳加入了中国共产党，并成为剧联下属音乐小组的成员。

聂耳想方设法拿到了田汉写下的歌词，读着这悲壮、昂扬的歌词，爱国激情在胸中奔涌，雄壮、激昂的旋律从心中升起，聂耳很快就完成了曲谱初稿。仅用两天时间，就完成了曲谱初稿。1935年5月初，聂耳将修改过的歌词和曲谱，寄到上海电通影业公司，灌制成唱片。1935年5月24日，随着电影《风云儿女》的上映，《义勇军进行曲》在中国大地上唱响。1949年10月1日，《义勇军进行曲》作为中华人民共和国国歌在天安门广场庄严奏响。这是后话。

身陷囹圄的田汉在包香烟的锡纸衬纸上作诗明志，其中有一首赠杜国庠《虞美人》词："艳阳洒遍阶前地，狱底生春意。由它两鬓纷如雪，此志坚如铁。"体现了田汉的心境和气节。

到了8月，杜国庠等人被转到苏州反省院看押。一天，杜国庠的同乡刘候武来看望他，刘候武是大革命时期的潮安县长，与杜国庠有点交情，此时担任国民党的两广监察使。他看见了杜国庠，就笑着说："让你受苦了，我是代表潮州文教界来的。"杜国庠不知他葫芦里卖的什么药，只是冷冷地看着他。刘候武说："只要你写东西，表示悔意，我就可能通融通融，保你出狱。"杜国庠这才明白刘候武是来劝降的。杜国庠当即说道："我要是愿写东西，早在南京就出狱了，不劳你费心了。"刘候武还想说什么，杜国庠斩钉截铁地说："我无所可悔。我不愿躯壳出去，而把灵魂留在这里。"

直到西安事变后，国共再度合作，国民党被迫释放政治犯，1937年6月12日，杜国庠才被释放。

共产党《八一宣言》　南社人奔走行动

1935年8月1日，红军在长征途中，中共驻共产国际代表团王明等人，根据共产国际第七次代表会议上有关各国建立反法西斯统一战线的要求，起草了《为抗日救国告全体同胞书》，即著名的《八一宣言》。10月1日，以中华苏维埃政府和中国共产党中央名义在巴黎《救国报》上正式发表。

宣言所主张的联合抗日，已不止于订立协定、停止冲突、互相支持的联合，而是建立"统一的国防政府""统一的抗日联军""组成统一的抗日联军总司令部"，要求更有成效、更高级的联合，鼓舞了全国人民的抗日爱国热情。

12月9日，寒风凛冽，滴水成冰。北京的街头，出现了一群请愿游行的爱国学生，寒冷的天气没有影响到他们的抗日热情。领头人是黄敬、姚依林、郭明秋等共产党员。上午10时许，城内一两千名学生冲破军警的阻拦，汇集到新华门前。他们高呼"停止内战，一致对外！""打倒日本帝国主义！""反对华北五省自治！""收复东北失地！""打倒汉奸卖国贼！""武装保卫华北！"等口号，表达

1936 年 2 月初，在北平成立"中华民族解放先锋队"

了全国人民抗日救国的呼声。各校临时推举董毓华、宋黎、于刚等 12 人为代表，向国民党政府军事委员会北平分会代委员长何应钦递交请愿书，示威游行队伍由新华门出发，经西单、西四，然后奔向沙滩、东单，再到天安门举行学生大会。行进中，学生们向沿街的群众宣讲抗日救国的道理，散发传单，得到群众的鼓掌和支持。

当游行队伍前锋到达王府井大街，后尾尚未走出南池子时，大批警察手执大刀、木棍、水龙头，前来对付手无寸铁的爱国学生。爱国学生不畏强暴，队伍仍在继续前进。这时，警察打开水龙头，将冰冷的水柱喷射在学生们身上，接着又挥舞皮鞭、枪柄、木棍殴打。学生们与军警展开英勇的搏斗，有百余人受伤。游行队伍被打散。

一天晚上，一些北大教授在聚餐后开会讨论抗日问题。南社社员马叙伦与许德珩、尚仲衣等教授拥护建立抗日民族统一战线的主张，提出北大教授应该表态主张抗战。

《八一宣言》

这时，追随汪精卫投降路线的陶希圣站了起来，他含糊其词地表示反对。胡适也说："国事应由政府处理，北大教授不应另作主张。"面对这种思潮，马叙伦站了出来，他大声地道："身在书斋心注黎民、执鞭任教不忘忧国，正是爱国、进步的北大精神。如今，面临国难当头、百姓受苦的非常时期，我们北大人能袖手旁观吗? 不能! 我们要像五四运动时期一样，旗帜鲜明地支持学生爱国运动。"

担任会议主席的政府派的法学院院长周炳琳企图拿主席身份把马叙伦等人压下去，马叙伦也不客气地和他抬杠，结果不欢而散。

过了几天，在北大教授聚餐会上，会议主席周炳琳宣读了政府派事先拟好的对日外交五条意见，都是报纸上常见的一些避实就虚、人云亦云的套话，接着，周炳琳宣布："由于蒋梦麟校长冗事缠身，已请胡适先生代表入京，我们教授也可以请胡先生做代表，把这些条件带了去。"

"我反对! "马叙伦当即站了起来，他言之凿凿："我们大学教授的身份，对于国事的主张，不能'拾人牙慧'，这些条件，说的人也多了，何必我们大学教授再来重说一遍？况且胡先生既做了校长代表，校长是政府任命的，我们教授如果认为该派代表，也得另举，决不可以叫胡先生'兼代'。"然而，马叙伦的意见没有被采纳，他愤然异常，起身退出了会场。

此时，北平"一二·九"学生运动像一团烈火点燃了全国的抗日救亡运动，上海的学生也动了起来。12月12日，上海文化界的南社社员沈钧儒与教授马相伯、陶行知、李公朴等270余人立即发表救国宣言。继而在27日正式成立上海文化界救国会，再次发表宣言，提出开放民众组织、停止一切内战等8项救亡的具体主张。为了支援学生，他们经常在功德林餐馆碰头，互通情报，商议办法。

一天，南社社员沈钧儒等人得悉吴铁城表面上答应开车送学生到南京，暗地里却驱赶司机、拆路轨、阴谋镇压的情况后十分焦急，想尽快通知学生们。但是车站被包围得水泄不通，没有办法进去。

上海各界救国联合会总干事胡子婴就提出，请何香凝出来解决这一难题。胡子婴赶到何香凝的寓所，而此时的何香凝因心脏病正在卧床休息。胡子婴见了何香凝就说："您有病在身，本不能打扰，但现情况紧急，赴京请愿的学生正被军警包围在北站，一天没有吃东西了，我们想给他们送点吃的，但是进不去。"何香凝听了胡子婴的话，立即从病床上起来，拿出200元钱，叫胡子婴先去买些面包，然后由她亲自送去车站。

恰好这时，张发奎的夫人坐着小汽车来看望何香凝。何香凝便约她同去，三人坐着她的小汽车在前，两辆装着面包的大卡车在后，向北站开去。

下午5时20分到了"界路"下车后，胡子婴对军警说："这位是何香凝老太太，她是来慰问学生的。"军警一听便让出路来，放何香凝进去，但把胡子婴和张发奎的夫人拦在外面。何香凝回转身来，一手一个，把她们二人拉了进去。

然而，两卡车正要跟着开进去，却仍被军警用枪支拦在外面，不让进去。何香凝愤怒之极，来到了军警们的面前，大义凛然地说："你们拿着枪杀人成性。你们杀了多少人，可不能再杀我们的后代！我老了，你们要杀人，就向我开枪好了，一百枪也行，一千枪也行，但不许向青年们开一枪，他们是中华民族的继承者，绝不许伤害他们任何一个人。"听到何香凝这番慷慨激昂、义正词严的斥责，有的军警渐渐地低下了头，一个年轻的警察对何香凝说："老太太，我们不敢！"何香凝追问："要是你们长官命令开枪，你们敢不敢呢？"军警们自动让开一条路，装载面包的两辆卡车开了进去。

就在这时，车站内汽笛声响了，火车已经开动，国民党当局的阴谋终未能及时告诉学生，何香凝带来的慰问食品亦未能交给学生们。于是，她将两卡车食品交给保安处转交，并挥泪写下一张便条："各位爱国学生鉴：谨送上面包二百个，饼干十八箱，微物少许，谨赠同情爱国之心，并请为国自爱。何香凝敬上。"

上海的行动，也鼓舞了马叙伦，与胡适派决裂的马叙伦和北平大学法商学院院长白鹏飞约了各校抗日同志，组织了北平文化界抗日救国会，表示拥护共产党《八一宣言》，呼吁全民抗日。1936年1月27日北平文化界抗日救国会举行成立大会，北平文艺界、教育界、新闻界的爱国人士150余人参加。

大会选出马叙伦、白鹏飞、张申府、许德珩、李达等为干事，推马叙伦为主席，白鹏飞为副主席，并发表了由马叙伦、许德珩、许寿裳等149位教授、名流署名的长篇宣言。《八一宣言》主要有三个方面的内容：第一，揭露国民党政府"一面交涉一面抵抗"的国策给国家带来的损害。指出：中国是民众的中国，土地是民众的土地。第二，驳斥了所谓学生受人利用的无耻谰言，高度评价爱国学生运动。第三，完全赞同上海文化界救国会提出的一切主张，并表示不怕牺牲投入救国事业的决心。《八一宣言》亮出了旗帜，向全国呼吁："北平文化界抗日救国会，是下了牺牲的决心，任何压迫，无所畏惧。我们希望：全国文化界人士火速起来，促进全国民众的抗敌救亡运动，不要偷安退缩，准备做亡国奴才。华北的民众，全国的民众，起来！赶快起来！抵抗敌人的侵略，救护我们的国家，收复我们的失地，争取我们的自由！"

第二天，北平学联召开了纪念上海"一·二八"淞沪抗战四周年的大会。马叙伦与白鹏飞、张申府等人应邀出席。会议一开始，马叙伦就上台慷慨致辞："现在国家危急，十倍于昔。个人虽然老朽，誓愿和同学们共赴国难。……"马叙伦的话赢得了与会者的热烈掌声。

会后北平文化界救国会与北平学联共同发起组织华北民众救国联合会，得到广大群众的热烈响应，30日在燕京大学举行了成立大会，马叙伦被选为主席。救国会在救亡运动中开辟了第二战场，极大地振奋了人心。由于马相伯领导上海文化界救国会，马叙伦为北平文化界救国会和华北民众救国联合会两个组织的首领，"南北救国，唯马首是瞻"一时成为美谈。

1936年秋，马叙伦来到了四川，此时，他肩上承担着一项重要任务：做刘湘的工作，逼蒋抗日。

1936年5月5日，中共发表《停战议和一致抗日通电》(即《五五回师通电》)，呼吁国民党政府在全国范围停止内战，回师通电标志着中共的策略方针由抗日反蒋转向逼蒋抗日。9月1日，中共中央在向全党发出的《关于逼蒋抗日问题的指示》中提出要联合其他各派反蒋军阀走向抗日，以实现逼蒋抗日的方针。

马叙伦的北大学生和同事王昆仑、许宝都是国民党内的反蒋派，王昆仑公开身份是国民党三民主义联合会会员，其实他还是中共地下党员。中共地下党就做出了一个决定：争取四川军阀刘湘反正，以促蒋抗日。刘湘是四川大邑人，1921年被推选为四川各军总司令、四川省省长。1935年2月，刘湘出任四川省政府主席。谁合适呢？中共地下党就想到了马叙伦。认为马叙伦积极主张抗日，德高望重，在社会上有地位，加上曾是老国民党员，去劝说刘湘比较合适。

一天，王昆仑找到了马叙伦，开门见山地说了当前的形势，说了中共中央逼蒋抗日的行动，也说了地下党对争取四川军阀刘湘反正以促蒋抗日的想法。最后说："想让你去说服刘湘。"

一听说让他去四川说服刘湘，马叙伦愣了一下，因为他与刘湘素不相识，如何上门，一时无所适从。

王昆仑说："这事确实很难，并且还有危险。但是凭你在国民党中的影响，我们认为此事除了你，没有人更合适了。"

为了救亡大业，与刘湘素不相识的马叙伦欣然应允此事。

马叙伦到了成都，设法见到了刘湘。不过，由于刘湘犯了严重的胃病，大病初愈，出来见客还要人扶着走，而马叙伦感到自己和他毕竟初次见面，不便一下子作推心置腹的深谈，因此他俩在成都只谈了两次。马叙伦把《何梅协定》的抄件交给刘湘，《何梅协定》是1935年7月6日国民党北平军分会代理委员长何应钦与日本华北驻屯军司令官梅津美治郎秘密签订的，该协定使河北省的主权丧失殆尽。马叙伦说道："这哪里是协定，只是日本帝国主义向蒋介石下的一道命令……蒋介石对日本帝国主义竟甘心恭顺到这个田地。"

刘湘在谈话中流露出许多顾虑，马叙伦又从天下大势和刘湘本身的利害得失因势利导，刘湘心有所动。后又经其他同志继续工作，刘湘一度为抗日做了些有益的

柳无垢　　　　　　　　　　邹鲁

事情。

　　"九一八"事变发生后，大部分南社社员在抗日这个大是大非问题上，还是表现了高尚的气节。

　　1931年，日本军官土肥原意欲拉拢邹鲁，多次找邹鲁，希望他与西南方面合作，日方将可提供借款和军械，都被邹鲁拒绝。邹鲁指斥说："我国稍有知识的，也绝不愿做傀儡出卖国家，何况我是个革命者？张学良是我国官吏，政府自有权任免，其行为、政治如何，都是我国内部的事，何必劳你异国过问？至于东北首长，更无须你拥护！"

　　南社人是一介书生，他们就用自己的文笔，来揭露日寇罪行，宣传抗日。

　　沈体兰与李公朴、章乃器等人组织了"时社"，与东北爱国人士阎宝航等创建"东北社"，不时举行形势报告和种种研讨会，公开反对国民党的不抵抗政策，号召各界人士做好战备工作。

　　夏丏尊等人发起成立文艺界反帝抗日大联盟，夏被推举为执行委员，并担任抗日联盟机关刊物《文化通讯》编辑。

　　柳无垢与几个好友走出校门，游行、演讲、贴标语、办壁报、宣传抗日，参加上海中学生赴南京的请愿团，到南京向蒋介石提出抗日要求。赴美国留学，向美国友人介绍中国学生运动，宣传抗日主张。

程善之对于现实中不忠不义现象极为不满，署名"一粟"，创作了《残水浒》，1933年在《新江苏报》连载，后于同年10月出版单行本。

大部分南社人在大是大非面前经受着考验。

邵力子力捉和平　陈布雷倾心抗战

1936年9月，邵力子接到一封信，①一封非凡的信，这封信是毛泽东通过地下党员捎给邵力子的，他打开一看，如一股暖流流进了心头。

9月8日，毛泽东阅读当地报纸，看到内容全部与抗日无关，眼看"九一八"事变快5周年了。他想起正任陕西省主席的邵力子，当年主编《民国日报》副刊《觉悟》时，积极宣传马克思主义宣传反帝反封建，在广大青年中产生了广泛影响，现怎么会如此呢？于是就提笔给邵力子写了一封信。

信中写道：

"阅报知尚斤斤于'剿匪'，无一言及于御冠。何贤者所见不广也？窃谓《觉悟》时代之邵力子先生，一行作使，而面目全变。今则时局越做越坏，不只一路哭，而是一国一民族哭矣。安德去旧更新，重整《觉悟》旗子，为此一国一民族添欢喜乎？共产党致国民党书，至祈省览。……询谋金同，国人皆曰可行，不信先生独为不行，是则国共两党无不能合作之理。《三国演义》云：天下大势，合久必分，分久必合。弟与先生分10年矣，今又有合的机会，先生其有意乎？……"

这封信对邵力子的震动很大，他为共产党、毛泽东以国家民族的利益为重的宽大胸襟所感动。同时，也看到了毛泽东和共产党对他的信任。

一天，蒋介石来到了西安，邵力子陪同蒋介石视察了西安，利用这个机会，他从爱国的愿望出发，恳切地向蒋介石建议说："委员长，我们应该停止'剿共'，一致对外。否则，人心思乱将不可收拾，对东北军不能施加压力，因为他们都有怨气，多压可能发生激变。"

---

① 《毛泽东年谱（修订本）（1893—1949）》上卷，第577页。

蒋介石听了十分生气，斥责邵力子说："你真是书生气十足，不识时务！今天'共匪'势力已成穷途流寇，不乘此一举剿灭，如旷日持久，又将坐大，问题就严重了。"

1936年9月18日，西安各界群众在南院门"西北剿总"门前举行"东北沦陷五周年纪念大会"。会场上有两条标语特别醒目："团结抗日，共赴国难！""放弃攘外必先安内的政策！"

1936年12月11日晚，蒋介石邀请张学良、杨虎城和蒋鼎文、陈诚、朱绍良等参加晚宴，晚宴期间，蒋介石宣读了蒋鼎文为西北"剿匪"军前敌总司令，卫立煌为晋陕绥宁四省边区总指挥等换将的任命书。命令中央军接替东北军和西北军的"剿共"任务。当天晚间，张学良和杨虎城分别召见东北军和十七路军高级将领，宣布进行兵谏。

12日凌晨5时，东北军奉命到华清池捉拿蒋介石，蒋介石从卧室窗户跳出，摔伤后背，躲在一块大石头后面，被发现并活捉。同时，十七路军扣留了邵力子和陈诚、蒋鼎文、陈调元、卫立煌、朱绍良等国民党军政要员。

西安事变发生，只有邵元冲死于非命。邵元冲也是南社社员，后来他紧跟蒋介石反共。西安事变发生时，住在西京招待所大套间里的邵元冲，被士兵砸门声惊醒。邵元冲惊慌失措，一脚踹开了后窗，跳到庭院中，向后墙跑去。院子里的士兵听到脚步，追了过来。见邵元冲已经爬上了墙头，士兵连声喝喊："赶快下来，再不下来就打死你！"邵元冲就想往墙外跳。士兵们看出了邵元冲的意图，只听见"啪啪啪啪"，一连4枪，全部打中邵元冲，他向左一歪、向右一栽，"扑通"一声，摔下墙头。士兵上前一摸他的胸口：没死，还有口气。毕竟是党国元老，赶紧把他送到医院，到了第二天，邵元冲不治身亡。他是在西安事变中唯一被打死的国民党要员。

12日上午，张学良和杨虎城立即宣布：成立西北抗日临时军事委员会并通电全国，提出八项主张：1.改组现在南京政府，容纳各党各派人才共同负责救国。2.停止一切内战。3.释放上海被捕之爱国领袖。4.释放全国一切政治犯。5.开放民众爱国运动。6.保障人民集会结社一切之政治自由。7.确实遵行孙总理遗嘱。8.立即召开救国会议。通电发出后，张学良又分别致电南京行政院副院长孔祥熙和蒋介石夫人宋美龄。说明兵谏目的，只要蒋答应抗日的要求，一定保证其安全。

邵力子对西安事变的事情一点不知晓。凌晨枪响时，邵力子和夫人急忙下楼查

1936年，邵力子（左六）与蒋介石（左一）、张学良（左四）、杨虎城（左五）等人在华清池合影

看，刚出楼口，邵夫人傅学文的手就被流弹打伤，于是只得退了回去，躲进藏书楼，在书柜旁坐到天明。

一大早，杨虎城的士兵就找上了门，将邵力子夫妇带到了杨虎城的绥靖公署。八项声明通电发出以后，张学良亲自来到杨虎城的行政公署看望邵力子。对待邵力子，张学良还是很客气的，"邵公受惊了！汉卿听说夫人被流弹误伤，十分不安，特意前来慰问夫人，并向您表示歉意。"

现在邵力子关心的不是夫人的伤势，而是事变的后果，"学文的伤不碍事，但你们捅了个天大的娄子。现在一定要保证蒋先生的安全，以后的事才好说。""请邵公放心，委员长的安全一定有保证，而且只要他接受我们的主张，实行抗日，我们还接受他做领袖。只是现在委员长正在气头上，不但听不进去我们的谏言，连饭也不吃，汉卿想还是请邵公帮着劝解劝解。"邵力子摇了摇头："委员长的脾气倔谁人不知呀？怕是我劝解不了的。"邵力子嘴上虽然这样说，可是他已经挪动脚步，向屋外走去。邵力子从内心里对蒋介石还是关心的。

张学良陪着邵力子来到了关押蒋介石的新城大厦，张学良停住了脚步，向邵力子一伸手："邵公，为了不使委员长尴尬，还是您一个人进去吧。"邵力子很理解张学良，他把头略略一点，一个人走进了蒋介石的房间。见到邵力子，蒋介石心里很高兴，他知道，现在不论谁进来，都是经过张学良和杨虎城批准的，也就是说，从探访者的口中，可以听出风声来。

蒋介石高傲惯了，即使在这个时候，他还端着架子，只是稍欠了欠身："你是什么情况？"邵力子据实而答："我的夫人被流弹击伤，我也被士兵送到杨虎城的行政公署。"

看到蒋介石神情委顿，邵力子关切地劝道："委员长还是吃点东西，注意加衣防寒，身体第一。"听到邵力子的劝告，蒋介石不但没有丝毫宽心，反而暴怒起来："我不要吃东西，你去告诉张学良，要么送我去洛阳，要么现在就枪毙我。"

邵力子了解蒋介石的脾气，他知道蒋介石这是在试探他的口风，邵力子还是好言安慰："刚才我听张汉卿说了，只要你答应抗日，他就还认你做领袖。所以说，没有人敢枪毙你。"

从邵力子的话里，蒋介石听出了张学良的态度，他的心里放松了许多。蒋介石闭上了眼睛，坐到沙发上，一言不发。邵力子只得退了出来。

第二天邵力子再去看望蒋介石："委员长，这里环境不太好，以我之见，您还是挪个地方住，搬到有暖气设备的私人公馆好一些。"

蒋介石扭着脖子愤愤地说道："这里是西安绥靖公署，我是行政院长，住在这里合适，我不接受他们的私人安排。""委员长，俗话说，此一时彼一时呀，都到这个时候了，还讲究这些呢。"

可是不管邵力子怎样劝说，蒋介石就是不动地方。其实蒋介石有他的打算，虽然这里比不得私人豪宅舒适，但是这里最安全。这里是什么地方？杨虎城的办公场所，一旦发生不测，那他们就是有意谋反；如果到了私人会所，出了事可就不好说了。

邵力子当然明白蒋介石的心理了，所以他也只能宽慰几句，起身告辞。蒋介石的脾气让邵力子又有了新的领教。

南京国民党中央于1936年12月12日召开中常会及中央政治会议联席会议，应对"西安事变"。会议最后决定剿抚并用，一方面任命何应钦为讨逆军总司令，另一方面任命于右任为陕甘宣抚大使。12月22日，随着端纳全力周旋，宋美龄、宋子文等人到西安，由张学良陪同宋美龄和端纳前往面见蒋介石。

为了抗日，需促进西安事变和平解决。1936年12月24日深夜，中共中央致电周恩来，陈述了关于放蒋条件的指示。指示中提出，必须坚持以下3个条件才能放蒋：1.全部中央军首先撤出潼关；2.南京及蒋通过公开的政治文件宣布国内和平，与民更始，不咎既往，并召集救国会议；3.开始部分地释放政治犯。

1936年12月25日，在中共中央主导下，西安事变以蒋介石口头承诺接受"停止内战，联共抗日"的提议而和平解决。12月26日，蒋介石回到南京。

12月26日晚上，邵力子正在家中，突然，周恩来在叶剑英的陪同下来看邵力子，这让邵力子十分感动，这是邵力子和周恩来分别10年后的第一次见面。①

1925年，叶剑英、邵力子在广州共过事，也是老熟人了。多年未见的老友重逢，自然分外亲热。三人谈离别之情，谈当前局势，无拘无束，非常随便。分别时，周恩来对邵力子说："西安事变已和平解决，我也要回去了，希望邵先生保重，我们会有再见的一天的。"望着周恩来远去的背影，邵力子陷入了深思。

和邵力子一样，身为南社人的陈布雷在国民党权力中心占有很重的份量，在抗日战争中也作出了贡献。作为蒋介石的"文胆"，陈布雷一生写下数不清的重要文字，但最出彩的还是他在抗战时期的文章。

陈布雷也是南社社员，他本名陈训恩，字彦及，号畏垒，笔名布雷，浙江慈溪人。因才华出众，20多岁就在报界享有盛誉，是国民党的"领袖文胆"和"总裁智囊"，素有"国民党第一支笔"之称。

国共两党通力合作挥师北伐后，蒋介石很需要身边有个笔杆子可供自己驱使。享有声望的陈布雷是理想人选。北伐军刚到南昌，蒋介石就派邵力子去上海邀请陈布雷去南昌晤谈。为延揽人才，蒋介石表现出谦逊的姿态，陈布雷为蒋介石的"礼贤下士"所感动，不久即为他起草了《告黄埔同学书》。蒋介石看他无私心、淡名利，不介入派系纷争，忠实可靠，不但信任他，也很尊重他。凡此种种，都使陈布雷感激涕零，多次表示对领袖的"知遇之恩"将铭记不忘。

抗战时期是陈布雷人生的一个高峰。1937年7月初，蒋介石邀集国内知识界名流200多人召开"谈话会"，并在会上慷慨陈词，他说："我们的东四省失陷，已有六年之久……现在冲突地点已到了北平门口的卢沟桥。如卢沟桥可以受人压迫强占，我们五百年古都的北平，就要变成沈阳第二，今日的冀察亦将成昔日的东四省，北平若变成沈阳，南京又何尝不可能变成北平……如放弃尺寸土地与主权，便

---

① 朱顺佐：《邵力子》，花山文艺出版社1997年3月第一次印刷，第240页。

陈布雷

是中华民族的千古罪人。那时候只有拼民族的性命，求最后的胜利。"这篇谈话以"如果战端一开，那就地无分南北，人无分老幼，无论何人皆有守土抗战之责任"一句最为著名，它如同"抗战宣言"一样，为中国四万万同胞广泛传诵，激励了全国军民同仇敌忾、团结抗战的最大决心。这篇演讲稿，就是陈布雷起草的。抗战时期，陈布雷还有许多篇文章得到普遍赞誉，在国内外产生过很大的影响。

庐山谈话会后，中共中央发表了《共赴国难宣言》。作为呼应，蒋介石请陈布雷再拟一篇讲话稿。这个任务不轻松，因为有许多分寸上的拿捏，但陈布雷却写得得心应手。许多话都是发自于胸臆之间，喷薄而出："余以为吾人革命，所争者不在个人之意气与私见，而为三民主义之实行，在存亡危急之秋，更不应计较过去之一切，而当使全国国民彻底更始，力图团结，以共保国家之生命与生存……"

陈布雷此时之作用，已不仅仅为蒋介石捉笔，他参加国防最高会议，参与最高决策，促进国共合作，对推动蒋介石认真抗战起到了一定的作用。

这一时期也是陈布雷精神最振奋、心情最好、工作最有效率的时期，完成了许多脍炙人口的名篇杰作。最得意的抗战名篇当数《抗战周年纪念告全国军民书》。写这篇文章的时候，正逢暑热，武汉号称"长江三火炉"，白天烈日炎炎，夜晚闷热难当，日机还时不时飞临上空进行轰炸，陈布雷住在防空洞里，所用台灯常被炸弹震得键开灯灭，蒋介石一再叮嘱他要注意安全。对这一切，陈布雷浑然不觉，全

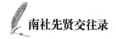
身心投入了写作，用他自己的话说："余挥汗如雨，奋笔疾书，文思泉涌，仿佛向全国人民说话。"

这篇文章泼墨六千余言，其中写道："我全国军民，我们要自救，要救我们的子孙，要保全我们的民族，就得把握住这个重要的时机，誓死予敌寇以打击，再不能有一刻的因循，贻百世无穷的悔恨。……我们民族有一句古训：'楚虽三户，亡秦必楚'，这是何等壮烈的气概！这就是说我们中华民族的国民，决不会被敌国凶暴所畏慑，而且是敌人愈凶暴，我们要愈能坚忍。……同时我们更加知道胜利的目标愈接近，我们的奋斗便应该更艰苦；抗战到今天，已一年了！今天以后的战事，要求我们全国军民的牺牲更要十百倍于往日，我们必须格外谨慎，格外勇敢，格外的刻苦耐劳，冒险犯难，越过重重的荆棘，奔赴光明的大道。……"

文章发表后，好评如潮，与张子缨的《抗战周年纪念告友邦人士书》、郭沫若的《抗战周年纪念告日本国民书》并称为象征抗战胜利的"三联璧"。除此以外，陈布雷还著有《"八一三"告沦陷区民众书》《告空军将士书》《驳斥近卫东亚新秩序》《告入缅将士电稿》等名篇，其中《驳斥近卫东亚新秩序》被张季鸾称为"抗战期中第一篇有力文字"，而《告入缅将士电稿》则是文情并茂，俨然当年诸葛亮的《出师表》。难怪于右任先生评价说："布雷先生的笔重逾千斤，为抗战出力甚多。"陈布雷，在重庆时周恩来曾托人向他传话，"对布雷先生的道德文章，我们共产党人钦佩；但希望他的笔不要只为一个人服务，而要为全中国四万万同胞服务。"

冯雪峰传达敬意　沈钧儒宣扬正义

就在西安事变发生的时候，另一位南社人沈钧儒还被关在苏州监狱里。

沈钧儒，字秉甫，号衡山，浙江嘉兴人，1905年留学日本。回国后参加辛亥革命和反对北洋军阀的斗争。1912年加入中国同盟会。五四运动期间，撰文提倡新道德、新文化。曾任国会议员、广东军政府总检察厅检察长、上海法科大学教务长。1935年，他与宋庆龄等发起并组织了全国各界救国联合会，积极开展抗日救亡运动，触怒当局，与王造时、史良、章乃器、沙千里、李公朴、邹韬奋一起被捕，这就是当时震惊全国的"七君子事件"。

这7个人在当时可都是各界响当当的人物,有着广泛的影响力。王造时,我国近代民主运动的先驱,五四运动的领导人之一;史良,中国近代妇女权利运动的领导者;章乃器是当时著名的经济学家,被称为中国资信业第一人;沙千里,著名律师;李公朴,中国民主同盟早期领导人,杰出的社会教育家;邹韬奋,著名记者,进步刊物《生活》周刊的主编。

国民党抓这7位知名人物,是因为他们积极开展抗日救亡运动。

1936年7月15日,沈钧儒、章乃器、邹韬奋、陶行知联名发表《团结御侮的基本条件与最低要求》,呼应国共双方停止内战、组成抗日民族统一战线的主张,要求国民党停止"剿共"。8月9日,沈钧儒与章乃器、王造时等救国会领袖,出席了上海市民众缉私抵货运动大会,会后还举行了声势浩大的示威游行。次日,日本驻上海领事寺崎就约见了上海市政府秘书俞鸿钧,要求严厉取缔一切抗日救国团体。9月初,日本驻沪海军就上海各界救国联合会为绥远抗战募捐一事,向上海市政府提出抗议。迫于日方的压力,吴铁城和杜月笙邀见沈钧儒,要求取消募捐活动,遭到了沈钧儒的断然拒绝。

一天,国民参政会参政员褚辅成来到了沈钧儒的住处。褚辅成,字慧僧,一作惠生,浙江嘉兴人,与沈钧儒是同乡,又都是南社社员,是他介绍沈钧儒加入了同盟会,抗战爆发后,褚辅成积极投身抗日救亡运动,为实现国共合作奔走呼吁。

一见褚辅成到来,沈钧儒急忙起身迎接:"什么风把你给吹来了。"

褚辅成接过话题道:"政治的风。"

原来,褚辅成这次来可不是会朋友、拉家常的,他是为沈钧儒的人身安全而来。

沈钧儒的言行触怒了蒋介石。蒋介石知道褚辅成与沈钧儒的关系,他曾对褚辅成说:"救国会可能有共产党人的背景,都有着通共的嫌疑。请衡山先生识相点,如果再继续胡闹下去,我要不客气了。"实质是通过褚辅成对沈钧儒提出警告。

蒋介石的猜测没错。事实上,救国会与中共确有联系,比如沈钧儒与冯雪峰、潘汉年都有过接触。

1936年4月,沈钧儒正在救国会与大家一起商量着抗日救亡的下一步工作。只见鲁迅带着一人走了进来,一介绍,原来是中共中央从陕北派到上海工作的冯

"七君子"在苏州监狱被释放前的合影。左起：王造时、史良、章乃器、沈钧儒、沙千里、李公朴、邹韬奋

雪峰。

冯雪峰是带着中共中央的指令来找沈钧儒的。他来到上海的任务是同当时上海各界群众抗日救亡负责人和有声望的文化界抗日人士取得联系。毛泽东与他谈了国内的政治形势，特别是抗日民族统一战线的策略方针，并交代了他去上海的任务，让他去联系上海有声望的文化界抗日人士，其中重点人员中有3个南社人：鲁迅、沈雁冰和沈钧儒。

临行前，毛泽东还要冯雪峰行前找周恩来、张闻天谈谈。周恩来和张闻天都指示他到上海后，要先与鲁迅取得联系，然后找沈钧儒等人开展工作。临行前，张闻天和刘英夫妇在窑洞中特地为他践行。餐中，张闻天再次交代他："到了上海，先去找鲁迅、沈雁冰。他们是靠得住的。"还叮嘱他到后小心谨慎，注意隐蔽。

冯雪峰于4月25日到达上海后，便与鲁迅取得了联系，那天夜里，冯雪峰与鲁迅面对面坐着，冯雪峰向鲁迅介绍了党中央抗日民族统一战线新方针，并传达了毛泽东、周恩来、张闻天对鲁迅问候的希望。鲁迅对中共中央的抗日民族统一战线的新方针表示由衷的拥护。

由鲁迅联系，冯雪峰又见了到左联的组织部长、共产党员周文，然后去见了沈雁冰。鲁迅与冯雪峰到了沈雁冰家里，见到沈雁冰，第一句话就说："你们那封电

沈雁冰　　　　　　　　　　　冯雪峰

报，党中央已经收到了，在我离开的前几天才收到的。"冯雪峰的一句话，让鲁迅和沈雁冰都非常激动。

原来，在1936年春节，沈雁冰照例到一些老朋友家拜年，他到了鲁迅家。离开时，鲁迅送沈雁冰下楼，走到楼梯中央时，鲁迅忽然停住了脚步，神色凝重地对沈雁冰说："史沫特莱告诉我，红军已经抵达陕北，她建议我们给中共中央拍一份贺电，祝贺胜利。"沈雁冰说："好呀！"鲁迅接着说："电文不用长，简短几句就行了。"沈雁冰点了点头，然后说道："可是电报怎样发出去呢？"鲁迅说："交给史沫特莱，她有办法的。"他俩已走到了楼下，见有人来了，就没有谈下去。

不久，以鲁迅和沈雁冰两人联名的电报，通过史沫特莱发往了中共中央，电文就一句话："在你们身上，寄托着人类和中国的希望。"7月6日，张闻天、周恩来致电上海的冯雪峰，说电报收到，请他转达中央对鲁迅和沈雁冰的敬意。

随后，鲁迅就带冯雪峰来找沈钧儒。沈钧儒把他俩迎进了内间，坐下后，冯雪峰就开门见山地向沈钧儒传达了中共中央抗日民族统一战线的新方针，并深情地对沈钧儒说道："党中央非常关心上海的抗日形势。毛主席和党中央对救国会的主张表示极大的同情和满意，对救国会提出的《抗日救国初步政治纲领》很认同，中国共产党愿意在纲领上签名，并指示中国共产党党员参加各地方救国会组织的活动······"一听这话，沈钧儒非常激动，也增强了信心。他明确表示坚决支持中国共

鲁迅

产党提出的建立抗日民族统一战线的主张。

7月15日，沈钧儒与邹韬奋、章乃器、陶行知4人联名发表了一篇文章，题目是《团结御侮的几个基本条件和最低要求》，明确了自己的观点：支持中国共产党提出的建立抗日民族统一战线的主张，提出了他们对蒋介石、西南当局、宋哲元将军和华北其他将领、国民党、中国共产党及红军，以及一般大众的希望。文章对蒋介石道："赶快设法，做抗日救亡的真正准备，真正的准备抗日，绝不是所谓'先按内，后攘外'，而是联合各党派，开展民众运动以共纾国难。……"

文章一发表，在国内外产生了很大的震动。8月10日，毛泽东致信沈钧儒和章乃器等人，高度评价了他们的抗日救国主张。①

如今，褚辅成来劝沈钧儒，"蒋介石要动杀心了，你得留意点。"

听了褚辅成的话，沈钧儒朗声笑了起来。

面对沈钧儒的笑声，褚辅成是丈二和尚摸不着头脑，他不紧张？

沈钧儒说道："要参加救国会，就要准备坐牢房，甚至砍头，否则就不参加。"

褚辅成说："好汉不吃眼前亏，你还是离开上海躲避一下吧。"

沈钧儒毫不介意，送走了褚辅成后，还是我行我素。

---

① 陈永忠：《沈钧儒》，群言出版社2013年11月第一版，第154页。

11月中旬，日商纱厂工人数万人举行了反日大罢工，救国会又发表声援积极支持罢工，救国会多次同情中共的举动惹恼了当时急于"清共"的国民党当局，也得罪了上海的日军。当时日本驻沪总领事若杉即命令领事约见国民党上海市政府秘书长俞鸿钧，要求逮捕救国会成员。俞鸿钧表示无确凿证据不好逮捕，但是，日方以出动军队相威胁，国民党政府妥协了。

11月23日凌晨，国民党勾结巡捕房，在上海公共租界和法租界，以"危害民国罪"在上海逮捕了沈钧儒、章乃器、邹韬奋、史良、李公朴、王造时、沙千里7位救国会的领导人。

"七君子"被捕后，章乃器的妻子胡子婴得到消息，心急如焚。

胡子婴，原名胡晓春，笔名宗霖，浙江上虞人，是章乃器的第二任夫人。1931年九一八事变后，参加抗日救国活动。胡子婴参加过宋庆龄领导的妇女新生活运动会，1935年底参与发起组织上海妇女界救国会。胡子婴和章乃器都参加了南社纪念会。

胡子婴曾做过一件有意义的事，方志敏烈士的部分文稿出现在巴黎的《救国时报》上。这些文稿的发表，蕴含了革命者大量的艰辛与苦难，其中就有胡子婴的功劳。1934年10月，时任红十军团军政委员会主席的方志敏率部北上。在国民党军队重兵围追堵截之下，不幸被俘。在狱中，方志敏以惊人的毅力，克服种种困难和疾病折磨，写下《我从事革命斗争的略述》《可爱的中国》《清贫》等重要文稿和信件达13万字。通过军法处看守所文书高家骏交给了高家骏的恋人程全昭。程全昭在宝隆医院交给了胡子婴。胡子婴取到方志敏的狱中文稿后，交给了胡愈之和毕云程。文稿就转送到中央特科。

胡子婴得到"七君子"被捕的消息，立即甩开了特务的盯梢，找到了宋庆龄，将"七君子"被捕的消息报告给了宋庆龄。

宋庆龄殊为愤慨，立即奋笔书信给南京的军事委员会副委员长冯玉祥，相约共同营救，又于24日在《立报》上公布"七君子"遭非法逮捕的事。

12月4日，一辆汽车在全副武装的警察的解送下从上海向苏州飞驰，车上押的正是沈钧儒等7人。国民党当局把"七君子"解送到苏州吴县的江苏高等法院看守分所羁押。

车厢里没有叹气声，有的是高昂的《义勇军进行曲》的歌声。在押解的途中，沈钧儒感慨万千，即兴作诗一首："逃世不歌接舆凤，畏亡几逐侯斋驴。新桥垂柳儿时巷，四十年光一卷舒。"抵达苏州江苏高等法院看守分所第二天，沈钧儒又作了一诗《听公朴、乃器唱义勇军进行曲有感》："双眼望，苦笑喊'前进'！闻之为泪落，神往北几省。⋯⋯"

何香凝、宋庆龄、马相伯于12月16日向全国发表了《为七领袖被捕事件宣言》。何香凝、宋庆龄和救国会营救"七君子"的努力，很快得到全社会各方面人士的响应，一个以援救"七君子"，争取抗日救亡民主权利的运动逐渐在全国掀起。全国各方面爱国人士、社会团体纷纷发表宣言、函电、声明，或举行集会，指责国民党政府镇压爱国运动的违法行为。

在羁押期间，沈钧儒无论学习、生活还是工作都很有规律。休息时，经常与大家打排球、唱歌。每天都临池挥毫，有时还写诗、题字，以抒发情怀。有一次，他还书写了"还我河山"4个大字，高悬于狱室。

就在这时，1936年12月12日，西安事变发生了，蒋介石也无心再在此事上纠缠。然而，为营救"七君子"而掀起的大规模的抗议活动，将抗日救亡运动推向了新的高潮，1937年4月12日，中共中央委员会也发表宣言，赞扬沈钧儒等人"以坦白之襟怀，热烈之情感，光明磊落之态度，提倡全国团结，共赴国难，停止内战，一致抗日，此实为我中华男女之应尽责任与光荣模范，而为中国及全世界人民所敬仰"，并要求国民党当局彻底放弃过去的错误政策，尽早释放沈钧儒等爱国领袖及全体政治犯。

6月11日，国民党政府开庭公开审理此案。逮捕"七君子"，本来是个政治事件，但当局却偏要将它往法律上扯，似乎这样就能以法理服人。却不知，玩法律，沈钧儒他们是行家里手，因此在法庭上，反而是主客易位，成了"七君子"宣传抗日的阵地。

审判长问沈钧儒："你赞成共产主义吗？"沈钧儒答："赞成不赞成共产主义？这是很滑稽的。我请审判长注意这一点，就是我们从不读什么主义。如果一定说被告等宣传什么主义的话，那么，我们的主义，就是抗日主义，就是救国主义！"审判长："抗日救国不是共产党的口号吗？"沈钧儒："共产党吃饭，我们也吃饭，难道共产党抗日，我们就不能抗日吗？审判长的话被告不明白。"审判长："那么，你同意共产党抗日统一的口号了？"沈钧儒："我想抗日求统一，当然是人人同意的。"审判长："你知道你们被共产党利用了吗？"沈钧儒："假使共产党利用我们抗日，我们甘愿被他们利用！"审判长："组织救国会是共产党指使的吗？"沈钧儒："刚刚相反，我们组织救国会，正是因为国内不安，要大家都来一致抗日，你这样的问话，是错误的。"审判长："救国会办了登记手续没有？"沈钧儒："救国会虽未登记，但所做的事情都是绝对公开的。"检察官看到审判长被沈钧儒反驳的尴尬窘迫，下不了台，只能转向其他人发问，这样的场面，在法庭上时时可见。

宋庆龄、何香凝等人曾多方奔忙，设法营救，可是都无结果。于是，她们与上海文化界人士共同发起了救国入狱运动。6月25日，宋庆龄、何香凝、彭文应、沈慈九、胡愈之、陈波儿等人联名呈文苏州高等法院，甘愿与"七君子"一起坐牢。他们还发表了《救国入狱运动宣言》，慷慨陈词："我们准备好去进监狱了！我们自愿为救国而入狱了，我们相信这是我们的光荣，也是我们的责任。……我们都为救国而入狱罢！中国人都有为救国而入狱的勇气，再不要害怕敌人。再不用害怕日本帝国主义的侵略！"

由于沈钧儒等7人坚定的爱国立场及全国各阶层人民的营救，加之七七事变后国内政治形势的变化，1937年7月31日，当局宣布将"七君子"无罪释放。

第六章　入世情怀

　　抗战爆发，广大的南社人表现了以救国为己任的爱国情怀，体现对天下苍生的博大胸怀。李叔同喊出了"念佛不忘救国"，欧阳寄情导演了《怒吼吧，中国！》；杜国庠领导了战地服务队，曹聚仁当上了随军记者，毛啸岑舍家支持"武抗"，施方白在启东成立"抗日义勇军"，李根源参加了保卫滇西的战斗，蒯斯曛投身了苏中战场；何香凝、柳亚子、徐蔚南、吴朴安、周迦陵、平懋玉、陈陶遗、范烟桥、蔡韶声、郁华等不变本色，钮擎球、朱少屏、景耀月倒在了血泊之中……

——题记

"殉教堂"弘一明志　《桃花扇》欧阳寄情

抗日期间，南社人以不同的方式，表现了自己的爱国情怀。

1937年5月，厦门要举行第一届运动会，当时厦门开运动会，直接目的有两个：一是鼓舞民众的体育精神；二是捐助四川难民。

主持人就想请人写一首歌。请谁呢，有人提出请李叔同，也就是弘一大师，因为弘一大师此时卓锡在厦门万寿岩，而他是个有名的音乐家。

这个想法一提出，就有人说了，佛教是出世的，一心念佛，不管世事，他怎么可能会同意写呢？

"不，弘一大师有着强烈的爱国情怀，他应该会同意的。"一下子，有人提出了不同看法。

李叔同，原籍浙江平湖，从祖辈起移居天津。1901年入南洋公学，1905年东渡日本留学，与留日的曾孝谷、欧阳予倩、谢杭白等创办"春柳剧社"，演出话剧《茶花女》《黑奴吁天录》《新蝶梦》等，是中国话剧运动创始人之一。1910年，李叔同回国任天津北洋高等工业专门学校图案科主任教员。翌年，任上海城东女学音乐教员。1912年任《太平洋报》文艺编辑，兼管副刊及广告，并同柳亚子发起组织文美会，主编《文美杂志》。后来参加了南社。柳亚子曾为李叔同题扇七绝二首，其中有句："海内争传李息霸，奇芬古艳冠东南。"

1914年冬天，大雪纷飞，当时上海是一片凄凉，李叔同与叶子小姐正在家中，有人来敲门，一看，是他的好朋友许幻园。当时在上海城南还有一个文会叫城南文社，每月都会举办文学比试。李叔同也跟着投了三次稿，没想到次次都夺得了第一，并因此结交到了许幻园，两人与其他三位好友号称"天涯五友"，还一起成立了上海书画公会。李叔同与许幻园宣扬民权思想，提倡移风易俗，宣传男女婚姻自主。一度成为社会风口浪尖改革浪潮中的一分子。二次革命失败、袁世凯称帝等层出不穷的社会变化，导致许幻园家中的百万资财和家业荡然无存。

李叔同急忙请许幻园进屋，许幻园却说："不进屋了，我是来告别的，急着赶去京城。"他握着李叔同的手，久久地凝视着李叔同，眼睛里透出了一阵悲凉的感觉。李叔叔看着他，心里也有一种悲凉油然而生。

许幻园对李叔同说："叔同兄，我家破产了，咱们后会有期。"说完，挥泪而别，连门也没有进。

看着昔日好友远去的背影，李叔同在雪里站了整整一个小时，连叶子小姐多次的叫声也没听见。随后，李叔同返身回到屋内，把门一关，让叶子小姐弹琴，他便含泪写下："长亭外，古道边，芳草碧连天……"

"长亭外，古道边，芳草碧连天；晚风拂柳笛声残，夕阳山外山。天之涯，地之角，知交半零落；一瓢浊酒尽余欢，今宵别梦寒。"李叔同的一曲《送别》唱到今天，激起人们多少往日情怀。

李叔同有着强烈的爱国情怀，1898年，李叔同结婚后的第二年，正值康有为、梁启超变法失败，他十分崇拜康有为，赞同变法，他曾以"南海康君是吾师"来明志。这种对于变法志士的崇拜浸透了他对于国家命运的忧怀与热爱，这种情怀又可在风靡大江南北的《祖国歌》中窥见："上下数千年，一脉延，文明莫与肩，纵横数万里，膏腴地，独享天然利。国是世界最古国，民是亚洲大国民。呜呼！大国民……，我将骑狮越昆仑，驾鹤飞渡太平洋，谁与我仗剑挥刀？呜呼，大国民！谁与我鼓吹庆升平？"

1905年秋，李叔同正值年少，东渡日本留下的告别祖国的《金缕曲》中，又一次酒意诗兴，豪放满怀。"恨年来絮飘萍泊，遮难回首，二十文章尺海内，毕竟空谈何有！听匣底苍龙狂吼，长夜凄风眠不得，度群生那惜心肝剖？是祖国，忍孤负！"其中"度群生那堪心肝剖"一句正是他出家为僧前朦胧心迹的表露，他的《祖国歌》《我的国》《哀祖国》《大中华》等爱国歌曲风靡全国。

1918年8月19日，李叔同在杭州虎跑寺剃度为僧，抗日战争爆发后，他多次提出"念佛不忘救国，救国必须念佛"的口号，说"吾人所吃的是中华之粟，所饮的是温陵之水，身为佛子，于此之时不能共纾困难于万一"等语，表现了深厚的爱国情怀。

果然，当李叔同得知厦门第一届运动会要请他写会歌时，他爽快地答应了。

当时是非常时期，日寇气焰猖獗，体育可以振奋民心，可以让人团结抗暴。于

1918年8月，李叔同（中）与丰子恺（右）合影

是，一首激昂慷慨的壮歌就产生了："禾山苍苍，鹭水荡荡，国旗遍飘扬。健儿身手，各献所长，大家图自强。你看那，外来敌，多么披猖！请大家想想，请大家想想，切莫再彷徨！请大家在领袖领导下把国事担当。到那时，饮黄龙，为民族争光。"

这是李叔同留下来的最后一首歌曲。

1937年7月7日，七七事变发生了。李叔同在厦门，虽身在佛门，但对日本帝国主义侵华的暴行也是非常愤慨。厦门"风声日紧"，有些胆小怕死的僧侣这时有了离寺之心。

1938年初的一个早晨，李叔同在承天寺斋堂用早斋，当食之际，李叔同禁不住潸然流涕，备极痛苦，对弟子们说："吾人吃的是中华之粟，所饮的是温陵之水，身为佛子，于此时不能共行国难于万一，自揣不如一只狗子；狗子尚能为主守门，吾一无所用，而犹腼腆受食，能无愧于心乎！"从此节衣缩食，积攒钱物，悉数寄往前线，奉诸卫国将士。

作为一个出家人，在当时的历史背景下，李叔同不能组织一支"和尚军"奔赴前线杀寇敌，但此心耿耿，终难自已，他那"凝聚民族，鼓舞民众"之心油然而生。他就将自己的居室题为"殉教堂"，每天书写着"念佛不忘救国，救国必须念佛"的条幅，一下子写了数百条，任人取走。他用悲智具足的智慧，开示众人，宣传救国思想。他说："佛是什么？佛是一种觉悟，是一种智慧。只有觉悟了真理，

1937 年的李叔同（弘一法师）　　　　李叔同念佛救国六字言联（1938 年）

无我了，才能够置自己生命于度外，才能誓舍身命，牺牲一切，勇猛精进，救护国家。也正因为有了这种觉悟，有了彻底的无我，才会有真牺牲，才能有真救世，才能有真伟大，所以，念佛不忘救国，救国必须念佛。"

　　1939 年，李叔同 60 岁时，柳亚子写了祝寿诗，当时，柳亚子没理解李叔同，以为他出家是态度消极，于是在祝寿诗中写道："君礼释迦佛，我拜马克思；大雄大无畏，救世心无歧；闭关谢尘网，吾意嫌消极；愿持铁禅杖，打杀卖国贼！"从诗可以看出，柳亚子先生，快人快语，毫不矫饰，直抒胸臆，诗的大意是说：我们俩，相识沪上多年，曾经诗词唱和，不亦乐乎；虽然人各有志，各行其道；你奋不顾身，有大无畏的气概，我们的内心哪有什么区别？不都是为了追求真理嘛。不过，坦白讲，在兄弟我看来，还是认为先生你似乎有点消极。如今，国难当头，先生你应该用你的佛法智慧和力量，去号召反对卖国贼。这是我矢志不移的想法。

　　当时，见到的人都缩颈咋舌。但李叔同不以为忤。他懂得柳亚子这位老朋友的心情，于是就回了一偈："亭亭菊一枝，高标矗劲节；云何色殷红，殉教应流血！"

在偈前还有小序："睹敌骑而伤心，咏黄花以见志。"李叔同笔下的这枝红菊，让人热血沸腾，慷慨激昂。实际上是李叔同向世人表明他的殉国精神。柳亚子读到了李叔同的偈诗，也是感慨万分。

有一天，窥伺闽南的日本某舰队司令，登陆来到鹭江假访李叔同，一见面，就强调必须以日语对话。李叔同坚决抵制，他说："现在在中国的领土，就要用中国话来谈，贵国为吾负笈之邦，师友均在，倘有日风烟俱净，祥和之气重现，贫僧旧地重游，谒师访友，以日语倾积久之愫，固所愿也。"这司令又对李叔同说："吾国为君之婿乡，又有血缘之亲，何意忘之。"并且诱胁道："论弘扬佛法，敝国之环境较贫穷落后的贵国为优。法师若愿命驾，吾当奏明天皇，以国师礼专机迎往。"李叔同听罢厉声愤怒地说："出家人宠辱俱忘，敝国虽穷，爱之弥笃！尤不愿在板荡时离去，纵以身殉，在所不惜！"这话窘得日本舰队司令无话可说，愧汗离去。

就在李叔同顶住日本侵略者的压力，深怀爱国之情时，另一位南社人欧阳予倩，则以另一条战线上，顶住日本侵略者的压力，寄托着自己的爱国之情。

欧阳予倩出身于湖南浏阳一官宦家庭，1907年在日本留学期间参加春柳社，1911年回国后又与陆镜若先后组织新剧同志会、春柳剧场，演出鼓吹革命反对封建的新剧。同年加入南社。1926年进入电影界，1930年导演《怒吼吧，中国！》。

1925年6月23日，沙基惨案发生了。沙基惨案又称"六二三"事件，指的是英国士兵开枪镇压广州的游行队伍，造成严重伤亡的事件。听到这个消息，欧阳予倩义愤填膺。

一天，欧阳予倩看到了苏联谢尔盖·特列季亚科夫编写的电影剧本《金虫号》。谢尔盖·特列季亚科夫在四川万县见到了英国军舰在长江上耀武扬威，欺压中国人民的恶行，并目睹了两个无辜的中国船夫被英国舰长杀害的情景，于是以此为素材写出纪实电影剧本《金虫号》。

《金虫号》深深打动了欧阳予倩，在苏联导演、演员、戏剧理论家、革命戏剧的倡导者梅耶荷德授意下，欧阳予倩在广州把《金虫号》搬上了舞台，更名为《怒吼吧，中国！》。

《怒吼吧，中国！》在莫斯科上演，获得空前成功。此后，日本筑地小剧场、英国未名剧社、美国戏剧协社以及德国、北欧的左翼剧团，都曾在本国演出过《怒吼吧，中国！》。

欧阳予倩　　　　　　　　　　《桃花扇》剧照

　　1932年，欧阳予倩从广东回到上海，正遇到"一·二八"事变。他看到了中国共产党发表的文件，对共产党坚决抗日的主张和方针政策非常拥护，这种认识，在他的戏剧创作思想上得到了强烈的反映。

　　他写了十九景活报剧《不要忘了》，正是描写九一八以后李顿调查团来中国，他们牺牲中国人民护帝国主义利益的阴谋活动激起中国工人阶级的示威和反抗。在《同住的三家人》一剧中，他又借剧中工人阿明的口，喊出了："我们要斗争，去打出一个新世界，不要等待新的世界来救我们。"

　　1937年，八一三事变发生。欧阳予倩在书房里，心情久久不能平静，八一三事变的镜头，如电影般的展现在他的眼前，他思考着如何激发起民众的抗日激情。这时，他的脑海里出现了明代孔尚任的传奇故事《桃花扇》。

　　孔尚任的《桃花扇》是借李香君和侯朝宗的离合之情，写南明王朝的兴亡之感。李、侯之间的爱情描写，不同于以往的《西厢记》《牡丹亭》，也不同于当时与孔尚任比肩的洪升的《长生殿》，除了描写男女双方在才华上、容貌上互相倾慕外，还在政治态度上互相影响。思想性是以前的儿女风情戏所少有的。尤其结尾不落窠臼，打破了大团圆的结局，一直盘旋在欧阳予倩的脑海里：侯方域和李香君别离之后，官僚阮大铖设计将李香君转嫁给新贵田仰为妾，李香君誓死不从撞柱自杀，鲜血洒在侯方域送给她的宫扇上，恰似朵朵桃花……

　　当时的时代背景与现实是如此的相似，欧阳予倩坐在书桌前，满腔忧愤之情在胸中喷涌而出。他产生了一个大胆的想法：把孔尚任的传奇故事《桃花扇》改编成京剧，推向社会，渲染出亡国之痛、亡国之恨，来唤起中国人的抗日之情。一个构思在他的脑海中渐渐成熟了：突出地赞扬秦淮歌女李香君、乐工柳敬亭等崇尚气节的老百姓；对那些两面三刀卖国求荣的家伙，便狠狠地给几棍子。

　　用不到一个月的时间，他采用了故事中的主要情节，借以抒发情感，一气呵成把剧本写出来，排了不到3天就匆匆搬上了舞台，舞台上出现了这么一个场景：南明王朝崩溃，侯方域却去做了一个副榜。他穿着清朝服装去见爱人李香君。李香君说："你不是常骂人卖身无耻吗？你为什么又去投降？在这国破家亡的时候，来找我干什么？去吧！⋯⋯我为了你，死了也不闭眼。我死了把我化成灰，也好洗干净这骨头里的羞耻！"观众的反应十分强烈。

　　新中国成立后，1964年6月23日，在京剧现代戏观摩演出大会上，周恩来总理提道："欧阳在晚年还翻了侯朝宗的案，否定侯朝宗，很有勇气。"①这是后话。

　　《桃花扇》的上演，却触怒了敌人，没演几场就被禁演了。

　　演出的第二天晚上，欧阳予倩正走进后台，就有人送了张纸条给他。条子上说有一件十分严重的事情与欧阳予倩有关，约他次日谈话，署名彭寿。欧阳予倩立刻想起在他对门住过的那个怪人，戴着金项链，坐着汽车，办了一本《文友》杂志；他神秘莫测，突然有一天不知搬到哪里去了。想到这儿，欧阳予倩不由一惊，赶紧把这事告诉了杨帆、阿英、于伶等几个朋友。原来，这是日本新闻检查所主任金子中佐派人约欧阳予倩见面。

　　第二天一早，欧阳予倩来到了一间俄国菜馆谈话。出现的是国民党中央的特务彭寿，一见面，彭寿就说，"本人彭寿，久仰欧阳先生大名。我是中央派来上海保护文化界的。"欧阳予倩不知彭寿葫芦里卖的什么药，只是礼貌地点点头。坐下后，彭寿说："昨晚看了您的《桃花扇》，了不得了不得，工作做得真好！不过我认为要在某种掩护下进行更为妥当。""怎样掩护？"欧阳予倩问道。彭寿说："最好和日本人新设的新闻检查所主任金子中佐见一面。中央可以津贴五十万元筹办电影公司扩大救国宣传。"欧阳予倩脸色一变，厉声说道："和日本人见面，没有必要。"彭寿却还是带着笑脸，谄媚说："欧阳先生，您如果同意合作，中央可以替您修复您

　　① 李洪峰：《周恩来：永远的榜样》第五章《人民的"总服务员"》人民出版社2018年2月第一版。

在江湾的那栋漂亮的花园洋房。电影公司将付给您高稿酬，高薪俸，还配备一辆轿车接送，供您专用。"欧阳予倩一脸沉默。

见到欧阳予倩水泼不进的态度，彭寿脸也拉了下来，一下子就换了另一副面孔说："如果你不愿和金子中佐见面，就请你马上离开上海，但上船的时候一定要由我们派人护送。否则，沪江大学校长刘湛恩博士就是榜样！"

刘湛恩，1928年起任上海沪江大学校长。1931年九一八事变后，积极参加抗日救亡运动，被推为上海各界救亡协会主席。他参加了上海各界人民抗敌后援会的工作，还积极支持十九路军抗日，并作为上海地区代表赴洛阳出席"国难议会"。1938年，中华民国维新政府成立，刘湛恩拒绝出任伪政府教育部部长。由于刘湛恩坚定的抗日态度，日本方面最终给上海的日伪汉奸下达死命令，必须除去刘湛恩。1938年4月7日，刘湛恩和家人搭乘车外出时，遭日伪特务暗杀身亡。

面对彭寿的威胁，欧阳予倩不能不担心。回家后与妻子刘韵秋一商量，刘韵秋就去找了杨帆、阿英、于伶等当时中共的地下工作者，向他们转告此事。

朋友们开了一个会，结果大家认为欧阳予倩目标太显著，又从来不惯于地下工作，三十六计，走为上计。

1938年4月12日，欧阳予倩不动声色，改名换姓，买了船票。等到了船期，天未亮，凌晨4点，欧阳予倩上了法国邮船，漂洋过海而去。

杜国庠战地服务　曹聚仁烽火采文

1937年7月7日，爆发了卢沟桥事变，抗日战争开始了。张治中被任命为左翼军总司令，指挥主战场，第八集团军总司令张发奎被任命为右翼军总司令，率领国民党第五十五师、第五十七师、独立第二十旅和第二炮兵团的一个营开赴浦东，负责阻止日军从黄浦江和东海登陆，并策应左翼军作战。刘晓、潘汉年、夏衍、钱亦石等同志遵照周恩来的指示，成立政治部，帮助张发奎的第八集团军，广泛开展社会宣传和组织人民群众参加抗日活动，进行救护、慰问等工作。1937年9月25日，政治部正式成立，但蒋介石、陈诚不答应称政治部，随后改为战地服务团，仍认为

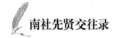

名声太大，最后改为战地服务队。

西安事变和平解决，国共再度合作，1937年6月，杜国庠结束了三年半的牢狱生活，出狱了。一出来，就投身到了抗日救亡活动中，一听要成立战地服务队，他就积极报名了。

战地服务队首任队长是钱亦石。下设总务、宣传、外务3个科。成员有杜国庠、左洪涛、石凌鹤、刘田夫、何家槐、林默涵、张健夫、张凌青、唐瑜、王河天、沈振黄、杨应彬、王亚平、柳倩、麦新、吉联抗等，共34人。他先后任张发奎第八集团军军法科上尉书记、战地服务队上校总务科长等职。

1937年9月25日，全体队员到第八集团军司令部报到。钱亦石带领大家宣誓言："誓死努力工作，直到抗战取得最后胜利。"战地服务队队歌成了队员们的誓言和行动准则："脱掉长衫，同赴战地，一面唤起民众，一面教育自己。我们愿在枪林弹雨中，把身体炼成铁，把意志炼成钢，把大家炼成分不开的集体，以热诚励士气，以鲜血染征衣。努力！努力！动员全国同胞，争取抗战到底！努力！努力！动员全国同胞，争取抗战到底！"

30多名作家、音乐家、戏剧家组成的战地服务队，首先在浙江嘉兴接受军事训练。然后，这批文化界的知名人士，发挥其专长，做各式各样的宣传。为提高部队指战员的政治素质，其间，杜国庠与钱亦石到部队讲中国政治史，阐明政治与军事、经济的关系，使官兵明确为什么打仗和为谁打仗的道理。

钱亦石领导的战地服务队，建立了秘密党支部，党员处处以身作则，事事起模范作用。钱亦石在浦东先患疟疾，随之病情加重，转为伤寒，不幸于1938年1月29日病逝。

杜国庠继任队长。杜国庠率领战地服务队在浙东金华一带活动，出入枪林弹雨之中，进行慰问和宣传，激发战士们抗日的士气。

武汉是战时政治中心，中共中央长江局也设在这里。周恩来任军事委员会政治部副部长，直接领导三厅，郭沫若任三厅厅长。应郭沫若之邀，1938年3月，杜国庠到武汉，任政治部第三厅对敌宣传科科长。①在武汉，杜国庠撰写了大量对敌宣传资料，用飞机散发到敌军阵地，瓦解敌军斗志。三厅撤退到重庆后，他挑起了最重的担

---

① 邱汉生：《杜国庠传略》，史学史研究1984年3期。

子。郭沫若说："三厅内部工作和应付国民党的事，主要由杜老承担。"这是后话。

就在此时，杜国庠来到中共办事处找到了黄文杰。

杜国庠在上海入党时，黄文杰曾任中共"上海临时中央局"书记，后来他与黄文杰同时被捕，南京八路军办事处成立后，立即营救在狱同志，黄文杰被保释出狱后，留在南京办事处做党的组织工作。同年12月中旬，南京办事处迁至武汉，改名为第十八集团军办事处。党中央派王明、周恩来、项英、秦邦宪、董必武、叶剑英、林伯渠等组成"中共中央驻武汉代表团"（党内称长江局），负责领导南方各省市党组织开展广泛的抗日民族统一战线工作。黄文杰也来到了武汉，参与长江局的领导工作。杜国庠通过黄文杰，接上了党的关系。

杜国庠在战地服务的时候，曹聚仁也上了战场，当上了战地记者。

1937年8月7日，在上海福州路的咖喱饭店，有二人正在就餐。主座上坐着一位军人，而主客位上坐着一位书生。

这军人是驻防无锡的第八十八师师长孙元良，书生正是南社社员曹聚仁。孙元良请曹聚仁吃饭。饭后，一杯香茗在手，两人谈起了时局。

曹聚仁与孙元良可以说是不打不相识。

两年前，上海各界代表组织抗日救国会，曹聚仁与沈钧儒等人被选为常务委员。一天，国立音乐学院院长萧友梅来找他，为配合抗日战争，请他与国立音乐院的教授合作，创作一首《战歌》。曹聚仁应允了。没几天，《战歌》就在军队中流传开来了："枪在我们的肩膀，血在我们的胸膛，我们来捍卫祖国，我们齐赴沙场。渡过鸭绿江，冲过大同江。哈，富士山算得什么！哈，富士山算得什么！我们濯足乎扶桑！我们濯足乎扶桑！"

曹聚仁被请到无锡去演讲，会上，他发出呼喊："只有抗日救亡才能图存，国民党政府如不改弦易辙，停止内战，必将被人民所唾弃。"会场上掌声不断，却引来了中统特务。曹聚仁被扣留了。先在警察局关押，后来被送到了八十八师师部。

师长正是孙元良。这位孙师长，是黄埔军校第一期毕业生，参加过"一·二八"淞沪战争。他同情主张抗日的曹聚仁。两人交谈以后，一见如故。孙元良就将曹聚仁放了，两人交上了朋友。

孙元良到了上海，就请曹聚仁吃饭。自然谈起了时局。曹聚仁对孙元良说："全面抗战一旦开始，我想上前线去，做个战地记者。""这太好啦，就到我部队来！"孙元良说。"一言为定！"两人同时说。

没有几天，八一三事变发生的那天下午，曹聚仁正在大光明电影院看电影。银幕上放的是《庞贝的末日》，陪在他身边的是当时与他热恋的邓珂云。战争打响了，曹聚仁已顾不上卿卿我我了，他找到了孙元良，成了战地记者。

1937年9月3日，一辆《大公报》的采访专车，急切地驶向第八十八师司令部。车上坐的两人，一位是《大公报》记者张蓬舟（笔名杨纪），另一位正是曹聚仁。这车是由孙元良安排的，经军方特准在华界可以通行无阻的采访车。一路上冒着流弹的危险，开开停停，费了很大周折终于到了目的地。

10月3日，29架敌机轰炸闸北我军阵地。接着敌方发言人对各国记者宣称："闸北中国军队阵地经轰炸后，完全动摇，即将向后总溃退。"上海许多外国报纸和通讯社都以耸人听闻的字句报道。曹聚仁在部队，从旅部、团部与北站第一线阵地走了一圈，他了解到中国军队的阵地并未动摇，也不准备后撤。回到师部就写了一则600多字的电讯，把在军部所见孙将军的生活情况，在旅部、团部和军官们的谈话内容都做了反映，末了写到战壕里士兵的生活。电讯亮出了事实的真相，更正了前一天我军将撤退的消息。简讯一发出，各通讯社和各外国报纸都在显著地位刊出，曹聚仁，从此走下讲坛，走上前线，在全国产生了一定影响。

10月26日，鉴于在上海闸北地区抵抗已日趋艰难，蒋介石决定撤出该区绝大多数部队，去防卫上海西部郊区，留下八十八师五二四团第一营。谢晋元和杨瑞符营长带兵撤到四行仓库，掩护全军撤退。他们的对手，是以后制造了南京大屠杀的松井石根亲自指挥的日本王牌军第三师团。

27日早晨，天刚蒙蒙亮，日军在重炮、坦克的掩护下，攻战了上海火车站（老北站）后向苏州河北侧挺进，四行仓库保卫战打响了。

曹聚仁陪着一批外国记者登上了5楼的屋顶，从屋顶俯视战场，近在咫尺，东距北站不过3000米，而离北四川路的敌海军司令部也不过5000米。他见证了保卫战的真相与全过程。

当日军第三师团先头部队挺进到四行仓库前，突然遭遇到中国军队的猛烈射击，一下子扔下了十多具尸体，余部慌忙撤退。下午，日军在坦克的掩护下，从东西两侧同时进攻，碰到火力迅猛、居高临下的守军，根本无济于事。日军扔下二十来具尸体再次败退。

曹聚仁

曹聚仁夫妇联骑采访抗战的老照片

　　四行仓库还有一支中国军队在坚守，这让上海的老百姓极为振奋！这时，谢晋元突然想到中国军队没带国旗和军旗，提出希望有一面国旗悬挂在四行仓库顶上，以振国威军威。但国旗从哪里来？没多久，上海市商会迅速送来了一面大国旗，而送国旗的是一位女童子军杨惠敏，她越过了铁丝网，闯过了封火线，爬过了许多沙包堆，约2小时之久，终于爬到了四行仓库，将国旗献给了谢团副和杨营长。当谢晋元与杨瑞符从这位十多岁的小姑娘手中接过国旗时，都情不自禁地向她行了一个军礼！杨惠敏问谢晋元今后的打算，在场的军人齐声回答：誓死保卫四行仓库！该营实际上只有378人，而用第五二四团的名义作战，号称"八百壮士"。

　　10月29日，四行仓库升起了中国国旗，苏州河对岸三万中国老百姓高呼"中国万岁"。得知四行仓库升起了国旗，日军恼羞成怒，派坦克强攻。守军没有战防炮，一度日军坦克开到仓库底下，并撞击大门，大门已经开始松动。房顶上的一名战士抱着集群手榴弹跳了下去，将坦克炸坏，并炸死炸伤20个日军。谢晋元看着楼下的浓浓烟火流泪，他声言："全体壮士早已立下遗嘱，誓与四行最后阵地共存亡，但求死得有意义，但求死得其所！"

　　由于守军火力猛烈，剩余进攻的日军撤了下来。战斗至10月31日，日军前后6次大规模进攻，几十次小规模进攻全部失败，日军伤亡二百多人，守军伤亡37人。

当时大军已全部撤出上海，守军遂撤出四行仓库。

曹聚仁记录下了这场战争。

1937年底，新四军已有一个支队在茅山建立根据地，并消灭了敌军一个中队，英名传遍大江南北。曹聚仁就到了屯溪，采访新四军军长叶挺。当时叶挺给曹聚仁介绍了新四军的敌后游击工作。临别时，叶挺拿出了几张日寇在南京奸淫杀戮的照片说道："我没什么东西给你，这是从被打死的日军中队长身上搜到的，就算送你的礼物了。"曹聚仁接过细细地看，深深感到这是日本在中国的罪证，就认真地说到："我一定好好保存，让它发挥作用。"后来，这几张照片编入了曹聚仁著的《中国抗战画史》。

当时，汉口已成了中国军政的重心，充满了团结抗战的新气象。1938年初，曹聚仁也随军来到了汉口。

曹聚仁得知第四十一军正在徐州前线，而军长孙震是孙元良的叔叔，于是，他就找到了四十一军武汉留守处，处长刘大元奉命接待曹聚仁，两人一见如故，相处得很愉快。刘大元告诉他："徐州将要有一场大战，曹先生如要到前方去，这是一个机会。"于是，曹聚仁与邓珂云就去了徐州。在徐州，他又见证了彪炳于抗战史册的台儿庄大捷。

曹聚仁与夫人邓珂云在3月底到达徐州第五战区，司令长官李宗仁接见他们。此时，台儿庄之战已于3月23日打响了。我方的正面守军是第二集团军孙连仲部，右翼是汤恩伯的第二十军团。进犯台儿庄的敌军主力，左翼是矶谷廉介师团、右翼是坂垣师团，都是敌军主力中的精锐部队。4月5日，曹聚仁夫妇跟着孙连仲到了前线。

在总司令部里，孙连仲正紧张地指挥着战斗争。当时，台儿庄已被日军攻占9/10，我方只守在庄尾的南关，孙连仲指挥部队死守着。曹聚仁等记者也在司令部内。面对记者，孙连仲很有信心地说："胜负之数往往就在最后五分钟。"

1938年3月中旬，北线日军分左右两翼，向台儿庄进犯。左翼日军第五师团，自青岛崂山湾、福岛登陆后沿胶济路西进，以坂本支队向临沂猛攻。中国军队以庞炳勋第三军团第四十军一〇六师等部坚守临沂，调张自忠第五十九军，于3月14日向日军侧翼反击。经数日激战，有效地阻击了敌人，使日军攻占临沂的企图终未得逞。右翼日军第十师团濑谷支队沿津浦路南下，进攻滕县。中国军队第二十二集团军一二二师与敌血战两昼夜，师长王铭章以下大部殉国。日军在攻陷滕县后移军东向，沿枣台支线进攻台儿庄。3月23日，日军开始猛攻台儿庄。中国第二集团军池峰城率三十一师官兵坚守台儿庄城寨，与敌炮火、坦克相挤，至死不退，后又加入二十七师等部，于城外与日集团军由北向南，大举反攻。日军遭中国军队内外夹击，死伤枕藉，至7日夜，除小部突围逃跑外，大部被歼。此役，中国军队摧毁了日军第五、第十两个团之精锐部队，歼灭日军1万余人，缴获了大批武器和装备，这是中国抗战以来正面战场取得的最重大的胜利。

没有一分钟的耽搁，曹聚仁立即提笔，将这一电讯飞快地发往中央通讯社——于是乎，台儿庄大捷的消息见报后，举国欢喜若狂。4月8日，曹聚仁再接再厉，他综合各方面的消息，撰写了长篇报道《台儿庄巡礼记》，并由电台发往总社。9日，全国各大报纸便纷纷刊载了出来……台儿庄大捷——这一震惊中外的消息就这样通过曹聚仁最早向国内外作出了报道。

毛啸岑支持"武抗"　郁庆云献身正义

1938年初，上海处于战火之中。

毛啸岑站在港口，望着远去的意大利邮轮"康脱罗索号"，心里一阵颤动。船上，他妻子沈华昇带儿子安澜启程经香港前往新加坡。

毛啸岑本来也可能去的。前几天，毛啸岑收到了吴江乡村师范的学生陈树英、周文琴夫妇的来信，邀请毛啸岑一家去马来西亚。

当时，毛啸岑在招商局任职，加上王绍鏊给了他开展家乡抗日工作的任务，因此他不能就此离开。于是，为安全起见，毛啸岑只好让妻儿先离开。

妻儿去了新加坡，毛啸岑开始从事王绍鏊交办的工作。

一天，毛啸岑收到了表妹沈月箴的来信，说："我决心跟你走你十年前的路。"

沈月箴，吴江平望人，从小跟随吴江中学王怒安学旧文学，对旧体诗有一定的修养，人聪明，长得很漂亮。

毛啸岑读了沈月箴的信后，就把她介绍给了王绍鏊。王绍鏊一见她，与她一谈话就印象极好。沈月箴向王绍鏊介绍了家乡的动向，说吴江东部条件比较好，不少青年希望来上海找共产党。

王绍鏊听了沈月箴的介绍，感到吴江发展抗日力量的条件很好，决定派共产党员、"华东人民武装抗日会"的领导成员李愈秋，化名丁秉成带二十多个同志奔赴吴江开展工作。"华东人民武装抗日会"简称"武抗"，是1938年1月上海中共情报组织建立的党的外围组织。同时，他介绍沈月箴参加了"武抗"组织，成了一名共产党员，随丁秉成回吴江协助工作。

为了顺利工作，毛啸岑在丁秉成他们去吴江前，自己先去了趟吴江，找老同志、老朋友疏通关系。

毛啸岑先找到了王岳麓。王岳麓在吴江以开垦太湖田闻名，当时太湖边上有一群"客邦"人围垦太湖田，都受到过他的帮助和保护，王岳麓现任国民党县政府财政科长。他关系很多，思想也开明。

一见毛啸岑到来，王岳麓也很高兴。时局动荡，两人已有一段时间没有见面了。毛啸岑向王岳麓讲述抗日救国的道理，希望他能给予配合。王岳麓听了毛啸岑的话，表示愿意支持抗日运动。

随后，毛啸岑来到了吴江县政府，找到了县长沈立群。沈立群是国民党左派、战前的老区长，现在，是国民党第三战区司令顾祝同派到沦陷区做地下工作的。毛啸岑与他有旧谊。一见毛啸岑到来，沈立群立即迎了上来，并叫人泡茶。几口茶后，毛啸岑就说道："现在国共合作，大敌当前，抗日是最大的事情。""是的！"沈立群说道："啸岑兄有何指教？""指教谈不上，华东人民武装抗日会的领导成员丁秉成将带人来吴江起事，希望得到你的支持。""我会做的。"两个人的手又一次握在了一起。

1938年秋，丁秉成带着刘子荣、章燕、华大闲、俞哲、叶初晓、林风等"武抗"成员到了吴江，沈月箴当向导。任务是争取改造游击队，建立共产党领导的队伍。

沈月箴带着毛啸岑的介绍信找到了沈立群，沈立群热情地接待了她。她的举止谈吐深深地吸引了沈立群，沈立群就把她留在了身边，担任国民党吴江县政府办事员。这给她的地下工作创造了条件。她与丁秉成单线联系，往来于上海、苏州、吴江、严墓及其他太湖地区，从事情报工作。到上海就住在毛啸岑家里，兄妹两人常常彻夜长谈，互相勉励。

毛啸岑旧居

刘子荣、叶初晓、华大闲等人带着毛啸岑的介绍信去找王岳麓。王岳麓通过关系，介绍他们与程万军部的副司令曹绍纹建立了联系，并与"武抗"在程部的内线倪子璜及金若望接头，将林风安插在政训处任总干事，丁秉成等人以政训处下属"青年服务团"为活动基点，发展"武抗"成员。他们从上海秘密运来一批革命书籍，如毛泽东的《论持久战》《论抗日战争的新阶段》《抗日游击战争的战略问题》及艾思奇的《大众哲学》、苏联文艺小说《铁流》《钢铁是怎样炼成的》等，在进步青年中组织阅读讨论，出刊墙报。吴江地区的抗日救亡运动轰轰烈烈地开展了起来。

1939年初，中共中央特科又派中共党员施光华、张琼英及"武抗"成员江军、华荣田等去吴江。中共中央特科即中国共产党中央特别行动科，是中国共产党在20至30年代期间所建立的最早的情报和政治保卫机关。主要活动地域就在上海。毛啸岑又找王岳麓，请他帮助使"武抗"人员进入县政工队。经过努力，终于成功。丁秉成任政工队指导员，他们就利用政工队的合法身份，广交朋友，宣传抗日。

毛啸岑还动员弟弟毛海涛投身抗日。丁秉成与毛海涛联系上后，毛啸岑在黎里楼下浜的住宅就成了"武抗"的联络点。1939年3月，丁秉成由施家骅陪同到黎里，对毛海涛说，想将黎里、北厍一带的游击队郝道生部改编成为真正的抗日部队。经毛海涛疏通，郝道生和丁秉成见了面。

钱康民、丁秉成烈士牺牲处

　　钱康民是老同盟会会员钱涤根烈士的儿子，倾向共产党，抗日热情高。他与丁秉成联系上了。他们从程万军部拉出几十人，成立了吴江第一支由共产党独立领导的抗日武装"江浙太湖抗日义勇军"，钱康民任司令，丁秉成任副司令。不久，队伍发展到200人左右。

　　1939年9月的一天，毛啸岑正在家中，王绍鏊来找他。王绍鏊坐下后一声不语，不一会儿竟失声痛哭。毛啸岑从未看到过王绍鏊如此悲伤过，心想一定出了什么大事。稍过一会儿，王绍鏊才低声对毛啸岑说："老丁牺牲了！"一听这消息，毛啸岑也呆住了。前几天家乡还传来丁秉成的消息，说他的队伍发展很快，怎么一下子牺牲了呢？毛啸岑简直不相信自己的耳朵。

　　这消息是实实在在的。8月23日下午，丁秉成、钱康民带着队伍刚到吴江七都镇隐读村南20里处时，突然遭到国民党六十二师和吴兴县常备队有预谋的包围袭击。丁秉成、钱康民临危不惧，果断指挥战士突围。但终因兵力悬殊，丁秉成、钱康民高喊"中国人不打中国人""枪口一致对日寇"而英勇牺牲。

　　王绍鏊讲述了丁秉成、钱康民的牺牲经过，二人不禁又失声痛哭。王绍鏊为自己缺乏经验，未对具体领导这支队伍的丁秉成加以更多指导帮助而痛悔不已。毛啸岑亦为家乡抗日前途忧心如焚。深夜，二人才互道珍重，挥泪而别。

　　丁秉成牺牲后，根据党的指示，"武抗"成员分批撤离吴江，吴江的抗日形势面临严峻的考验。

沈月箴与"武抗"人员合影

而就在这时，1939年11月23日，另一位南社人郁华也惨遭毒手。执行的人是汪伪"国民党中央执行委员会特务委员会特工总部"。

郁华，原名庆云，字曼陀，浙江萧山富阳人，是著名文学家郁达夫的长兄。1910年回国，在北京外交部工作，1912年考取法官，任京师高等审判厅推事，兼司法储才馆及朝阳大学刑法教授。

九一八事变发生时，郁华担任沈阳最高法院东北分院刑庭庭长。当时日本人也对郁华很重视，通知郁华不得擅自离沈，另有要职委任，然而，他没有听日本人的话，化装逃回了北京。

回到关内后，郁华又担任江苏高二法院刑庭庭长。1932年任江苏省高等法院第二分院刑庭庭长，东吴、法政大学教授。1933年，何香凝的公子廖承志在上海被捕，南京军法处要求引渡。郁华知道，一旦廖案交由特务机构处理，那就生死由天做不了主了。因此他引经据典与军法处周旋，使其引渡计划落空。为这件事，何香凝还亲绘一幅《春兰秋菊图》赠予郁华，以表感谢。

1939年春，郁华接到署名"反共除奸团"的恐吓信说："如果不参加我们组织，你的生命难保。"郁华泰然处之。敌伪又许以高官厚禄，郁华又严词拒绝。

1939年9月，日本人为了加害抗日力量而又摆脱舆论的压力，想出了一个盘外招，把夺取租界警察权和中国法院管辖权的任务交给了"国民党中央执行委员会特务委员会特工总部"，这是日本人与汪伪政府合谋在上海极司菲尔路76号创建的特工总部，俗称"76号"。在当时的上海滩，"76号"可是让人闻之丧胆，仗着日本人对他们的庇护，已经到了无法无天、无所顾忌的地步。他们成立了租界突击队，连续制造一系列大案要案。

郁华在他的办公室里，却是显得如此的平静。他正翻着一件大案的卷宗。这件大案，正是轰动一时的上海沪江大学校长刘湛恩案。

刘湛恩是湖北阳新人，获哥伦比亚教育学院博士学位，为杜威的学生，32岁时即任上海沪江大学校长，成为我国教会学校中的第一位中国校长。九一八事变以后，刘湛恩与上海文化界马相伯、沈钧儒、周建人、陶行知等283人联合发表《上海文化界救国运动宣言》。1935年华北事变后，他又与上海各大学校长何炳松等十余人，发表宣言，反对日本策划华北五省自治，并书呈上海市市长吴铁城，要求开展抗日斗争。1937年卢沟桥事变后，刘湛恩将本校与东吴大学、圣约翰大学组成教会联合大学，继续开课，培养了许多优秀青年，时有上海"抗大"之称。此时，他还任上海各界救亡协会主席等职。1938年3月29日，日本扶植下的"中华民国维新政府"汉奸政权在南京成立，请刘湛恩任伪教育部部长，被刘湛恩严辞拒绝。因此刘湛恩就成了日伪的仇人。

1938年4月7日下午，刘湛恩与妹妹明珍、幼子光华，乘车欲往外滩。刘先将光华推进车门，接着其妹正欲跨步上车时，3个日伪特务从后向刘猛射3弹，其中一颗毒弹从刘湛恩背后穿入。在送往医院的途中，这位爱国者、民主战士、教育家的心脏停止了跳动。

看着卷宗，读着一页页带血的文字，郁华的心也在流血。他一拍桌子，一股怒火涌上了心头，他发了誓言：一定要把杀害刘湛恩的凶手绳之以法，让世人看清日伪的凶残面目。

"76号"放出风来，派人捎话给郁华，让他眼睛放亮些，手下留情，否则"76号"不好惹。郁华冷冷一笑，没有理会。

开庭那天，众目所瞩，凶手曾某尚晓晓置辩，郁华当庭怒喝，痛斥其残暴行为，要求将凶手判处死刑。多年以后，刘湛恩之子刘光华说过这么一段话："我曾亲睹郁华庭长不顾自身安危，当庭痛斥被现场群众捕获的刺客曾某，并判以极刑，其高风亮节，秉公执法确实令人佩服。"

刘湛恩在沪江大学校舍前留影　　　　　郁华

　　得罪了"76号"，就等于同死亡挂了号。没多久，郁华的好朋友，《大美晚报》副刊编辑朱惺公遭到"76号"的黑手。"76号"放出话来，朱惺公的下场就是郁华的下场。而郁华没有被吓倒。

　　他又接到了一件案子，而且这案子直接牵涉到"76号"。

　　1939年7月22日晚8时许，一大批"76号"特务包围了《中美日报》大门。当时报社的保安人员见势不妙，情急之下把铁门关死。特务们拉不开门，又不敢在租界久留，于是临时改变计划扑向附近的《大晚报》馆，并极为放肆地打砸抢，捣毁排字房，打死打伤排字工各一名。租界巡捕闻讯赶来，特务们开枪拒捕，火并后有几位"76号"特务受伤被捕。

　　此案进入司法程序之后，几位被捕特务经公共租界上海第一地方法院一审判处死刑。"76号"的头子李士群、丁默邨同时写信给即将承接此案二审的郁华，要求他撤销原判，宣布被告无罪，并威胁郁华说，如果不这样的话，后果将极其严重。

　　郁华对此嗤之以鼻，驳回上诉，维持原判。李士群大怒："世上有路你不走，地狱无门你偏来。"

　　"76号"待不住了，开始对郁华动杀手了。李士群叫来吴世宝，立即布置人手，对郁华实施肉体上的消灭。随即命令特务夏仲明、吴振明、潘公亚等人布置暗杀。

1939年11月23日上午8时许，郁华正在跨上包车时，突然身后响起一阵枪声，郁华摇晃了几下，挣扎着转过身来，未及看清，又是一阵弹雨迎面而来，将他彻底击倒在黄包车上。

郁华是抗战以来租界内第一个遭到汉奸暗杀的中国高级司法人员。

郁华被害后，上海、香港等地均有悼念活动。香港《星岛日报》发表《学者与名节》的社论，称颂郁华"重名节、爱国家"，"威武不能屈，富贵不能淫的精神，是中国在今日持久抗战中所最宝贵的"。

施方白访问延安　见领袖心潮澎湃

1938年春天，南社社员施方白来到了延安。

施方白，江苏启东人，1907年，施方白考入上海美术学校。1910年，23岁的施方白在上海参加孙中山领导的同盟会。1913年冬末，参加东京浩然军事学社并加入中华革命党。1926年北伐战争开始，他经同乡好友、黄埔军校特别官佐、北伐军政治部上校组织科长季方介绍，到邓演达手下工作，任遣赣部秘书。遣赣部即蒋介石率领的东路军，后代理二十二师政治部主任。1929年接任启东第二任县长。

一天，施方白正在启东县长办公室整理文件，有一个人带着几个人走了进来。

一见来人，施方白立即迎了上去，来人不是一般人物，是当地的农会代表——赵克明。

赵克明是启东人，1925年参加国民党。1927年秋天，与共产党员顾南洲等人在启东发动广益、辅安、大同3个乡成立农民协会，赵克明为辅安乡农民协会负责人。这一下子让地主慌了手脚，就请辅安乡行政局长封了农会。赵克明等人立即组织3个乡3000名群众聚集在汇龙镇外沙行政公署与当局交涉，经过斗争，农会恢复了活动。1928年，赵克明加入中国共产党，是中共启东县委委员。

这年夏天，启东遭受蝗害，庄稼收成受到很大影响。而地主不顾农民死活不愿减租，赵克明就一面发动群众消灭蝗虫，一面组织农民来到了县政府。

一见施方白，赵克明很客气地说道："施县长，别来无恙？"

此时的赵克明，公开身份是国民党县党部监委干事，并在县财政科任科员，还在国民党县农民协会整理委员会里任宣传干事，因而也很客气地说道："克明先生前来有何贵干？"

赵克明开门见山地说道："启东遭受蝗害，庄稼几乎颗粒无收，施县长应该有所了解。"

"我明白，政府也在发动群众消灭蝗虫。"

"地主不顾农民死活不愿减租，农民生活无着落，施县长明白吗？"

"我了解一些，不知克明先生要我做什么事？"

"由政府出面，限令地主减租。"赵克明直接说道。

接着，赵克明就向施方白说，县农会成立了"业佃仲裁会"，希望施方白支持仲裁会打击贪官、土豪，保护农民利益。

当赵克明离开县政府时，脸上露出了喜悦之色。两人已经达成了协议，施方白请赵克明代表政府去处理此事。启东的抗租事宜取得了很大的进展。

1929年秋，在县政府工作的中共地下党员姚志仁来找施方白，有个案子请施方白高抬贵手。

县政府接到瞿家仓报案，他们遭到强盗抢劫，现场留下了假手枪。假手枪是由顾南洲小学里风琴上的一块压音板所做，县政府派兵前往查对，认为"证据确凿"，6个教师全部被捕。

被捕的老师中有共产党的地下县委负责人顾南洲。

1928年2月，顾南洲为了便于工作，化名周步云到各地发动成立农民协会，宣传"二五"减租，组织农民游行示威，高呼"打倒土豪劣绅""穷兄弟不要交租、交税、交捐"等口号。同年4月，负责中共海门县委工作。1929年初，中共启东县委成立，他担任县委委员。当时党处于幼年时期，搞革命必须要有经费，顾南洲不得不到地主家去"搞经济"，于是就在风琴上取下一块黑油油的压音板，样子的确像手枪，不料却成了地主的报案把柄。

姚志仁接到上级党组织的通知，让他设法营救顾南洲，于是，他就来找施方白了。

施方白主张"和平革命",对地主采取赎买政策。一听姚志仁说了这事,施方白很为难。这个所谓假手枪,又的的确确和顾南洲有关。

他在房间里踱来踱去,一再摇头,最后平静地说:"你去吧!不要急,等待判决好了,不服可以上诉。"姚志仁没有多说,向他鞠躬告辞。

过了几天,施方白升堂审判,说明了原委后,他立即说:"强盗私闯民宅,让地方得不到安宁。本县长为了大家的利益,一定要狠狠地刹住这股风,对犯人加重惩罚。不服的可以上诉。"说着他对顾南洲等人进行宣判,都判了重刑,最轻的也判了7年,顾南洲的一个弟弟被判了无期徒刑。

这个判决一出来,全场轰动。退堂后,姚志仁就再去求施方白,责问他为什么不帮忙,反而判得这么重。

施方白拍了拍姚志仁的肩膀:"你去找宋老先生吧!"

宋老先生就是老律师宋钧培。姚志仁立刻赶到了宋钧培的家里。宋钧培一看判决词,哈哈大笑起来:"佩服!施县长真是棋高一招啊!"他关照姚志仁明天来拿辩护词,再作道理。

姚志仁又不知宋律师的闷葫芦里究竟是什么药,心里急得一夜睡不着。

过了一天,县政府就将宋律师写的辩护词连同犯人一并解往苏州监牢。过了一些日子,顾南洲等人都被宣布无罪释放回来了。

到这个时候,宋律师才向姚志仁解开这个谜:"妙就妙在施县长只指正顾南洲等人是强盗,而没说是共产党。并且轻罪重判,要是只判这么两三年,那张辩护词便没有用处了。"

姚志仁于是又悟到:怪不得那张判决书上并无说明罪证,只是帽子一大堆,经不起反驳,真是妙不可言!

然而,那些地主并没有罢手。1930年,由于启东分治不久,崇明许多豪绅反复上书,提出"崇启并治"的所谓方案,企图由崇明豪绅继续掌控启东。见这一招不行,他们就联合控告县长施方白"赤化""私通共产党",并买来流氓政客夏钺青来接任县长,逼迫施方白离职。施方白带着遗憾离开了启东。

1933年,李济深、陈铭枢、冯玉祥等在福建成立反蒋抗日的中华共和国人民革命政府,并迅速在农村实行分田。季方任军事委员会高级参谋,急电施方白为其秘书。起事失败后,李济深等亡命香港,季方遭缉捕。施方白潜回上海于启东从事印

施方白

刷业，并在启东境内办起了第一家印刷所——大方印刷所，即上海大同印刷所分部。同时，从事第三党的秘密工作。

1937年七七事变后，施方白从西路军宜昌行辕参议任上匆匆回到了家乡启东。

启东各界人士成立抗日后援委员会，推举施方白为主任。日寇侵入启东时，启东又成立抗日义勇军进行反抗，共产党员王进、顾南洲是骨干分子。

1938年，中共江北特委派廖绪忠、石坚、孙坚和杨明等人参加该会工作，一起宣传抗日救国道理，募捐支援前方将士。不久王澄、姚力入党，韩念龙、陈国权、顾尔钥等也被派来启东。季方受华东人民武装抗日会派遣返回故乡，任苏四区抗日游击指挥部指挥。施方白逐步跟共产党人建立了深厚的友谊。

1938年5月，为寻求抗日救国真理，施方白到了武汉，经周恩来、董必武介绍，和沈维岳二人去陕北延安参观。

沈维岳也是启东人。1925年，经季方介绍，进入黄埔军校第四期学习。1930年春，他到上海参加了邓演达组建的中国国民党临时行动委员会，与施方白成了同志。同年7月，他与邓演达一起被捕入狱。4个月后，邓演达被害，他和其他战友由宋庆龄力保营救出狱。1931年，经周士第介绍到第十九路军参加抗日，入闽后屡遭失败，被迫返回上海。

延安

沈维岳又与施方白走到了一起，两人都有志投身抗日事业，但是，当时的国内外形势复杂，他们一时不知如何行动。

1937年9月22日，国民党中央通讯社发表《中共中央为公布国共合作宣言》；次日，蒋介石发表《对中国共产党宣言的谈话》，宣言和讲话的发表，宣告国共两党第二次合作和中国抗日民族统一战线的形成。延安，成了未来人类社会的一种理念，成了中国革命思想的摇篮，成了当时青年人向往的地方。

于是，他俩产生了一个想法：结伴访问延安。

他们先到了武汉，找到了八路军驻武汉办事处。周恩来热情地接待了他们。听取了二人艰难竭蹶的斗争经历后，知道他们想要去延安，感到很高兴，亲自为他们写了介绍信。①

5月上旬，施方白与沈维岳带着周恩来的介绍信到了延安。一进延安，他们感受到了进步、自由、革命、浪漫的氛围。

施方白也没想到，毛泽东对他们的到来非常重视。他们先后听了毛泽东两次报告。还有幸三次到毛泽东家里做客，毛泽东亲自会见他们，并进行了深层次的谈话。

---

① 陶建明：《民主斗士施方白》2016年12月27日《南通日报》。

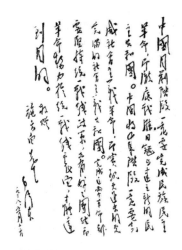

毛泽东题词

八路军武汉办事处旧址

5月11日上午8时，毛泽东在延安窑洞家中接见了施方白他们。施方白事先做了准备，向毛泽东提出了9个问题，毛泽东一一做了回答。毛泽东的平易近人和博大胸怀，让施方白非常感动。

谈话进行了一小时又十余分钟，让施方白心胸豁然开朗。

听了毛泽东的话，施方白备受鼓舞，恭恭敬敬地拿了一张宣纸，请求毛泽东题词。毛泽东谦让地答应道："让我想一想，就写几个字吧。"

第二天，毛泽东派人给施方白送来题词，"中国目前阶段一定要完成民族民主革命，即彻底战胜日寇与建立新的民主共和国。中国将来阶段一定要完成社会主义革命，即实现更进步的更完满的社会主义共和国。完成这两个革命都要坚持统一战线政策，只有好好团结一切革命势力于统一战线里面，才能达到目的。"亲笔题名："敬赠施方白先生 毛泽东一九三八年五月十二日。"[1]

施方白他们在延安参观了延安煤石油矿、两个区人民政府、延安高等法院、几个学校和托儿所及人民医院等。

施方白和沈维岳离开延安时，他们向毛泽东告别，说起施方白的工作去向。施方白说，他想回家乡去进行抗日活动。毛泽东就对施方白说："工作地点可以不拘，但应注意教育事业，尤其要与青年们联系。如遇优秀青年，可以介绍到陕公或抗大

---

[1] 《毛泽东年谱（修订本）（1893—1949）》中卷，第70—71页。

学习。"临别时毛泽东还把自己签名的一张照片赠送给施方白。毛泽东握着施方白的手,嘱咐他赶快回到家乡去,组织群众,发动群众,组织游击队,在敌后坚持抗日斗争。

沈维岳于年底抵沪,找到华东人民武装抗日委员会,并受其派遣,返乡成立启东人民抗日自卫总队。施方白也加入了这支队伍。

施方白后来在湖北省民政厅工作期间,与董必武同志保持往来。他根据毛泽东指示,介绍了许多进步青年去陕北根据地。如被称为"军工将才"的田汝孚将军,当年就是经施方白介绍,董必武同志批准,辗转江西、湖南、陕西等省,冲过敌人重重封锁,来到陕甘宁边区,考入陕北公学第一分校。后来田汝孚成为新四军三师的军工部部长,专门负责研制武器弹药,成为炮弹专家。

1947年国民党临时行动委员会改名中国农工民主党,施方白赴上海参加成立大会,被选为中央委员。施方白坚持反蒋亲共路线,1947年,帮助华东人民解放军总部采购大量药品和军用物资,事情泄露后被国民党反动派逮捕,送交"上海高等特种刑事法庭"审讯9次,后经中共地下组织的极力营救,终以无罪释放。这是后话。

西安城师生相聚　昆明府知己交心

1938年8月中旬,西安郊区的宋家花园。李根源正在病房休息,忽然有人走了进来。一见来人,李根源喜出望外。来人正是第十八集团军总司令朱德。

李根源是在两个月前来西安治病的,抗战爆发后,他是几经波折。

1937年"八一三"事变时,李根源还在苏州。11月15日,李根源几经危险,回到小王山。这时日军已占领吴江,离小王山仅30里,与小王山可以说是一水之隔。

这天,人们正在歇息的时候,突然,日军飞机入侵木渎镇,扔下了数枚炸弹,古老的木渎镇一下子火光冲天。

一辆车急急向小王山驶去。车到了阙茔村李根源的住所前,一人从车上跳了下来，他是工兵总指挥马晋三。情况十分危急，他来接李根源离开小王山。

李根源登上了汽车，回首望着阙茔村，两行眼泪流了下来。他已把这里当成了第二故乡，而故乡就要被侵略者占领了，作为昔日的军人，他的心也在流泪。

车到了南京，而此时的南京，也是危急万分，日军已准备进攻南京。他一听说蒋介石任命唐生智为南京城防总司令，心一下子凉了，喟然叹息地说道："守南京须用一卖命徒，生非其选，用唐南京恐不守。"果然，12月10日，日军攻破南京城，这一天战斗异常激烈，唐生智也曾不止一次组织部队以血肉守卫城门，誓与南京共存亡。激烈的战斗进行了两天，南京的部队损失非常惨烈，12月12日，敌人猛攻光华厅、和平门，雨花台失守，唐生智开始下令突围、撤退。日本军队占领南京，发生了惨无人道的南京大屠杀，南京30万人失去了生命。

南京失陷前，李根源已随同国民党各院到了武汉，他想到了一个人，就是他在讲武堂时的学生朱德。当时，朱德是八路军总司令。[①]

李根源来到了八路军武汉办事处。当时，朱德正在临汾前线指挥作战。在办事处，李根源遇到了他的老朋友吴玉章和董必武。李根源受到了热情的接待，在接待中，吴玉章和董必武向他介绍了中国共产党的"抗日救国十大纲领"，在抗日力量的驱动下，李根源决定赴新疆襄助他的学生盛世才抗战。他立即将这想法电告了朱德。朱德从临汾前线回电表示赞成。[②]

1938年1月22日，欧亚航空公司飞机降落在了新疆机场，李根源从飞机上慢慢地走了下来。盛世才派人接他到了迪化公园内的一幢房子，这里成了李根源的临时住所。

初到新疆，盛世才热情地接待了李根源。盛世才是辽宁开原人，历任国民政府北伐司令部参谋本部科长、新疆省边防督办、新疆省政府主席，是中华民国陆军上将，自1933年到1944年起负责新疆的军事、政治，号称"新疆王"。叙了师生之情后，盛世才对李根源说道："老师能来我十分高兴，现在推行着六大政策，是反帝、亲苏、民平、清廉、和平、建设，还希望老师帮助。"李根源爽朗地说："我这次来的目的是抗日救国，希望我们同舟共济，为国家出力。"两人谈得很投机，盛世才还向李根源介绍了他正阅读的马克思列宁主义书籍。

---

① 《领袖大事年表：朱德》，人民网–中国共产党新闻网，2009年12月8日。
② 陆星著《李根源传》中国文史出版社1998年11月第一版，第213页。

此后，盛世才又引李根源与苏联驻乌鲁木齐总领事格奥尔金·阿布拉莫维莫·阿布列索夫见面。李根源对苏联很是向往，一见面就提出要赴苏一游，以便了解更多情况。格奥尔金·阿布拉莫维莫·阿布列索夫立即向苏联外交部请示。苏联外交部立即回电，欢迎李根源在"五一"节期间往莫斯科一游。

一天，李根源来到了盛世才的办公室。坐下后，他说道："苏联已同意我去了，近期我准备出发。""好，我会提供方便的。"盛世才说道。李根源喝了口茶，又说道："苏联支援内地的抗战物资已集中，要尽快转运出新疆。""是的，我会全力赞助。"听了盛世才的话，李根源心情很愉快。回到家里，他按捺不住内心的喜悦，一首《迪化公园》诗从心底油然而生："山如飞凤水如虹，多少亭台烟雨中。胜日寻芳楼上坐，满园花柳浴春风。"

但是不久，事情发生了变故，让李根源的情绪一落千丈。盛世才是个极端的个人独裁者，又是个投机分子，把新疆看成他的私产，而并不出兵抗日。他的"六大政策"只是为了保存自己的实力。而李根源的学生乌鲁木齐警备司令、腾冲人董仲被盛世才以谋叛罪逮捕下狱，在李根源的劝说下没有被杀害，但被逐出了新疆。陪伴他一起到新疆的另一个韶关讲武堂学生张笃伦，被盛世才保荐进陆军大学，也离他而去了。

一连串的事刺激着李根源，抑郁之情导致其心脏病发作。李根源面目浮肿，病情恶化，住进了新疆省立医院。6月，李根源病情加重，在医生的建议下，盛世才将李根源送到关内医治。

李根源去新疆是为了抗日，但壮志未酬，无奈而又伤心地离开了新疆。

到了西安，陕西省主席蒋鼎文安排李根源住在西安郊区的宋家花园。李根源的同志和朋友都不时地来看他，来的最勤的是林伯渠。林伯渠是李根源挚友程潜的亲属，也是李根源在广东护法时的旧友。西安事变后，林伯渠任西北办事处主任，所以李根源从新疆回到内地后，林伯渠每间隔10日看望李根源一次，向李根源谈国内外形势，讲唯物主义辩证法大义以及文字改革意义等。

朱德从前线回延安参加党中央会议，途经西安时，[①]一听说李根源在西安看病，就顾不上旅途劳累，来探望恩师了。

---

① 史光荣：《朱德参加中共六届六中全会前后的统战工作》2020年5月9日，中国共产党新闻网。

师生相见，感慨万千。李根源向朱德讲了去新疆的情况，并说："我已经开始接触马列主义，认识到唯物主义是科学的。"朱德听了很高兴。李根源接着说："可惜我这身体不争气，要不然，我现在可能在苏联游历学习了。"朱德担心老师太过兴奋，对心脏不利，只坐半个小时便起身告辞。

过了两天，朱德在林伯渠的陪同下第二次登门拜访，一进门，就将一本刚出版并由毛泽东亲笔签名的《论持久战》送给了李根源。李根源拿到后非常激动，立即翻阅了起来。翻着翻着，情不自禁地读了出来："于是失败主义的亡国论者跑出来向人们说：中国会亡，最后胜利不是中国的。某些性急的朋友们也跑出来向人们说：中国很快就能战胜，无需乎费大气力。这些议论究竟对不对呢？我们一向都说：这些议论是不对的。……""说得对极了！"李根源拍了一下桌子，兴奋地说道。

朱德站起来说道："《论持久战》制定了指导抗日战争的正确路线、方针、政策和人民战争的战略战术，我们解放区抗日热情正高，军队和老百姓关系如同鱼与水一样。"

"忠君与孝亲是中华民族的优良传统。"

"老师说得对，但是，中国的封建道德孝悌忠义，今天要重新解释。忠孝不是对一个人，而是对集体。不是忠君孝亲，而是要亲其国家，孝其民族。"

交谈一阵后，朱德说："我这次来，有一件事要请老师帮忙。""不必客套，直说就是。"李根源说。朱德严肃地说道："龙云是四川的实力派，是云南的王，希望老师能帮我捎封信给他，让他坚定信心，务必抗战到底。""好！我一定做到。"李根源毅然说道。

李根源在西安养病两个多月，未见痊愈，在友人的建议下，李根源就决定回云南治疗。临行前，朱德交给了李根源3封信，让他代为转交。一封是致川康绥靖公署主任王绪的信、一封是致川军将领邓锡侯的信、一封是给云南省国民政府主席龙云的信，这3个人可是把握着云南的命脉。李根源把这3封信拿在手里，感到沉甸甸的，他知道其中的分量。

8月22日上午，李根源乘飞机自西安直飞昆明，到西安机场送行的有陕西省主席蒋鼎文、老友刘治洲、民主人士杜斌丞等人。

飞机降落在昆明机场，李根源一行一下飞机，顿时激动万分。在机场，李根源等人受到了云南省主席龙云及省政府各厅处长的隆重欢迎。龙云致了欢迎词，在巫家坝机场到李根源下榻的愉园，沿途市厘都悬挂彩旗，昆明人民群众像欢迎贵宾一样，使李根源倍感家乡人民的深情厚谊。

李根源在愉园住下后，龙云就前往看望他。一坐下，李根源将朱德托他捎的信转交给龙云，并说道："龙主席，朱德总司令希望你能坚定抗战的信心。我们要有打持久战的准备，我们又要有抗战必胜的信心⋯⋯"

龙云看了朱德的来信，听着李根源的话，连连点头。

龙云聘李根源为云南省政府顾问。这是个闲职，但又有地位。不久，李根源搬到滇池中的庚庄，接着又搬到安宁城北的温泉村。李根源将温泉村题书为黄叶村。

李根源的身体在日渐康复，云南政治形势却出现了危机。

1938年12月18日，汪精卫以赴滇讲学为名，逃离重庆，来到了昆明，准备投降日本当汉奸。

龙云夹身于蒋、汪之间摇摆不定。抗战爆发，他整编出一支4万人的军队开赴台儿庄，参加了第二阶段的徐州会战。之后，滇军还先后参加武汉会战、长沙会战及赣北战役，全力支持了中央军在滇西抗击日寇的军事行动，修筑滇缅公路，打通了抗战时期中国唯一一条陆上交通线。然而，他对中国抗战的前途以及国际援助是否会到来，始终存着怀疑的态度。

汪精卫到了昆明，龙云款待了汪精卫。一见面，汪精卫就向龙云灌输抗战必亡的论调，他靠近了龙云，故作亲近地说："现在中国落后，武器不如人，我们是弱国，抵抗就是牺牲，牺牲的程度，我们要使每一个人，每一块地都成为灰烬。"汪精卫停了下，又继续说："和呢，是会吃亏的，就老实地承认吃亏，天下没有不结束的战争，战争结束即是和平，中国作战必须有结束的时候，所以和平不是不可的。"

汪精卫的一席话，让龙云陷入了沉默。

汪精卫把全部计划毫无保留地告诉了龙云，然后说："好了，我现在把全盘经过透底告诉了你，你如果不同意，可以马上打电报通知蒋先生，并把我扣留，那你可以立功。"

龙云听了之后，没有反对，说道："汪先生说哪里的话，我完全同意。⋯⋯"

汪精卫接着说："如你同意，请替我定飞机，明天就飞河内。⋯⋯"龙云听了

龙云

之后就拍着胸脯说："定机位的事情包在我身上，由省政府出面包一架专机，明天我亲自恭送。"龙云就这几句场面话，汪精卫居然就天真地全信了，以为龙云铁了心跟他了。

汪精卫当时的想法是，逃出重庆发表反蒋声明后，云南省便会首先反蒋独立，然后四川军阀们会随即响应。最后，在云南及四川成立"独立"政府，联合广东、广西，共四省，共同建立汪精卫主导的新政府。

与龙云关系密切的昆明耆绅马聪找到了李根源。马聪就是昆明人，1929年龙云任省主席时期，任云南省务委员会委员、第十路军总指挥部参谋长、云南军管区副司令员，以功授陆军中将。他担任了"中国回教救国协会云南分会"会长。两人坐了下来，马聪就开门见山地说道："根源兄，你对日本和战有什么看法？"李根源知道了汪精卫到昆明的消息，也明白龙云现在举棋不定。于是，他直接对马聪说道："护国运动，滇人有再造共和之功，今云南于抗战大局举足轻重，如追随汪精卫，与日本媾和，有何颜面以对国人。"

李根源知道事情的严重，立即去找了龙云平素倚畀较深的云南富滇新银行行长

伪维新政府

缪云台和姻侄龚仲钧，他严肃地对他们说："望你们全力劝阻龙云，不可受汪精卫蛊惑，陷滇人于不义"。

　　而此时的龙云，正在矛盾之中。3日后发给其多年助手和战友卢汉一份密电，他在电文中将汪精卫比作了李鸿章与张伯伦，既未曾表示对汪精卫的讨伐，也没有流露出合作反蒋的意向，将汪精卫的降日行为看作"党内纠纷"，表达了对于抗战和国家前途的忧虑。

　　12月29日，汪精卫在河内公开发表投敌叛国的通电"艳电"，吹捧日本近卫内阁诱胁国民党蒋介石的声明是"符合和平精神的"。龙云因受蒋介石嫡系部队的压迫，时时想脱离中央，因而准备响应。为了谋求云南内部的统一，深夜派副官长杨立德开车接李根源到五华山。

　　龙云见到李根源后说："国际局势对我不利，汪主席已在越南发表艳电，我想代表滇省通电响应。"并且，因为李根源在滇省有威望，让他一起署名。

　　李根源大吃一惊，龙云要跟着汪精卫走上这条不归路。望着龙云，李根源想起了临到云南时朱德对他的嘱咐，要他劝龙云走上抗日之路，李根源心里一阵颤抖。

　　李根源想了一想，斩钉截铁地对龙云说："今日，我已不能以道义说服主席，唯有以利害为主席剖析明白，主席可知中央军在云贵边境有多少。"龙云回答："我知有第五军。"李根源说："第五军是中央军中精锐，机械化部队，除此以外，第五十四军已开驻文山一带。主席如发表通电响应汪精卫艳电，中央军朝发夕至，兵临城下，取昆明如探囊取物。主席想过没有？"龙云默然。李根源继续对龙云说："吾滇有薛尔望，明亡，举家投黑龙潭而死。主席不听我的劝阻，如一定要发电报，我也没有办法！但要我共同署名，我不敢从命，我将师法薛尔望，在五华山喝主席的鸦片烟如饮白兰地，以殉职守。"

　　李根源讲了薛尔望的故事，其意义不言而喻。薛尔望是明末清初时的昆明一书生。据《明史》记载，顺治辛丑（南明永历十五年，公元1661年），吴三桂率领清兵追击南明永历帝，永历帝从昆明败走缅甸。薛尔望看到南明大势已去，叹息曰："不能背城战，君臣同死社稷，故欲走蛮邦以苟活，重可羞耶！""吾不惜以七尺躯为天下明大义。"就携妻儿媳孙侍女投潭殉节，后人称之为忠义之士，为其立墓纪念。

　　龙云见李根源态度坚决，感觉到了事态的严重性，就和颜悦色地笑道："印老爱我，印老爱我。我绝不为汪精卫所利用，做汪精卫的殉葬品。"他接受了李根源的劝导，通电没有发出。

　　数日后，全国形势明朗。在举国声讨汪精卫的卖国行为的怒潮中，龙云深自庆幸没有冒险从事，在省务会议上，龙云赞誉李根源有眼光，不愧为老政治家。

汪精卫"艳电"降日　　南社人痛恨交加

　　1938年12月18日上午，汪精卫、陈璧君一行从重庆上飞机，踏上了叛国的旅程。22日，日本发出第三次近卫声明，以呼应汪精卫的叛国行为。29日，为响应近卫声明，汪精卫发表"艳电"，不仅为近卫声明涂脂抹粉，美化日本帝国主义的侵华政策，并对中国共产党进行恶意攻击，其汉奸嘴脸公然大白于世人面前。

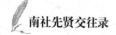

《南社纪略》

汪精卫从此走上了一条不归路。1939年5月，汪精卫到了日本，8月回国秘密召开伪国民党第六次代表大会，宣布"反共睦邻"。1940年3月在南京成立伪国民政府，担任"行政院长"兼"国府主席"。

有个叫朱惺公的人，化名陈剑魂，作了一首《致汪精卫诗》："当年慷慨过燕市，曾羡从容作楚囚。恨未引刀成一块，终惭不负少年头。"

朱惺公（1900—1939），上海《大美晚报》主编副刊，1937年11月上海被日寇攻占后，朱惺公在报刊连续发表文章揭露日伪当局的种种残暴统治。

当年，汪精卫是有名的革命英雄人物。他在1910年3月谋杀清摄政王载沣，事情泄露被捕，被判处终身监禁。他的《被逮口占》"慷慨歌燕市，从容作楚囚。引刀成一快，不负少年头"曾被人传颂。如今，汪精卫成了大汉奸，朱惺公将汪精卫的诗改了，讥讽汪精卫的卖国行为。

汪精卫与张学良、周恩来、梅兰芳有"民国四大美男"之称，不仅长相俊朗，才华更是一流，书法别具一格，可悲的是在中国抗日战争的最艰苦时期，他却走上了可耻的卖国道路。

早年，柳亚子对汪精卫十分钦佩、推崇，汪精卫是中国同盟会的发起者和组织者之一，而且是同盟会的重要理论家，孙中山先生三民主义思想的代言人。1906年，柳亚子加入了中国同盟会，结识了汪精卫。汪精卫年少英俊，仪表堂堂，又是天才演说家，他的演说常常旁征博引、借古喻今，分析入微、论断严谨，更能联系时局，切合场景引人入胜。

1910年，27岁的汪精卫参与谋杀摄政王载沣被清廷逮捕。被捕时警察从他身上搜出了《告别南洋同志书》等决心一死的书函。次年，武昌革命爆发，清廷宣布所有戊戌以来因政治问题获罪的人，一律开释。1911年11月汪精卫出狱。1924年，孙中山先生改组国民党，实行"联俄、联共、扶助农工"的三大政策。汪精卫被孙中山先生指定起草改组宣言。1927年，蒋介石一手策划的"四一二"反革命政变发生，汪精卫还为武汉《中央副刊》题词："中国国民革命到了一个严重时期了，革命的往左边来，不革命的快走开去。"柳亚子先生与汪精卫的政见也完全一致，致电谴责蒋介石这种同室操戈的分裂行径。

汪精卫与柳亚子的交往一直比较密切。汪精卫参加南社比较早，1923年10月10日，新南社成立，汪精卫参加了成立大会，尽管政务繁忙，但汪精卫仍不断有诗词在《南社丛刻》上发表，那时，柳亚子先生对汪精卫器重有加，推崇备至。柳亚子先生在作南社与新南社的比较时曾说过，南社是诗的，新南社是散文的，南社的代表人物为汪精卫，新南社的代表人物则是廖仲恺。1936年，柳亚子在《给曹聚仁先生的公开信》中也说过这样的话："南社的代表人物，可以说是汪精卫先生。"稍后，胡朴安从《南社丛刻》第3到21集中出了一个选本，名叫《南社丛选》，特地请汪精卫为之作序。

柳亚子没有想到，西安事变之后，国共两党再次合作，就是这个汪精卫，阳奉阴违，继续叫嚣"牢牢认定'剿共'事业不可中止"，诬蔑共产党利用民族意识挑起中日战争。汪精卫甚至纠集了陈公博、周佛海等人组成"低调俱乐部"，暗中策划与日本实现所谓的"和平"。

柳亚子在《南社纪略》等书中，多次提到"荃蕙化茅，不乏旧侣，最所痛心"。荃蕙彻底化而为茅了，柳亚子先生痛心疾首，斥之为汪逆、国贼、千古罪人！这"荃蕙化茅"出于屈原的《离骚》。"荃"和"蕙"都是香草，茅则是茅草，比喻好人变成了坏蛋，就是用来指某些南社社员动摇变节，成为了汉奸卖国贼。

有几次，南社社友和其他朋友要为柳亚子先生编全集，柳亚子都不肯同意，什么原因呢？就是因为汪精卫。他与汪精卫往来的诗文不少，他说过这么一句话："比如汉奸卖国贼，我从前和他有来往，有恭维他的诗，现在都不能用了⋯⋯"

在柳亚子的晚年有这么一个故事：柳亚子移居北长街89号，布置居室时，他亲自指挥安排，鲁迅的条幅、何香凝的画幅都悬挂在中堂。有人找出了汪精卫早年为柳亚子题的扇面和条幅，柳亚子不看则已，一看怒气冲天，挥着手说："这，这，这种劳什子只配挂到厕所里去！"这是后话。

听说汪精卫叛国出逃，何香凝是痛恨交加，她与汪精卫一家交情匪浅，是"三十余年曾共患难的交情"。大家不仅是南社的同人，也是孙中山先生的得力助手，平时诗酒相酬，战时并肩对敌。何香凝与陈璧君的关系也非同寻常，她们都是同盟会最早、最重要的女会员，是战友，也是闺密，经常居同室，食同锅，亲密无间。

待汪精卫"艳电"发表，何香凝终于忍不住愤怒了，一篇《斥汪精卫》写得淋漓酣畅，火力全开。该文最早发表于香港《星岛日报》，后来又刊登在成都《新新闻周刊》，反响极大。何香凝开篇即道："汪精卫的这份通电，讲的实在不是人话，所议各点，都是围绕着日本人的利益，成了日本人的应声虫，不仅民族气味全无，连做人的资格都不够。汪精卫所提各点，实际上就是让中国敞开怀抱，由着日本人水银泻地一般地进入。汪精卫的这些谬论还不是最可怕可恨的，因为这些鬼话中国人是听不入耳的，最可恨的是汪精卫还以政府人士自居，挑拨国共合作关系，挑拨政府与地方军队关系，给日本人以可乘之机。"

何香凝还揭露了汪精卫的无耻嘴脸："听说六年前国人就传汪精卫在南京大发议论，说秦桧不是汉奸。看来姓汪的真想走秦桧的汉奸之旅了。所以，我要求国民党中央，对这种民族败类绝不能姑息，必须开除其党籍，不能让国民党蒙羞。"

何香凝最后提到，汪精卫投敌是件坏事，但也可能向好的方向转移，因为现在忠与奸，敌与友，变得分明了，界限既明，抗战之信念益坚，自然要战斗到最后的胜利。

何香凝对汪精卫的性格和个人政治野心予以了刻画和揭露，她要人们认清楚："汪精卫这个人，不能不算作一个会花言巧语的人，可是只要看他十五年来所说的话，他每年说的话，就每次不一样，表面上既如此，实质上更可知了。"

何香凝形象地形容汪精卫在政治上的动摇与摇摆，汪精卫的政治方针，今日南，明日北，后日东，下日西，是一种"风车政治"，不停地旋转，最后转到了日本人的怀抱里。所以反对汪精卫就要吸取教训，就要尊重孙中山先生的遗教，必须坚守三大政策。从汪精卫今天落水做了汉奸的教训看，大凡想离开孙中山三大政策的基本立场去曲解三民主义，或者修正三民主义的人，其结局都不外和帝国主义妥协，或者就有成为汪精卫第二的危险。所以，国民党必须将历年来路人皆知的投降派，对抗战无信心的人清除出去。这样大家才能精诚团结，挽救国家于危亡。

汪精卫叛国投敌的消息一经披露，全国各地各阶层人士就立即发出宣言、电文、公函，一致声讨汪精卫叛国投敌的罪行。南社人也没有例外。1939年1月2日，救国会以沈钧儒为首的20余人发表声讨汪精卫叛国投敌罪行的"快邮代电"，谴责其"背党叛国，通敌求和，违反国策，惑乱人心，固革命政党所不容，亦全国人民所共弃"，要求提高警惕，"以击破日寇之诡计，巩固革命之阵营"。

汪精卫组成了汪伪政府，也有一些南社人参与其中。然大部分南社人，在国破家亡的紧急关头，表现出了大义凛然的气节，守住了人生的底线：

1938年，徐蔚南与吴朴安一起创办"正论"社，制造抗日舆论，1941年冬，太平洋战事爆发，日军进入了租界，徐蔚南闭门不出，以典卖衣物度日。当时的东亚同文书院院长大内原与徐蔚南相识，欲胁迫他出来当研究员，他坚决拒绝。到重庆，当时张道藩邀任中宣部专门委员之职，徐蔚南婉言谢绝，以致生活陷入困顿，更无暇顾及在沪的妻儿，然他的抗日之心依然。

抗日战争爆发，吴江松陵局势骤然紧张，周迦陵逃离松陵。一年以后，周迦陵带领家眷回到松陵，日伪当局多次派人上门，请周迦陵出任伪职，诱以吴江县教育局长一职，周迦陵为保晚节，打定主意，坚辞不受。

有人想让平懋玉参加维持会，协助汪伪政府工作，他断然拒绝，宁愿贫困度日，也不愿为日寇做一丁点事，坚决不当汉奸。他在家里设立课堂，取名"三余私塾"，招收二十来个蒙童，艰难地苦度时光。

陈德徵一生，坚守了"不做汉奸"的底线，且对自己的国家怀着赤诚的心。1927年至1930年间，陈德徵写了大量"反日"或者研究日本的文章，数量甚至多于鲁迅。

范烟桥

陈陶遗

　　陈陶遗，因病滞留上海，因为他当年是孙传芳治下的江苏省省长，一向与蒋介石不合作的。日伪方面就以为有机可乘，于是邀请他出来任事，陈陶遗坚决拒绝。汪精卫伪政府成立以后，汪精卫对政府组织人员很是不满：都是些阿猫阿狗上不了台面的人物，怎么像陈陶遗这样的人反而榜上无名。于是他派出陈陶遗的结盟兄弟赵正平劝其出山。然而，赵正平除了挨一顿骂，只是空手而返，赵正平满脸羞色道，他真后悔此行，是自取其辱。日伪方面仍不罢休，就连日军侵华司令冈村宁次都亲自登门劝说，冈村当年被孙传芳聘为顾问，与陈陶遗有点头之交。一进陈府，冈村迎面就见一条写着"息缘闭户，养病知闲"的条幅。坐定以后，双方寒暄一番，说起往日事，陈陶遗也是有问有答，气氛并不尴尬。待到冈村说出来意，陈陶遗则如老僧入定，再不发一言。冈村再三邀请，陈陶遗只是手指条幅，随即端起茶碗，表示送客。

　　填词高手范烟桥也是日本人拉拢的对象。范烟桥在影视界很有名气，由他改编的《西厢记》《秦淮世家》《三笑》等，部部卖座。他捧红了包括周璇在内的一大批明星。特别是周璇的一曲《夜上海》红遍大江南北，成为上海的"音乐名片"，而这首歌的词作者就是范烟桥。日寇统治上海时期，上海组成中华联合制片公司，这是有汉奸背景的一家公司，力邀范烟桥参加，遭到范烟桥拒绝。后来日本人又邀请他担任《新申报》编辑，仍遭拒绝。为了防止日伪再纠缠，他干脆离开了电影业，

徐蔚南

青年景耀月

重拾教鞭。他常说："做人要仰不愧于天，俯不怍于人，宁愿束紧腰带，做一个苏州人说的憨大，北平人说的傻子。"

1937年秋，上海被日军占领后，陷于此的马叙伦悲愤不已，遂蓄须明志，不仕日伪。同年末，日伪教育总长汤尔和派说客拿着亲笔信请他出山担任北大校长，马叙伦严词拒绝，并反劝汤尔和要保持晚节。1940年，他曾经的学生、后投靠汪伪政权的二号人物陈公博得知马叙伦生活困顿，邀他出任伪职并派人送来大米和钱，马叙伦马上出门怒斥，制止卸车，将大米和钱如数退回。他对来人说："请你回报'市长'，盛情已领，大米不能收！"来人走后，马叙伦高吟"众人皆浊我独清，众人皆醉我独醒"以自励。

1937年的一个寒冷凄惨的冬天，在巍伟的卧龙桥头，时任嘉善县西塘镇四贤祠小学校长的蔡韶声先生迎面碰上几名凶神恶煞的日本士兵，冤家路窄，蔡韶声猛然别过头去，不料这凛然的举动竟然惹恼了他们，一顿拳打脚踢后，蔡韶声倒在了石阶上……因此，蔡韶声被解除小学校长之职，蔡韶声的学生、著名剧作家顾锡东记述了韶声不平凡的义举。

1938年，高尔柏在上海创办私立中学。太平洋海战爆发后，日军进入租界，特务到高尔柏家拘捕他，他适值外出未遭毒手，不得不避居松江。1942年，在松江创办茸光中学。由夫人唐纯茵任校长，尽力掩护共产党人的活动。

1944年4月28日,又一位南社人景耀月因不愿与汪伪政府合作而被折磨至死。

抗战爆发后,景耀月滞留北平,日本人知道景耀月的大名,三番五次登门纠缠,让他主持华北教育总署工作。景耀月屡屡拒绝:"我是文人,无心政治。"于是日本人霸王硬上弓,登报发表景耀月就任北平图书馆馆长之职。景耀月立即发表公开声明:"此事,我事先不知。我今年老体衰,百病缠身,实难胜任。"他说过这么一句话:"饿死事小,失节事大,当年牧羊的苏武就是我的榜样。我比不上当年的文天祥,但至少也要效法史可法,此事万万不可苟且。"

日寇很快对景耀月实行了迫害,先将景耀月的大儿子景炎以抗日罪名逮捕关押在宪兵队,严刑拷打;后继以同样罪名通缉其另一子景柔。他的住所也常遭日伪士兵的搜查,人被殴,书被毁,并放出话来,只要姓景的答应合作,一切都随之解决。他擦干眼泪倔强地说道:"我的儿子被日本人抓了,我的夫人被日本人在扫荡中打死了,我的祖屋被日本人烧了,请问问日本人,还有什么手段对付老夫的。"

日本人派去了华北伪政府教育部长苏体仁,以接景耀月治病为由,将他送到北平同仁医院。谎称景耀月患有膀胱瘤,割开了景耀月的膀胱,但是不给缝合,由着他尿血、感染。在人生最后那段日子里,景耀月如同生活在地狱中一般,一位花甲老人,每天出血盈盆,辗侧呼疼于病榻,无人过问,最终死在医院。

特殊的年代,留下了特殊的故事。

钮擎球上海牺牲　朱少屏菲国遇难

1941年2月,上海处于日伪的白色恐怖之中。新南社社员钮擎球在上海遇难。钮擎球是吴江盛泽人,家乡盛泽被日本人占领后,他就投身了抗日行列。

钮擎球虽然是遗腹子,靠祖父母培育成长,但生活过得还是富裕的。钮家在盛泽创办了仁寿堂国药店,并先后增设益寿堂、介寿堂分店。由于采购严谨,药材道地,在盛泽镇上信誉卓著,家道日兴,曾有"钮半镇"之称。

盛泽,是柳亚子夫人郑佩宜的家乡,邵力子从小在盛泽长大,因而盛泽也是南社和新南社的大本营之一。钮擎球是经老师陈次青介绍加入新南社的。

陈次青

　　陈次青，名锐，也是盛泽人。晚清秀才，曾参加举人考试，钮擎球的祖父因家中房舍宽敞，适因陈次青设馆蒙塾，钮老先生就效法柳亚子的丈人郑式如，僻二进中厅、厢房全部以为学馆，邀请陈次青来舍执教，陈先生带了一批孩子，钮擎球也就在其中一起读书。

　　1923年的一天，陈次青与钮擎球谈起了新南社。他对钮擎球说："今年5月，柳亚子先生等发起成立新南社。10月14日新南社在上海成立。我也参加了。柳先生让我回乡发展社员。""新南社？"钮擎球产生了一个疑问。他听说过南社，但对其不太了解。

　　陈次青受清末新思潮的影响，支持维新改良。随着中国同盟会的诞生，他的思想亦随之发生改变，由改良进而反清排满。陈次青与陈去病同为晚清秀才，相交较早，后来，又结识了柳亚子，加入了南社。

　　陈次青参加南社后，受南社人影响，接受了更多的民主革命思想。在教学中，他将这些新思想灌输给学生，数年中培养出数十名学生，也都具有进步思想，且多有建树。其中较有成就的有：唐炳麟（美籍华人唐仲英父亲）、沈鹏（后任国民政府江苏省民政厅厅长）、沈岳皋（任过吴江县县长）、陈子馨（某县税务局长）、周承峰（民国时期任苏嘉公路汽车站站长）、仲肇基（民国政府立法委员）……当然，还有钮擎球。

"新南社延续南社的事业，更新南社的使命。"陈次青对钮擎球说道，"柳亚子在《新南社布告》中说，新南社的精神，是鼓吹三民主义，提倡民族文学，而归结到社会主义的实行。对于妇女问题、劳动问题，更情愿加以踏实的研究。⋯⋯"钮擎球眼前如同出现了一道亮光，引导着他向前走着，他立即说："我愿随老师一起加入新南社。"

陈次青引领钮擎球拜会了黎里的柳亚子和同里的陈去病，接下来钮擎球又结识了叶楚伧、邵力子、于右任等南社社员。1923年新南社在上海成立，师生二人一起参加了新南社。

汪伪政府成立后有一制度，凡是登记注册的教师，可以拿伪政府发放的薪金。陈次青等人甘于清贫，不向伪政府登记，保持了中国人的气节。

钮擎球投身于抗日事业。他平时注意身体锻炼，青年时期，请过一位山东姓李的拳教师传授武术，家里置办了大刀、长矛、弓箭，十八般兵器，样样俱全。他一度迷上摄影，专门购买了一台进口相机，学会了拍摄、冲印的全套本领，后来干脆开设正大照相馆，对外营业。同时，他又玩矿石收音机，置办了好些上海亚美公司的零件，如两极管、电子管，每天拆呀装呀，不知疲倦，为了进一步研究，他专门订阅了《东方无线电》等杂志。凡此种种，无不证明钮擎球对生活、生命的热爱和对生活质量的美好追求。

"一·二八"淞沪战争后，盛泽镇上来了一批驻军，其中有位通讯连连长，本是电台台长，姓舒，福建人，复旦大学毕业，二十多岁。钮擎球与他交往，两人越谈越投机，成为知心朋友，钮擎球向他学习无线电技术，同时思想上也受到了他的熏陶。

1937年11月盛泽沦陷，钮携妻儿到严墓乡下避难。几个月后，钮擎球潜返回盛泽，眼前的景况惨不忍睹，钮家世世代代赖以生存的仁寿堂国药铺，排门板全被撬开，名贵药材被抢个精光，后面的住房，大门洞开，衣裳桶钵碗盏之类的生活器具损失殆尽，最为心痛的是收藏多年的名人字画，统统不翼而飞。

战事南迁西播，沦陷区局势渐定，而老百姓还要生活，幸亏钮擎球妻子将全部首饰携带在身，这时派上了用场。首饰变卖之后，小部分用于重整仁寿堂开张营业，大部分投资给妻弟开设的史元盛银楼，以后每月拿点利息，赖以为生。

盛泽钮宅

　　吴江沦陷后，国民党县政府迁移到严墓。当此，吴江有了两个县政府，一个是国民党吴江县政府，一个是汪伪县政府。就在此时，中共地下党员俞清志找到了钮擎球。俞清志现在的身份是国民党吴江县政府盛泽第三区区长兼区大队长，他知道钮擎球有着抗日的思想，而且又有一身武功，于是来找钮擎球，让他参加抗日队伍。

　　钮擎球跟着俞清志在吴江的坛坵、南麻一带活动。钮擎球主要负责情报的收集工作，兼带接待外地的革命同志，掩护他们并为他们提供川资。妻弟的史元盛银楼，钮擎球是每月拿利息，越到后来拿得越多，除了生活费之外，大半给了中共地下党作为活动经费。

　　为了开展工作，组织上安排钮擎球出任汪伪盛泽镇区公所伪区长施涤新的助理员，以此公开身份开展抗日工作。钮擎球还是照常去史元盛取息，越取越多，甚至提前支取，支持中共地下党的抗日行动。

　　施涤新嗅出了其中的气味，向日军告了密，钮擎球被捕。先被关押在吴江，旋即被宪兵队移解上海。

　　在狱中，钮擎球一再高唱抗日歌曲，大义凛然地向狱友宣传：中国人民抗战必胜！蹂躏我国大好河山的日寇终将失败！鼓励被捕同志保持初衷，努力爱国，听者无不为之动容。

朱少屏

1919年寰球中国学生会欢送会上赴法勤工俭学学生合影

钮擎球在狱中还宣传抗日，被日寇获悉后，就对他施以种种酷刑，钮擎球铁骨铮铮，忠贞不屈，1941年2月12日牺牲，年仅44岁。

在钮擎球牺牲一年以后，另一位南社人也因抗日而遇难了，他就是朱少屏。

朱少屏（1882—1942），出生于上海，早年赴日本留学并加入中国同盟会。1912年，应孙中山先生邀请赴南京襄组总统府任秘书。1916年，任寰球中国学生会总干事。

朱少屏在寰球中国学生会任职长达20年，当时正遇上留法勤工俭学运动，他为留学做了很多工作，即便是预订船票之类的琐碎事宜，寰球中国学生会也办得一丝不苟。当时评价，因为寰球中国学生会"办事诸君均有真实之诚意，对于吾人之扶助不遗余力，虽琐碎之事莫不详为指导"，加上总干事朱少屏"美风姿，濯濯如春日柳，西装革履，精通英文，办事又干练"，自然就赢得了赴法勤工俭学学生的赞誉。

毛泽东在1919年曾两次在上海为赴法的学生送行。1919年3月15日寰球中国学生会欢送留法学生，中西来宾到者有法国驻沪领事韦耳登、副领事翰德威、前参议院议长张继、华法教育会会计吴永珊等300余人，朱少屏作为主席报告开会并致欢迎词。

寰球中国学生会的会务也日趋扩大，陆续开办协助国内各著名大学在上海招生、为归国留学生介绍职业等项业务，且形式也日益丰富。从1919年3月17日到

1920年12月15日，寰球中国学生会共为1800余人赴法勤工俭学提供了出国前的服务，其中就有周恩来、邓小平、蔡和森、蔡畅、陈毅、聂荣臻、向警予、赵世炎等多位革命家。中华人民共和国成立初期，陈毅就曾与机要秘书即朱少屏的女儿朱青谈起朱少屏时开玩笑说："你父亲还敲了我五块大洋的竹杠！"意即他们当年还给寰球中国学生会交了五块大洋的赴法手续费。这是后话。

1937年抗日战争爆发后，朱少屏、刘湛恩、林语堂同组国际友谊社，因该社出版的英语刊物《回声》刊登侵华日军南京大屠杀之报道及照片，触怒了日本军部，刘湛恩遭暗杀，朱少屏寓所也遭手榴弹袭击。

有一天，朱少屏刚回到家中，就有一个黑影从他家门前闪过。紧接着"轰隆"一声响，烟雾弥漫，火光冲天！原来是那个黑影，扔进来一颗手榴弹。万幸的是，除了看门人受轻伤外，朱少屏与家人都安然无恙。

朱少屏不惧个人生死，但担心一家老少的安全，他只得出走香港。到了香港，朱少屏本以为就此安全了，没想到重庆方面来人找到了朱少屏："朱先生，如今政府在南洋方面缺少人手，想利用您的关系，在南洋打开局面，政府有意委任朱先生为驻马尼拉领事，不知朱先生意下如何？"

朱少屏苦笑了一声："我这一辈子有个原则，就是不沾官场的边。"

来人脸色一正，批评朱少屏："朱先生对政府有意见尽可以批评，但对国家不能使性子。现在抗日救难，人人有责。还望朱先生从民族大义着眼。"

一席话说得朱少屏连连点头，他答应了重庆政府的任命。

朱少屏在菲律宾的工作卓有成效，在华侨中广泛地开展了抗日宣传，募集了大量资金，支援国内抗战。

随着太平洋战争的爆发，日军的铁蹄占领了菲律宾。沦陷之前，朱少屏等人本有足够时间脱离险境，麦克阿瑟将军专门为中国的几位外交官在飞机上保留了座位。但是总领事杨光泩与大家决定：一是未有奉得政府撤退的命令，二是要保护在菲华侨安全，我们不得擅自先期逃生。

马尼拉沦陷的当天，日驻菲副领事榑次太郎要求中国驻菲领事馆承认汪伪政权，遭到拒绝。榑次立刻翻脸："日本不承认重庆政权，那么，杨光泩、朱少屏也就不具有'外交人员的资格'，你们就不受保护。"

日本人竟然把中国驻菲律宾领事馆的外交人员全部关押起来。

外交抗日九烈士

　　他们逼迫中国外交官接受三个条件：一、通电重庆政府，劝其对日媾和，并宣布拥护南京汪伪政府；二、在三个月内，为占领当局募集贰仟肆佰万菲币，否则没收所有华侨财产；三、组织新华侨协会，与占领当局合作。如果这些条件被接受，被拘人员即可获释，被封财产可以解封，已动用者可以照价赔付。

　　总领事杨光洰严词拒绝日本人的条件。他带着歉意向朱少屏说道："在我们之中，朱先生岁数最大，怕是今后要吃苦了。"

　　朱少屏挥挥手说："我已经准备把老骨头丢在这里了。"

　　日占领当局得知，马尼拉陷落前，曾有一艘船停靠，上面装了一船的法币，但后来这些法币不见了。日占领当局妄图弄到这批法币，以破坏中国金融，削弱中国抗战能力。他们要中国外交官说出存放法币的地点，遭到了所有人的白眼。后来日本人查到了那船法币的下落，原来是太平洋战争爆发后，中国在美国印刷了大宗法币，在运回国内的途中，因交通阻塞，滞留在马尼拉海关。杨光洰在日军攻入马尼拉之前，决定将其全部焚毁，保证祖国经费不被日寇所用。

　　日宪兵司令太田大怒，悍然不顾国际公法，1942年4月17日，将杨光洰、朱少屏等9人用军车秘密押赴刑场，执行枪决。

　　就义的场面让人热血沸腾，9位烈士都是正面对着刽子手，以致行刑者都露出了怯色，想绕到烈士身后开枪。令人震撼的一幕出现了，9位烈士齐刷刷转过了身，挺起胸膛，大声喝道："要打，对着正面打，中国人不怕死！"

抗战胜利后，国民政府为朱少屏等九烈士发布褒奖令，并将遗骸运回国内，安葬在南京菊花台。

李根源保卫滇西　蒯斯曛参战苏中

中国远征军进入缅甸作战失败，日军为打通南北战场，阻止协约国的战略物资与军械弹药经由越南、缅甸进入中国，趁我国云南滇西空虚，出动大批兵力，由缅甸腊戍沿滇缅公路北上，占领边城畹町，侵入滇西。1942年，相继攻占芒市、龙陵、腾冲等重镇，陈兵怒江西岸，威胁昆明。

云贵监察使李根源，时刻关注着战局的发展。

1939年10月，原云南监察使任可澄因年迈体弱而辞职，国民政府就委派李根源接替。当时，李根源曾致函监察院长于右任辞任，但于右任因没有更合适的人选，就对他说："此职唯兄能任，大敌当前，希望为国家利益卧而治。"这么一说，于公于私，李根源只能答应。当时，他写了一首诗表达了他的思想："自分山林志，不复预国事。为何膺新命，完我荡寇志。前后出师表，光照千秋史。鞠躬尽瘁心，死而犹未已。"此时的他，想到的是七出祁山的诸葛亮，一股豪气油然而生。

滇西境内怒江沿线是硝烟弥漫。在重庆的李根源，在办公室内心事重重。他望着窗外黑沉沉的天空，心里充满了忧虑。

刚得到消息，说国民政府军事委员会内部有放弃怒江、退守澜沧江的拟议，李根源就坐不住了，立即提笔给国民政府上书，力主在怒江设防，遏制日军东进。他在书中写道："窃以保山为滇西门户，而怒江为边疆要隘，舍此不守，致必震撼全滇，影响全局。"随后，他全面阐述了坚守和放弃怒江防线的各自利弊，提出了坚守怒江防线以稳定战局的构想。

国民政府军事委员会最终采纳了李根源的建议，命令第十一集团军司令宋希濂全权负责怒江防务，增援部队，构筑工事，巩固加强怒江东岸的防御力量。

听到国民政府出兵防务怒江，李根源悬着的心放了下来。

1942年5月3日，由松山佑三指挥的日军五十六师团，从缅甸入侵我国畹町，4日侵占芒市和龙陵，4日和5日两天，日军共出动飞机108架次空袭保山县城，炸毁民房七八千间，百姓死伤无数。10日侵入腾冲县城。日军侵占腾冲、龙陵等地后，肆意轰炸、烧、杀，他们刀戳、枪杀、活埋我国无辜人民。

腾冲是李根源的家乡，腾冲沦陷时，李根源老妻徐葆庄、次子希靖、女希声及孙儿孙女均陷贼城中。女婿腾冲大同医院院长兼县立卫生院院长杨毓华在事变中殉国，年仅30岁。

家乡危急，李根源的一团怒火燃烧了起来。他到重庆时，蒋介石就以李根源年老体迈、中央需要辅弼为由，要他久驻重庆。他在重庆的生活是安逸的，然而，家乡的枪声召唤着他，他立即致电蒋介石、于右任，请求西上前线，他请求"力疾前往保山，协助宋总司令及联络地方作战"发动民众，保卫滇西。李根源的电报第一天发出，第二天就得到了复电，中央复电嘉慰，同意李根源立即去前线，襄助军务，抵抗日军西进，并说"其到滇西协助作战，必发生大效"。这让李根源心花怒放。

李根源受命之后，立即找到了龙云，讲述了他要去腾冲的行程。在龙云的支持下，李根源组织人员奔赴了前线。

就这样，63岁的李根源不顾亲朋好友"此去风云不测"的劝阻，走上了西去的道路。往西去的路上并不太平，当时霍乱流行，死了很多人。李根源一行十多辆汽车快速地向前行驶，他们约定沿途不准买东西吃，直奔目的地。第三天到达保山。

当时保山一带被日军轰炸得非常厉害，尸体都没有发掘出来。李根源到保山后，一面组织人员清理废墟，防止瘟疫流行，一面发表《告滇西父老书》，号召滇西人民奋起抵抗，驱逐敌人退出国境以外。这篇长达1200多字的《告滇西父老书》成了滇西抗战的动员令。

书中先讲了保卫保山的意义："云南已成战区，滇区即是前线。保卫云南，须先保卫滇西，而保卫滇西，须先扼住潞江，保住保山。我们1700余万云南民众，立刻要发挥保省即是卫国的牺牲精神。尤其是我们滇西的广大民众，更应当强化保乡即是保省保国的战斗意志，服从军政长官的指示，推进军民合作的工作，勠力同心，协同作战。"

李根源《告滇西父老书》

　　也讲了保卫家乡的责任："根源生长腾冲，滇西是我的桑梓，也是我父老祖宗坟茔庐墓的所在地。现在敌人打进我们的家乡来了。看看腊戍撤退后，滇西公私损失奇重，真所谓生灵涂炭，哀鸿遍野。看看5月4日、5日两日保山遭受敌机的轰炸，颓垣败墙，血肉横飞，保山县城，立成死市。鸦狗群聚，时疫蔓延，举世闻悉，同声忿慨！百年浩劫，惨不忍睹。根源闻此，能不动心！乃奉蒋委员长电令，及监察院电催，和龙主席嘱托，扶病西上，冒暑远征。我带来一个衰病老年之身，带来一颗纯洁的赤诚之心，坦白地、诚挚地，凛然于国难乡难的加深，大家齐心一致，坚定最后胜利的信心，发挥军民合作的力量，加紧组织民众，训练民众，加强民众自卫，与国军共同作战。我滇西父老！全国甚至全世界人民都重视云南的国防地位，更注视滇西战局的前途。我父老要抱定决心，驱逐敌人退出腾冲、龙陵国境以外，退出缅甸，甚至退出罗、安南及南洋群岛。"

　　最后讲了保卫保山的决心："敌人在沦陷区域的横征聚敛，荼毒残杀亦愈凶，而我滇西民众所遭受的痛苦和牺牲也一定愈来愈大。但苟可有利于国家民族，有利于抗战者，虽毁家纾难，赴汤蹈火，亦在所不辞。我父老必抱定更大牺牲之决心，始能保住滇西，驱除敌寇，恢复失土，始能在云南抗战史中占最光辉之一页。根源不敏，愿迫随诸父老之后，同心努力，拼老命以赴之。"

敌机还投放细菌弹，导致保山县霍乱瘟疫横行，短短两个月间，死亡人数达6万之多。李根源来到保山目睹惨状后，当即组织人员清理废墟，邀请美国鼠疫专家到保山调查疫情，研究防治办法，抑制瘟疫的蔓延。他向国民政府发出《为保山惨变乞赈通电》，为保山灾民争取到了45万元赈款和一批急需的药品。

5月23日，为巩固保山后方，他又致函蒋介石，建议加强滇西南顺宁、云县、思茅、普洱等县、区防务，防敌乘虚进窥，以免影响滇西战局。

6月2日，李根源当时正在保山前线协助军民抗战。外面下着暴雨，李根源的心一直都揪着，预感有什么事要发生。就在这时，有一人冲了进来，递上了一则电函。电函是国民党参谋团团长林蔚派副官送来的，说日军先头部队渡过潞江，保山形势岌岌可危，要李根源即刻撤离保山转回大理。

李根源此时的心都在家乡，都在家乡战场上。他向来人表示不可去，"誓与保山共存亡，不可去，不能去"。他想的是保家卫国，如保山失守，决心蹈龙王潭以殉国，誓与保山共存亡。李根源的激情上来了，一首《荷戈吟·抗日前线》喷然而出："西缴风波正可惊，要凭金剑斩长鲸。老夫冒险生来惯，总向人间难处行。今里沉沦敢惜生？荷戈力疾永昌行。由存亡誓与民同，昭告吕侯鉴此盟。"

李根源亲临怒江东岸，联络军队，组织抵抗。在他的协助下，第十一集团军在总司令宋希濂、副总司令张轸指挥下，经过几天的激烈战斗，迎击日军于怒江惠通桥畔，尽歼渡江之敌。

6月5日，前线军民在金鸡村召开誓师大会，李根源在会上勉励军民以"足食足兵、军民一致"的精神抗击日本强盗。会后，李根源和宋希濂分别代表保山民众和驻军联名上书国民政府军事委员会，请示惩办了一批祸国殃民的民族败类和临阵脱逃的军官，杀一儆百，振奋民心，匡正军纪。与此同时，对忠勇杀敌的有功将士进行慰问和表彰。此前，腾冲勐连镇镇长杨绍贵率部在勐连东山设伏，消灭日军83人，缴获大批日军辎重，杨绍贵本人以身殉国。李根源电请国民政府发给安葬费和抚恤金，准许在他死难的地方建立专祠，以慰"忠义之士"。

此后，李根源又面临了几场恶战。7月初，日军偷渡潞江，遭到早有准备的抗日军民的猛烈反击，全歼了偷渡过江的日军先头部队，江防稳固。李根源在滇西前线身先士卒的抗日行动，极大地鼓舞了前线的抗日将士。军事家杨杰将李根源喻为德国的奥登堡元帅，晚年抗御外侮。

1942年7月，"军事委员会滇西战时干部训练团"在云南大理成立，李根源兼任副团长，宋希濂兼任教育长，学员主要来自滇西沦陷区及附近各县具有初高中文化水平的青年，经训练培养后深入沦陷区，为滇西反攻做准备。

1943年，中国政府重建远征军，并于次年向滇西日军发起反攻，收复失地。1943年2月25日，蒋介石电召李根源到重庆述职，李根源才回到了重庆。

就在李根源参与滇西保卫的时候，另一位南社人蒯斯曛在苏中抗日战场，在粟裕的身边协助着抗日战斗。

1941年1月"皖南事变"后，粟裕任新四军第一师师长（后兼政治委员），苏中军区司令员兼政治委员。1944年蒯斯曛到苏中军区当秘书。

蒯斯曛，也作蒯世勋，是柳亚子的同乡，吴江黎里人。早年在黎里读小学，学校师生将他与柳亚子儿子柳无忌、汝氏人玉、人铸兄弟，还有一个叫傅伯伦的合称"五虎将"。

1924年，蒯斯曛考入上海复旦大学。1932年，柳亚子先生任上海通志馆馆长，主编《上海通志》，蒯斯曛受柳亚子的邀请，出任编纂。1938年，他参加《鲁迅全集》的编辑工作。1940年，在上海参加中国共产党。1943年赴苏中抗日根据地，任《滨海报》《苏中报》编辑。

1944年8月下旬，一架美国飞机在盐城地区失事，当地居民救了5位飞行员。三师部队护送他们去军部，路过一师苏中地区时，苏中部队筹备接待，因缺翻译人员，粟裕师长知道蒯斯曛精通英文，立即调他到苏中军区司令部任秘书。

粟裕十分看重蒯斯曛，让他担任了秘书主任，不但配有战马，还配有专门的通信员。

1944年秋，世界反法西斯战争已进入战略反攻阶段。中共中央根据形势的变化，及时提出了新四军向东南敌后发展的战略任务，并指示华中局调新四军主力一部南下，发展苏浙皖边区和浙东沿海地区，为准备反攻和配合盟军作战创造条件。1944年12月，粟裕率第一师主力南渡长江，任苏浙军区司令员兼政治委员，后又兼中共苏浙区委员会书记，巩固和发展了苏南、浙东抗日根据地，开辟了浙西抗日根据地。蒯斯曛一直在粟裕身边。

李根源

蒯斯曛

　　1944年12月27日晚，蒯斯曛随粟裕率一师师部及三旅七团和三百多名地方干部，从淮南出发，在仪征、东沟间渡江；1945年1月6日，蒯斯曛跟随粟裕来到浙江长兴槐坎仰峰村。这天，长兴天气晴朗，蒯斯曛心情也特别舒畅。粟裕率领新四军一师主力到达长兴与第十六旅会合，大家是欢声笑语，兴高采烈。

　　1月13日，中央军委命令成立苏浙军区，统一指挥浙西、浙东、苏南、皖南的抗日斗争，粟裕任司令员、谭震林任政治委员，军区机关就驻在槐坎仰峰村。

　　2月5日，蒯斯曛早早来到了长兴县槐坎温塘村大操场。这里将举行苏浙军区成立大会，蒯斯曛来检查准备工作。大会如期召开，粟裕在大会上讲话："向苏浙人民宣誓：我们将竭尽一切力量，完成准备反攻，驱逐敌寇，争取抗战胜利的重大任务。"

　　蒯斯曛与参会者一起，静静地听着粟裕的讲话。粟裕认真分析了面临的形势，宣布了向东南发展的作战方案。

　　会议以后，根据延安总部和新四军军部的命令，粟裕指挥苏浙军区部队从长兴向莫干山和杭嘉湖敌后挺进。新四军的行动引起了国民党顽固派的恐慌，国民党第三战区司令长官顾祝同下令顽军拦截和进攻苏浙军区部队。在此情况下，苏浙军区被迫进行自卫反击。2月12日至17日、3月7日至26日、5月底至6月23日，苏浙军区部队在粟裕的指挥下胜利地进行了3次反顽自卫战斗。取得了重大胜利。巩固和发展了苏浙皖抗日根据地，扩大了新四军在江南的抗日阵地。中共中央军委和毛泽东也来电盛赞苏浙军区部队打得好。蒯斯曛一直在粟裕的身边，目睹了粟裕高超的军事指挥艺术和战略家的气魄。

粟裕领导苏浙军区对负隅顽抗的日伪军展开最后进攻，各部在浙西、浙东、皖南、苏南的反攻作战中，从日伪军手中先后收复了十多座县城，拔除敌伪据点一百多处，苏浙皖抗日根据地已扩展到苏南全境和浙江、安徽的一部分，面积达25000平方千米，人口600万，成为抗战时期全国19块解放区之一。其间，还先后在长兴建立苏浙公学、银行兑换所、兵工厂、修枪所、被服厂、鞋子厂、后方医院、报社，集政治、军事、经济、文化于一体，被誉为"江南小延安"。

1945年8月的一天，粟裕正在长兴主持召开苏浙军区高级干部会议，总结天目山战役的经验，蒯斯曛正认真地做着记录。突然有人送来一份电报，粟裕接过一看，脸上一下子露出兴奋的神色。他大声地说道："日本宣布无条件投降了，我们的抗日战争终于取得伟大的胜利了。"会场上一下子欢呼了起来。蒯斯曛也怀着激动的心情与大家共享胜利的喜悦。

蒯斯曛到苏中军区司令部工作后，先后连任苏浙军区司令部、华中军区司令部、华东军区司令部及三野司令部秘书和秘书主任之职，一直跟随粟裕将军，时间达6年之久。直至后来的解放战争，蒯斯曛积极参加，起到了参谋作用。

1946年6月26日全面内战爆发后，国民党军队以重兵围攻中原解放区的同时，又集中31个旅约27万余人的兵力，向华东苏皖解放区进攻，华中野战军司令员粟裕、政治委员谭震林决定集中主力18个团3.3万人，先机制敌，发起苏中战役，该战役自1946年7月13日起，至8月27日结束。即首战宣泰战斗起，至如黄路战斗之结束，共计历时50天。连续进行7次战斗，大获全胜。国民党军队被歼6个旅、5个交警大队，共5.3万余人。华中野战军共伤亡1.6万余人。蒯斯曛难掩激动之情，写出了《粟裕将军》一文，在1946年11月13日的《人民日报》上第二版专栏刊出，文中首次提出了"常胜将军"这个称号，从此，粟裕便成了"常胜将军"的代名词。这是后话。

第七章　家国担当

　　抗战胜利，南社人心怀家国，勇于担当，拥护重庆谈判和《双十协议》，呼吁和平、反对内战。"民盟"沈钧儒，"民进"马叙伦，"民革"何香凝、柳亚子，"九三学社"胡饬三，"农工民主党"施方白、毛啸岑……成为各民主党派中的中坚力量。在中共中央"五一口号"号召下，马叙伦、何香凝、沈钧儒、柳亚子、沈雁冰、沈体兰、欧阳予倩、杜国庠……相继来到解放区。

——题记

南社人会集山城　文化界意气风发

　　重庆，国民政府的战时陪都，许多国民党的达官贵人、鸿贾巨商、文人骚客，都云集重庆，许多国民党中央机关，及在抗战中新冒出来的机关，也都遍布在重庆这弹丸之地。

　　八路军重庆办事处和新华日报社所在地也在重庆。办事处位于重庆郊外一个红色的小山上，当地人称它为红岩。1940年12月初，沈雁冰夫妇到达重庆，住进了重庆八路军办事处。而此时的重庆，政治形势也十分严峻。

　　沈雁冰夫妇到达重庆的第二天，周恩来和邓颖超到办事处来看望沈雁冰夫妇。周恩来向沈雁冰介绍了当前的形势和重庆的情况后说道："这次发电报给中央请你来，主要是让你担任文化工作委员会的常务委员，让你穿件'官方'外衣，便于工作。"说到这里，停了一下，又说："不过你也不必担心，委员会的实际工作自有别人在做，你还是发挥你作家的作用，用笔来战斗。"[1]

　　在八路军办事处住了两天以后，第三天，沈雁冰夫妇换到了位于重庆市中心的生活书店门市部楼上的一个小房间里。在生活书店楼上住了3天以后，沈雁冰夫妇又搬到枣子岚垭良庄。这是一栋坐落在小山坡上的小楼，沈雁冰夫妇搬进去之前，已有3户人家住着，一户是房东，一户是王炳南和他的德国夫人，而另一户是南社同人沈钧儒。

　　沈钧儒是1938年武汉沦陷之前与邹韬奋、沙千里等人由汉口抵达重庆的。一到重庆，沈钧儒在11月1日发表了关于当前抗战形势的谈话。1939年1月2日，沈钧儒、邹韬奋、史良等20人也联名发出《快邮代电》，激烈声讨了汪精卫叛国投敌的罪行；9月9日在重庆举行的国民参政会第四次大会上，沈钧儒和中共代表一起推动会议通过"声讨汪逆兆铭电"，要求严惩汪精卫集团的叛国罪行，会后，沈钧儒又发表了《不能让敌人休息》的文章；9月初与邹韬奋、章乃器

　　① 钟桂松：《茅盾传》东方出版社1996年7月第一版，第223页。

1945年6月24日，沈雁冰（茅盾）在重庆文艺界为他举行的"庆祝茅盾五十寿辰暨创作二十五周年茶会"上讲话

沈雁冰在重庆寓所

等在重庆发起成立统一建国同志会；10月参加宪政座谈会，发起宪政促进会。1940年1月11日是重庆《新华日报》成立两周年纪念日，沈钧儒积极响应中国共产党中央于1939年七七事变纪念时所提出的"抗战、团结、进步"三位一体的方针，为《新华日报》题词："以团结支持抗战，以民主巩固团结，是目前救国的途径。"3月21日主持宪政座谈会，强调实施宪政⋯⋯

沈钧儒是著名的民主人士，也成了国民党特务的眼中钉，在重庆所处的环境也十分险恶的，居住的"良庄"周围布满了国民党的特务。

一天，有一个不速之客走进了他的家门，一照面就问沈钧儒："你是不是认识我？"沈钧儒看了看对方，轻轻地摇摇头。那人有恃无恐地说："我是被派来专门监视你行动的，就住在附近。"进而威胁说："近来你活动过于频繁，我的上司认为你进行的都是非法活动，特让我警告你。如果你不听劝阻的话，将会引来杀身之祸。"沈钧儒轻蔑地一笑说："承蒙关照，请你告诉你的上司，请他不必费心。"特务灰溜溜地走了。沈钧儒照样每天早出晚归，毫不畏惧。

1940年七七事变纪念日和"双十节"这两天，沈钧儒的住所周围仍布满了荷枪实弹的军警。他们还采取了限制沈钧儒行动自由的办法。

一天，沈钧儒准备外出开会，突然开来一辆小轿车，说是来接沈先生赴会的。

车门打开，里面坐着一个中年人，沈钧儒觉得有些面熟，但一时又想不起在哪里见过。来者自我介绍说："我是戴笠。"沈钧儒终于想起来，救国会成立后，应蒋介石之邀去南京，在车站迎接的人中就有这个戴笠。戴笠继续说："沈先生我一向钦佩的，为了保证沈老先生的安全，只要您北不出青木关，南不出土桥，我可以负责。超出了这个范围，我就无能为力了。"

后来，沈钧儒因律师事务出青木关，果然遭到了特务的阻拦。但沈钧儒对于这个"忠告"，却始终没有放在心上。

沈雁冰到了重庆，就和沈钧儒战斗在了一起。沈钧儒是救国会的主要领导人之一，为了反对国民党反动派，救国会经常在沈钧儒家开会，沈雁冰也被邀请参加。同时，沈雁冰参与了中华全国文艺界抗敌协会的工作，兼任郭沫若主持的文化工作委员会的常委。沈雁冰到了重庆，全国文协召开了欢迎沈雁冰、巴金等作家来渝的大会，周恩来亲自到会，会后《新华日报》还发了消息。

12月4日晚上，沈钧儒和沈雁冰夫妇一起来到了一个叫"新陪都"的地方吃"小馆子"，这是沈钧儒等人在这里设宴欢迎沈雁冰夫妇和李公朴。在席间，沈雁冰介绍了他在新疆的情况，也回答了人们提出的问题。他的态度平易、诚恳，与谈话中表现出来的忠实，不假修饰，不取任何小小俏皮，始终平和、坦白、热情，与家人手足一般情致的流露，获得了人们的好感。

1940年冬天，日本侵略者集中兵力，在华北地区进攻中国共产党领导的解放区和八路军、新四军，同时在华南地区对国民党的进攻转入收缩状态，并加紧对蒋介石诱降，蒋介石乘机掀起了第二次"反共"高潮，1941年1月6日，震惊中外的"皖南事变"发生，第二次"反共"高潮达到了顶点。

惨剧发生10天以后，沈钧儒跑到沈雁冰的房间里，关上门，气喘吁吁地说："刚刚得到消息，国共两党在皖南地区发生冲突，顾祝同把新四军一万人包围并消灭了，叶挺受伤以后被俘。今天老蒋发布命令，宣布新四军叛变，取消其番号。"沈钧儒一口气说完，坐到椅子上，喘着气。沈雁冰一听，惊呆了，心想，是不是"马日事变"又重演了？"看来共产党这次吃了大亏。"沈钧儒又说，"老蒋不打算抗日了，自己一点退路都不留吗？"沈雁冰缓过神说，"是呀，看样子内战又不可避免了。共产党是不会善罢甘休的。"

第二天，山城重庆震惊了。各大报都发了为整饬军纪，解散新四军的头条新

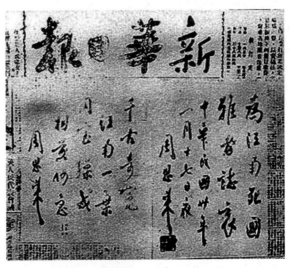

《新华日报》刊登周恩来题词

闻。《新华日报》则开了天窗。天窗上印着周恩来同志的悼词：“千古奇冤，江南一叶。同室操戈，相煎何急？！”“为江南死国难者志哀”。

　　一时，重庆形势骤然紧张，中共中央决定将这里的文化人进行适当的疏散，一部分留下坚持工作，一部分去延安，一部分去香港。接着，周恩来把沈雁冰约到曾家岩40号的小客厅里，对他说：“很对不起，我刚刚把你从延安请到重庆，没想到政局会发生这样大的变化，现在又要请你离开重庆了。这次的目的地是香港，夏衍、范长江、邹韬奋先生都要到香港去，以群也打算去香港。”①

　　沈雁冰去了香港，又去了桂林。1942年7月初也就在中共中央发表“七七宣言”不久，毛泽东致电驻重庆的中共代表，令其立即就缓和两党关系与国民党方面商谈，政治形势也趋于缓和。1942年12月23日沈雁冰又回到了重庆。

　　1943年12月21日，重庆各民主党派负责人及上海法学院师生举行了盛大茶会，祝贺沈钧儒七十大寿。祝寿会由陶行知主持，他朗声说：“当日本帝国主义开始向中国侵略的时候，沈先生便坚决主张抗战，为了要使抗战胜利，坚决主张团结，为了要使团结巩固，坚持主张实行民主，这就是沈先生的救国主张，也是全中国人民的主张。因此，我们今天庆祝他的生辰，意义并不寻常，还有为新中国做生辰的意

---

　　① 　钟桂松：《茅盾传》东方出版社1996年7月第一版，第229页。

义在内。"

他的话音刚落，于右任、邵力子接着在会上讲了话。

邵力子是1938年10月到重庆的，住在领事巷10号康心之的家里，与于右任同住。1939年春，重庆市中苏文化协会改组，邵力子担任了副组长。

于右任、邵力子一致赞扬沈钧儒提出的"抗战、民主、团结"三大主张。邵力子在讲话中对于以这样的方式庆祝沈钧儒七十寿辰表示"十分赞成，非常高兴"，他清了清嗓子说："沈先生一生奋斗是为了服务社会，服务国家，今天我们庆祝他的寿辰，也即是鼓励大家为国家出力，为社会服务。"

最后，董必武发言，他在发言中说："记得长征中我们在沙漠里跋涉的时候，就听到沈先生和章乃器、邹韬奋等几位救国会朋友发出抗战、团结、民主的号召，我们立即响应这个主张。"同时他盛赞沈钧儒做到老、学到老，勇于接受新思想的可贵精神，号召学习沈的这种精神，继续为"抗战、民主、团结"努力奋斗！

李根源是在1943年3月15日在滇西前线稳定后，奉蒋介石的命令到重庆述职的。先住在李园，后来迁化龙山村。他的一首小诗表达了当时的心情："当户寒柯数点鸦，小园老梅正含葩。山茶几树滇南种，傲雪凌霜自放花。"他身在陪都，心还在战场。

李根源回到重庆，受到了于右任、居正、张继等南社人的欢迎。他与老友于右任来往密切。

有一天，两人聚在一起，回忆起了1906年两人在日本订交后的情景。当年都是年轻气盛，血气方刚。说着说着，说到了一个问题：革命中如果被逮捕就义，枪毙与杀头孰快？因谁也没体验过，大家各执一词。说到这里，李根源感叹地说："大家都老了，均保全首领，砍头与枪毙的滋味皆不得而尝矣。"于右任听了，大笑不止。

沈钧儒七十岁生日，李根源也感慨万千，他相赠了一首诗："芳香姜桂沈休文，是我平生耐久朋。横冲直撞今七十，天留老眼看中兴。"

1944年8月，李根源奉国民政府之命，率慰问团巡视腾龙沦陷区，离开了重庆。而就在下一月，柳亚子到了重庆。

1944年9月13日凌晨，柳亚子偕郑佩宜从桂林坐上飞机，飞往山城重庆。

　　柳亚子他们抵达重庆，暂住机房街宁邨2号毛啸岑寓所，一星期后，搬到了渝郊沙坪坝南开学校教职员宿舍津南村10号，就里是他儿子柳无忌的住所。

　　11月11日，柳亚子正懒散地翻着《新华日报》，忽然有人进来送上了一封信。一看落款是郭沫若，他急忙展开，一下子脸上露出了笑容。郭沫若信中说，当晚在城内文化工作委员会为柳亚子设宴洗尘。

　　文化工作委员会是学术研究性团体，归属国民党军委会政治部，实际受中共南方局直接领导。郭沫若是主任委员，沈雁冰是专职委员。

　　傍晚，一辆小汽车停在了津南村，柳亚子上了车。汽车向前开着，来到了红岩村。柳亚子很奇怪，车怎么途经红岩村往里面开去？司机看出了他的疑惑，就说还要去接副部长，柳亚子问副部长是谁，司机回答说是周恩来。一听是周恩来，柳亚子心头一热。

　　此时，周恩来的公开身份是国民党军委会政治部副部长和八路军重庆办事处代表。周恩来刚到重庆，是继续国共谈判，一听郭沫若说柳亚子到了重庆，文化工作委员会要举行欢迎宴会，他就主动要求参加了。

　　车子停到山下，周恩来已等在那里，他一上车就紧紧地握住了柳亚子的双手。周恩来询问了柳亚子来重庆的情况，问候了其身体和家庭情况。[①]

　　车子很快来到天官府街4号郭沫若寓所，已是高朋满座，除郭沫若、于立群夫妇外，还有沈钧儒、董必武、王若飞、王炳南、徐冰、张晓梅、陈家康、马寅初、黄齐生、冯乃超、廖梦醒、阳翰笙、夏衍、胡风、于伶、乔冠华、胡绳等。当晚，差不多所有在渝的民主人士都到了。

　　宴席设在天官府街7号文工会，酒席上，大家都十分兴奋，郭沫若酒量甚高，酒兴亦豪，几乎要把柳亚子灌醉了。酒后大家仍然回郭寓，这时，周恩来就开始畅谈延安近况，顿时给小小"蜗庐"带来了无限光明。

　　大家兴奋已极，谈笑，唱歌，有的还跳起了从延安学来的歌舞。郭沫若要柳亚子讲话，柳亚子清了清喉咙，说了两句话："世界的光明在莫斯科，中国的光明在延安。"郭沫若也就顺势接口道："重庆的光明，今夜的天官府。"大家哈哈大笑，尽欢而散。沈钧儒有七律一首纪事，题《经年》。郭沫若和诗，题《双十一》，其中

---

　　① 张明观：《柳亚子传》社会科学文献出版社1997年5月第一版，第490页。

有云：“诗盟南社珠盘在，澜挽横流砥柱看。”柳亚子看了十分兴奋。

1月11日《新华日报》创刊七周年纪念会，在虎头岩举行。柳亚子和沈钧儒等受邀前往。晚上，有十几桌宴席，人们都喝得有点微醉。酒后晚会，观看了《兄妹开荒》等几部秧歌剧，许多人便兴高采烈地扭起了秧歌舞，锣鼓之声响彻报社广场。接着，宾主欢聚一堂，纷纷发表讲话。柳亚子站了起来，讲到最后，又重复了天官府街洗尘宴会上的那两句话，公开宣称：“世界的光明在莫斯科，中国的光明在延安！”一下子，会场上响起了长时间的热烈掌声。

晚会到了尽欢之时。正在人影阑珊，纷纷往回走时，突然响起一声洪钟似的高亢呼声：“毛泽东万岁！”大家都吃了一惊，因为这里毕竟是在国民党统治区内，我们还从来没有听到过这样的欢呼口号声。而且这“万岁”什么的，更不习惯，赶快看是谁在呼叫，一看是一位鹤发童颜，飘着银色的老者，不是别人，正是南社诗人柳亚子。那个晚上的柳亚子的形象，让参加的人印象深刻。不久，柳亚子就写了七绝《延安一首》，赋寄毛泽东。诗云：“工农康乐新天地，革命功成万众和。世界光明两灯塔，延安遥接莫斯科。”

2月初，郭沫若来找柳亚子，递给他几张纸。柳亚子一看标题：《文化界对时局进言》，眼前一亮，就迫不及待地看了起来，内容是要求召开临时紧急会议，组织战时全国一致政府，提出废除一切限制人民活动的法令、取消一切党化教育的设施、停止特务活动、枪口一致对外等6项主张。柳亚子越看越兴奋，毅然地在《文化界对时局进言》上签上了自己的名字。

这份由郭沫若起草的《文化界对时局进言》，有300余位文化界知名人士署了名。2月22日，在《新华日报》《新蜀报》公开发表，宣言的发表，在国统区引起极大震动。

6月24日，是沈雁冰50寿辰暨文学工作25周年，重庆文化界在西南实业大厦举行庆祝大会。作为南社同人，那天柳亚子去得特别早。沈钧儒、邵力子也都来了。参加庆祝会的有七八百人。大会由沈钧儒主持，柳亚子即兴做了发言，他说道：“沈雁冰先生，具有‘有所为’与‘有所不为’的作家的最高品质。……作为文艺家，要的是政治认识，‘有所为’是对政治的认识；‘有所不为’就是对政治的操守，没有操守，思想就反动落后，对民族无一点好处。沈雁冰先生就是‘有所为’与‘有所不为’的作家。……”一下子引起了与会者的共鸣。

1945年8月28日，毛泽东到重庆，邵力子等人前往机场迎接

在重庆，柳亚子、沈雁冰、邵力子、沈钧儒、于右任、居正、邹鲁、张继、叶楚伧、毛啸岑等南社人相聚在了一起，诗酒相交……

重庆城国共谈判　邵力子力挺中共

1945年8月28日下午，重庆九龙坡机场上，没有欢迎的标语口号，没有鲜花，没有仪仗队，几十名在机场等候迎接的和平民主人士却都在炽热的阳光下盼望着，把淡淡的忧思藏在内心，脸上洋溢着由衷的喜悦和期盼的神情，渴望能马上见到来渝谈判的毛泽东主席和周恩来副主席。

最早来机场欢迎的参政会秘书长、国民党谈判代表邵力子和夫人傅学文翘首欢迎延安来客。

邵力子百感交集，心情激动，既欣喜又焦虑，不禁想起了庐山会谈。

庐山会谈发生在1937年7月中旬，当时西安事变和平解决了，国共两党第二次合作。虽然西安事变以后，邵力子受到牵连，遭到了一时的冷落，但是鉴于他在国民党中的威望和个人的能力，蒋介石不得不重新起用邵力子，任命他为国民党宣传部长，并作为国民党的代表出席庐山会谈。

两个月之后，国民党中央通讯社播发了《中共中央为公布国共合作宣言》。第二天，蒋介石又发表了《对中国共产党宣言的谈话》。邵力子的心情特别舒畅，因为蒋介石的谈话，承认了中国共产党在全国的合法地位，第二次国共合作正式形成了。

那次在庐山之行，邵力子还送给了中国共产党一个意外的惊喜：他帮助中国共产党创办了《新华日报》。正式批文下来了，准予《新华日报》在南京出版。南社人于右任还为报纸题个报头。

邵力子担任了国民党宣传部长后，还做了两件让人惊讶的事。一件是受鲁迅夫人许广平的委托，出版了《鲁迅全集》，另一件是在《文摘》上发表《毛泽东自传》。

有一天，邵力子的学生孙寒冰找到他说："老师，我这里有一本书，不知能否批准出版？"邵力子随口问了一声："写的什么？作者是谁？"孙寒冰的回答让邵力子打了个激灵："书名是《毛泽东自传》，是一个叫埃德加·斯诺的美国作家所著，我们已经将它翻译成了中文，想在《文摘》上发表。"

邵力子用手指点着孙寒冰的鼻子，低声说道："他们胆子也太大了！毛泽东何许人也？他是共产党的领袖，与当局不共戴天的，你居然公开出版他的传记，就不怕特务找上你吗？"孙寒冰知道，老师不是排斥共产党，也不是胆小怕事。他是在替学生担心，所以孙寒冰敢于向老师辩解："现在不是倡导建立抗日民族统一战线吗？要求国共合作的呼声很高。而许多人则对共产党、对毛泽东、对延安都不了解。出版这本书，也有助于当局了解情况呀。"

听了孙寒冰的辩解，邵力子暗暗点头：嗯，这倒是搪塞蒋介石的理由。

于是，邵力子当场答应了孙寒冰。几天后，《毛泽东自传》在《文摘》上发表[①]，顿时轰动全国，蒋介石的电话也追了过来："邵力子，他这个宣传部长是怎么当的？"邵力子已经做好了准备，他是沉着应答："委员长不满意我的工作，我可以检讨改进嘛。"蒋介石气得吼了一句："你知道现在报刊有多少共产党人？百分之九十都是！"大概蒋介石也知道自己有点夸大事实，有点失态了，"啪"的一声，将电话给摔了。

---

① 朱顺佐：《著名民主人士传记丛书——邵力子》花山文艺出版社1997年3月第一版，第249页。

毛泽东与蒋介石在重庆合影

　　蒋介石发怒了，《文摘》还好得了吗？《文摘》很快就被查封了。邵力子为此据理力争，甚至以辞职相威胁："如果当局坚持取缔《文摘》，我将辞去宣传部长一职！"但是小胳膊怎么能扭得过大腿呢？蒋介石免去了邵力子的这个宣传部长。

　　1940年5月，邵力子出任驻苏大使。1942年10月邵力子回国后任国民党参政会、宪法促进委员会秘书长。抗日战争胜利，国共重庆谈判，邵力子又被任命为国民党代表参加。

　　此时，他带着夫人来迎接毛泽东和周恩来，一起来的还有参政会副会长雷震，蒋介石的代表周至柔将军，民主党派领导人张澜、沈钧儒、章伯钧、左舜生、谭平山、黄炎培，以及刚从苏联回来的郭沫若夫妇等。国共两党团结合作是他多少年来迫切期望的心愿啊！毛泽东来重庆，会给国共合作建国带来生机，为国内和平带来希望，邵力子心中一阵欣喜。

　　当毛泽东从那架草绿色的军用飞机上走下舷梯时，掌声和欢笑声并作。他伸出那双宽大的手掌，和邵力子等人一一握手，眼睛里充满问候和关切之情。随后，邵力子、张治中陪同毛泽东、周恩来到张治中公馆小憩。

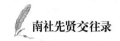

晚上8时，邵力子和张治中又陪毛泽东、周恩来、王若飞赴蒋介石官邸参加蒋举行的欢迎宴会。[①]蒋介石紧靠毛泽东就座，席间，作了简短的欢迎词，用很浓重的浙江口音与毛泽东交谈。邵力子留心观察他们两人的表情，看到他们两人有时还说说笑笑，心里才放松了一点。

毛泽东到渝的第二天，就与周恩来、王若飞到戒备森严的园林同蒋介石、邵力子、张群、王世杰会谈。几天后，国共双方都将条件摆在了桌面上。[②]中共提出《谈判要点》有十一条：一、在和平、民主、团结基础上，实现全国的统一，建立独立、自由、富强的新中国。彻底实行三民主义。二、拥护蒋先生，承认蒋先生在全国的领导地位。三、承认国共两党及抗日党派的平等合法地位，确立长期合作、和平建国方针。四、承认解放区部队及地方政权在抗日战争中的功绩和合法地位。五、严惩汉奸，解散伪军。六、重划受降地区，解放区抗日军队参加受降工作。七、停止一切武装冲突，各部暂留原地待命。八、实现政治民主化，军队国家化，党派平等合法。九、召开各党派及无党派人士参加的政治会议，各党派参加政府，重选国民大会。由中共推举陕甘宁边区及热河、察哈尔、河北、山东、山西五省省府主席，绥远、河南、江苏、安徽、湖北、浙江、广东及东北三省的十省副主席，北平、天津、青岛、上海四特别市副市长。推行地方自治，实行普选。十、公平合理地整编全国军队，解放区部队编成十六个军、四十八个师，驻地集中于淮河流域及陇海路以北地区，中共及地方军事人员参加军委会及其他各部的工作；设立北平行营及北方政治委员会，任中共人员为主任。十一、释放政治犯，取消一切不合理禁令，取消特务等。

蒋介石的回答是，除了承认中共谈判要点前两条外，其他要求都请中共免开尊口。他要邵力子等人按照这个要求写出回答中共的"复案"。

邵力子还是竭诚以赴，不辞辛劳，使蒋介石开场的戏朝着有利团结、合作、和平的结局演下去。各种有关和谈的大小会议他都积极参加，遇到国共双方代表意见不一致的时候，就劝说折中其间，勉力调和。邵力子在谈判中既要维护国民党的利益，又要考虑共产党的要求，这就难免遭到国民党顽固派的诽谤和刁难。

---

① 《毛泽东年谱（修订本）（1893—1949）》下卷，第16—17页。
② 《毛泽东年谱（修订本）（1893—1949）》下卷，第17页。

而作为最高当局的蒋介石则经常发脾气，一意孤行。邵力子的处境十分艰难。他神情郁悒，郁郁寡欢，却不发泄一点怨懑和牢骚，把忧郁和悲愤留给自己去悄悄地"消化"。

邵力子和张群两个人代表蒋介石与中共代表周恩来见面，张群来了个先发制人："贵党所提十一条建议，蒋委员长认为与国家的政令军令之统一背道而驰，我们不能接受。"

周恩来哈哈一笑，当场就抓住了张群的漏洞："这十一条蒋先生也不尽反对吧？难不成让我们将第二条之承认蒋先生在全国的领导地位也去掉？"

听了周恩来机智的反击，邵力子差点笑出声。与周恩来打嘴仗，你张群根本不是对手！为了不使张群过于尴尬，邵力子补充了一句："周先生，贵党的十一条有的可以接受，有的不可以接受，有的可以商量。总之，具体情况，具体讨论。"

听了邵力子的话，周恩来满意地点了点头。这就是邵力子为谈判给自己定的基调，尽量弥合国共之间的矛盾，于荆棘丛中开出一条路。

所以每逢国民党谈判代表与中共方面争执不下时，邵力子总站出来做和事佬，或者暂缓一步，或者绕道而行，总之不是火上浇油。比如说，双方对军队整编的问题分歧很大，周恩来强调："必须承认国共两党都有政权，都有军队。"

邵力子则提出："如果中共放弃军队和地盘，以诚意奉之国家，则以蒋主席之精诚谋国、天下为公之做法，不仅不会亏待中共，反而会敬重贵党。"

周恩来反问邵力子："力子先生的意思是，你们的政权就是代表国家，我们的政权就不能代表人民；你们的军队就是国家的军队，我们的军队就是一党的私有武装，这种说法本来就不公平。"面对周恩来的反诘，邵力子没有争辩。他明白共产党占着理，但本着各为其主的原则，他还得绕着弯与周恩来周旋。由于双方各执己见，谈判毫无进展。

8月30日上午，毛泽东由林园返回桂园，请了民主人士到桂园访谈，有柳亚子、沈钧儒、陈铭枢、王昆仑、黄炎培、左舜生、章伯钧、冷遹、傅斯年、王云五等。[①]见到毛泽东神色凝重，沈钧儒安慰道："谈判中出现挫折和波澜是难免的，我

① 《毛泽东年谱（修订本）（1893—1949）》下卷，第17页。

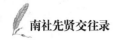

们一定团结各民主党派，促使谈判早日成功。"

毛泽东欠了欠身，表示感谢。周恩来给大家通报了一个消息："在山西的阎锡山正调动军队，进攻上党解放区。蒋先生一边在谈判桌上喊和平，一边却磨刀霍霍，让人怎么相信国民党的诚意。"

沈钧儒气得胡须抖动："蒋某人一再邀请你们来重庆谈判，却在背后准备开战，这哪里还像一个全国的领袖。"

沈钧儒转向张澜："你问问张群和邵力子，老蒋打的是什么主意？"

张澜回答了一声："我早有此意，回去就找邵力子。"

接到张澜的请柬，邵力子直挠头，他心里发虚。除张群、邵力子外，张澜将中共代表周恩来和王若飞也请了过来。

大家一见面，先介绍了一下谈判情况，张澜点点头，表示明白了。张澜转头问张群和邵力子："原来我以为谈判没有进展，是中共方面不配合。现在看来，是贵党在百般刁难呀。这就不对了。"

张群微笑着解释："各为其主嘛！很多问题解决起来多有曲折也是正常的。"张澜词锋尖锐起来："听说山西的阎锡山调重兵，向中共方面进攻。可有此事？"

张群轻描淡写地回答："这是阎锡山个人举动，与政府无涉。"张澜立刻顶了一句："我不问你，我问力子先生，他是个君子。"张澜语中带刺，言外之意，他信不过张群。邵力子当然不能承认蒋介石预闻此事了："张先生误会了，政府的确不了解山西方面详情。"张澜用手点了点邵力子，意思是，你这个老实人也有讲假话的时候。邵力子心里一阵羞愧，他从来都是堂堂正正做人，今天却是睁着眼睛说瞎话，这是自己对自己人格的不尊重呀。

回到家中，邵力子仍然满脸羞色，他的夫人一眼就瞧出了丈夫的不痛快，于是劝道："既然蒋主席让你去和共产党谈判，你就告诉他实情，将大家的意见如实转告蒋主席嘛。"

邵力子摇了摇头："蒋先生的脾气谁都知道，自从谈判以来，不要说直言相劝，稍微话不投机，他就要发脾气的。共产党是他一块心病，听不得别人劝的。"

蒋介石之所以在谈判桌上不通情理，其实他是在等上党方面的消息。如果阎锡山这一战能取胜，他就有了大把的筹码，好与中共方面讨价还价了。没想到阎锡山的军队不争气，大败而归。

共产党在谈判中也不是一味强硬，周恩来一向讲究刚柔并济。这一天，周恩来就以中共代表团的名义宴请国民党代表。因为其他代表均有公务，因此国民党方面只有邵力子一人出席。没有张群在场，邵力子一身轻松。

周恩来专门为邵力子点了几个绍兴菜。邵力子是绍兴人，虽然周恩来的家乡在江苏淮安，但他祖籍在绍兴，与邵力子互称"老乡"，因此对绍兴菜不陌生，点评起来头头是道。这顿饭吃得好愉快，大家畅所欲言，一团祥和。

邵力子承诺："周先生，等到全国统一，我一定请您去绍兴喝正宗的花雕。"周恩来高兴地回答："好啊，我就盼着这一天呢，但是现在得尽快召开政治协商会议，先停止内战，其他问题再用协商的方法解决。""周先生，我也希望这样，政治协商会议早一天召开，解放区的政权就早一天得到承认，只要承认解放区政府，其他问题就好办了。"邵力子的回答，让周恩来很高兴，他拿起酒杯向邵力子敬道："国民党中都像力子先生这样通情理，事情就好办多了。"①

10月10日下午，邵力子与张治中、王世杰同周恩来、王若飞参加在曾家岩桂园张治中家客厅举行《政府与中共代表会谈纪要》（即《双十协定》）的签署仪式。客厅虽然不是很大，但非常明亮，显得很和谐别致，双方代表在充满欢乐愉快的气氛中一一签字。邵力子感到格外振奋，他和代表们一一握手、庆贺，他看到谈判的成果，尝到了战胜种种困难和解决了烦忧后得到的喜悦和欢乐的滋味。②

签字仪式完毕以后，邵力子对其他代表深有感触地说："此次商谈得以初步完成，多有赖于毛先生之不辞辛苦奔波。"当时毛泽东主席正在桂园楼上，就请他下楼，和在场的人亲切握手，这个有历史意义的文献，就在这样愉快融洽的气氛中产生了。自谈判开始以来，邵力子心里一直好像压着一块大石块，也似乎落下了。

1946年1月5日，周恩来代表共产党与国民党代表王世杰、邵力子、张群拟定了《关于停止国内军事冲突的协议》，中国的内战终于暂时停止了。③

---

① 舒风：《周恩来与邵力子》华文出版社2001年8月第一版，第188—189页。
② 朱顺佐：《邵力子》花山文艺出版社1997年3月第一版，第288页。
③ 《中共代表与国民党政府代表关于停止国内军事冲突的协定》1946年1月11日《解放日报》刊印。

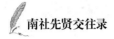

邵力子重庆劳心　柳亚子渝州索句

听说毛泽东要来重庆了，柳亚子喜出望外。

柳亚子和毛泽东19年前结识于广州。大革命失败以后，毛泽东在湖南领导了著名的秋收起义，创立了中国革命第一个根据地——井冈山革命根据地，星星之火预示着燎原之势。柳亚子在长夜漫漫的上海闻听消息，于1929年赋诗赞颂，这便是《存殁口号六首》的首绝。诗云："神烈峰头墓草青，湖南赤帜正纵横。人间毁誉原休问，并世支那两列宁。"诗末有他的自注："孙中山，毛润之"。

1932年，国民党政府加紧了对中央苏区的大规模"围剿"，大有一举平天下之势。柳亚子又撰《怀人四绝》，其一即以毛泽东为题："平原门下亦寻常，脱颖如何竟处囊。十万大军凭掌握，登坛旗鼓看毛郎。"

关山阻隔，两人没有音讯。直到1937年毛泽东在延安读到何香凝的来信，才获知柳亚子情况，在复信中称赞柳氏为"人中麟凤"。

1944年11月21日，毛泽东自延安亲切致信柳亚子，[①]全文如下："广州别后，十八年中，你的灾难也受得够了，但是没有把你压倒，还是屹然独立的，为你并为中国人民庆贺！'云天倘许同忧国，粤海难忘共饮茶'，这是你几年前为我写的诗，我却至今做不出半句来回答你。看见照片，样子老一些，精神还好罢，没有病罢？很想有见面的机会，不知能如愿否？"

柳亚子到重庆还不到一年，毛泽东要来重庆了。柳亚子一方面对毛泽东的气魄非常敬佩，同时，又为能与毛泽东再次见面而感到高兴。

8月30日，柳亚子接到通知，说毛泽东邀请他前往曾家岩桂园，柳亚子激动得跳了起来，毛泽东在百忙中还记得他这位老朋友。

桂园位于重庆市渝中区中山四路65号，是一个独立的小院，大门临街，是1939年张治中任国民政府军事委员会委员长侍从室一处主任时租下的。入住时，张

---

① 《毛泽东年谱（修订本）（1893—1949）》中卷，第560页。

治中亲手种下桂花树，将此小院命名为"桂园"。毛泽东来到了重庆，张治中将此处备作毛泽东在重庆市内办公会客的地方。

柳亚子到了桂园，毛泽东把他迎进了会客厅，这是两人的一次单独谈话。①通过这次谈话，柳亚子对毛泽东又有了新的认识。他觉得毛泽东这次是抱着大仁、大智、大勇三者的信念而来的，单凭毛泽东伟大的人格，就觉得世界上没有不能感化的人，没有不能解决的事件。柳亚子后来在《八年回忆》中作了如下记述："经过这次的谈话，心中的疑团完全打破，变做非常乐观了。总之，我信任毛先生，便有信任中国内部没有存在着不能解决的问题，还不必诉之于武力了。……"

回到住所，夜幕降临了，柳亚子是失眠竟夕，兴奋异常。他在枕上吟成七律一首，题为《八月二十八日，喜闻润之来渝，三十日下午相见于曾家岩畔，赋赠一首》诗云："阔别羊城十九秋，重逢握手喜渝州。弥天大勇诚能格，遍地劳民乱倘休。霖雨苍生新建国，云雷青史旧同舟。中山卡尔双源合，一笔昆仑顶上头。"

9月6日下午，秋高气爽，一辆黑色林肯牌轿车徐徐驶进沙坪坝津南村。在极其紧张的国共谈判期间，毛泽东在周恩来、王若飞的陪同下前来拜会柳亚子。②

柳亚子将客人迎进室内，宾主畅谈一小时余。客人离去前，邻居卢子才之子卢国琦拿了一本纪念册请毛泽东题字。毛泽东欣然地题了一句话："为和平、民主、团结而奋斗。"同来的周恩来和王若飞也题了字。周恩来题："民主团结，和平建国"；王若飞题："在和平民主团结的基础上，实现独立、统一、富强的新中国"。③柳亚子就继题七绝一首，诗云："兰玉庭阶第一枝，英雄崇拜复何疑。已看三杰留鸿爪，更遣髯翁补小诗。"

9月28日，毛泽东邀请柳亚子在红岩办事处会面，促膝谈心。④红岩村位于重庆市郊化龙桥附近的"大有农场"内。这里的地形酷似伸向嘉陵江边的山嘴，因此又叫红岩嘴。毛泽东纵论国内形势，说不要对蒋介石抱有幻想。柳亚子深受感动，又赋诗二首，内有"得坐光风霁月中，矜平躁释百忧空。与君一度肺肝语，胜我十年萤雪功"等句。

---

① 《毛泽东年谱（修订本）（1893—1949）》下卷17页，柳亚子《八年回忆》见《自传、年谱、日记》第213、214页。
② 《毛泽东年谱（修订本）（1893—1949）》下卷，第22页。
③ 张明观《柳亚子传》1997年5月第一版，第502页。
④ 《毛泽东年谱（修订本）（1893—1949）》下卷，第31页，9月28日应改为10月2日。

尹瘦石画毛泽东像

　　10月2日，尹瘦石来到津南村找柳亚子，对柳亚子谈了一个想法。想画出一批当代英雄的群像。这个构想正与柳亚子不谋而合。柳亚子就对尹瘦石说："今天，毛先生约我去谈话，你何不同往，请求给毛先生画像？"尹瘦石为之精神一振。

　　不一会儿，毛泽东派汽车来接柳亚子赴会，尹瘦石陪同前往。汽车开进红岩村，在钱之光迎接下，柳亚子和尹瘦石步入客厅。没等多久，毛泽东健步下楼。柳亚子迎上前去，介绍了尹瘦石之后，就对毛泽东说："我和尹先生正在筹备一个诗画联展。今天我请尹先生来，就是想为你画一幅像，在诗画联展展出。"毛泽东一听满口答应，约定10月5日为他绘像。

　　尹瘦石起身告辞，毛泽东即请柳亚子上楼，进行约定的谈话。不久，尹瘦石绘毛泽东画像成，柳亚子为题七律一首。诗中对毛泽东赞赏有加："恩马堂堂斯列健，人间又见此头颅。龙翔凤翥君堪喜，骥附骖随我敢吁。岳峙渊渟真磊落，天心民意要同符。双江会合巴渝地，听取欢虞万众呼。"他还将诗寄给了毛泽东，同时给毛泽东写了一封信，谈了自己的情况，也询问了时局的走向。

　　10月4日，柳亚子正在中央医院陪着夫人郑佩宜，郑佩宜患盲肠炎住在中央医院手术治疗。有人给他送来了毛泽东的一封信。[①]毛泽东在信写道："诗及大示诵悉，

　　① 《毛泽东年谱（修订本）（1893—1949）》下卷，第31页。

尹瘦石

毛泽东为柳诗尹画展特刊题词

深感勤勤恳恳诲人不倦之意。柳夫人清恙有起色否？处此严重情况，只有亲属能理
解其痛苦，因而引起自己的痛苦，自非'气短'之说所可解释。时局方面，承询各
项，目前均未至具体解决时期。报上云云，大都不足置信。前曾奉告二语：前途是
光明的，道路是曲折的。吾辈多从曲折（即困难）二字着想，庶几反映了现实，免
至失望时发生许多苦恼。而困难之克服，绝不是那么容易的事情。此点深望先生引
为同调。有些可谈的，容后面告，此处不复一一。先生诗慨当以慷，卑视陆游、陈
亮，读之使人感发兴起。可惜我只能读，不能做。但是万千读者中多我一个读者，
也不算辱没先生，我又引为自豪了。"

　　柳亚子收到信后又是一阵激动。毛泽东在信中对柳诗评价甚高，同时又让他进
一步认清了时局，认清了斗争方向。感奋之余，柳亚子又是激情万丈，诗意昂然，
一首七绝一挥而就："瑜亮同时君与我，几时煮酒论英雄？陆游、陈亮宁卑视，卡
尔、中山愿略同。"

　　这时，柳亚子要完成他的亡友林庚白的遗愿，编一部《民国诗选》。林氏的原
书是十年前着手的，取材自有不少局限。柳亚子要扩大选诗范围，首先想到的就是
毛泽东的七律《长征》。当时社会上，读过毛泽东诗词的极少极少。在国统区，最
先流传的就是斯诺所著的《西行漫记》中引录的这首七律。柳亚子根据当时流传的
版本抄了一份，请毛泽东亲笔书录，并校正传抄过程中出现的错字。

毛泽东手书《沁园春·雪》

　　10月7日，毛泽东在离开重庆回延安的前夕，给柳亚子写了一封信，信末写道："初到陕北看见大雪时，填过一首词，似于先生词格略近，录呈审正。"毛泽东书赠柳亚子的不是七律《长征》，而是《沁园春·雪》一词。①此词作于1936年2月，正值工农红军胜利结束二万五千里长征，继而飞渡黄河东征，奔赴战火纷飞的抗日第一线。词云："北国风光，千里冰封，万里雪飘。望长城内外，惟余莽莽，大河上下，顿失滔滔。山舞银蛇，原驰蜡象，欲与天公试比高。须晴日，看红装素裹，分外妖娆。江山如此多娇，引无数英雄竞折腰。惜秦皇汉武，略输文采；唐宗宋祖，稍逊风骚。一代天骄，成吉思汗，只识弯弓射大雕。俱往矣，数风流人物，还看今朝。"

　　柳亚子捧读毛词，惊喜莫名，却发现上面没有印章，即请曹立庵为毛泽东刻了两枚石印，一为白文"毛泽东印"，一为朱文"润之"，盖在上面。是时，柳亚子诗思滔滔，很快步毛词原韵和了一阕，题为《沁园春·次韵和毛润之初到陕北看大雪之作，不能尽如原意也》。词云："廿载重逢，一阕新词，意共云飘。叹青梅酒滞，余怀悃悃；黄河流浊，举世滔滔。邻笛山阳，伯仁由我，拔剑难平块垒高。伤心甚，哭无双国士，绝代妖娆。才华信美多娇，看千古词人共折腰。算黄州太守，犹输气概；稼轩居士，只解牢骚。更笑胡儿，纳兰容若，艳想秾情着意雕。君与我，要上天下地，把握今朝。"

---

　　① 《毛泽东年谱（修订本）（1893—1949）》下卷，第32页。

柳亚子《沁园春》

　　写完后，柳亚子来到了新华日报社。一看柳亚子来了，新华社的同志热情地接待了他。他拿出了两阕《沁园春》，想请《新华日报》一起发表。新华社的同志回答说，发表毛主席的词，一定要征得主席本人的同意。可是，当时毛泽东正与蒋介石签订《双十协定》，忙得不可开交，10月11日，距柳亚子接到《沁园春·雪》仅仅4天，毛泽东主席就飞返延安了。[①]当时，柳亚子还是心潮激荡，他认为这样的千古名篇应当尽快与人民大众见面，既然毛泽东亲手笔录相赠，不会不同意见报的。《新华日报》的同志将此事向周恩来做了汇报。周恩来认为目前是国共两党和谈的关键时刻，不宜贸然发表咏雪词。周恩来自有深层的考虑。于是《新华日报》采取折中办法，在10月11日先发表柳亚子的和词。

　　10月21日凌晨，尹瘦石为诗画联展事宜又往柳寓拜访。此前，柳亚子曾将毛泽东录于军用笺上的《沁园春·雪》手迹和他的和词一并让尹瘦石过阅。尹瘦石看见后，就向柳亚子索求毛泽东词的手迹，柳亚子略作沉思，慷慨赠予他了；尹瘦石又索求柳亚子的和词，柳亚子又赠予他了；尹瘦石又进而请求柳亚子给毛泽东的词

---

　　① 《毛泽东年谱（修订本）（1893—1949）》下卷，第33页。

重庆谈判后，周恩来继续留在重庆工作。图为1945年10月（左起）叶圣陶、冯雪峰、老舍、周恩来、冯玉祥、郭沫若、邵力子、柳亚子、胡风在重庆合影

写一段跋文，柳亚子稍加思索后欣然命笔："毛润之沁园春一阕，余推为千古绝唱，虽东坡、幼安，犹瞠乎其后，更无论南唐小令，南宋慢词矣。……余词坛跋扈，不自讳其狂，技痒效颦，以视润之，始逊一筹，殊自愧汗耳！"

经过历时一个月的紧张筹备，柳诗尹画联展于10月24日在中苏文化协会举行预展，25日正式揭幕。展出作品中，柳亚子赠毛泽东、董必武、沈钧儒、郭沫若的诸作，有《抗战胜利口号》《沁园春》，共数十首。他抗战以来身边携带的诗稿，则全部陈列在一张桌上，任人翻阅。尹瘦石展出的有毛泽东画像、以柳亚子为原型的屈原像和一批历史画，共数十幅。柳亚子特意将七律《三十四年五月二十八日夜，酒后赋示同座诸子》书成巨幅中堂，悬挂展厅正中。《新华日报》于10月25日出版《柳诗尹画联展特刊》，毛泽东亲笔题字。

柳诗尹画联展轰动山城，观者踊跃。周恩来、王若飞亦曾亲临参观。[1] 展览期间，柳亚子天天乘车从沙坪坝赶到城内。沙坪坝到七星岗，乘的是公共汽车，七星岗到中苏文化协会，需转坐黄包车。当时的山城马路，窄狭、崎岖不平。七星岗以下一段陡坡，下坡时要"飞车"，即车夫不须拉车，反被车子推着下滑，一路险情历历。早在19世纪20年代，柳亚子乘坐黄包车跌下，并未受伤，却从此不敢再坐。是时已年近花甲，他坐在黄包车上，双手扶在车斗两边，昂首前望，长髯迎风飘飘，神态安然，"今屈原"形象活生生闪现在人们眼前。

---

① 张明观《柳亚子传》社会科学文献出版社1997年5月第一版，第508—509页。

就在柳诗尹画联展上，陈列桌上有柳亚子最新的一册诗稿，其中就录有毛泽东的《沁园春·雪》与柳亚子的和词。参观者纷纷抄录，就这样，毛泽东《沁园春·雪》不胫而走。《新民晚报》编辑吴祖光抄得了毛泽东的原词，于11月14日在第二版副刊西方夜上刊了出来，编者还加了一个按语："毛润之先生能词，似鲜为人知。客有抄得其《沁园春·雪》词者，风调独特，文情并茂，而气魄之乃不可及。据毛氏自称，则游戏之作，殊不足为青年法，尤不足为外人道也。"

这是毛泽东诗词首次在报纸上公开与人民大众见面。接着，重庆《大公报》采用剪辑的方法以醒目的位置并列推出毛泽东的原词和柳亚子的和词，短时间内，重庆十几家报刊纷纷转载，顿时轰动了整个山城，波及全国，直至海外。[①]

毛泽东的《沁园春·雪》刊出之后，在国统区文艺界引起了轩然大波，在蒋介石的授意下，掀起一场"扫荡战"。国民党中央图书杂志审查专员易君左等人攻击毛泽东有封建帝国思想，组织了一批国民党文人，以唱和为名，行攻击之实。郭沫若、陈毅等进步的文化界人士针锋相对，进行了有力的回击。一时间，赞成者和反对者都大和特和，形成了一个轰动世界的高潮。

陈布雷忧心忡忡地向蒋介石报告："毛泽东这首词填得非常得体，刚才布雷给几位词家看过，他们一致认为气韵高华，词采华丽。同时寄托遥深，现在好多人在为毛泽东的词着迷，不管在朝在野，是敌是友，他们都在唱和着。"蒋介石听了非常恼火，他想谈判还没有完毕，毛泽东已在重庆引起这么多人的重视，后果不堪设想。于是暗中下达通知，要求会作诗词的国民党党员人人题写《沁园春》，他想从中挑选一些意境开阔、气势与文笔可以超过毛泽东的，以国民党主要领导人的名义公开发表，借此把毛泽东的影响压下去。应征词作不少，却均为平庸之作，直到最后也没有一首拿得出手。

抗战胜利以后，陈布雷察觉到国民党的政治黑暗、官吏腐败、经济凋敝、丧失民心，眼看着他心目中原来的"抗日领袖""民族英雄"成了众矢之的，被作为"人民公敌"陷于全民的包围中。陈布雷多次向蒋介石提出谏言，然而，蒋介石没有听他的。

陈布雷从小在封建思想熏陶下成长，养成温顺驯服的性格。作为一个旧知识分

---

① 张明观《柳亚子传》1997年5月第一版，第509页。

子，"士为知己者死"的观念根深蒂固，并将为国出力与效忠领袖混同一事。以前他也比喻过自己是"嫁人的女子，难违夫子"。面对现实他感到绝望。而且，长期超负荷的工作，使他的健康状态每况愈下。他的二女儿陈琏又选择了一条与其父分道扬镳的道路，1939年7月，陈琏在高中期间加入了共产党，皖南事变后，宣布与家庭决裂。从政耗尽了陈布雷的体力与精力，打残了他的身心健康，断绝了他在政治上的退路，影响了家庭的和谐稳定，在无奈之余最终走上了自杀的道路，这是后话。

马叙伦领建"民进"　　"下关案"震惊全国

1945年10月13日，《双十协定》墨迹未干，蒋介石就命令国民党各部队发动对解放区的军事进攻。于是，反对内战的呼声在全国爱国知识分子中蓬勃响起。

就在这时，傅雷来找马叙伦。傅雷是无事不登三宝殿，他是来请马叙伦出来为《周报》撰稿的。

1945年随着抗战胜利，国内形势日趋紧张，国民党当局对书刊控制很严，《周报》创刊号一出现，国民党特务就说有"共产党背景"。出于合法斗争的需要，办报者想请一位德高望重的人士撰文作掩护，他们想到了马叙伦。

马叙伦早期智救陈独秀、李大钊，为中共做过工作，20世纪30年代中期，面对民族危急，马叙伦发起成立了"北平文化界抗日救国会"，自己出任主席。他得知中国共产党提出抗日民族统一战线政策，便亲自赶到成都游说四川最大的军阀刘湘，把自己秘密得到的《何梅协定》抄件交给他看，说明国家面临被日本侵吞的燃眉之急，不可再打内战。刘湘经此劝说，在红军离川北上陕甘后果然提出联共主张，并支持张学良、杨虎城逼蒋抗日，为促成全国团结抗战局面的形成做了有益的事。同时，他又在知识界很有影响，大家认为他是最佳人选，于是请傅雷向马叙伦约稿。

马叙伦慨然应允，没几天，他就写了《锄奸》一文。这篇文章从五代时的冯道丧失民族气节奴事契丹说起，揭露抗战时期民族败类的种种罪恶，并对国民党迟迟

民进第一次会员大会即成立大会的签到名单

不惩治汉奸进行了严厉的鞭挞。之后，经历长期蛰居生涯的马叙伦在反对内战和独裁的现实斗争中重新焕发出火山般的热情，《周报》上，从1945年9月8日该报创刊到1946年8月24日停刊，马叙伦共发表三十多篇文章；他不仅是当时进步刊物的主要撰稿人，而且还是《民主》的编委之一。《民主》杂志几乎每期都有他的文章。这些战斗檄文及时揭露美蒋假民主真独裁、假和平真内战的阴谋，倾注着他的思索和理想。

1945年11月，在一次座谈会上，马叙伦提出，要建立民主促进会的事，得到了徐伯昕、郑振铎响应。一天，徐伯昕的江苏武进同乡、在商务印书馆做事的谢仁冰带了几个人来见马叙伦。一见来人，马叙伦十分高兴。这是上海工商界爱国人士王绍鏊。

王绍鏊是柳亚子的同乡，吴江人，毕业于日本早稻田大学政治经济系，1933年秘密加入中国共产党。抗战胜利后，他以社会知名人士的身份着重联络上海工商界进步人士，致力于人民民主统一战线的工作。

马叙伦要建民主促进会，他周围有一批上海文教界爱国人士，而王绍鏊身边有一批工商界爱国人士。两股力量团结在了一起。12月30日，中国民主促进会在上海爱麦虞限路（今绍兴路）中国科学社召开了第一次会员大会，正式宣告成立。出席成立大会签到的有26人。决议会务由马叙伦负责，王绍鏊、严景耀、陈已生3人协助。

1946年1月10日，政治协商会议在重庆开幕。出席会议的有国民党、共产党、民主同盟、青年党和无党派人士。马叙伦等人得知消息很是兴奋。就在政协会议开

1946年1月13日，马叙伦置生死于度外，参加在玉佛寺举行的公祭于再烈士大会。右起依次为马叙伦、柳亚子、林汉达

幕后的第二天，民进召开第一届理事会第三次会议，专门讨论对政治协商会议的态度，马叙伦等11名理事署名发表了《中国民主促进会给政治协商会议建议书》，建议书明确提出："贵会议的责任实很重大，必须以民族国家的幸福为前提，而全国人民也必为贵会议之后盾，务必趁此时机，产生一个崭新的真正的民主的中华民国。"

1946年1月13日，寒风凛冽，马叙伦、王绍鏊、陈巳生、郑振铎、许广平、林汉达等人以中国民主促进会名义来到了上海玉佛寺。这里将举行昆明"一二·一"惨案死难的于再烈士公祭活动。上海各界一万多名群众举着横幅、捧着花圈，集聚在了玉佛寺。

抗日战争结束后，全国人民希望实现和平民主，但国民党政府却一意孤行，坚持一党专政，并在美国支持下奉行内战政策。1945年12月1日，大批国民党特务和军人分途围攻西南联大和云南大学等校，毒打学生和教师，并向学生集中的地方投掷手榴弹，炸死西南联大学生潘琰和李鲁连、昆华工校学生张华昌、南菁中学青年教师于再等4人，重伤29人，轻伤30多人。

于再，浙江杭州人，是马叙伦的同乡。"一二·一"惨案发生以后，除昆明各界公祭外，于再住在上海的胞妹于庾梅和妹夫顾家干为寄托哀思，打算借玉佛寺做一次佛事。

中共地下党组织得知信息，就做出决定：推动知识界和其他阶层的群众代表参加，变家祭为公祭，再举行示威游行，抗议法西斯逆行。马叙伦领导的民进成了这次公祭的主心骨。

活动一开始，马叙伦登上了主席台，他以低沉的语调宣读祭文："呜呼先生！不死于抗敌胜利之前，而死于抗敌胜利之后。呜呼先生，不死于敌伪之手，而死于暴徒之手。呜呼先生！机关枪、手榴弹，不用以杀敌人，而用以杀同胞，杀志士，杀青年……然而先生之死，足以警惕民众，使人感奋；足以促进民主，感召和平；足以振聋发聩，开启愚蒙；足以扬清澈浊，令人愧悔。先生之体魄虽死，而先生之精神不死。我们得民主一日，即不忘先生一日。"

马叙伦声情并茂、感人肺腑的祭文打动了在场的人们，霎时，整个会场群情激昂，迸发出了"不民主，毋宁死"的口号声。接着，柳亚子等人都上台发表了演讲，大家的演讲围绕了一个中心，"现在我们的口号是争民主，争民主，非争民主不可"，公祭仪式成了声讨法西斯独裁专制的誓师大会。柳亚子在这演讲中慷慨激昂地说："民主政治只有通过斗争才能实现，而绝不是靠着恩赐。我们愿为民主而斗争，追随着于再和其他烈士们的血迹前进，去完成他们遗留下的未竟之志。"

公祭活动，进一步激发了上海各界的爱国热情。5月5日，"上海人民团体联合会"（简称"人团联"）在南京路劝工大楼礼堂举行。"人团联"由民进和上海纺织业、丝织业、机械业、水电业、百货业、酒菜业工会以及妇女、儿童、文化、医药、银钱、教师、学生等52个团体组织共同组成。200多位代表隆重集会，选出马叙伦等29人为理事。大会发表了成立宣言，并通过致蒋介石和毛泽东电，呼吁和平，反对内战。

6月23日是个晴朗的星期天，上海北火车站人山人海，这里正举行有三百多个团体单位、十万余民众参加的反内战大会。

1946年6月，国民党政府在美国支持下，调集百万大军准备向解放区大举进攻，挑起全面内战，全国人民对国民政府的内战政策极为不满。马叙伦、陶行知、王绍鏊、许广平等知名人士联名致函蒋介石和马歇尔，强烈要求国民党当局停止发动全面内战，要求美国政府审时度势，重新考虑援助国民党的价值和意义，从外交上帮助中国摆脱内战的阴影。与此同时，他们也给中共代表团团长周恩来写了一封

和平请愿团出发前，部分代表在上火车前合影。（右起）马叙伦、包达三、
雷洁琼、阎宝航、张絅伯、盛丕华、胡子婴（代表团秘书）、黄延芳

信。蒋介石根本不予理睬。中共代表团的周恩来、董必武、陆定一、邓颖超则联合
复信给马叙伦、陶行知等人，表示全力支持他们反对内战的正义行动。

6月上旬，上海人民团体联合会决定组织上海人民反对内战大会。6月中旬，上
海人民团体联合会各团体经过协商，推举马叙伦、胡厥文、雷洁琼、包达三、阎宝
航、吴耀宗、盛丕华、黄延芳、陈立复、陈震中等11人为代表，另由上海学生和平
促进会选出两位学生代表共13人，组成上海人民团体代表团，又称和平请愿团，赴
南京向国民党政府请愿。马叙伦任代表团团长。

"人团联"的行动得到了中共高度重视。马叙伦收到了周恩来的亲笔字条，商
定赴京请愿的具体日期。在酝酿代表人选的过程中，由刘晓、张执一、罗叔章亲自
做了上层工商界民主人士的工作。[①]在马叙伦进京前，中共上海工作委员会书记华
岗来到了民进办公室，他找到马叙伦，对他说："请愿活动是反对国民党独裁政府
的一个重大行动，我们支持你们，也请你要出面联络其他上层代表人物共同进行。"
华岗刚离开，中共代表团成员董必武又专门找了马叙伦、林汉达，就停战问题交换
意见。这些，更是让马叙伦热血沸腾。

6月23日，和平请愿代表团代表坐车去南京，上海人民在上海火车站组织了大
规模的欢送会。清晨，上海各界包括三百多个单位的学生、工人、教师、店员，从

---

① 余丽芬：《正道上行——马叙伦传》浙江人民出版社2008年11月第一版，第171页。

四面八方向上海火车站集中，欢送上海人民代表和学生代表赴南京请愿，到广场的群众有近十万人。同时举行了反内战大会，会后举行反内战示威游行。上午10时，上海人民反内战大会开始，在铜管乐队的伴奏下，数万群众唱起了用《打倒列强》曲调填词的《反内战歌》："反对内战，反对内战，要和平，要和平！全国同胞起来，全国同胞起来，要和平，要和平！"歌声回荡在广场的上空，整个广场沸腾起来，欢呼声、歌声、爆竹声连成一片，"要求和平，反对内战"等口号，此起彼伏。

许广平、田汉、叶圣陶、周建人、王绍鏊、吴晗、陶行知、沙千里、林汉达等社会知名人士也到车站送行。上海地下党的各级主要负责人以及在此之前秘密来到上海的中央青委负责人冯文彬等人都到了现场。张执一、张承宗和上海学委的张本、吴学谦、李琦涛等负责人就在车站附近的指挥点里就近指挥。

下午1时，载着上海人民呼吁和平赴京请愿代表的列车徐徐驶出上海火车站，晚上7时许，列车到达南京下关车站。代表们刚出车厢，意想不到的"下关惨案"就发生了。

国民党预感到形势不妙，为破坏这次和平请愿活动也做了部署，包括国民党中宣部下令，不许南京的报纸登载请愿团将来南京请愿的消息。中统指示其所属的上海江苏省调查统计室、津浦铁路调查统计室等机构，布置在上海、镇江等地设法阻拦请愿代表，目的是不让请愿代表到南京来。中统局局长时秀峰专门召集了一次有军统局局长、中统南京区区长、军统南京站站长和首都宪兵司令部、首都警察厅等单位代表参加的丙种会议，谋求警、宪、特各方面配合行动的方案。

代表们刚出车厢，有3名年轻人挤到代表身边，自称是"苏北流亡青年"，要求代表团说明此行的目的，并发表对时局的意见。代表团秘书胡子婴答复道：此行的目的无非是要向政府当局和中共呼吁停战，达到全面永久和平。接着，又上来两个"苏北难民"，要求与马叙伦对话。

请愿代表仓促应付，好不容易摆脱搅缠，走出站台，就听到了一声高声的喊叫："马先生来了"，鼓掌声刚落，就听到一声哨响，一二百名号称"苏北难民"的彪形大汉，立刻由四面蜂拥而至，拦住代表团的去路，"要马叙伦保证我们回苏北"。

马叙伦尽管困顿不堪，但还是打起精神对这些人说："我没有资格保证你们，但我可以把你们的要求转达给政府和有关方面。""难民"们哪里听得进去，其中一个穿黑短衣的家伙干脆站到椅子上狂呼："打！打共产党的代表！"一声令下"难民"顿露狰狞，动起手来。在骂声四起、殴打推搡的一片混乱中，暴徒们有计划有目标地将请愿代表和前来欢迎的记者冲散、分隔、包围起来。

他们把马叙伦和跟在后面保护他的雷洁琼及陈震中、陈立复、高集、浦熙修和叶笃义等拥入候车室，把黄延芳、盛丕华、包达三、阎宝航、吴耀宗等人推进西餐厅，八九位"难民代表"与马叙伦谈判。他们先要马叙伦带他们去见周恩来，随后，又要代表团返回上海。

面对暴徒的喧嚣，马叙伦心如止水，在茶室椅子上闭目静坐，因为他来南京之前，就抱定为民请命、万死不辞的决心。到晚上11点多钟，代表们已被困辱近5个小时。

待候车室门口只剩下一个宪兵和一个警察，"难民"堆里忽有一人敲破窗户钻进候车室，于是，大批"难民"蜂拥而入，向代表们砸砖头、石块、汽水瓶、痰盂、桌椅板凳。骂声四起，一片混乱，把代表们包围起来。而两旁站立着的军警视若无睹，听之任之。

阎宝航和雷洁琼为了保护马叙伦拼命以身体挡住暴徒，但终究寡不敌众、防不胜防，结果马叙伦还是挨了打。马叙伦头上四处起了大泡，眼鼻亦伤，腹被踢得疼痛不止，跌坐在地。后来马叙伦被一个宪兵推到男厕所后面的办公室里躲起来，才免于继续挨打。

其他人更惨：阎宝航被打断臂骨；雷洁琼被推到沙发上用鞋脚踏、头发被揪扯，有人趁乱抢她的皮包和手表，甚至为了抢戒指把她的手抓掉了一小块肉；浦熙修被暴徒推倒在雷洁琼身上，遭皮鞋抽打，头发被扯去很多，头、臂、手、背四度被殴，衣服被撕裂，皮包、手表和钢笔被抢；记者高集背部、腿部受伤，左眼球被打得凸出；学生代表陈震中头部挨了重击后晕倒在水泥地上，暴徒还用脚踢⋯⋯

请愿代表被打得浑身是血、遍体鳞伤。到了子夜12时，经中共及民盟代表数小时向孙科、邵力子、李济深、冯玉祥、马歇尔紧急呼吁，再经冯玉祥、邵力子及马歇尔电陈诚、俞大维等交涉，国民政府交通部派了一辆卡车到下关接伤者。

与此同时，大批军警开到下关，而此时特务与打手们已散。马叙伦、阎宝航、雷洁琼、高集、浦熙修、陈震中等血肉模糊地躺在卡车上，但车没有开往医院，而是开到了宪兵司令部。马叙伦等人愤怒地提出抗议，希望随行的外国记者仗义执言，进行人道主义干预。经过一番交涉，6月24日凌晨1时半了伤员们才被送到了太平路的中央医院分院。

凌晨3时，在南京的中共代表周恩来、董必武、滕代远、邓颖超、齐燕铭赶到医院看望受伤代表，向马叙伦等表示亲切慰问。周恩来神情严肃地说："你们的血是不会白流的。"马叙伦受到极大的慰藉和鼓舞，他握住周恩来的手，感慨万分地说："中国的希望只能寄托在你们身上了。"①

全国很快形成了一股声援上海人民代表、强烈谴责国民党当局罪行的浪潮。在事件发生后的第二天，中共驻南京代表周恩来就在军调三人小组（国、共、美三方）会议上，正式向国民党当局提出严重抗议。6月25日，毛泽东和朱德从延安致电慰问马叙伦等代表。

中共和全国人民的热情关怀和声援极大地鼓舞了请愿代表，他们虽被打伤住院但并没有停止请愿和交涉行动。6月24日下午，黄延芳受马叙伦委托，与盛丕华、张絅伯、包达三等人前往"国民大会堂"出席参政会，出示上海53个人民团体正式盖章委托的册子，以证明代表团完全是上海各界的民意代表，还揭露了下关事件的真相。

马叙伦等人没有因为遭受国民党的殴辱而有任何怨言，相反都进一步看清了国民党的反动性，更加坚定了反内战的决心。

建"九三"饬三参与　创"民革"亚子当先

中国多党合作制度中包括中国共产党和八个民主党派：中国国民党革命委员会、中国民主同盟、中国民主建国会、中国民主促进会、中国农工民主党、中国致公党、"九三学社"、台湾民主自治同盟，在八大民主党派的创建过程中，不少南社人参与其中。

继中国民主建国会后，许德珩发起成立"九三学社"，其中积极参与者，就有新南社社员彭饬三。

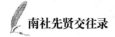

彭饬三,原名彭振纲,1900年12月出生于湖北省沔阳县柯里村。父亲彭德宽系遗腹子,赖以祖母纺织为生,从小做小本生意补贴家用。彭饬三读过几年小学,后得表兄李玉书帮助,到武汉中华大学附中就读;因无钱完成学业,于1921年去南京半工半读,就读南京东南大学期间,经农科系学生谢远定介绍加入中国社会主义青年团(中国共产主义青年团的前身),并于1823年加入了中国共产党;他是社会科学研究会(党的对外宣传团体,此活动在南京党史新资料中有明确记载)发起人之一。

1925年,彭饬三从南京到上海担任中国共产主义青年团上海地方组织书记,同时期负责人有任弼时、沈泽民等同志,彭饬三负责与中央的恽代英、邓中夏等联系。1926年到武汉后,经恽代英同志介绍,彭饬三到武汉中央军事政治学校(黄埔军校武汉分校)任教官,教授社会进化史等课程。1927年汪精卫在武汉发动反革命事变,彭饬三与组织失去联系。虽经多方寻找,都未能如愿。

抗日战争期间,彭饬三到重庆璧山社会教育学院教授,结识了许德珩。许德珩是江西九江人,早年加入中国同盟会,参加过辛亥革命及讨袁运动。1919年参加五四运动,是著名青年学生领袖之一。九一八事变后,许德珩投身抗日救亡运动,被国民党当局逮捕入狱。由宋庆龄、蔡元培、杨杏佛营救出狱后,1933年1月参加中国民权保障同盟,并任北平分会执行委员。1935年参与组织北平文化界救国会,参加"一二·九"运动。抗日战争期间,他到了重庆担任"国民参政会参政员"。

许德珩经常约集志同道合的朋友到家里聚谈,关注时局发展,商讨救国之路。来者大多是曾经参加辛亥革命和五四运动的文教科学界人士。经常到他家座谈的学者有潘菽、税西恒、褚辅成、黄国璋、张雪岩、孟宪章、涂长望、初大告、笪移今、彭饬三、黎锦熙等。

1944年下半年,彭饬三与许德珩、褚辅成、张西曼等一批文化、教育和科技界人士,出于对时局的忧虑和对国家民族的责任,在重庆发起组织民主科学座谈会,以期促进民主和团结抗战。1945年9月3日,为了庆祝抗日战争的胜利,民主科学座谈会召开扩大会议,与会同志一致同意以这个特殊的日子命名,正式成立九三座谈会。

1946年1月6日,九三座谈会举行会议声援出席政治协商会议各代表,并决定筹组"九三学社"。彭饬三积极参与了"九三学社"的筹备工作。

经过约4个月时间的积极筹备,1946年5月4日,"九三学社"在重庆召开了成立大会，通过了《"九三学社"缘起》《成立宣言》《基本主张》《对时局主张》等几个文件，宣示"民主与科学之要求，实较前迫切，本社同人，愿本'五四'的精神，为民主与科学之实现而努力，始终不懈"。彭饬三参加了会议并当选为学社理事。

社会教育学院迁回南京栖霞山时，彭饬三随校返回南京，先后在该校和上海大学任教，1947年担任"九三学社"南京地方组织书记。

"九三学社"成立后，中国国民党革命委员会也成立了。

1946年6月25日，上海的天气还是阴沉的，柳亚子站在窗前，望着窗外，诗思涸枯，心事浩茫。

1946年初以后，时局继续恶化。国民党六届二中全会推翻了政治协商会议的各种决议，继续坚持国民党一党专政。国民党当局频频调动军队，紧张部署全国性的内战。

黑云压城的严峻时刻，正遇上柳亚子60岁大寿。上海的一批朋友都要为他祝寿，他都谢辞了。5月28日，他和几个亲戚在家里摆了一桌便宴。就在此时，有人送来了电报。柳亚子接过电报一看，不由得一阵激动。

电报是周恩来、董必武、陆定一、邓颖超、廖承志、李维汉从延安发来的，电文是："今日为先生六旬大寿，特电申贺，并祝老当益壮，继续为中国之和平、民主、团结、统一而奋斗。"①想不到在此非常时机，中共领导人还记得他的生日，他不由得热泪盈眶。

如今，听到了"下关惨案"发生，看到了国共合作的破裂，柳亚子非常难受。

9月中旬，周恩来为抗议国民党破坏谈判，离南京飞抵上海，柳亚子多次被邀会晤，交谈时局。1947年1月，中国民主同盟二中全会在上海召开。柳亚子出席会议，会议通过决议，不承认国民党政府召集的国民大会及通过的宪法，不参加中央政府。主张彻底反对内战，重新举行政治协商，成立全国一致的联合政府。

到了1947年4月底，柳亚子收到了李济深、何香凝托人从香港带来的秘密口信，请他到香港一起谋划国民党的大事。

何香凝坚定地与中共站在一起，争取和平民主，反对内战、独裁的主张，基本上与中国共产党的方针政策是一致的或相近的。

---

① 张明观：《柳亚子传》社会科学文献出版社1997年5月第一版，第527页。

1947年8月，香港爱国人士提前为何香凝七十诞辰祝寿时合影

1946年12月1日，是朱德60岁寿辰，为了表达对朱总司令的敬意，表达对中国共产党的敬意，何香凝与彭泽民等联名于11月30日致电朱德，"欣逢六十荣寿，普海同钦"，同人"遥申庆祝之诚"，"谨电驰贺，并祝民主胜利"。何香凝在联名致电后，仍觉意犹未尽，于是画了一幅傲雪耐霜的梅花，并题诗一首，为朱总司令贺寿。诗云："将军花甲寿，敬贺一枝梅。凌霜兼耐雪，铁骨占花魁。春到和平日，新生万物回。"画与诗发表在了12月25日的《新华日报》上，表明了她对中国共产党人梅花"铁骨"精神与送冬迎春的战斗风貌的赞颂。

中国共产党人对何香凝也十分尊重。在1947年何香凝70岁大寿时，共产党人也积极为她祝寿，周恩来、董必武还为她送了寿轴，颂扬其高风亮节及追随时代前进的精神。[①]

从1947年5月开始，何香凝、李济深、蔡廷锴、彭泽民、陈其瑗、李章达、邓初民、陈此生、朱学范等人积极筹划重组党内民主派的组织。于是，她与李济深就托人给柳亚子带信，让他到上海共图大业。

当时的上海，由于国共关系恶化，环境更趋凶险。有人给柳亚子传来了消息，说国民党特务拟对他和王绍鳌等知名民主人士狠下毒手。接到了何香凝和李济深的口信，柳亚子决定秘密离沪，前往香港。

---

① 李永、温乐群、江云生：《何香凝传·何香凝年表》，中国华侨出版公司1993年4月第一版。

1948年1月，民革中央部分领导人在香港合影。坐者左起：朱蕴山、柳亚子、蔡廷锴、李济深、张文、何香凝、彭泽民、王葆真；站者前排左二为郑坤廉。

这时，上海国际劳动局秘书陈麟瑞，因公赴印度开会，来向柳亚子告辞。一听这事，柳亚子心中一喜，计上心来。陈麟瑞到印度需途经香港，正是自己离开上海的好机会。于是，他让陈麟瑞用假名为柳亚子多购赴港机票一张。柳亚子秘密和陈麟瑞一起到了香港。在飞机上，他心潮澎湃，口占七绝四首。其中一首为："机声震耳讶雷硠，万里云涛一苇杭。又是弃家亡命日，扶馀岛畔蛰龙翔。"

柳亚子到了香港，暂寓半岛酒店，不久就迁到了坚尼地道52号二楼，这里已是国民党民主派联合代表大会筹备处。此时的他精神兴奋，全身心投入了民主派联合组织的筹建工作。

10月26日民主派联合组织举行了筹备座谈会，会后又进行了讨论与商议。大家讨论了一个意见，1943年开始已经筹建国民党民主派组织——三民主义同志联合会（简称民联）和中国国民党民主促进会，国民党民主派联合的最佳方式是另外成立一个组织，让民联、民促的同志以个人名义参加这个新组织，并作为骨干力量来推动这个新组织的工作。

会后，何香凝找到了柳亚子，就新组织的名称问题与他个别交换意见。

在座谈会上，柳亚子提出了新组织的名称为"国民党民主派同盟"，他说可以理解为国民党中、左派同盟，不至于给人们一种印象，把国民党全包下来，实际上也是包不下来的。并且又解释说，这个名称不是他个人的意见，是经上海一部分民联负责人商定的。倘若不用，宜再征求他们的同意。而何香凝则坚持定名为"中国国民党革命委员会"。

何香凝对柳亚子说："中国国民党革命委员会这一名称是宋庆龄的倡议，是宋庆龄从上海捎口信给我的。"宋庆龄从上海给何香凝捎来口信："早年我与邓演达、陈友仁以'中国国民党临时行动委员会'名义发表《莫斯科宣言》(即《对中国及世界革命民众宣言》)，以示继承孙中山的革命事业。后来，我曾想过，'临时行动委员会'之下一步，可以改为'革命委员会'⋯⋯建议考虑。"

不知是何香凝受宋庆龄的嘱咐，还是考虑宋庆龄的安全，这一内情会上没有公开，何香凝也没有具体向柳亚子说明。她是对柳亚子说道："国民党是孙中山先生亲手缔造的，我们作为孙先生的信徒，成立革命组织，必须保留孙先生的传统，才足以取信于民众，为利于广泛号召，就不能不保留'国民党'三个字。在当前的有利形势下，只有善于团结可以团结的力量，我们这个组织才会兴旺发达，才能在与共产党真诚合作中发挥分化敌人的作用。"何香凝的一番话，使与会者对民革的性质和任务有了进一步的认识。当时国民党内部人心惶惶，不少人正面临重大抉择，保留国民党的名称，可以团结这部分党员，增强他们投入革命阵营的信心。新组织采用这个名称，显示了国民党民主派决心继承和发扬孙中山的精神。

柳亚子得知这名是宋庆龄的倡议，又听了何香凝的解释，立即表示赞同，并愿主动去做上海方面的工作。这样，该组织正式定名为"中国国民党革命委员会"(简称"民革")。

接着会议商定新组织的领导人选。何香凝认定，唯有宋庆龄才能担此重任。于是大家决定以联名的形式，敦请宋庆龄来港主持领导工作。柳亚子执笔，撰成《上孙夫人书》，与彭泽民、何香凝、李章达、陈其瑗、李济深六人亲笔署名。

《上孙夫人书》中写道："我们应海内外大多数党中同志的要求，特发起于本年十一月十二日总理诞辰纪念日，在香港开一党内民主派代表会议，讨论本党新生与实现国内民主和平等问题。⋯⋯夫人为总理遗志的继承人，负有完成总理救国救民伟大事业的任务。所以我们深切盼望夫人立即命驾南来，主持中央，领导我们。内以慰全国人民暨各民主党派民主人士的渴望；外以争取英、美、苏之同情。"宋庆龄接到信后回复说，非常赞成建立中国国民党革命委员会，但认为自己身份特殊，在国统区继续开展工作比参加民革对革命更有利⋯⋯

1949 年 2 月，柳亚子（二排右三）等人从香港乘华中轮赴北京参加新政治协商会议，在船上合影

中国国民党民主派联合代表大会第一次筹备会于 10 月 31 日举行，参加者 11 人。会议决议柳亚子任秘书处秘书长。文件起草委员会，推举柳亚子为召集人。

11 月 12 日上午，香港坚尼地道 52 号，举行中国国民党民主派联合代表大会开幕式，出席代表 38 人。会场正中，高悬柳亚子手书的"一旅兴夏"匾额。在为大会准备的签名红缎上，柳亚子以清秀的行书题写："中华民国三十六年十一月十二日，总理八十晋二圣诞，为中国国民党民主派联合代表大会开幕良辰，请同志签名于左方。"在大会秘书长柳亚子主持下，会议一切准备工作做得精心周到。

大会推宋庆龄为总主席，李济深为副总主席，何香凝为大会主席团主席。大会由李济深致开幕词，一开首，就说明了本次会议的意义："今天适好是总理诞辰，我们来开会，就是象征本党再生之意义。"在何香凝、彭泽民、王卓山、蔡廷锴、陈其瑗、朱蕴山、张文和何公敢依次发表讲演后，柳亚子报告大会筹备经过："今天的代表有个人参加的，如元老耆宿，进步分子；有代表团体的，如民促、民联之代表；还有福建党务革新会的代表等。本会负有召集第三次全国代表大会的责任。……"柳亚子报告结束，摄影散会。

开幕式结束之后，同日下午和 17 日下午，召开了两次国民党民主派联合代表大会主席团会议。17 日上午和 24 日上午，召开了两次秘书处会议。17 日上午还召开了文件起草委员会会议。11 月 25 日，中国国民党民主派联合代表大会在坚尼地道

52号举行，出席代表93人。决定成立中国国民党革命委员会。

1948年元旦，中国国民党革命委员会在香港坚尼地道52号召开成立大会，出席代表90人。大会正式通过了《中国国民党革命委员会成立宣言》《中国国民党革命委员会行动纲领》《中国国民党革命委员会组织总章》及《告本党同志书》。《成立宣言》宣布："脱离蒋介石劫持下的反动中央，集中党内忠于总理忠于革命之同志，为实现革命的三民主义而奋斗。"

大会推举宋庆龄为名誉主席，李济深为中央执行委员会主席，柳亚子为中央监察委员会主席。选举李济深、何香凝、冯玉祥等16人为中央常务执行委员。

李济深在大会上作了闭幕讲话，他说道："中国国民党革命委员会的成立，标志着国民党民主派与南京政府的决裂。……民革当前的主要任务，是要同中国共产党紧密合作，共同打倒蒋介石政权。"

1月2日，金陵大酒家济济一堂，热闹空前。民主党派及文化界人士聚宴举行新年团拜会。参加者有柳亚子、沈钧儒、彭泽民、谭平山、陈劭先、朱蕴山、王绍鏊、陈其尤、方方等108人。团拜会并欢迎是日抵港的马叙伦。柳亚子很兴奋地即席赋七律《金陵大酒家团拜典礼感赋》，诗云："从容揖让礼文优，团拜应为团结谋。国、共、同盟成鼎足，致公、民进亦千秋。马融更喜南来健，李广能为东道不？早遣首都移海峤，金陵王气黯然收。"诗中嵌入当时在港的各民主党派，即国民党革命委员会、共产党、民主同盟、致公党及民主促进会。这些民主党派真诚合作，携手并进，将为中国历史掀开崭新的辉煌的一页。

民盟三中全会于1月5日至19日在香港举行，柳亚子等人参加，民革的民盟盟员出席了会议，全会宣布重建民盟领导机关，恢复活动；并发表宣言，明确表示反对国民党政府和美国对华政策，与中共及其他民主党派携手合作。

会议期间，1月17日夜，柳亚子与沈钧儒、马叙伦在宴席上相聚。面对这两位南社老友，柳亚子回顾了几十年来南社旧人的奋斗争历程，想到了陈去病、高天梅、宋教仁、黄兴、张继、戴季陶的各自归去，即席赋呈七律一首，诗云："开山南社陈、高、柳，异地能欣沈、马逢。草昧宋、黄怜早世，末流张、戴附元凶，泣麟悲风嗟何及？剗鳄屠鲸意未穷。要为河山壮铙吹，扶馀一集荡心胸。"最后也表达了为祖国大好河山的彻底解放欢呼歌唱的决心。

1948年3月8日，中共中央发言人发表谈话，对民革的成立表示欢迎，并赞同民革提出的纲领和主张，表示愿意在新民主主义革命事业中，与民革等民主党派一道，为着共同的目的而携手前进。

毛啸岑复建"中信"　办银行支持中共

1946年5月，毛啸岑从重庆回到上海，住在淮海中路新康花园20号，这是徐明诚的住所。

毛啸岑一回上海就找到王绍鏊，要求参加革命工作。自此他又开始在王绍鏊的领导下从事情报工作，具体联系人是徐明诚。当时，徐明诚已打入国民党政府国际问题研究所，二人住在一起更有利于工作的开展。

上海共产党组织根据形势需要，决定创办自己的银行，一则可以为党筹集活动经费，二则可以此来团结一批中小银行、钱庄中的上层人物，以便将来公开政治活动时有人出来讲话。办银行需要一个有社会活动能力的人，王绍鏊想到了毛啸岑。

两三个月后的一个晚上，王绍鏊找到毛啸岑，他要毛啸岑去华懋饭店（即今和平饭店）与一位同志接头。在饭店咖啡室里，毛啸岑一手拿着报纸，一手拿着咖啡杯，望着门外。不一会儿，进来一个人，上前问毛啸岑："王先生好吗？"毛啸岑立即回答："很好。"

暗号对上了，来人坐下来，对毛啸岑说："根据当前形势，你不要搞保险了，改做银行。"毛啸岑说："我办银行是个外行，又没有资本。"来人说："这有办法，关键看你干不干。"毛啸岑回答："既然这样，再困难也干。""那好，"来人停顿了一下说，"明天还在这里，我介绍个朋友与你细谈。我们见面时，你叫我老徐就行。"说着那人扫视了一下左右站起身来走了。

毛啸岑送走了来人，感到一股热血在往上涌。他将面对一个新的领域，接受一项新的任务，这对自己而言是个考验。他看老徐这么果断、沉着，是个搞地下工作的好手，自己还得很好地向人家学习。以后，毛啸岑才知道，这老徐叫徐雪寒，潘汉年担任华中局部长时，徐雪寒是其主要助手。从1944年开始，他根据党的需要专职从事财贸工作。

　　第二天，徐雪寒带了一人来到华懋饭店咖啡室与毛啸岑相见。徐雪寒介绍说："他叫叶景灏，宁波人，以后是你的搭档。"寒暄了几句以后，徐雪寒就先行离开了。

　　叶景灏是中共地下党员，最早是上海绸业银行职员，日伪时期在张良栋的棉业银行做事，抗战胜利后棉业银行休业清理，他协助做清理工作，对银行业务比较在行，党组织就把办银行的任务交给了他。

　　叶景灏对毛啸岑说："老徐想搞一家银行，但现在政府不发银行新执照，如果顶买一家银行、钱庄执照，要两三百根大条黄金，那太不上算。现在已找到一家日伪时期已经停业的信托公司，想借这家公司的名义来运作。"

　　"什么公司？地址在哪里？"毛啸岑问道。

　　"叫中级信用信托公司，地址在国际饭店附近。"

　　毛啸岑说知道这家公司，叶景灏很高兴地说："这家公司清理已经完毕，仅在中国银行往来户上还有几元钱未结清。我想以此作为向政府申请复业的理由，推托说，不愿在日伪统治下营业而暂停营业，清理尚未完毕。"

　　毛啸岑仔细地听完叶景灏的介绍后，就问起了以后的操作步骤。于是，一个重组中级信用信托公司的计划在叶景灏和毛啸岑的谈话中形成了，毛啸岑开始行动，找了层层关系，开展做复业的工作。

　　过了一星期左右，叶景灏对毛啸岑说，徐雪寒要见他。毛啸岑已经有一段时间没见徐雪寒了，毛啸岑也有许多话要对他说，就马上与叶景灏一起去了。

　　会面时，毛啸岑向徐雪寒详细汇报了争取中级信用信托公司复业的经过，特别说了陆荣光、薛溸舲、郑光颖等人的帮忙。徐雪寒听后，对毛啸岑的工作表示很满意。

　　临别时，徐雪寒询问了集股情况，又从口袋里掏出了六千万元伪法币的支票交给毛啸岑，这实际是地下党组织的经费。以后，徐雪寒又通过叶景灏拨了一亿八千万元伪法币，加上原来的六千万元，这二亿四千万元占了中级信用信托公司总资金的百分之八十左右。

　　10月底，得到了批准复业的消息，毛啸岑与叶景灏一起商量董事会组建事宜。要打开局面，必须找个靠山。根据徐雪寒的指示，董事长一职要物色在社会上有一定声望的人担任。这人既要在政府方面兜得转，又不要直接管理和问询业务。毛啸岑与叶景灏一商议，决定请许世英担任。

　　许世英曾任国民党政府驻日本大使，国民党赈济委员会委员长，有一定社会地位，是一顶很好的"保护伞"。他当时没有官职，仅任光华火油公司董事长，人又在香港不在上海，是个很合适的人选。

　　毛啸岑在香港时曾和许世英是邻居，与他有所交往。得到徐雪寒同意，毛啸岑就向许世英发信邀请。许世英很快有了回信，同意担任董事长，但不用真名而用"许静仁"这个名字，并附来了签字样张。

　　中级信用信托公司赚的钱常用作共产党的活动经费。

　　毛啸岑、叶景灏带着喜悦的心情回到了上海，着手招股工作，并在山西路选定了公司用房。

　　不久，中级信用信托公司的班子就建立了起来。董、监事除许世英外，还有中央合作金库总经理陆荣光、CC系红人仲肇湘、合众保险公司总经理潘光迥、衡通实业公司总经理张良栋、其昌钱庄经理丁山桂，这些是没投资的挂名董事。而有股份的董事有毛啸岑、叶景灏、郑光颖、陶友川、沈孝明、赵新民、王懋德、魏一环、张穉琴、薛顺馀等，共计16人。

　　公司还在筹备阶段，蒋介石发动了全面内战。由此，法币恶性膨胀、物价飞涨，利息不断上升，一批中小工商业倒闭，银钱业中也不稳定。徐雪寒来找毛啸岑，说根据上级的指示，要抓住时机，尽快开业招揽存款，特别从国民党政府部门招揽存款。同时，为了保守机密，要单独行动，中级信用信托公司不与共产党在上海的其他经济机构发生关系。

　　1946年12月1日，中级信用信托公司正式开业，成立大会上决定毛啸岑任总经理，叶景灏任副总经理。另聘中国农民银行襄理王懋德为副总经理，负责与国家银行和其他各大银行的联系。聘沈华昇的弟弟沈复镜担任董事会秘书。成立这天，热闹非凡，各有关部门都派人前来祝贺，场面很气派。从这天起，上海滩就多了一个共产党秘密操纵的金融企业。

　　开业初期，业务经营和资金调度都面临很大困难。毛啸岑和叶景灏等人艰苦创业。

　　1947年初，徐雪寒带了一个人到了公司，对毛啸岑他们说："根据组织安排，我将离开上海去香港，这里的联络工作由这位姜维贤同志负责，你们有什么事就找他商量。"

姜维贤与徐雪寒详细地听了毛啸岑他们的汇报，得知公司刚成立，最大难处是资金。徐雪寒说："你们设法顶一阵，我们回去再想想办法。"

过了几天，姜维贤送来了一批黄金和资金，说这是徐雪寒筹集来供公司应急之用的。经过了半年的努力，公司业务才趋于正常。

公司开业后，毛啸岑、叶景灏等人常在一起玩"挖花"游戏。"挖花"又称"宁波牌九"，玩法与麻将类似。他们以"挖花"为掩护谈工作，许多上级指示、公司决策都是在"挖花"时传达和决定的。

公司开业不久，来了一位不速之客，自我介绍叫罗北辰。毛啸岑这才想起，在重庆时曾见过他，现任中央信托局寿险处经理。坐下后，罗北辰开门见山地说明了来意："现在，国民党上海市党部要筹建国民党金融区党部，你是老国民党员了，想请你带动信托业参加，必要时，你可以在信托业中成立区分部。"

原来，国民党上海市党部的方治、潘公展为了进一步控制上海金融业，指示筹建国民党金融区党部。罗北辰是负责人员之一。他知道毛啸岑是1924年加入国民党的老党员，在国民党中有一定威信，就来拉拢他。

毛啸岑自从进入金融界后，为共产党干秘密工作，全力投身业务，与政界很少交往了。而且，他明白现在的国民党已完全受蒋介石控制，与当年孙中山创建的国民党已背道而驰了。参加金融区党部可是一个重大事情，不能独自决定，于是就敷衍着说："考虑、考虑。"

"好，我等着你的音讯。"罗北辰说着就告辞了。

毛啸岑立即找了王绍鏊、叶景灏，汇报了罗北辰要他加入国民党金融区党部的事。王绍鏊同意他进入，并指示说："这些家伙既然知道你有国民党党籍，不参加也不行，有什么消息随时报告。"叶景灏也赞成他参加。

这样，毛啸岑参加了国民党金融区党部的筹备工作，并担任了执行委员。国民党金融区党部是一个反动组织，参加的大多是国民党顽固分子。毛啸岑进入了"狼群"，但他牢记着王绍鏊和叶景灏的话，头脑清醒，一面与这些人周旋，一面将有关情况及时向叶景灏、王绍鏊汇报。一开始，他就向叶景灏汇报了这个组织的筹备委员和执行委员的名单、他们的活动情况以及各行、社、公司成立区分部的内情。这样，我党就及时了解了国民党在金融界的动态。

毛啸岑与荣毅仁合影

王绍鳌

有一天，姜维贤急急忙忙来到中信公司告诉叶景灏，我党有艘运送物资的机帆船在上海被搜捕，上海另一家我党的经济机构暴露了，人员已撤退，他也要撤去香港。他叮嘱毛啸岑、叶景灏要提高警惕，有事去香港找他；再次强调，不要与我党的其他经济机构发生任何关系。

毛啸岑负责对外联络，而"中信"的具体业务都由叶景灏掌握，放款数字较大的都须经他同意。当时金融市场很紧张，叶景灏对资金头寸的动向掌握得很细。当资金头寸紧张时，毛啸岑和叶景灏就在公司对面的南京饭店开了房间，向同业拆借，这就避免惊动行内其他人。

1947年9月，叶景灏从香港回到上海，对毛啸岑说："在香港，我见到了姜维贤，姜维贤建议举办沪港之间的套汇业务。"毛啸岑想了想说："既然姜维贤要我们搞，那就必须做好，不过，关键得找一位熟悉外汇业务的人来做。"于是，两人着手准备起来。不久，叶景灏请来了东方汇理银行的张云霄，派张云霄驻香港，两地的套汇业务就开展了起来。

为了保证赚了钱得以秘密地交给共产党组织，中级信用信托公司在开业时就建立了一套暗账，指定会计主任李德宏管理，逐月将账面盈利转入暗账，一部分上交组织，一部分购买黄金保值以便应急。

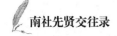

1947年底，为了发展业务，毛啸岑经过调查，提出了由公司办理小额贷款，就是有固定收入的职工遇有婚丧喜事或其他临时意外支出时，在有分期偿付能力的条件下予以贷款。这个建议得到了叶景灏的同意。于是，毛啸岑找到当时在金融界有一定地位的徐国懋，由徐国懋出面拉了金成、大陆等12家大型银行组织小额福利贷款银团，牌子挂在"中信"。毛啸岑起草了章程，聘请了他的学生陈慰曾到小额贷款处任调查员，并在报上刊登了创办小额贷款的启事，1948年初，小额贷款业务就开展了起来。

沈钧儒香港复盟　重举旗共同奋斗

1948年1月5日，沈钧儒迈着坚实的步伐走上了香港告士打道50号和成银行宿三楼，中国民主同盟一届三中全会将在这里召开。

一路上，他的心情异常激动，件件往事如电影般展现在了他的眼前。

沈钧儒是在1946年11月26日，在中共地下党组织的安排和帮助下离开上海，于30日安全抵达香港的。他是被国民党当局逼来香港的，因为在国内，面临着一场危机。

1946年的中国，接连蒙上沉痛、悲伤的黑纱。

2月10日，国民党特务制造"较场口血案"，郭沫若、马寅初、李公朴等各界人士六十余人被打伤。

3月1日，国民党特务捣毁西安民办报纸《秦风工商联合报》。4月，特务逮捕并杀害该报法律顾问、民主同盟盟员王任律师。

4月30日夜，国民党特务绑架枪杀西安民主同盟青年部长、《民众导报》主编、中共党员李敷仁，李敷仁身受重伤未死，经群众抢救掩护，辗转到达延安。

6月23日，马叙伦带和平请愿代表团去南京，当天上午至当晚7时左右，到达南京下关车站后，即被预伏的大批国民党特务团团围住，分别拥入候车室和西餐厅围攻殴打。马叙伦、雷洁琼等多人被打伤住院。

7月11日晚10时左右，李公朴和夫人张曼外出归家，在青云街大兴坡突遭暴徒阻击，击中腹部，第二天凌晨5时20分不治逝世。

1948 年，民盟总部被迫解散后，沈钧儒与张澜决定潜赴香港继续开展活动。图为
沈钧儒临行前与同人合影

　　7月15日，李公朴治丧委员会在云南大学举行追悼会，民盟云南省支部在民主
周刊社举行记者会。闻一多于会后返回西仓坡西南联大教师宿舍，被暗伏之特务暴
徒若干包围阻击，闻一多头部、胸部满是弹孔，当场殒命。

　　7月25日，陶行知由于受到国民党当局的迫害，生活不安定，以及获悉李、闻
遇难噩耗受刺激过大等原因，在上海突发脑溢血病逝。

　　这一连串的惨案让沈钧儒等民盟的领导人义愤填膺，悲愤异常。李公朴被害，
他写下挽联："不再跨回来，认定前途有民主。随时准备死，造成历史最光荣。"

　　沈钧儒等民盟人员坐不住了，站了出来，向蒋介石提出了抗议。

　　在此以前，他们已经对国民党政府提出了公开谴责。1946年7月3日，国民
党政府单方面决定于同年11月12日召开国民大会。对此，民盟表明了前所未有
的反对态度，沈钧儒于13日发表谈话，指出："政府这次片面的决定召开国民
大会是一种倒行逆施，这是取消政协决议和恢复一党独裁的做法。"在他看来，
"一切经过政治协商的道路，这是今天的新的法统，谁要违背这个新的法统就是
违法。"

　　7月14日，沈钧儒与梁漱溟、张君劢、章伯钧、罗隆基、张申府、黄炎培等人

联名致信国民党要员及蒋介石，为王任、李敷仁遇害提出抗议，明确指出：陕西当局将本盟盟员一律列入暗杀名单，要求对主使人、执行人予以严办。不料想又发生了闻一多被害案。

7月22日，沈钧儒又与梁漱溟、张君劢、黄炎培、章伯钧、罗隆基和张申府等人联名抗议政府：数月来如秦风报事件，如西安、昆明各惨案，皆显然一致地为向本盟施以摧残压迫……对于和平公开之政治结社竟如此摧残，是否不惜驱迫其转为地下活动暴力革命？如或不然，则何以不见对于本同盟予以有效之保障？……李公朴、闻一多、王任诸君，始终站在本同盟立场，从事民主运动，其主张无外于要求民主、和平，其行动不出乎作言论、号召，在不犯法之范围内，而遭摧残至此，则政府究竟是否准许人民有其合法的政治活动之自由？

8月13日，蒋介石在庐山发表文告，再次宣布决定于11月12日召开"国大"。民盟发表声明，拒绝参加伪"国大"。9月初，沈钧儒再次发表谈话，表明"国大"不能由国民党一党召开。30日，沈钧儒等民盟政协代表9人致电蒋介石："在此兵连祸结之情形下，犹谓国共双方代表能平心静气，共聚一堂，以讨论国家基本大法，宁非幻想。……"

蒋介石为了使"国大"能够顺利召开，极力动员第三方面人士参加"国大"。10月15日，派邵力子、吴铁城到上海邀请民盟政协代表赴南京，并对他们说，要重开国共两党和谈，希望民盟代表多向共产党劝驾。

民盟人员从国家利益及和平愿望出发，就相信了蒋介石。此时，中国共产党已对和谈不抱指望，但考虑到民盟还在为调停奔走呼吁，遂决定与民盟代表再赴南京和谈。21日，沈钧儒与黄炎培、张君劢、罗隆基、章伯钧等作为民盟代表与中共代表周恩来、李维汉等共赴南京，和谈重新开始。但蒋介石一意孤行，谈判最终以失败告终。

11月11日，南京，国民党正忙于"国大"开幕的准备工作。沈钧儒、章伯钧与张申府来到了梅园新村拜访周恩来。因为此时，中共代表团已决定飞返延安，而国民党政府表示如第三方面肯提交"国大"名单，大会可延期。沈钧儒和一些民主党派人士就决定联名致函蒋介石，如果"国大"延期，则信上署名的人就作为第三方面提送的"国大"名单。沈钧儒签名后，觉得心里不安，就与章伯钧、张申府来见周恩来。

周恩来一见沈钧儒等人，急忙起身迎接，双方坐下就涉入了正题。周恩来严肃地提出："提出名单做开会准备，即是违背政协程序，意欲孤立中共。"这时沈钧儒等人知道受骗了，①名单一交，国民党就以此为民主党派参加"国大"的依据，来证明他们召开"国大"的合法性。于是他和张申府立即返回，将3人签名涂去。沈钧儒等3人将签名涂去，致使该函无法送出，使国民党当局骗取提名的阴谋破产。有人给沈钧儒等人戴了这么一顶帽子："中共尾巴。"

1946年11月15日，中国国民党、中国民主社会党与中国青年党召开制宪国民大会，制定中华民国宪法，并在1948年行宪国民大会上选举蒋介石为中华民国总统，中共强烈反对和抵制，国共关系全面破裂。民盟领导人拒绝参加国民大会，在南京举行记者招待会表明了观点。随着沈钧儒返回上海，又公开发表了谈话："对于现在举行的所谓国民大会，是根本不承认的，对于它所讨论的宪法，也就根本不予理会。"

1947年1月6日至10日，沈钧儒参加了在上海召开的民盟第一届中央委员会第二次会议。会议在民盟中央主席张澜和中央常务委员会的主持下召开，民盟二中全会的《政治报告》再次明确了民盟对当前时局的政治方针，即：反对内战，恢复和平。

7月5日，张澜寓所，沈钧儒与张澜、黄炎培、章伯钧、周新民、叶笃义召开会议，讨论着决定民盟生死存亡的大事。

政治形势发生了急剧的变化。1947年6月，中共中央实施三军配合、两翼牵制的战略，人民解放军开始转入全国规模的战略反攻阶段。7月4日，国民党政府不顾全国人民的和平愿望和民主要求，悍然颁布《戡平共匪叛乱总动员令》，从中央到地方层层成立戡乱委员会，实行"戡乱救国"。7日，蒋介石又发表"剿匪建国"广播演说。这让民主人士感到了心寒，于是，民盟领导就集中在了张澜家里商量对策。

张澜首先说："现在政治形势严峻，国共已经分裂。也是我们选择道路的时候了。黄炎培先生起草了一人《宣言》，请大家讨论。"

张澜的话一说完，黄炎培就将《宣言》递交给了大家。这是针对国民党政府颁

---

① 沈永忠：《沈钧儒》群言出版社2013年11月第一版，第286页。

布"总动员令"及蒋介石发表的"剿匪建国"广播演说所拟的《宣言》。《宣言》的中心还是反对内战，恢复和平。警告国民党当局"否极必复，史事召然"。沈钧儒首先表示同意，会议通过了《宣言》。

9日，张澜以书面谈话形式将《宣言》在《大公报》公开发表，《宣言》一发表，蒋介石不但不听，反而更加仇恨民盟，必欲置之死地而后快。于是，一场灾难降临了。

10月1日，国民党政府新闻局长董显光举办了记者招待会，会上宣布民盟"是中共之庸"，他说："民盟分子破坏总动员，参加叛乱，反对政府。"接着，在事先经过一系列有预谋的打击事件后，国民党政府于10月27日宣布民盟为"非法团体"。第二天，国民党中央社发表《政府宣布民盟非法》的声明，声称民盟"勾结共匪，参加叛乱"，"作叛乱宣传掩护共匪之间谍活动"，令各地治安机关对于民盟及其分子一切活动"严加取缔，以遏乱萌，而维治安"。

于是民盟南京梅园新村总部突然被包围，民盟人员的行动被跟踪监视。1947年3月7日，中共代表团结束谈判撤返延安，将中共代表团所留房屋财产委托民盟代管，民盟总部也随之迁入南京梅园新村30号中共办事处工作。

10月26日张澜在寓所召集了一个紧急会议，参加者有沈钧儒、黄炎培、章伯钧、史良和叶笃义等人。在开会过程中，黄炎培写了一个小纸条给张澜，纸条上写的是"自动解散"4个字。当时，大家的意见并不统一。最后决定推黄炎培带人到南京，会同罗隆基找国民党和司徒雷登交涉。

黄炎培等到南京后，找到了美国大使司徒雷登，想请他出面斡旋，但司徒雷登反劝民盟"光荣解散"。黄炎培等又与国民党政府高官张群、邵力子、陈立夫等人谈判，但国民党坚持要解散民盟。

邵力子了解内幕，得知事情的严重性。这位邵力子，平日待人接物一向是和颜悦色的，这次却表现得非常严肃。他直截了当地说，事情发展到现在这步田地，一切都无能为力了。他没有多说什么，就留下了一句话："民盟不成仁，便成义。"

黄炎培等人回到了上海，此时，上海的民盟领导机关所在地集益里8号内外已是军警、特务云集，他们想到了邵力子的话，"不成仁，便成义"。明白邵力子是提醒他们，含义非常严厉的：民盟或者牺牲，或者投降。

梅园新村

　　民盟面临生死存亡的关头，11月5日，民盟在上海召开会议，经商议，大家觉得不能与国民党同流合污。于是张澜主席被迫宣布民盟总部解散。此时，沈钧儒等人心里都充满了悲伤和不甘，然而，为了保存实力也只能走此一着。11月6日，张澜发表《中国民主同盟总部解散公告》，通告盟员"自即日起一律停止政治活动，本盟总部同人即日起总辞职，总部即日解散"。7日，张澜又以个人名义发表声明："余迫不得已，忍痛宣布民盟总部解散，但我个人对国家之和平民主统一团结之信念，及为此而努力之决心，绝不变更……"，他呼吁全体盟员"继续为国家之和平民主统一团结而努力，以求达到目的"。

　　民盟被迫解散后，国民党又以威胁手段放出有人要暗害沈钧儒的舆论，企图阻止沈钧儒的行动，但沈钧儒不为所动，照常正常活动。

　　民盟被迫解散了，但沈钧儒的行动没有停止，设想着做一枚"曲线救亡"的棋子。沈钧儒说过这么一句话："民盟一定要搞下去，国内不能搞，只有去香港吧！"11月下旬，经沈钧儒和民盟中央主席张澜密商，沈钧儒、章伯钧、周新民等秘密离开上海到达香港，与原来在香港的中央委员邓初民、沈志远等人会合，酝酿在香港恢复民盟总部。

1948年1月，沈钧儒与章伯钧、周新民、柳亚子、沈志远、邓初民、刘王立明等多次召开在港中执委会议，正式决定在港召开中国民主同盟第一届中央委员会第三次会议，以重新确定中国民主同盟的路线与政策，恢复民盟的公开活动。

想着这风风雨雨的日子，沈钧儒是百感交集。如今，经过努力，民盟又能恢复活动了，他怎能不激动呢？

一进会议室，柳亚子就迎了出来。两位南社人在此相见，心情都非常激动，两只手紧紧地握在了一起。柳亚子递上了一首诗。

在筹备会议期间，沈钧儒抽空与萨空了一起拜访了柳亚子，与他交流了民盟复盟的想法与部署。柳亚子非常兴奋。沈钧儒离开后，柳亚子激动的心情仍久久不能平静，于是就写了一首诗《赠送沈钧儒》，赞扬沈钧儒多年来为建立一个民主宪政的中国而奋斗的精神："南极老人应寿昌，云下降果何祥？锦囊自护美髯美，雄辩浑忘长路长。李志、曹蛉空醒醍，伍胥、张俭亦寻长。自由呼吸新天地，要为民萌作健康。"

民盟一届三中全会开幕。沈钧儒作了开幕词，他说到了会议的使命："要恢复本盟总部，继续进行艰巨的政治斗争。……今天国内形势，民主与反民主已壁垒分明，谁也看得清楚。过去国民党发动内战，加诸人民的痛苦太深了。反过来看中共在解放区实行了土地改革，人民生活得到改善，这是民主与反民主鲜明的对照，尽管美蒋勾结，玩弄什么政治阴谋，都不能欺骗人民。民盟坚决地站在人民的立场，坚决地站在人民这方面战斗，这个信念是始终不渝的。……"

参加会议的民盟中央委员有沈钧儒、章伯钧、周新民、朱蕴山、柳亚子、史良、邓初民、刘王立明等29人，还有南方总支部、西南总支部等代表12人。经过激烈辩论，会议通过了《三中全会紧急声明》《三中全会政治报告》《三中全会宣言》和《今后组织工作计划》等议案，制定了民盟新的政治路线。

1月19日，民盟一届三中全会闭幕。沈钧儒致闭幕词的声音是响亮的："今后一致为新的目标，新的路线，为着独立、统一、民主、和平、繁荣、幸福的新中国而共同奋斗！"

共产党"五一口号"　南社人风雨同舟

1948年春，随着解放战争局势的发展，中国共产党采取措施，促使更多的民主党派人士站到同中共携手奋斗的坚定立场上来。

不久前，沈钧儒向中共中央提议：解放区应成立产生联合政府的筹备机构，以对国内外号召否认蒋介石为总统。沈钧儒希望中共考虑，可否由中共通电各民主党派，建议召开人民代表会，成立联合政府，或由各民主党派向中共通电提出此项建议。民主党派、民主人士的心声，立即引起毛泽东的高度重视。于是一个想法在毛泽东的心中形成了：向全国发布"五一口号"，公开提出打到南京去，活捉蒋介石，扩大反帝反封建反官僚资本的统一战线，号召各民主党派、各人民团体、各社会贤达迅速召开政治协商会议，讨论并实现召集人民代表大会，成立民主联合政府。

4月30日，中共中央书记处扩大会议在晋察冀军区所在地——河北省阜平县城南庄召开。会议讨论通过了《中共中央纪念"五一"劳动节口号》。口号共23条，其中一条是号召"各民主党派、各人民团体的各社会贤达迅速召开政治协商会议，讨论并实现召集人民代表大会，成立民主联合政府"。5月1日，《晋察冀日报》头版头条刊发了"五一口号"。5月2日，《人民日报》头版头条全文发表。

一见到中共中央的"五一口号"，5月2日，沈钧儒和民盟及其他民主党派的负责人在香港集会讨论，一致认为召开新政治协商会议，建立民主联合政府是"我国政治上的必经的途径"，"民主人士自应起来响应"。

就在沈钧儒思考着如何采取行动，响应中共中央的口号的时候，在香港的中共华南分局负责人潘汉年前来拜访。潘汉年一坐下，就向沈钧儒递上了一封信函，说："这是毛泽东主席给您的信。"

沈钧儒急忙接过信函，立即打开看了起来。这是毛泽东5月1日写给他和李济深的。信中写道："在目前情况下，召集人民代表大会，成立民主联合政府和各民主党派、各人民团体的相互合作，并拟定民主联合政府的施政纲领，业已成为必要，时机亦已成熟。国内广大民主人士业已有了此种要求，想二兄必有同感。但欲

潘汉年

实现这一步骤，必须先邀集各民主党派、各人民团体的代表开一个会议。在这个会议上，讨论并决定上述问题。此项会议似宜定名为政治协商会议。……并提议由中国国民党革命委员会、中国民主同盟中央执行委员会、中国共产党中央委员会于本月内发表三党联合声明，以为号召。①……"

沈钧儒看了毛泽东的信函，心里一阵激动。潘汉年说，中共中央发表了"五一口号"，毛泽东特意指示他来征询沈钧儒对召开新政协的意见，并拟邀请沈钧儒、章伯钧、黄炎培、张澜等民主人士到解放区开会。潘汉年的一席话，让沈钧儒心里感到暖洋洋的。

《中共中央纪念"五一"劳动节的口号》同样得到了马叙伦、何香凝等南社人的响应。5月5日，何香凝、沈钧儒、马叙伦、李济深、章伯钧等12人分别代表"民革""民盟""民进"等民主党派和无党派民主人士，联名致电毛泽东主席并转解放区全体同胞，对中共"五一口号"表示竭诚拥护。

就在同一天，何香凝等还亲自致电毛泽东和解放区全体同胞，再次表示"贵党五一劳动节号召，……适合人民时势之要求，尤符同人等之本旨，曷胜钦企，除通电国内各界暨海外侨胞共同策进，完成大业外，特行奉达，即希赐教"。

---

① 《毛泽东年谱（修订本）（1893—1949）》下卷，第307页。

沈钧儒到沈阳

　　8日，香港《华商报》举行题为《目前新形势与新政协》座谈会，会上沈钧儒发表书面谈话指出：中共的"五一号召""是一个民主的和平的具有建设性的号召"。他认为：一、必须建立一个真正为人民服务的新政权，以代替旧政权；二、任何政府的产生必须建筑在人民的共同意志之上，必须能真正代表人民的利益；三、中共的号召证明了中共不要实行一党专政，中共绝无包办国是的意思。他在会上呼吁："凡是赞成中共这一召开新政协主张的，今天都应该起来响应这一号召，并推动这一运动，使这一运动迅速地普遍展开。"

　　5月间，马叙伦在《华商报》上发表《读了中共"五一口号"以后》一文，以无比兴奋的笔调，表明了自己支持中共的鲜明态度，对中国的未来充满了希望："我们的全面胜利快到面前了，我们该准备我们的新中国和世界见面了；另一面又告诉了美帝和世界：美帝制造成的伪装民主中国，不但是扶助了一个阿斗，也是像在热带地上装了一座冰山，一下子就变化了。所以，这次口号，实际上是对世界宣布了新中国将出现的姿态。"

　　6月4日，柳亚子、沈雁冰、冯裕芳、章乃器、朱蕴山、胡愈之、邓初民、侯外庐等在港的民主人士125人联名发表声明，热烈响应中共"五一口号"号召。声明中说道："新的政协召开之后中国历史将翻开灿烂的一页，进一步建立一个统一的真正属于人民的新国家。"

在港的民主人士合影。左起为马叙伦、何香凝、沈钧儒、蔡廷锴、谭平山、郭沫若

6月7日，在集中大家意见的基础上，何香凝又领衔共232人联名向全国妇女界发出"迅速召开新政治协商会议"的号召，号召中明确表明了支持中国共产党的态度："中山先生的友党中共，领导人民，实行'土改'，和'劳资两利'的保护工商业。这和中山先生遗教的精神是一致的，所以深得人民的拥护，奠定了人民胜利的基础，而且已进入行将全面胜利的阶段了。"

8月1日，毛泽东复电马叙伦、何香凝、沈钧儒、王绍鏊、陈其尤、李济深、章伯钧、郭沫若等人，信中对诸先生赞同中共"五一口号"并热心促其实现极钦佩。信中写道："一切民主力量亟宜加强团结、共同奋斗，以期早日消灭中国反动势力，制止美帝国主义的侵略，建立独立、自由、富强和统一的中华人民民主共和国。"①

接下来，中共中央就开始想方设法接送在香港的各民主党派领导人进入解放区，筹备新政协。

当时的香港，特务云集。在这种情况下，大批的民主人士要离开香港去解放区，困难很大。中共华南分局、香港工委和中共中央派往香港工作的人员，根据中共中央和周恩来的指示，做了很大努力，从1948年8月开始一直到1949年3月，分批把民主人士从香港安全接送到解放区。

---

① 《毛泽东年谱（修订本）（1893—1949）》下卷，第330页。

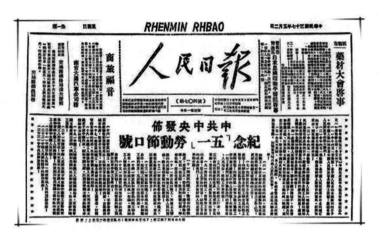

中共中央发布"五一口号"

　　沈钧儒与谭平山、章伯钧、蔡廷锴4人是第一批离开香港的民主人士。1948年9月12日晚借夜色的掩护，经过化装打扮，沈钧儒等4人在中共党员章汉夫的陪同下，乘小舢板登上苏联货轮"波尔塔瓦号"离开香港，9月27日到达朝鲜的罗津港，中共东北局负责人李富春、朱理治专程到码头迎接。28日，沈钧儒等4人在李富春、朱理治等人的陪同下乘火车继续北行，29日抵达东北解放区的首府哈尔滨，受到中共东北局负责人高岗、陈云、林枫、蔡畅等人的欢迎。到达东北解放区后，沈钧儒等人于10月2日致电毛泽东、周恩来、朱德，表示："愿竭所能，借效绵薄；今后一切，伫待明教。"第二天，毛泽东、朱德、周恩来复电沈钧儒等人，对他们的到来表示热烈的欢迎，并告知准备于明年适当时机举行新的政治协商会议。[1]

　　马叙伦是和许广平、侯外庐、郭沫若、陈其尤、沙千里、翦伯赞等二十余人作为第二批离港民主人士，由中共香港工委副书记连贯陪同护送，乘挂有挪威国旗的华中轮，于11月下旬离港，赴东北解放区，到达了沈阳。

　　沈雁冰夫妇是第五批离开香港的。12月26日夜，沈雁冰与朱蕴山等人秘密地上了香港开往大连的苏联船"阿尔丹号"。中共华南分局、中共香港工委专门派李嘉仁、徐德明等人随船护送。在海上航行了10多天。1949年元旦那天，大家互相祝贺新年，沈雁冰取出手册来请各人签名留念。李济深颔首微笑，在手册上写道：

---

[1] 《毛泽东年谱（修订本）（1893—1949）》下卷，第351—352页。

"同舟共济，一心一意，为了一件大事，一件为着参与共同建立一个独立、民主、和平、统一、康乐的新中国的大事……前进前进，努力努力。"

船在万顷碧波的中国大陆东部海面航行，风浪的颠簸，无所畏惧。1949年1月7日，船平稳地驰往大连港，①人们都蜂拥到甲板上，眺望这片神圣的自由的土地。船徐徐拢岸，岸上一大堆欢迎的人群，眼尖的夫人孔德沚兴奋地对沈雁冰说："快看，闻天在迎接我们！"随着夫人的手望去，沈雁冰也发现了人群中顾长的张闻天的身影，他正挥动双手，向这些来自香港的民族精英致意。张闻天是中共中央政治局委员、中共东北局常委兼组织部长。他代表中共中央、中共东北局在此迎候。

中共对这批知名人士十分器重，在大连稍作休息后，立刻组织他们去哈尔滨、小丰满水电站参观，然后送到沈阳。在沈阳，沈雁冰一行与马叙伦等人相遇了。

1月27日，中共中央东北局、东北政务委员会、人民解放军东北军区以及东北各界人民代表举行盛大欢迎会，热烈欢迎进入解放区的各民主党派、各人民团体以及无党派民主人士。会上，沈雁冰作了《打到海南岛》的讲话。马叙伦也即席发表演说，完全拥护毛主席提出的和平民主八项条件，并满怀豪情吟诗两首："一堂敢诩群英会，个个都缘民主来。反动未消怀怒忿，和平有路扫凶埃。后至防风须就戮，末朝封建定成灰。矛头所向无天堑，听取传书奏凯回。""喜气横眉吉语多，已教美帝叹如何。高堂坐论抒长策，众志成城致太和。正德自须新礼乐，厚生宜急利机梭。且从天半悬我眼，五十年间清大河。"

1949年1月31日，北平和平解放。2月25日，沈雁冰、沈钧儒等135人登上中共中央派来的专列"天津解放号"，满怀喜悦地进京。车进入了北平车站，罗荣桓、林彪、聂荣臻、叶剑英、彭真等人已在那里迎候，接到北平饭店住下。第二天，中共中央举行了盛大的欢迎会，沈钧儒代表民盟在欢迎会上发表演说，他高昂地说道："北平的解放，象征着全中国专制堡垒的被摧毁，预示着卖国殃民的国民党反动派统治的整个被消灭。……"

柳亚子与夫人郑佩宜及沈体兰等人一起参加第七批离港的队伍，1949年2月下旬离港北上。柳亚子夫妇由人陪伴至东山旅店暂宿一夜。第二天上午，郑佩宜先由罗雁子伴送上船。柳亚子则于傍晚由赵沨陪伴至新亚酒店，与马寅初等同进晚餐，

---

① 付裕：《追寻"北上"的足迹》人民政协报，2018年3月22日。

10时后始由罗雁子伴送上船。

2月28日中午12时，华中轮自港启程。面对万里风涛，柳亚子按捺不住满心喜悦，赋七绝一首："六十三龄万里程，前途真喜向光明。乘风破浪平生意，席卷南溟下北溟。"从香港直到北平，柳亚子豪情满怀，一路放歌。他还写了拟民谣二首："太阳出来满地红，我们有个毛泽东。人民受苦三千年，今日翻身乐无穷。""太阳出来东方明，我们有个总司令。'云台麟阁非吾愿，咱就人民子弟兵'。"表达了对毛泽东主席和朱德总司令的感激之情。

第二天黄昏，船上举行首次晚会，有平剧清唱、民歌、粤剧、魔术、讲古及集体游戏。柳亚子兴趣颇佳。轮到叶圣陶说笑话，他以谜语代之，谜面为："我们一批人乘此轮赶路。"谜底为《庄子》篇名。宋云彬猜中：《知北游》。"知"系知识分子之简称。宋索取奖品要叶圣陶作诗一首，并要柳亚子和之。叶圣陶当夜得七律一首。柳亚子和作是第二天写成的："栖息经年快壮游，敢言李郭附同舟。万夫联臂成新国，一士哦诗见远谋。渊默能持君自圣，光明在望我奚求。卅年匡济惭无补，镜里头颅黯带羞。"

从第二天起，华中轮上多次举办晚会，晚即席座谈或即兴表演，他们畅谈民国闻旧事。第二次晚会，先由柳亚子和陈叔通讲古。陈叔通讲述民国成立时南北议和秘史。柳亚子谈民初革命，他说："一以无民众基础，二以孙中山不能统御众人，当时无强有力之政党，故致徒有民国之招牌。"沈体兰在会上，绘声绘色地讲述了美国特使德迈被他们上海进步人士驳得狼狈不堪当众出丑的逸事，引得大伙儿哄堂大笑。

在3月2日的晚会即将结束时，有人提议"知北游"全体同人合唱一首歌，一时间竟无歌可选。沈体兰说："当年八一三淞沪抗战，学校遭炮火轰炸，可是麦伦中学的学生们都很坚强，常常聚在一起合唱《义勇军进行曲》相互激励。我们今天也就合唱这首歌。"由于这首歌的歌词脍炙人口，大家齐声说好，于是晚会在合唱《义勇军进行曲》的歌声中进入高潮。

3月5日，轮船抵达已经解放的山东烟台，受到烟台市长徐中夫和胶东军区参谋长贾若瑜的欢迎，在烟台停留两天后。在柳亚子等人推荐下，"知北游"一行成立了代表团，由陈通任临时团长，宋云彬为秘书长，沈体兰、刘尊棋、郭绣莹为干事，带领大家出席烟台市党政军民欢迎会。

3月7日午后，柳亚子等人继续北上，汽车当夜抵达莱阳三里庄。第二天正是三八国际妇女节，距此一里的村中，正在举行露天妇女群众庆祝大会。因风大，柳亚子没有参加，沈体兰与叶圣陶、刘尊棋及数位女士前往参加。晚上，当地举办了欢迎晚会，风略平息，柳亚子就出席了。露天场上，参加的士兵与村民，约计将近五百人。会上，解放军战士演出了花鼓戏《拥护毛主席八项条件》，改良平剧《公平贸易》《努力生产支援前线》和《南泥湾开荒》等节目，演出结束，柳亚子被推上讲话，柳亚子一上台，就大声呼喊："拥护毛主席！拥护中国共产党！打倒蒋介石！打倒美帝国主义！"兴奋至极，一下子，全场的人也都热闹起来。

又经过了10天时间，换了几次车，柳亚子等人于3月18日上午10时抵达北平。北平市长叶剑英，和先行到达的民主人士沈钧儒、郭沫若、李德全、许广平等数十人在车站热烈相迎。柳亚子等人被迎到东交民巷六国饭店。

第二天傍晚，叶剑英设宴，为柳亚子一行洗尘。叶剑英致欢迎词，叶剑英慷慨地说道："欢迎诸位来到北平。此刻犹如百里征途刚刚开始，今后要在军事、政治上继续取得胜利，尚相当艰苦。即使一切反动势力俱已铲除，犹如辟一平地，其一切建设亦非容易，贵乎大家的努力合作……"席间，柳亚子发言，他是颇为得意，大呼万岁。尽兴喝了黄酒十余大杯，自认为是数年来无此乐事矣。

不久，南社人欧阳予倩和何香凝也从香港到了北平。1949年4月，何香凝由女儿廖梦醒陪同，携孙子、孙女离开香港乘船先抵天津，转乘火车到达北平。在北平火车站，受到朱德、周恩来、邓颖超等人的热烈欢迎。当晚，毛泽东特意在中南海怀仁堂设宴招待何香凝，欢迎她的到来。

南社人在北平相聚，大家兴高采烈。

第八章　走向光明

　　1949年4月16日，柳亚子召集了南社、新南社联合临时雅集，社员沈雁冰、欧阳予倩、邵力子、沈体兰、郑桐荪、宋琳、胡先骕等16人出席雅集，应邀与会的来宾有周恩来、叶剑英、李立三等，共八十余人。1949年9月，中国人民政治协商会议第一届全体会议召开。10月1日，中华人民共和国中央人民政府成立，南社人走向了光明。柳亚子、何香凝、马叙伦、李书城、沈钧儒、沈雁冰、邵力子、欧阳予倩、沈体兰、杜国庠、田汉、陈望道、章乃器、钱昌照、胡子婴、柳无垢参加了开国大典……

——题记

迎新年风云变幻　面前程国共交锋

农历春节到来前，人们首先迎来了1949年元旦。

一清早，邵力子像往常一样打开了收音机，收听新华社的广播。只听到一个洪亮的声音从收音机里传了出来："中国人民将要在伟大的解放战争中获得最后胜利，这一点现在甚至我们的敌人也不怀疑了。"

这是毛泽东的新年献词，献词的题目是《将革命进行到底》，[①]毛泽东新年献词的发表，宛如一声春雷，一下子让邵力子震撼了。

文章的最后一部分里，毛泽东擘画了1949年中国革命的蓝图，他说："一九四九年中国人民解放军将向长江以南进军，将要获得比一九四八年更加伟大的胜利。一九四九年我们在经济战线上将要获得比一九四八年更加伟大的成就。我们的农业生产和工业生产将比过去提高一步，铁路公路交通将要全部恢复。人民解放军主力兵团的作战将要摆脱现在还存在的某些游击性，进入更高程度的正规化。一九四九年将要召集没有反动分子参加的以完成人民革命任务为目标的政治协商会议，宣告中华人民共和国的成立，并组成共和国的中央政府。这个政府将是一个在中国共产党领导之下的、有各民主党派各人民团体的适当的代表人物参加的民主联合政府。"

邵力子听完广播，感到国共两党合作的机会已经失去，昨天晚上在蒋介石官邸参加便餐的情景又展现在了眼前：

昨天下午，邵力子接到总统府总务局交际科的书面通知，要他于下午7时到黄浦路官邸便餐一叙。他来到了蒋介石官邸，一进门，就感觉到官邸里是火树银花，闪耀夺目，四周墙壁还贴着圣诞节的七彩剪纸，显示着节日的气氛，但是在座的人们表情阴郁，好似大祸临头，忧心忡忡。

参加晚会的都是头面人物：副总统李宗仁，行政院院长孙科，立法院院长童冠

---

① 《毛泽东年谱（修订本）（1893—1949）》下卷，第428页。

1949 年元旦，《人民日报》刊登毛泽东起草的新华社社论《将革命进行到底——一九四九年新年献词》

贤，监察院院长于右任，总统府秘书长吴忠信，及国民党中央常务委员张群、张治中、陈立夫、谷正纲、张道藩、谷正鼎、赖琏、肖铮、刘健群、黄少谷、倪文亚、柳克述、蒋经国、何浩若、贺衷寒、王世杰、王宠惠、范予遂、肖同兹、王启江、张其昀、郑彦棻、吴铁城、朱家骅、张厉生……共四十多人。

蒋介石走了出来，招呼人们就座吃饭。饭毕，蒋介石以低沉的语调说："现在局面严重，党内有人主张和谈。我对于这样一个重大问题，不能不有所表示。现拟好一篇文告，准备在元旦发表。现在请岳军先生朗读一遍，征求大家意见。"

张群用缓缓地语气念道："今日时局为和为战，人民为祸为福，其关键不在政府，亦非我同胞对政府片面的希望所能达成，须知道这个问题的决定，全在于共党，国家能否转危为安，人民能否转祸为福，乃在于共党一转念之间……中正毕生革命，早置生死于度外，只望和平果能实现，则个人的进退出处绝不萦怀，而一惟国民的公意是从……"

蒋介石板着面孔，露出怒气。他把国内是战是和的皮球推到了毛泽东领导的共产党人这边，想让毛泽东背上"破坏和谈"的骂名。

1949 年元旦，《申报》发刊登蒋介石的《新年文告》

全场鸦雀无声。

张群继续念道："只要和议无害于国家的独立完整，而有助于人民的休养生息，只要神圣的宪法不由我而违反，民主宪政不因此而破坏，中华民国国体能够确保，中华民国的法统不致中断，军队有确实的保障，人民能够维持其自由的生活方式与目前最低生活水准，则我个人更无复他求，……个人的进退出处，绝不萦怀，而国民的公意是从。"

谷正纲、谷正鼎、张道藩极力反对发表这个文告，坚决要求删去最后两句，甚至号啕大哭说："蒋总统不能下野谋和。"肖同兹、范予遂则表示了相反意见。蒋介石火冒三丈，一下子破口大骂："我并不要离开，只是你们党员要我退职；我之愿下野，不是因为共党，而是因为本党中的某一派系。"随即对张群说，有关他下野的一句话必须列入，言毕即愤然离开宴会厅。

邵力子坐在那里默默地沉思着，这哪里是求和文告，明明是继续内战的宣言呀！洋洋洒洒数千言，无半分和谈之诚意，唯见推脱内战责任之用心，人民能接受吗？不能，共产党能接受吗？更不能。原想把这些话在宴会上放一炮，看看蒋介石这个关键人物已不在，也就把想说的话暂时吞入肚里。

听了毛泽东的新年献词，他的神情有点黯然，他的预感将要成为现实。这些年来，邵力子一直为和平而努力周旋于国共两党之间。

1948年秋，李任夫奉李济深之命，从香港回南京探望邵力子，听取他对时局的意见，希望他能从中推动和谈，邵力子看着李任夫，眼上透露出了忧郁之色。"在艰苦抗战之后，国家又演变到这种地步，真是痛心。"说到这里，他长长地叹了一口气。又继续说："你来南京有否听到小巷深处传出来的凄楚的民谣'左等天亮，右等天亮，天亮到了，更加遭殃'，这使民众更加遭殃的世界，能说已天亮了吗？不，这里依旧是暗无天日的黑夜呀。"李任夫看看他这痛心的神色，也附和着说："一面是灯红酒绿纸醉金迷，一面是民不聊生、殍尸街头，这是什么世界呵！"紧接着又问了一句，"那你看该怎么好呢？"双眼望着他的脸色。"无论从任何方面看，除和谈之外，别无出路。可是现在双方都不肯罢手，这样下去，国家如何得了？且看下一步发展如何，如果有和谈的可能，我个人力所能及，当然决不会置身事外，请你为我转达任潮先生。"任潮是李济深的字。李任夫说了一声："好！我一定转告。"就站起告辞，邵力子送至门外，一直到看不见他的人影才进屋。

此时，听完毛泽东的新年献词，邵力子的心情是复杂而又焦虑的。夫人做好的早点他也没心思吃，就匆匆地出门去了总统府。

元旦的上午，蒋介石在南京总统府邸举行了新年团拜会。前来参加团拜会的人有副总统李宗仁、行政院院长孙科、立法院院长童冠贤、监察院院长于右任、总统府秘书长吴忠信，以及邵力子、张群、张治中、陈立夫、谷正纲、张道藩等，共六十多人。

往常全身戎装做派的蒋介石，今天穿了一身灰哔叽长袍，像一个儒雅的老学究，他面上也挂着笑容。然而，到会的人们却难以掩饰内心的沉重，只能强作欢颜，互相寒暄。蒋介石宣读《新年文告》，暗示自己将下野。其实，蒋介石并不是真的想下野，引退只不过是一场假戏。面临内外交迫的形势，他想把这担子甩给李宗仁，自己另起炉灶，争取新生。对此做了一个完全符合实际的回答，当天，《中央日报》的头版刊登了这篇文告。

1月4日，邵力子、张治中在南京招待文化新闻界人士，谈有关和谈进行事宜。有记者提问，对元旦文告有什么意见？邵力子大胆地说道："元旦文告，提出了保存'宪法''法统'等五条件而语气又含有招降意味，很不妥当。"接着他神情激动地说："现在应该是我们国民党向共产党投降的时候，怎么我们还要求共产党向我们投降？！"有记者提了一个敏感的问题："和谈能不能进行？"邵力子毫不犹豫地回答："这要看和谈有没有诚意，谈判条件是不是可行，玩弄和谈把戏是不可能进行的。"他的话一下子引起了轰动，有一位新闻界人士站起来大声说道："邵老，说出了我们想说而没有说或不敢说的心里话。"

1月16日，蒋介石又邀约邵力子和孙科、张治中、张群、吴铁城和民社党头目张君劢、青年党负责人左舜生到黄埔路官邸晚餐。就在两天前，1月14日，中共广播电台发表了毛泽东主席《关于时局的声明》，声明提出了"和谈八条件"，一下子在国民党官员中引起了震荡。①

饭后，蒋介石就毛泽东主席所提的"和谈八条件"听大家的看法。孙科首先发言说："中共所提八个条件，是要我们无条件投降；他们不能以战胜者自居，和谈应在对等地位上进行才行。"邵力子却接着孙科的话说："三大会战结束，人家本来就是战胜者嘛，我们还有什么话说！"这时张治中看到蒋介石的脸色不对，忙转弯说："今天主要是听取民、青两党的意见，我们党内改天再谈吧！"

1月17日上午9时，邵力子又参加了国民党中政会，这次会议的议题又是讨论和谈问题。由行政院长孙科主持，蒋介石没有参加。会上，一下子引成了两派，双方尖锐对立，激烈交锋。邵力子、张治中等人主和，谷正纲、张道藩等人主战。没有结果，不欢而散。

1月21日，蒋介石宣告下野，李宗仁于22日就任代总统职，通电申明："政府工作目标在集中于争取和平之实现。个人服务方针，亦夙以人民意志为依归。"不久，邵力子又走上了和平谈判之路。

李宗仁上台后，急于扑灭还在蔓延的战火，为自己脸上增加几分光彩，立即电邀李济深、章伯钧、张东荪等共同策划和平运动，同时指示行政院作出决议：派邵力子、张治中、黄绍竑、彭昭贤、钟天心为代表，指定邵力子为首席代表，等候中共代表在双方同意的地点进行和谈。同时，又请邵力子去上海与黄炎培、罗隆基、张澜等民主人士联系，希望他们为促成和谈有所赞助。

---

① 《毛泽东年谱（修订本）(1893—1949)》下卷，第436页。

上海人民和平代表团

　　1月31日，上海，一场特别的会晤在进行着。李宗仁是在邵力子的陪同下乘专机到达上海的。他分别与颜惠庆、章士钊、江庸等会晤商谈，延揽"第三方面"人士为和谈出力。他们会晤了章士钊，李宗仁与章士钊的对话，表明了和谈的用意。章士钊说："和平是人民所盼，国家所需，但和谈应有诚意，我自然愿尽点微薄之力。"李宗仁说："我是为和平上台的，当然会拿出和谈的诚意，不会自己打自己耳光的。"

　　2月13日上午10时半，中央航空公司XT537号专机，由上海龙华机场起飞，邵力子坐在机舱里，随着机身的移动，心也在不停地起伏。经李宗仁多次与各方商量，最后决定先由颜惠庆、章士钊、江庸三人以"上海人民和平代表团"名义北上，邵力子则以私人资格一起前往。

　　飞机于下午2时15分抵达青岛，原想加油后再续飞，但机身左前轮破裂了，只得在青岛迎宾馆住了一夜，第二天乘原机离青岛，于下午4时半抵达北平。

邵力子真情解难　　开明士弃暗投明

　　一到北平，邵力子等人立即感受到了解放区的新鲜空气。街面上秩序井然有条，市民们兴高采烈，脸上都露出了自然的笑容。邵力子大吃一惊，解放军入城不过半个月的时间，北平城里却是一片祥和景象，对比上海和南京，真是天壤之别。

他们住进了六国饭店。2月20日，董必武、罗荣桓、薄一波、聂荣臻、叶剑英在北平饭店举行招待民主人士的宴会，邵力子与颜惠庆、章士钊、江庸应邀参加。

宴会在十分热情友好的气氛中进行，董必武特前来向邵力子敬酒，对他做的一件往事表示感谢。想不到董必武还记着这件事，邵力子心里是一阵激动。

那是在1947年3月7日，董必武率中共在上海、南京的留守人员也撤回重庆，邵力子又一次赶来送行。当时，董必武很感动，心里暗道：这是共产党的真朋友啊。又一年后，董必武派出秘密人员，带着自己的亲笔信去南京找邵力子，因为解放区困难，请邵力子帮忙购一些面粉和大米，一万斤不嫌少，十万斤不嫌多。邵力子知道"国统区"对粮食也是禁运的，何况还是运给共产党的。但他没有推托，一个电话叫来了负责主管粮食调配的徐恭让，让他搞一张运粮证。徐恭让问，从哪里起运，发到哪里？来人道："上海发货，天津中转。"徐恭让一听就明白了，但他没有说破，只是道，他的审批权限只有八万斤。"八万斤也行。"来人道。为了保险起见，邵力子还让徐恭让专门陪同来人去了上海、天津，一切办得妥妥当当，方才返回。听说此事办妥，邵力子轻松了一些，他当时想的是没有能力阻止蒋介石发动内战，只能对共产党尽自己所能，帮助一点是一点。

董必武不忘旧事，一个劲儿地感谢邵力子为延安搞来了八万斤面粉，"那真是雪中送炭，救了延安的急呀。"

共产党的几位首长罗荣桓、薄一波、聂荣臻、叶剑英都热情地向他与另外三位敬酒，热烈欢迎他们为和平前来北平。邵力子的一些老朋友也来敬酒了。当沈钧儒来到他面前时，邵力子拿起酒杯一饮而尽。两位南社人在这种场合见面，邵力子心中更是感到喜悦。

邵力子也在席上发了言，他说："我是四位北来老人中的小兄弟。和平是'野火烧不尽，春风吹又生'，希望和平障碍得以扫除。我此来不代表任何方面，惟江南人民切盼和平，并且宁愿选北平式的和平，不愿选天津式的和平"。言毕，又走到傅作义面前敬了一杯，他的言论与行动，得到了阵阵掌声和赞誉声。

宴会结束时，叶剑英走过来通知邵力子几位，毛主席将在明后天与他们会面。

22日，邵力子4人从北平乘专机飞往石家庄，并随即乘车前往中共中央驻地平

1949 年 4 月 1 日，中国共产党和国民党代表团和平谈判

山西柏坡。下午 7 时到达，受到了毛泽东、朱德等中央领导人的亲切接见。[①]

一见面，毛泽东就用那宽大的手掌与他们一一握手，他微笑着用那浓重的湖南口音说："欢迎你们来北平，中国人民是希望真正地永久和平的。"

接着，4 人就与毛泽东、周恩来就国共和谈的可能性以及南北通邮、通航问题广泛地交换了意见。2 月 24 日，毛泽东、周恩来同邵力子等四人进行非正式谈判，达成了八项秘密协定。因为中共方面不相信蒋介石的和平诚意，因此声明，这八项协定只能交由李宗仁，不能向任何人透露。代表团的颜惠庆、章士钊、江庸等人都是民主人士，唯有邵力子是蒋介石政权的中枢人物，他能答应不向蒋介石透露，说明此时他在内心中已与蒋介石割袍断义了。八项秘密协定达成后，邵力子他们就高高兴兴地乘飞机飞返北平。

2 月 27 日上午，邵力子和代表团人员满怀喜悦离开六国饭店去西苑机场，临行前，叶剑英拉着邵力子的手，轻轻地说，毛主席和周副主席要他代为向邵力子征求意见，邵先生是以个人身份来的，不像其他代表，要赶回去汇报。邵先生既然没这个任务，可否留下来，参加即将召开的新政治协商会议。

邵力子心情一阵激动，这说明共产党已经将他从朋友视为自己人了。一时间，他的双眼竟然湿润了："感谢润之先生和恩来先生的关怀，我很想留下来。但我现

1949年5月，南京政府和平商谈代表团代表在北京中山公园，右起：邵力子、张治中、李蒸、张丰胄

在要回去，要与李德邻好好谈谈，劝他不要放弃和平的机会。我还会再来。"李德邻即李宗仁。

邵力子等人乘专机离开北国风光，飞向南京明故宫机场。机舱内，邵力子面对着舷窗门外变幻不定的浮云，思绪纷飞。颜惠庆颔首笑诺，章士钊、金山妙语横生，雅兴倍增。

从西柏坡返回到了北平，稍事整顿，代表团又忙着回南京。到了南京，4人住在南京市鼓楼区中山北路178号首都饭店。下午5时，李宗仁来首都饭店看望邵力子及代表团成员。他听到和平谈判进展顺利，和平之门要开启时，心头像有烈焰在燎动。即刻设宴招待赴京谈判的全体人员，频频举杯庆贺邵力子一行赴京圆满成功。邵力子在宴会上真诚地说："和谈前途困难很多，希望甚大，感到快慰。"更增添了宴会欢乐的气氛，增强了李宗仁等人和谈的决心。

国共谈判仍在继续，国民党方面又派出了南京政府和平商谈代表团，邵力子仍为代表之一。因为代表团首席代表张治中临行前去了溪口向蒋介石请示谈判事宜，引起了中共的反对，所以在接待方面降低了规格，以示薄惩。

谈判进行得颇费周折，国民党的6位代表，除了邵力子认为国民党应付内战责任，同意惩办战犯外，其余5位都不同意惩办战犯，还提出立即停战，解放军不要过江等不合理要求。

"力子先生深明大义，表明他已经与我们站在一起了。"周恩来对叶剑英道。"对的，邵老的心与我们越贴越近。"叶剑英拿出一张纸条递给周恩来，"这是邵老悄悄给我的。"周恩来接过来扫了一眼，是邵力子的笔迹，写道："随中航专机送国民党和谈代表来的郭子玉是军统航空检察署的特务，此次来平，当有使命，还望小心。"①

叶剑英告诉周恩来，他已经将所有从南京到北平的人员审查了一番，巧了，竟发现自己几十年前的一位老同学，航空专员于仲仁。因此，他向周恩来建议，争取于仲仁，利用国民党的专机，将解放平津和华北、西北、中南各大城市缴获的几百万亿金圆券运到江南去。周恩来眉毛一扬，"行，但要绝对保密。"

争取于仲仁的工作很成功，他愿意为即将到来的新中国而尽力，问题是他调动不了专机，这就需要人来配合。于是就找邵力子商量，邵力子想了个办法，他去找张治中，说上海来电话，夫人病了，他想乘飞机回上海看看，速去速回，误不了事。张治中与邵力子关系一向甚好，连忙催他回上海看望夫人。他抄起电话通知机组，下午就起飞，由郭子玉随机陪同。郭子玉负有特殊使命，当然不能随便离开北平，因此他谎称腹痛进医院挂水，让于仲仁代为陪机。这正中邵力子下怀。

躺在病床上，郭子玉越想越不对劲，邵力子为何急匆匆要调专机回上海？他几次要求医生拔下针头，但都遭到了拒绝。几个小时后，输液结束，一打听，飞机早上天了。气得他对跟随过来的医生没好气吼道："跟着我干什么，肚子不疼了。"医生扬扬手中的听筒："如何？我诊断的没错吧，药到病除。"

在邵力子的护送下，十几箱金圆券安全抵达目的地，交付中共地下党人员手中。邵力子在上海稍作停留，看望了一下夫人傅学文，第二天邵力子就回到了北平。

晚上，叶剑英来看望邵力子他们，叶剑英笑容可掬，握着邵力子的手，连声道："辛苦辛苦。"站在一旁的章士钊有点纳闷，邵力子回上海只是看望一下夫人，有什么辛苦可言，值得叶剑英专程来一趟。

4月13日至15日，国共双方举行正式会谈，15日达成了《国内和平协定》最

---

① 舒风：《周恩来与邵力子》华文出版社2001年8月第一版，第234页。

后修正案。中共中央宣布南京政府必须于4月20日前表明态度。黄绍竑和屈武带了《国内和平协定》到南京。

受蒋介石的影响，南京方面也明确拒绝承认"协定"，并通知代表团返回南京。邵力子第一个回电，表示拒绝返回南京。这是他与蒋介石的诀别。但张治中却表示："别人留在北平或是回到南京，悉听尊便，我本人是要回南京复命的。"

周恩来听到张治中的回答，情绪很激动，坚决不同意张治中回南京："西安事变时，我已经对不起一位姓张的朋友了，现在不能再对不起姓张的朋友。"①

邵力子知道，周恩来说的姓张的朋友，一位是张学良，另一位就是张治中。邵力子知道张治中的心病，他是被封建思想束缚住了。封建思想宣扬的是忠臣不事二主，所以张治中不忍在蒋介石最困难之际弃他而去。邵力子立刻找到张治中，语重心长地劝解张治中："文白贤弟，论与蒋介石的关系，我并不比你远。我们都是他身边人，蒋先生平时也确实对我们不薄。但是中国有句名言：良禽择木，贤者择主。我同意忠臣不事二主，但是这位主也得是明君呀！不论什么样的主你都忠贞不渝，那你就是愚者！现在蒋介石倒行逆施不得人心，他要把中国引向歧途。我们再跟着他干下去，就不是聪明与愚蠢的问题了，而是为虎作伥了，你将成为历史的罪人！你再想一想，凭蒋介石的脾性，他能放过你吗？"

张治中依然沉默。他嘴上虽然没有说什么，可是看得出来，他的心里有难言之隐。邵力子明白张治中的苦衷，他又向周恩来建议："周副主席，张治中的家人都在上海，为了防止国民党拿他们当人质，应该及早采取措施，也让张文白少了后顾之忧。"周恩来微微一笑："我们对此事已早有安排了。"听了周恩来的话，张治中的脸上才多云转晴。②

几天之后，周恩来来找张治中："文白，有位客人一会儿要到北平，麻烦你陪我到机场去迎接一下。"张治中听到周恩来的邀请，心中就是一愣：共产党这时来了什么贵客了，还要周恩来亲自前去迎接？再说了，就是来了尊贵的客人，也用不着我去迎接呀？张治中稀里糊涂地被周恩来拉到了机场。

待飞机一落地，张治中见从飞机上走下来的竟是自己的妻儿，"唰"两行热泪像断了线的珍珠一样，顺着他的脸颊滚落下来！共产党能从上海把我的妻儿接到北

---

①　王中天：《张治中留北京以后》，《文史月刊》2012年第五期。

②　朱顺佐：《邵力子》花山文艺出版社1997年3月第一次印刷，第331页。

平，这已经做到仁至义尽了，万万想不到，日理万机的周副主席，竟然亲自到机场来迎接，我……张治中激动地给周恩来深鞠了一躬："感谢共产党！"

邵力子也为张治中高兴，当晚举行便宴，欢迎张治中一家在北平团聚。解决了后顾之忧，张治中开始全力为新中国的成立工作。张治中与邵力子等人主动给广州的李宗仁、何应钦发去电报，剖陈利害，共商和平之道。5月27日，邵力子与其他52人在《解放日报》发表公开声明，宣布"与国民党反动派断绝关系，将诚心诚意地接受共产党的领导"。

李书城奔走"和平"　主正义报告实情

1949年1月16日，湖北人民和平运动促进会在省议会成立。李书城主持会议，通过了湖北人民和平运动促进会的简章。会议选举了熊乘坤、李书城、耿伯钊、周杰等39人为理事会的干事，李书城为总主席。

1948年，李书城的家在珞珈山下，与武汉大学只隔着一条街。武汉市武昌中部珞珈山，风景秀丽。珞珈山原名罗家山，亦名落袈山。现在这个名字，是国立武汉大学首任文学院院长闻一多先生改的。

此时，他正在家接待一位贵客：桂系军官李品仙。

李品仙，字鹤龄，广西苍梧人，国民革命军陆军二级上将，在桂系中的排名仅在李宗仁、白崇禧之下。他听过李书城的课，也自认是李书城的学生。

李品仙来找李书城，不是来拉家常的，而是代表白崇禧前来与李书城商议一件大事：请李书城在湖北发起一场和平运动。

1948年秋天，人民解放军以迅雷不及掩耳之势，进行了辽沈、淮海、平津三大战役，战争形势，急转直下，蒋军覆灭之局已定。时任"华中剿共"总司令的白崇禧，在武汉拥有重兵，此时的他，想乘机排蒋而拥李宗仁上台。

1948年12月17日，白崇禧到南京与李宗仁密商达成共识后，回到武汉后，利用社会舆论，公开向蒋介石提出了"和平解决"的主张。同年12月25日，在白的导演下，省参议会通过了一个致蒋介石电，警告蒋要"立谋改弦更张之道"，"循政治解决之常规，寻求途径，恢复和谈"。就在此时，白崇禧想到了李书城。李书城是元老，在国民党和武汉城内都有威望。

李品仙见了李书城，就开门见山地说："战争已是毫无胜利希望，但蒋介石还毫不觉悟，一意孤行，想把战争继续打下去。"李书城接口道："打下去是没有出路的。""是的，"李品仙喝了一口茶就直入主题，"现在武汉和全国人民都需要和平，如果本地士绅们出来说几句话，全省乃至全国人民都会起来响应的，这样就可逼蒋停战议和；如蒋违背民意，则可联合各省军民逼他下台，由继任主持议和。"李书城没有表示反对。最后，李品仙转达白崇禧之意，请李书城在湖北发起一场和平运动。

李书城明白白崇禧的用意是想借和平运动逼蒋下台，而拥李宗仁继任总统。他虽不愿为桂系的阴谋效劳，但他的脑海里立即有了一个想法，如果蒋桂间发生冲突，则有利于解放军顺利南下，解放武汉。

于是，李书城详细了解了白崇禧的意图后，找到了省参议员周杰。这周杰是一向反蒋、主张和平的，与周杰一起约请武汉社会各界人士，共同发起组成了一个"和平运动促进会"。

由于李书城的威望和当前的形势，"和平运动促进会"的组织工作非常顺利。省议会副议长艾毓英、省主席张笃伦也参加了。艾毓英还提出可将省议会作为和平运动促进会的会址，并令省议会的全体工作人员都兼任起该会的日常工作来。

和平运动推开了，许多有名望的人都参加了，人数甚多，声势很大，让蒋介石为之惶恐不安。1949年元旦，蒋介石发表文告，也装出一副主张和谈的姿态，他要从桂系手中夺回这块"和平"的牌子，保住自己的位置。

蒋介石派张群来到了武汉。省主席张笃伦当日设宴欢迎张群，李书城和耿伯钊、艾毓英、陈时、韦卓民以及武汉大学校长周鲠生等人应邀作陪。

在宴席上，李书城发言，他没有隐瞒自己的观点，他首先痛斥了蒋介石祸国殃民的政策，继而说道："和平的关键问题厥为蒋总统的个人出处问题。"他要张群回南京直言告知蒋：早日辞职，减轻罪戾。李书城的发言可谓是一石激起千层浪，参加的人相继发言赞同。张群见势不妙，宴会散后，就离汉而去。

1949年1月16日，湖北人民和平运动促进会在省议会成立。会后，由谈瀛起草、李书城审定的《湖北人民和平促进会宣言》在武汉城张扬开了。宣言指出："抗日战争结束后，人民都希望安定，要求休息，一致认为国家大事应由政治途径解决，不应该用武力手段解决，使大家获得休养生息的机会，使国家走上和平建设的坦途。……三年来在其豆相煎之下，除了极少数人外，全中国人民哪一个不是辗转呻吟、倒悬待救呢？人人都诅咒战争，人民都渴望和平，战争该止了！和平该实现了！"

有一天，白崇禧来找李书城。白崇禧的到来，让李书城有点意外，他不知白崇禧葫芦里卖的是什么药。

李书城把白崇禧迎进了屋内，一坐下，白崇禧问了一个问题，让李书城感到十分意外。白崇禧问李书城在共产党方面有没有朋友？

李书城不知白崇禧的用意，但还是回答说："中共领导人中的吴玉章、董必武、林伯渠三先生，有的是我的同乡，有的是我同盟会的旧友，都可以开怀畅谈。"

白崇禧说："能否去一趟解放区，谈一下和平？"

李书城说："我可以用湖北和平促进会代表的名义，到北方去走一趟。但共产党方面若问及你对和平的意见如何，条件如何，我不能代答，最好你写一封信给我，说明你对共方提出的条件哪些可以承认，哪些你不同意，让我带去给他们看看，以便作商谈的基础。"

1949年1月21日，蒋介石宣布"引退"，由副总统李宗仁代理其总统职务。22日，李宗仁以代总统身份表示愿以中国共产党所提八项条件为基础进行和平谈判。同时，白崇禧也在报上发表谈话，表示"中共所提条件均可商量"。

23日，李书城以湖北人民和平促进会代表的名义带了白崇禧的私人信件和《湖北人民和平促进会宣言》，邀约了共产党员李伯刚和一名随从沿平汉铁路离汉北上。白崇禧的信是给刘伯承、陈毅二位将军的。在信中他说希望停战言和，早日结束战争，对共方所提出条件的8条中除头一条要惩办战争罪犯外，其余7条他都表示同意。

1949年1月的天气，天寒地冻，朔风凛冽，河南正下着鹅毛似的大雪。李书城不畏严寒，不畏艰险，坐着敞篷军车，来到了解放区。一进解放区就被繁荣景象所感动了。

2月的一天中午，陈毅和刘伯承二位将军特到李书城住处去看望他，陈毅一见到李书城，就对于他为和平愿望远道北上，表示热忱的欢迎，并在归德（即商丘）市政府内设午宴招待他们一行。

李书城故居

李书城

陈毅和刘伯承的接见，让李书城十分感动。席间，李书城将白崇禧的亲笔信和《湖北人民和平促进会宣言》转交给了二位将军。二人看后，详细地向李书城询问了白崇禧在武汉的情形以及湖北和平运动促进会的成立经过。

陈毅对李书城说："解放军一定要解放全中国，不能让大小军阀割据中国领土，与解放军对抗；国民党的军政人员必须放弃地盘思想，退出所占据的地方……桂系还想窃据南京的旧摊子，依靠美帝国主义的援助与解放军对抗，但是，解放全中国，这是任何势力都不可阻挡的。"

陈毅希望李书城回武汉后，要联合当地的爱国民主人士，力图在人民解放军进军武汉期间，设法保护好人民的生命财产，防止敌人破坏。刘伯承也鼓励他回武汉后好好地组织各方力量，以迎接解放军进城。

陈毅和刘伯承把他当成了自己人，诚恳的坦率话语让李书城心境大开。临别时李书城一再对二位将军的邀请表示感谢，他深切地说道："书城在解放区的一月之行，真是大开眼界。二位将军让我认识到了以后努力的方向。"

2月20日，李书城回到武汉。此时，白崇禧尚在南京未归。白崇禧在达到逼蒋下台的目的后，逐渐卸下和平伪装，在武汉积极备战。至此，李书城终于认清了白崇禧的阴谋和蒋桂的反动本质。省主席张伦已离职，换上了桂系用的湖北军人朱鼎卿。

武汉军队正忙于备战，人心惶惶，并且谣言四起，说"共军所到之处，要拆散原有的夫妻，把妇女另行指配"等，一些人惊慌失措，将全家都搬出了武汉。

中共武汉地下党组织秘密收录新华社和各解放区电台广播的小楼

李书城见此情此景，心里很不是滋味，在省参议会为他举行的欢迎会上，作了关于解放区的真实情况的报告。参加会议的有省参议会的全体议员和和平运动促进会的干事们。有许多大学教授、学生、记者以及市民百余人前往旁听。他讲了几个问题，一是关于中原目前形势，二是关于妇女的地位，三是关于解放区实行的土地改革，四是关于解放区和教育文化。

李书城的报告，如同一盏明灯，使当时正处在黑暗统治下的武汉人民心中一亮。第二天，武汉各报以显著篇幅报道了他的讲话内容后，武汉市民莫不争先抢读。不几日，上海的一些报纸也转载了他的讲话。

就在这时，中共武汉地下党组织负责人找到了他，在地下党的安排下，李书城又接连到武汉大学、华中大学、中华大学等学校向广大师生作了解放区之行的报告，收到极好的效果。

他还在省议会和自己的家里多次接见各界人士和新闻记者，一一解答他们所提出的问题。还分别写信给离开武汉的朋友们，介绍他在河南解放区的所见所闻，要他们别轻信"共产共妻"的谣言。有些人接到信后，很快返回武汉了。还有外省的一些朋友也来信向他询问解放区的真实情况，他都一一回信相告，劝他们不要四处逃避。

就在李书城积极宣传共产党和解放区的景况时，国民党当局也就盯上了他，派出特务对他盯梢、跟踪。

一天，他的儿女们急急忙忙地来到了武汉珞珈山家中，李书城一见他们到来也十分奇怪。儿女们气喘吁吁地说，他们听说有些反动分子放出风要刺杀李书城，有些特务还写恐吓信说要把李书城装进麻布袋，扔进大江里。有一天，他们又听到一个传言，说李书城通共，已被逮捕。因而他们急急忙忙地赶来了，如今看到父亲安然无恙，方才舒了一口气。

李书城听到了这些情况，气愤地说，这是他们想动而不敢动，故意这样说出来吓唬我，以封住我的嘴，不准我讲真话、讲实话。然而李书城毫无惧色，一如既往，继续接待各方人士，继续在各种场所介绍解放区的真实情况。

为了保护他的安全，武汉大学的师生们自动组织起来，轮流派人在他住宅周围巡逻，他为此十分感动，更增强了与国民党作斗争的信心。

新中国曙光初照　柳亚子诗意盎然

1949年3月25日下午，柳亚子和沈钧儒等人随着中共中央的在京人员一起坐车来到了西苑机场。

柳亚子坐在车上，心里十分兴奋和激动。他们是到机场参加毛泽东检阅人民解放军的活动。

3月23日上午，毛泽东率领中共中央机关离开西柏坡前往北平，这是一个具有历史意义的日子。①中共中央进驻北平，中国共产党很快要成为执政党。为此，毛泽东主席联想起中国历史上的农民起义领袖李自成，由于居功自傲，导致失败的沉痛教训。出发时，毛泽东对周恩来说："今天是进京的日子，进京赶考去。"周恩来笑着说："我们应当都能考试及格，不要退回来。"毛泽东说："退回来就要失败

---

① 《毛泽东年谱（修订本）（1893—1949）》下卷，第470页。

了，我们决不当李自成，我们都希望考个好成绩。"

25日上午，毛泽东等中央领导到达北平清华园火车站，他们随即改乘汽车前往颐和园益寿堂。下午5点，毛泽东等中央领导前往西苑机场检阅人民解放军，柳亚子作为一介文人，经历了这壮观的场面，只感到心旌荡漾，热血沸腾。

晚上，毛泽东又在颐和园（益寿堂）宴集，直到午夜2时方才回六国饭店，柳亚子尚无倦意，又赋诗四首，可见兴奋。其中两首道："中国于今有列、斯，万家欢扩我吟诗。华、拿陈迹休怀念，希、墨元凶要荡夷。民众翻身从此始，工农出路更无疑。仁看荼火军容盛，正是东征西怨时。""二十三年三握手，陵夷谷换到今兹。珠江粤海惊初见，巴县渝州别一时。近水鏖兵吾有泪，燕多定鼎汝休全。百万大军南下好，夫差授首甬东天。"

26日、27日又是宴请、观剧、讲演，各种活动不断，柳亚子也经常喝得酒酣耳热，大呼痛快。没想到28日晚，他却写了《感事呈毛主席一首》，其中包含着牢骚："开天辟地君真健，说项依刘我大难。夺席谈经非五鹿，无车弹铗怨冯驩。头颅早悔平生贱，肝胆宁忘一寸丹。安得南征驰捷报，分湖便是子陵滩。"

柳亚子的牢骚不是没来由的。就在早些时候，中共与到达解放区的各党派领导人商定：新政协代表，每党推举6人参加。在柳亚子到达解放区之前，民革中央举行联席会议，推选李济深、朱蕴山、李德全、陈邵先、梅龚彬、朱学范6人为代表，同时，也提出希望增加何香凝、柳亚子、张文3人。这样，满怀希望来到北平的柳亚子，有可能不能参加新政协筹备工作！在3月22日的文协联席会议上，柳亚子只是与会者的普通一员，第二天出席文协会议，又没有列名常委名单，北平的文代会筹委会没有柳亚子的位置，全国文联领导机构也没有柳亚子的位置，名满天下的大诗人，南社的创始人，毛泽东的老朋友，却成了一位普通看客。

其间，又发生了一些误会。一天，他想去西山碧云寺参拜孙中山先生的灵堂，要接待部门安排车子。当时，中共中央初入北平，百事待举，车子实在不够用，工作人员认为柳亚子去西山不一定非要派车不可，就没有派车。柳亚子很生气，便写信给相关负责人连贯，并请转告周恩来。连贯认为这等小事不能去干扰忙得不可开交的周副主席，便未将柳亚子的话转告给周恩来。而柳亚子却以为是周恩来不理睬他了。

本来有些事情可以与毛泽东当面说，但文人爱面子，这些话柳亚子难以启齿，于是以诗说事，这也是文人的风格。

　　毛泽东关心着柳亚子，也知道柳亚子的不满，接到柳亚子的诗后，觉察到柳亚子的言外之意，高度重视。他曾对身边的工作人员说："我这位老诗友的倔脾气又上来了，看来还得好好和他谈谈，以便更好地发挥他的积极性啊！"

　　毛泽东立即派人将柳亚子从六国饭店接出，用汽车送柳亚子去新的住处颐和园益寿堂。颐和园是慈禧的皇家花园，那条件、风景都没得说。柳亚子自然满意，于是，他在《赠邓子平》一诗中写道："嘘寒问暖费经营，豪气能消邓子平。出入车鱼宁有憾？播迁吴粤岂无名！狂奴肝胆吾轻剖，琐事眠餐汝总成。自是人间美男子，翻疑母性太多情。"

　　1949年4月29日，毛泽东不顾手头诸事繁忙，采取诗词唱和形式，给柳亚子和了一首情真意切、哲理深远的绝唱《七律·和柳亚子先生》，[①]出于诗友和诤友间的相互爱护之情，回顾了两人的友谊，委婉含蓄地批评了柳亚子的牢骚情绪，真诚地挽留他在北京参加新中国成立工作："饮茶粤海未能忘，索句渝州叶正黄。三十一年还旧国，落花时节读华章。牢骚太盛防肠断，风物长宜放眼量。莫道昆明池水浅，观鱼胜过富春江。"

　　柳亚子得诗后，真正感受到了毛泽东没有忘记他，非常感动，于是，就有定居北平之意。立即和了一首诗作答："昌言吾拜心肝赤，养士君倾醴酒黄。陈亮陆游饶感慨，杜陵李白富篇章。《离骚》屈子幽兰怨，风度元戎海水量。倘遣名园长属我，躬耕原不恋吴江。"

　　5月1日下午2时许，毛泽东到益寿堂访柳亚子。[②]

　　在明媚的阳光下，毛泽东与柳亚子合影留念。然后在益寿堂后轩品茶。喝了几口茶后，柳亚子就拿出近作给毛泽东看，毛泽东兴致也很浓，两人畅谈诗词，一发而不可收拾。

　　看到两人兴致正浓，郑佩宜就提议说："现在阳光很好，空气适宜，可以一同乘画舫去昆明湖一游。"

　　于是，柳亚子、毛泽东一行出益寿堂，联步长廊，边走边谈，往昆明湖走去。

　　两人古今中外地谈着，时间不知不觉地过去了。画舫游昆明湖一周而返，时已薄暮。

---

　　① 《毛泽东年谱（修订本）（1893—1949）》下卷，第492页。
　　② 《毛泽东年谱（修订本）（1893—1949）》下卷，第495页。

毛泽东《七律·和柳亚子先生》诗

　　游船绕过湖心岛龙王庙，通过精美而别致的七孔桥，这时看见湖东岸已经聚集了许多人。不用说，他们是在看毛泽东的。为了毛泽东的安全，警卫人员建议游船从十七孔桥的东南角靠岸，从南便门让毛泽东上汽车回去。可是毛泽东不同意这个建议。毛泽东说东岸人多怕什么？你们不要怕群众嘛！这样，游船只好往东岸靠近了。

　　毛泽东还没有上岸，岸边上的群众就高呼"毛主席万岁！"有很多人冲着毛泽东使劲地鼓掌。

　　毛泽东上了岸，人们一下子就把毛泽东围了起来。有的还想和毛泽东握手。看这种情况毛泽东很关心柳亚子，他照顾着柳亚子和他肩并肩地一起来到大门口的时候，那里的群众更多，人都挤满了简直无法再往前走了。这时，来了不少解放军，帮助维持秩序，他们劝说着那些特别热情的群众，组成了人墙。这样，毛泽东和柳亚子才走出了大门。

　　毛泽东与柳亚子话别，相约5月5日再见。

　　回到益寿堂后轩，柳亚子又诗兴大发，一首七律《偕毛主席游颐和园有作》一挥而就："朽木难雕午梦忘，衣冠颠倒讶苍黄。南阳讵敢劳三顾，北地犹堪赋百章。挈妇将雏都磊落，同舟联步费商量。名园真许长相借，金粉楼台胜渡江。"①

　　5月5日，是孙中山就职广州非常大总统28周年纪念日，又是马克思130周年诞辰。上午，毛泽东派秘书田家英率警卫、摄影若干人，以双车来接柳亚子。柳亚子偕郑佩宜及范志超、余心清同往香山碧云寺，恭谒孙中山灵堂及衣冠冢，并摄影留念。②

　　柳亚子悲喜交集，感慨无尽，赋《恭谒孙中山先生之灵堂有感》七律四首。诗前有一长序："中共领袖毛主席，实为真正继承孙先生衣钵之人，自反帝、反封、节制资本、平均地权，以及耕者有其田诸口号，凡中共所揭橥而实行者，无一不与孙先生政策相符。其倡导之新民主主义，亦从三民主义中扬弃而来，为现阶段必然发展之途径。"

　　中午，柳亚子一行赴毛泽东处参加家宴，陪客者有朱德、田家英等，主客共9人。③酒过三巡，柳亚子就说道："谈诗论政，言谈极欢。自揆出生六十三龄，平生未有此乐也！"

　　大家谈诗论政，极为高兴。散席的时候，柳亚子拿出随身带去的《羿楼纪念册》，请毛泽东和朱德题词。毛泽东写了一首联句诗："池塘生春草，空梁落燕泥。竹外桃花三两枝，春江水暖鸭先知。""池塘生春草"出自南北朝谢灵运的《登池上楼》；"空梁落燕泥"出自隋代诗人薛道衡的《昔昔盐》；"竹外桃花三两枝，春江水暖鸭先知"出自宋代苏东坡的《惠崇春江晚景二首》。四句诗而集三人之句，读来却不见一点斧凿痕迹，犹出一人之手，浑然天成。毛泽东的集句诗，既充分表达了冬天已逝，春天即将到来的情景，更表达了中国革命即将取得胜利，新中国即将诞生的喜悦和兴奋。

　　5月中旬，柳亚子致信毛泽东，建议设立国史馆，修撰《南明史》《中华民国史》等专史，建议妥善安顿碧云寺孙中山衣冠冢留守处工作人员生活，并希望在江苏省人民政府担任职务。与此同时，他听闻有人对他的诗文做出一些不切实际、实

---

①　张明观：《柳亚子传》第571页，《磨剑室诗词集》，第1590页。
②　《毛泽东年谱（修订本）（1893—1949）》下卷，第498页。
③　《毛泽东年谱（修订本）（1893—1949）》下卷，第498页。

情的非议，亦反映给毛泽东征求他的看法和意见。

毛泽东于5月21日给柳亚子复信，信中写道："国史馆事尚未与诸友商量，惟在联合政府成立以前恐难提前设立。弟个人亦不甚赞成先生从事此项工作，盖恐费力不讨好。江苏虚衔，亦拟以不挂为宜，挂了于己于人不见得有好处。此两事我都在泼冷水，好在夏天，不觉得太冷否？某同志妄评大著，查有实据，我亦不以为然。希望先生出以宽大政策，今后和他们相处可能好些。……孙先生衣冠冢看守诸人已有安顿，生事当不致太困难，此事感谢先生的指教。"①

晚上，柳亚子读着毛泽东的来信，写下了以下一则日记："毛主席来信，颇有啼笑皆非之慨。夜，作长笺复之，将于后日送去云。"

柳亚子与毛泽东的诗交，成了中国诗坛的一段佳话。有人说，柳亚子和毛泽东是近现代中国诗坛上的双子星。

上海滩风云变幻　迎解放社友贡献

1949年3月，毛啸岑刚上班，叶景灏就对他说："姜维贤从香港来电，要我们两人中一人去香港。"毛啸岑听了眼睛一亮："一定有什么新任务。"叶景灏没有直接回答，只是说："我想，由你以中信附属建国保险公司到广州筹设分公司为名前往，具体情况到那里就知道了。"

3月15日，毛啸岑乘飞机抵达香港。一下飞机，就看到了前来迎接的张云霄。张云霄陪毛啸岑在九龙尖沙咀半岛酒店住下，然后告诉毛啸岑："先休息一个晚上，明天，姜维贤与你见面。"

第二天，姜维贤、张云霄在左顿饭店为毛啸岑接风。毛啸岑已经许久未能与姜维贤见面了，此番相见分外亲切。一见面，毛啸岑就把一张单子给了姜维贤，开玩笑地说："这是我的见面礼。"姜维贤接过一看，竟是蒋介石残余部队的陆军驻地、部队番号和军官头目的姓名。姜维贤感到喜出望外，这单子对我党的解放事业来说

① 《毛泽东年谱（修订本）（1893—1949）》下卷，第506页。

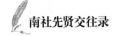

是十分珍贵的情报资料。

原来在3月初，毛啸岑的亲戚、在蒋介石军队后勤部门工作的李越尘来到毛啸岑的家里，他是奉命随机逃往广州的。二人一见面，毛啸岑就劝他不要再跟蒋介石跑了。那天夜里，毛啸岑和李越尘谈了很多，谈明了当前的形势，劝他为人民做点有益的事。谈话间，毛啸岑特意问李越尘，蒋介石军队的经费是否归他们财务部管。李越尘作了肯定的回答。毛啸岑就想到管经费必定了解军队实情。如果能把蒋介石军队的情报提供给共产党，也是对解放事业作贡献。于是，他要李越尘设法搞个单子，看看蒋介石到底还有多少军队。过了几天，李越尘就把这张记有军队驻地、部队番号和军官姓名的单子交给了毛啸岑。毛啸岑对李越尘能深明大义感到很高兴，并嘱咐他要继续为人民做事。李越尘听了毛啸岑的话，就没有跟蒋介石军队去广州。

姜维贤放好了单子后，就向毛啸岑询问了中信商业银行的情况，毛啸岑据实一一作了汇报。

第二天，姜维贤来到毛啸岑住所，一进门，就将一叠书籍和文件交给了毛啸岑。毛啸岑一看，都是一些共产党内部的书籍和资料。姜维贤坐下后，对毛啸岑讲述了辽沈、淮海、平津三大战役后的形势以及天津解放的经过，说："你回去关照叶景灏，好好准备，我们就要渡江了，在上海迎接解放。"

姜维贤又告诉毛啸岑，原来在香港的柳亚子、王绍鏊等人已先后北上。

此时，毛啸岑回忆起了自己的往昔，想到自己跟随柳亚子、侯绍裘、邓演达、王绍鏊与蒋介石反动统治作斗争的人生经历，想到大家为之奋斗的事业，如今在毛泽东领导的中国共产党人的奋斗中就要实现了。他再也按捺不住内心的激奋，站了起来，要求立即北上，将来随军南下。

姜维贤理解毛啸岑的心情，然而他没有同意毛啸岑北上的要求。他说："你留在上海比北上更能发挥作用。这次叫你来，就是要你加紧工作，迎接解放。现在有两项任务，一是开具一张上海金融业中比较开明的人士的名单，二是写出解放后金融保险事业如何经营管理的意见。"

临走时，姜维贤紧紧地握住了毛啸岑的双手，说："谢谢你，党和人民不会忘记你的！"

姜维贤走后，毛啸岑拿起了姜维贤给他的书籍和材料，一看，其中有一本是毛泽东的《新民主主义论》。他揉揉眼睛凑到灯前，一字一行地读了起来："决不是也不能建立中国资产阶级专政的资本主义社会，而是要建立以中国无产阶级为首的中国各个革命阶级联合专政的新民主主义社会……，再使之发展……以建立中国社会主义社会。"书中每一句话都含有特殊的感染力。毛啸岑忘记了时间和空间，全部精神沉浸在书本里面。不一会儿，东方渐渐发白。

回到上海，毛啸岑积极参加上海上层的金融活动，收集情报，为迎接解放而积极工作。一天，他参加了一个金融会议，陈葆泰主持会议说："我们可能要离开上海，但不久会回来的。如果共产党真的来了，你们态度要灰色，表面上要服从。大家留心观察，有什么人真的投降了共产党，如有发现，要把他的名字记下来，等我们回来跟他算账。"他环视了一下四周，又说："共产党只会打仗，不会搞经济。你们都是银行、钱庄中人，在金融上不要和共产党合作，尽量搞乱金融……"听着陈葆泰的话，毛啸岑感到国民党反动派的末日已经来临。

陈葆泰拿出了一份名册，是国民党金融区党部领导成员的名单，接着说："名单里的人都是党国的精英，是我们今后的依靠力量。"毛啸岑感到这名册是个不可多得的机密情报资料，准备藏起来交给叶景灏。不料陈葆泰说这名册会后须收回，这样，毛啸岑只能凭记忆记住了名册上的人员。一散会，他就把会议情况向叶景灏做了汇报，并凭记忆写出了国民党金融区党部领导成员的名单，使共产党了解了国民党金融业的动向。

1949年5月25日凌晨3点钟左右，毛啸岑一家还睡着，听到了隆隆炮声中夹杂着朝天鸣放的枪声。知道解放军已经到达郊外了。天刚亮，毛啸岑开门往马路上一看，只见无数解放军安静地坐在人行道上。原来，解放军已从徐家汇等方向击溃国民党军队，进入了苏州河以南市区。毛啸岑立即打电话给住在苏州河北的叶景灏，激动地告诉他："解放军进入上海了！"

叶景灏得知解放军已进市区，就告诉毛啸岑："我已经对我楼下住的国民党守军做了策反工作，他们的连长愿意起义，请你立即去和解放军联系。"

毛啸岑就叫儿子毛安澜去联系。此时，上海还在战争之中，苏州河一带枪声、炮声震耳欲聋，毛安澜冒着枪林弹雨到了南京路、河南路附近，在新华书店和国货公司一带，找到了解放军的首长，将情况做了报告。解放军首长很高兴地接待了毛安澜，当即与叶景灏取得了联系，那国民党连长就带部分守军停止了阻击。

毛啸岑全家合影

华明之、沈安娜

25日下午，除苏州河北岸小部分地区还盘踞着国民党残余部队外，上海大部分地区已经解放，国民党市政府大厦亦早已竖起了白旗，毛啸岑一家欣喜若狂。当他们沉浸在这喜庆的气氛中时，突然外面进来了两个人，毛啸岑、沈华昇定睛一看，原来是华明之、沈安娜夫妇，真是喜出望外。

原来，这几年，华明之、沈安娜夫妇都在吴克坚领导下从事情报工作。沈安娜打入了国民党中央党部秘书处机要室，担任了国民党的党、政、军、特高层秘密会议的速记员。每次会议之后，她秘密将会议情况整理出来，由华明之交给共产党组织，国民党中央的许多机密，都是经她手中的纤笔，源源不断地送到共产党方面。1949年初，国民党各党政机关纷纷南逃广州。根据形势的发展，上级组织决定华明之和沈安娜不必随国民党机关南去，可视情由南京撤至上海。华明之于2月先行，随其工作单位资源委员会撤到了上海。4月，南京解放前夕，沈安娜以回家看孩子为借口到了上海。5月1日经周恩来批准，中共中央社会部通电嘉奖了在吴克坚领导下的地下情报系统人员，在这一大批人员中就有华明之和沈安娜。到了上海，他们夫妇俩首先想到了他们的恩师毛啸岑、沈华昇。现在上海解放了，在这喜庆之际，他们匆匆地来了。

华明之、沈安娜的到来，更给毛家增添了欢乐的气氛。不知谁放起了音乐，全屋的人不由地唱起了歌，扭起了秧歌舞。

上海解放

　　上海解放了，毛啸岑、沈华昇夫妇仿佛换了个人似的，心情都特别好。那天，毛啸岑刚参加庆祝大会回到家里，就看到了柳亚子的来信：

　　"上海解放了，万岁！万岁！万万岁！！！"

　　"4月12日啸兄来信，到前天才从娄兄处转来，……我和恪成意见不同。我主张你来，他不主张你来，以为你在沪工作重要。我在六国饭店和饶漱石政委及秘书刘少文见面时，已提出你的名字，说你可以担任金融经济方面的工作。昨天打电话给陈将军，又提出一大批人，而你和长林、尔柏三人为重要。并且他们要找你们，不知来了没有呢？……"

　　从柳亚子信中，毛啸岑了解到了王绍鏊要他留在上海，继续从事金融业工作；柳亚子已向饶漱石、陈毅推荐了他。他周身感觉到了一阵温暖，心潮像海浪一样汹涌澎湃。

　　早在3月，毛啸岑从香港回到上海向叶景灏汇报完情况时，叶景灏曾问毛啸岑："上海解放后，你准备干什么？"毛啸岑回答："如中信银行任务结束，去一家大的银行做事"，金融业已成了他生命的一部分。他想象着在新中国建立中国人自己的银行，在中国的社会主义事业中，自己更有了用武之地。毛啸岑憧憬着未来，心里充满了希望……

在毛啸岑积极为党工作的同时，其他在上海的南社人，也在不同的岗位上为解放事业作着贡献。

抗日战争胜利后，1946年秋，陈望道随复旦大学师生返回上海。回迁后的复旦大学在教育界声誉日益提高。国民党为了控制进步学生，派遣不少特务。陈望道积极配合中共地下党组织，奋力支持和保护进步学生。同年，全国人民奋起抗议驻华美军暴行，复旦师生也举行了游行示威。为了开展"反饥饿、反迫害、反内战"的民主斗争的需要，成立了上海地区大专院校教授的进步组织——"大学教授联谊会"，陈望道被选为该组织的主席。

从1948年秋开始，国民党军事惨败，经济崩溃，政治紊乱，呈现出全面失败的局势。在黎明前的黑暗中，复旦师生密切关注全国形势的发展，在地下党组织领导下，做好迎接解放的准备。当年年底，国民党教育部暗中策划复旦迁校台湾，消息传出，舆论大哗，一千多名师生联合签名反对，并从此揭开了复旦护校和迎接解放斗争的序幕。

1949年1月17日，校长章益邀集八十多位教授、副教授在寒冰馆举行茶话会。经讨论决定：一、本学期寒假缩短，下学期提早到一月二十四日开学。二、迁校问题不讨论。三、组织全校性应变机构，以协助学校行政人员处理非常问题。同时，恢复教授会，推何德鹤、张孟闻、李炳焕、潘震亚、陈望道、张志让、漆琪生、萧承慎、章靳以等9人为筹备委员，陈望道为召集人。

2月22日正式成立全校性应变会。由章益担任应变会主席，陈望道作为教授代表、程极明作为学生代表被选为副主席，下设联络、防护、财会等组。

中共的地下党组织团结一切可以团结的人，将教授会、讲助会、工友会等团结起来，组织广大同学学习时事政治和中国共产党的政策，以消除同学的一些顾虑，《复旦经纬》《新复旦》等校园进步刊物，传递出复旦师生渴望光明的心声，陈望道起了积极的作用。

1949年4月，国民党大肆逮捕屠杀爱国人士，陈望道被列入黑名单。复旦中共地下党组织通知他即刻转移。陈望道被转移到叶波澄家中，住至5月25日，终于迎来了上海解放。

就在解放前夕，浙江地下党成员朱大炎也到了上海，他找到了朱剑芒。朱剑芒是吴江黎里人，原名长绥，因慕名古代侠士朱家而改名慕家，字仲康、仲亢，剑芒

朱剑芒

是别号，民国元年加入南社，他积极参加南社、新南社、南社纪念会等活动，组织南社闽集并任社长。1945年抗战胜利后，朱剑芒调任上海审计处工作。

解放前夕的上海审计处，从处长到各级主任，都是贪污分子，他们一个接一个地滑脚溜走。朱剑芒刻有一方"不墨之墨"的印章，经常在他的书法作品上钤用，表明他廉洁一生的操守。

朱大炎了解朱剑芒，向他亮明了共产党员的身份。他对朱剑芒说："上海就要解放了，你要坚守岗位，保护好档案与器材，以迎接解放。"就在这时，朱剑芒刚接到在台湾的学生严家淦来信，请老师前往台湾任职。听了朱大炎的话，朱剑芒没有犹豫，明确表示："我决定跟共产党走。"

上海审计处高级职员都陆续离开了，走得只剩朱剑芒一人，国民党财政厅任命他代理处长，在向朱大炎汇报之后，朱剑芒欣然就任。督促全体职员，保护好处内的一切，随时随地准备向共产党移交。

上海解放，朱剑芒带着全体工作人员向军管会顺利地进行了移交手续，接着审计处撤销，领导表示将另行分配工作。朱剑芒没有邀功，征得军管会的同意，于1949年秋，返回家乡黎里，到襖湖中学任教国文，常常自选教材，补充阅读，不时加进时事消息，学生不仅获得语言文学的知识，更能受到思想的熏陶。

何香凝妇联冠首　沈雁冰文艺领衔

1949年4月，何香凝到北平的当晚，邓颖超就到她的寓所来看望她，邓颖超又为她介绍了1948年9月20日至10月6日在河北平山县西柏坡召开的解放区妇女工作会议和刚刚闭幕不久的中国妇女第一次全国代表大会。

1949年3月24日至4月3日，中国妇女第一次全国代表大会在北平中南海怀仁堂举行。董必武代表中共中央致辞。蔡畅致开幕词。出席会议的有来自解放区和国统区、来自中国各省区和海外的代表，共467人，大会选举产生了执行委员会蔡畅和邓颖超等72人当选为执行委员和候补执行委员。在执委会上。蔡畅当选为全国妇联主席，邓颖超、李德全、许广平当选为副主席。何香凝没来参加会议，由于她对中国妇女运动的贡献，被推为名誉主席。

何香凝听了非常感动，送走了邓颖超，何香凝的心里久久不能平静，历历往事又展现在了眼前。

何香凝是中国第一次庆祝妇女节活动的发起者。那还是在1924年1月，国民党第一次代表大会的时候。

国民党第一次全国代表大会标志着国共两党第一次合作全面开始。在这次会议上，女性代表何香凝提交了《于法律上、教育上、社会上、经济上确认男女平等之原则，助进女权之发展》的提案，并获得通过，被写入大会宣言。国民党"一大"召开后，就迎来1924年的"三八"国际劳动妇女节，3月初，何香凝向国民党中央执行委员会提出组织妇女大会纪念"三八"妇女节的建议，获得一致赞同，决定由妇女部出面发起集会和示威游行活动，何香凝负责组织。

3月5日，广州各界妇女代表数百人在执信学校大礼堂召开了"三八"妇女节纪念活动筹备大会，代表们推选何香凝女士为会议主席。何香凝在讲话中说明了为什么要庆祝"三八"国际妇女节，讲了提倡女权的意义，赢得了阵阵掌声。1924年3月8日，中国妇女在广州第一次热烈庆祝自己的节日。上午，各校女生、各妇女团体和女工2000余人陆续集中在广州第一公园，11时正式开会，何香凝主持大会

（右起）何香凝、宋庆龄、史良

并作了演讲。她讲述了纪念"三八"国际妇女节的意义，阐述了妇女所受的沉重压迫和根源，号召妇女联合起来参加打倒帝国主义和封建主义的革命斗争，争取民族的解放和妇女自身的解放。大会提出了"打倒封建主义、打倒帝国主义，争取妇女解放"的响亮口号。

何香凝数十年来孜孜以求的就是中国的富强和人民的解放，特别是广大妇女姐妹的解放，实现男女平等。如今，在中国共产党领导下，中国妇女终于扬眉吐气了。

人民解放军渡江作战，势如破竹，迅速席卷江南大地，南京、上海都解放了。1949年6月初的一天，邓颖超前来找何香凝，说中央人民政府将正式成立。中共中央、毛主席恳切盼望在上海的宋庆龄能北上共商建国大计。但是，孙中山在北京去世，宋庆龄不想来北京这伤心之地。于是，邓颖超就与何香凝商量，想与她一起约在北京的姐妹们给宋庆龄致电。何香凝欣然答应了。6日，何香凝与邓颖超、蔡畅、李德全、许广平等妇女们联名致电宋庆龄电文说："我们曾被迫分隔两地，共同为自由民主奋斗，我们对你的钦佩与怀念无时或已。现在上海已为人民所有，全国胜利即将来到，我们共同的希望不久即可完全实现，谨电慰问，并致敬意。"

随即，邓颖超又持毛泽东、周恩来的亲笔信，前往上海去迎请宋庆龄。陪同前往的是何香凝的女儿廖梦醒。抗日战争爆发后，廖梦醒长期担任宋庆龄的秘书，协

参加广州国际妇女节大会的群众

1949年3月24日，中国妇女第一次全国代表
大会会场

助她进行保卫中国同盟的工作。6月21日，宋庆龄认真地、仔细地看完毛泽东和周恩来的信，脸上流露出十分凝重的表情，她深知这两封信重如泰山，终于作出毅然北上的决定。

8月28日，何香凝与毛泽东、周恩来、朱德等领导人至车站迎接孙夫人宋庆龄抵京，两位阔别8年的战友紧紧拥抱涌出了晶莹的泪花。①

何香凝担任了中华全国妇女联合会第一、二、三届名誉主席，为中国妇联的发展竭尽了全力。另一位南社人沈雁冰，在中国文学艺术的领域内，为中国文学艺术的发展竭尽了全力。

1949年7月23日，北京人民大会堂红灯高挂，红旗招展。来自全国各地的文学艺术工作者648名作家、艺术家来到了这里。中华全国文学艺术工作者代表大会将在这里召开。

沈雁冰身穿淡黄色咔叽新干部服，款款地走进会场。他望着"热烈庆祝中华全国文学艺术工作者代表大会胜利召开"的标语，按捺不住内心的喜悦。

经过一段时间的准备，中华全国文学艺术工作者代表大会终于尘埃落定了。

3月3日，沈雁冰接到邀请，参加华北人民政府文化艺术工作委员会、华北文艺协会为欢迎各地来北平的文艺界人士在北京饭店举行的茶话会。参加会议的有郭沫若、沈雁冰、田汉、许广平等70多人。

会议由文化艺术工作委员会副主任沙可夫主持。介绍了来宾后，周扬代表华北

---

① 《毛泽东年谱（修订本）（1893—1949）》下卷，第562页。

1949年7月，毛泽东同周扬（左二）、沈雁冰（左三）、郭沫若（左四）在第一次文代会主席台上

人民政府文学艺术工作委员会、华北文艺协会致欢迎词。周扬讲完话，就请沈雁冰讲话，他充满激情地说了当前文学艺术的任务：“目前胜利形势下，全国大城市都将一一解放，在这些大城市中，应当注意反对反动统治者用以投合小资产阶级趣味的麻醉性的黄色文艺。……”

5月13日，沈雁冰是接到周恩来的邀请，请他参与讨论解放后的文艺和新闻问题。①晚上8时左右，他到了中南海，潘汉年、周扬、夏衍、阿英、沙可夫、胡愈之、许涤新、萨空了、郑振铎、袁牧之等也先后到达。到的人大都是文化界的熟人，都已有一段时间没见了，久别重逢自是十分高兴，问长问短，好不热闹。

10点钟左右，周恩来打来电话，说还在接待几个民主人士，需一小时后到，与会的人就继续谈古论今，每个人都有许多话要说，都有许多事想问，已经忘记了时间，虽然劳累了一天，大家都不感到疲倦，谈兴正浓。

快12点钟的时候，周恩来赶到会场。他先向大家道歉，说他迟到了两个小时，然后坐下，就开门见山地说：“今天约大家来，是想对几个急需解决的问题听听各位的意见，第一是新政治协商会议即将召开，中央决定要在政协开会之前，开一个文艺界的代表大会，目的是解放区的和大后方的文艺界会师，加强团结；第二是今后的新闻工作问题，特别是新解放区的办报方针，和如何对待民办报纸的问题；第三是上海即将解放，潘汉年等人很快就要南下，想听听大家对解放后上海文化工作的意见。”

———————————

① 查国华：《茅盾年谱》长江人民出版社1985年3月第一版，第338页。

第一次中华全国文学艺术工作者代表大会

周扬和沙可夫先汇报了文代会的筹备经过。听了汇报后,周恩来征求沈雁冰的意见,沈雁冰就文学问题做了发言。最后,周恩来就文代会的事作了指示:"这次文代会是会师大会,团结大会,团结的面要宽,越宽越好,要团结一切可以团结的人,不单解放区文艺工作者和大后方文艺工作者要团结,对于过去不问政治的人要团结,甚至反对过我们的人也要团结,只要他们现在不反共、不反苏,都要团结他们,不要歧视他们,更不该敌视他们……"周恩来同志强调:"这不是我个人的意见,而是党中央的决策。"此时,已经是午夜1点钟了。①

22日,沈雁冰又出席中华全国文艺协会在平理事会及华北文协理事联席会议,会议的主题就是商讨召开全国文学艺术工作者代表大会的筹备工作会议,决定成立42人的筹备委员会。郭沫若被选举为筹委会主任,沈雁冰和周扬为副主任,沙可夫为秘书长。这42人中有南社人柳亚子和欧阳予倩。

沈雁冰实际负责了文代会筹备组和会刊《文艺报》的创刊工作。4月19日,他接受《华北文艺》记者采访,回答全国文代会筹备情况。就文代会的意义、组织形式、会员申请、大会章程、纲领、评奖活动和机关报《文艺报》创刊情况,答记者问。

7月2日,中华全国文学艺术工作者代表大会正式召开,沈雁冰走进了会场。参加会议的不少人是沈雁冰的故友,他不时与人打招呼,按捺不住心中的兴奋。

———————————

① 《周恩来与新中国文化事业的初创》,《党的文献》2014年第6期。

　　大会开始了，郭沫若被大会推选为总主席，沈雁冰和周扬被推为副总主席。沈雁冰登上了主席台，望着主席台上挂着的毛泽东主席和朱德总司令的肖像，一种由衷的敬重之情油然而生。

　　朱德代表中共中央和人民解放军总部向大会表示祝贺。郭沫若作了大会总报告，沈雁冰和周扬分别代表国统区和解放区作了总结报告。沈雁冰的报告为《在反动派压迫下斗争和发展的革命文艺》，他在报告中总结了十年国统区的文艺工作。最后，大声地说道："我们深信：曾经在国民党反动派统治下坚持进步的革命的文艺旗帜的朋友们，是一致抱着无限的欢欣鼓舞的热诚来走向新的中国，也一定是抱着最坚强的决心与勇气，来争取进步，改造自己，而参与人民民主的新中国的文化建设事业的。"

　　7月6日下午2时，周恩来作《在全国文学艺术工作者代表大会上的政治报告》，庆贺从中国第一次大革命失败以来逐渐被迫分离在两个地区的文艺工作者的大会师。周恩来指出："不仅我们要成立一个中华全国文学艺术界的联合会，而且我们要像总工会的样子，下面要有各种产业工会，要分部门成立文学、戏剧、电影、音乐、美术、舞蹈等协会。"①下午7时20分，在周恩来将要结束报告时，毛泽东突然莅临会场。全体代表起立欢迎，高呼"毛主席万岁"。

　　会场安静下来后，毛泽东向大家说："同志们，今天我来欢迎你们。你们开的这样的大会是很好的大会，是革命需要的大会，是全国人民所希望的大会。因为你们都是人民所需要的人，你们是人民的文学家、人民的艺术家，或者是人民的文学艺术工作的组织者。你们对于革命有好处，对于人民有好处。因为人民需要你们，我们就有理由欢迎你们。再讲一声，我们欢迎你们。"②

　　会议期间，朱德、董必武、陆定一、陈伯达等党和国家领导人均到会发表讲话。

　　7月8日，沈雁冰主持了大会主席团第二次全体会议，经讨论后决定：按不同业务分文学、戏剧、美术、电影、音乐、舞蹈、旧剧、曲艺等8个小组，推定各组召集人，负责召集会议，商讨组织文艺各部门协会的方案。7月19日，全国文学艺

---

　　①　周恩来：《在全国文学艺术工作者代表大会上的政治报告》，《中华全国文学艺术工作者代表大会纪文集》，新华书店1950年版，第3页。
　　②　《毛泽东年谱（修订本）（1893—1949）》下卷，第528页。

术工作者大会举行闭幕式。全国文联正式成立，沈雁冰被选为中国文学艺术界联合会副主席。

1949年7月23日，中华全国文学工作者协会在中法大学大礼堂举行成立大会，到会代表208人。丁玲主持会议，首先通过主席团名单及大会日程。沈雁冰致开幕词。沈雁冰在开幕式上说道："这个会的主要任务是要依照全国文联的章程来成立一个全国性的文学工作者协会。文代会确定了今后工作的方针与任务，就是为人民服务，并首先为工农兵服务，把毛主席的文艺方针普及到新解放区与待解放区去。我们要求产生更多的表现新时代、新人民英雄的作品，也要求加紧文艺组织工作。我们的任务不轻，我们前面也还有不少困难……"在讲明了任务后，沈雁冰强调全国文学工作者协会要"在全国文联领导之下，配合各兄弟部队，在毛泽东旗帜下，迈步前进"。

中共中央委员林伯渠讲话，号召文学工作者进一步地深入工厂、农村、部队中去，真正与工农兵打成一片，参加并深刻地体会实际的斗争，把它全面真实地反映出来。为达成进一步的团结与进一步深入群众的目的，还必须加强理论学习与加强文学工作者的组织工作。随后，丁玲报告筹备经过。下午，会议讨论通过了全国文学工作者协会章程草案，并进行了选举。选举91位文学界著名人士组成全国委员会，沈雁冰当选为主席，丁玲、柯仲平为副主席。

李书城迎接解放　李根源巧动密令

李书城从解放区归来后，几次要求见白崇禧，向他报告在解放区之行的情况，可他总以没有时间，改日再谈为由，不愿听取李书城的意见。

原来，白崇禧从南京返回武汉后，立即布置军队在市郊构筑防御工事，强要商民筹集防御经费，加紧征兵征粮，再也不喊"和平"了。

4月上旬的一天，李书城、张难先等人来到了贺衡夫家。贺衡夫少年时在汉口商店当学徒，后经营桐油出口贸易，有"桐油大王"之称。他立志实业救国，将商业资本转投入民族工业以及房地产和公益事业，担任汉口既济水电公司等多家企业的常务董事、董事或董事长，屡任汉口市商会会长、理事长，同样也是和平促进会会员。

他们一坐下，李书诚就说："现在，形势变化很大。我这次去解放区确实开了眼界，刘伯承、陈毅二位将军指示我们要安排好迎接解放军入城的事。今天，我们一起讨论一下，具体怎么做。"在李书城的引导下，大家经过反复商议，决定将和平促进会改为武汉市临时救济委员会，委员会设武昌、汉阳、汉口3个执行处。从今天开始着手准备迎接解放的相关工作。

武汉市临时救济委员会发展了新的会员，参加这个救济会的有地下共产党员，有各民主党派的人员，有辛亥革命时期的老战士，有无党无派的一般商民士绅，也有想乘此机会立功免罪的国民党要员。

李书城得到消息，白崇禧企图在逃跑前对武汉进行一次大破坏。一下子武汉三镇谣言四起，坏人纷纷出笼，社会秩序一片混乱，救济会也开始行动了。

白崇禧溃退前，要省主席朱鼎卿将省府所属机关、学校、企业的人员和财物档案向恩施一带迁移。李书城等人就暗中联络各机关、学校、企业的人员，设法保护，不准搬迁和损坏，人员也尽量留在武汉。同时，组织人力保护水厂、电厂和电报邮政、轮船、火车、水陆码头、重要工厂的设备等免遭破坏，将情况随时向地下党组织汇报，以研究对策。

5月8日，敌人准备炸毁武昌平湖门外停泊的3艘小火轮，李书城急派湖北省参议员周杰以300银圆的代价秘密与执行爆破任务的人疏通，3艘小火轮终于完好地保存下来。

一天，李书城正在救济会办公室处理日常事务，周杰走了进来。李书城急忙起身迎接。周杰带来了一个消息，说鲁道源部下有一个驻守武昌的师长，是鲁道源的外甥，他托人向周杰密通消息，说该师愿意起义，迎接解放军进城，请救委会推一负责人前去商洽。李书城一听此事十分兴奋。就立即叫人把他约到了通志馆，一见面谈得比较融洽。李书城就向武汉中共地下党组织做了汇报，然后约此师长到湖北省银行武昌分行两次晤谈，中共地下党也派了一位姓张的同志参加了会晤，并商定了起义的相关事项。起义的日子尚未商定，白崇禧就仓皇逃走，李书城就又与该师相约商议了撤出武昌后的相关事宜。

武汉解放的事迫在眉睫。李书城就组织救济委员会制作旗帜，书写标语口号，

解放军进入武汉

印制臂章。随后，为安定人心，他还和张难先等知名人士签名，向全市出安民告示，以安定人心。告示全文如下："兹因战火迫近武汉，恐一旦延及市区，则灾害难免。武汉人民团体，省市耆宿及社会热心公益人士，本此形势需要，共同组织武汉人民救济委员会，办理临时救济及维持全体市民安全事宜。刻下局势转变，武汉已成真空地带，自应加强负责，维持地方治安，保护人民一切生命财产。当此非常时期，务望我全体市民同胞发挥互助精神，竭诚合作，力求镇静，各守岗位，各安生产，以期安堵如常。倘有不肖之徒乘机扰乱，肆意破坏，或杀人放火，或抢劫奸淫，寻仇报复，定当执行人民公意，立予逮捕，交付严惩，特此布告通知。"

5月15日清晨，白崇禧派人来见李书城，说请他一起到武昌博文中学商量要事。原来，解放军兵临城下，白崇禧部下张轸在鄂南率领两个军宣布起义。白崇禧恐后路隔断，将他的"总部"由汉口撤至武昌博文中学。他说他即日要往湖南撤退，请李书城等出来维持秩序。当时，白崇禧曾扬言要在撤退时炸毁张公堤、武太闸、水厂和电厂，李书城借机劝白崇禧不要干这伤天害理的事，然一谈此话就话不投机，李书城愤怒地以手杖击地，对白崇禧说："你这是把老百姓往死里逼，如果这样，我这条老命也与你拼了。"一见李书城这份阵势，白崇禧就当场表态，不炸毁，不破坏。

李书城回到了家里，刚松了一口气，有人就跑来报告，第十一兵团司令官兼武汉守备区司令鲁道源派了一个工兵营去汉口执行爆破任务了。李书城一听就上火了，

武汉解放时的中山大道

急忙与张难先一起赶到了汉口，召集救济委员会的同人商量布置，并推出商界的几位领袖人物再次去见鲁道源。找到了鲁道源，从保卫武汉百姓的生存角度给鲁道源讲道理，还给他送了钱，说是队伍的"撤迁费"。这事起了效果，鲁道源撤退时，只象征性地炸了停在江中的几只船。当夜李书城、张难先分派人员，对全城彻夜警戒，维护秩序。

秩序如旧。5月16日晨人民解放军浩浩荡荡开进汉口市内，成千上万的居民涌向街头，热烈欢迎子弟兵，全市一片欢腾景象。

李书城在武汉为解放事业作出了贡献。另一位南社人在昆明，同样也在为解放事业竭力工作。

1949年下半年，全国大部分地区已经解放。蒋介石为做垂死挣扎，在昆明指使特务大肆镇压爱国民主人士。11月29日晚10时，昆明的上空回荡着急促的警笛声，市民一阵紧张。徐远举和沈醉率领一百多名特务倾巢出动，开始了全市范围的突然大搜捕。特务们在武装宪兵的配合下，手持搜查令、逮捕令，按照事先制定好的缉查地址和名单，到处抓人。一夜之间，四百多名中共地下党党员、进步师生、民主人士全都落入了特务的魔掌。

李根源偕夫人马树兰从腾冲乘中航公司试飞飞机回昆明，他的姻亲龚自知就来找他，说杨青田、朱健飞、张克诚、张天放等人也被捕了，有生命危险。

杨青田、朱健飞、张克诚、陈复光、张天放都是缪云台"人民企业公司"的高级职员，而且都是进步人士。杨青田任"人民企业公司"总经理室主任、云南省参议会副议长，是中共云南省统战小组组长，领导云南的反蒋运动，遭到蒋介石忌恨。朱健飞任裕滇纱厂经理，是反蒋民主人士杨杰将军的女婿，蒋介石要置杨杰于死地，当然不会放过朱健飞。张克诚是缪云台的秘书，被特务挟嫌诬告，说他早年曾与左派人物有来往。陈复光是云南大学教授、民革成员，原任陆军大学教员，曾随杨杰任驻苏大使馆文化参赞。张天放是省木棉公司经理。

缪云台得知消息就和龚自知等人出面找到卢汉营救，卢汉表示只能确保生命无虞，但要释放这些人却无能为力。而就在此时，毛人凤却要卢汉批准枪毙其中的九十多人。

1947年，蒋介石为在大选中粉饰太平，聘请宋庆龄等13人为国策顾问，李根源也列名其中，在当时声望较高。缪云台等人营救没有成功，就来找李根源求援。

李根源得知消息，让龚自知先定定心，说自己想想办法。

他先叫来了手下周道熊，让他拿着自己的名片去看守所慰问在"九九"中被监禁的人士，然后再去找云南省财政厅厅长林毓棠，请他出面营救。

林毓棠即去找了卢汉，说"印老将为'九九整肃'被逮诸君奔走疏解。"印老是对李根源的尊称。

此时的卢汉正处于两难之中。那天，毛人凤来找他，要他批准枪毙九十余人，卢汉对毛人凤说："杀人太多，且罪证不足，如草率处理难以服众。"他要毛人凤再考虑一下，毛人凤怒气冲冲而回。

卢汉见李根源出面过问这事了，很高兴地说："能得印老前辈出面斡旋转圜，实在太好了……"他表示积极配合。

如何做成此事呢？这是蒋介石亲自定的案，并且沈醉又是蒋介石的心腹。就在危难之时，传来了一个消息——李宗仁要考察昆明。李根源就大呼"云南有救了，这九十多个人有救了"。

11月3日，国民党代总统李宗仁与张群等到云南巡视。卢汉就安排李根源与李宗仁、张群同餐，想让李根源抓住机会说说这事。李宗仁在护法运动时在旧桂军中任少校参谋，所以对李根源敬礼有加。但就餐时人多，李根源没有向李宗仁进言的机会。第二天早晨，李根源往五华山光复楼拜会李宗仁、张群。谈得很是投机，但是有其他人在场，李根源也没能说"九九整肃"的事情，于是，他心里很着急。

昆明解放

11月5日晨，准备离开云南的李宗仁回访李根源。李根源感到这是营救进步人士千载难逢的好机会，于是就对李宗仁进言说："'九九整肃'所逮捕的人，均是云南省出类拔萃的人才，已引起了云南人士的反感。蒋先生这样做，颇失人心，我如见蒋先生，要劝告他改弦更张。"与李宗仁一起来访李根源的张群接口说："蒋先生就要来昆明，印老有意见可以当面向蒋先生陈说。"李根源接着就开门见山地向张群、李宗仁说："'九九整肃'所逮捕的人士，希望能从宽准予保释。"张群感到这是件棘手的事情，面有难色地对李根源说："印老派人持名片至监狱慰问被捕人士，典狱长已电告重庆蒋先生侍从室，蒋又将此电转给了我，要我注意动向。蒋先生昨天有密电来，要即押送赴渝枪毙。所以印老最好不要插手这件事情。"

其实，这事罗汉和李根源都已知晓。蒋介石是给沈醉发的电报，是关于九十多个进步人士所做的事情。电报的原文是"情有可原，而罪无可逭"，这个"逭"字是逃跑、回避、摆脱的意思，"无逭"也就是必须杀掉，不能放走的意思，直接给他们定了死刑。

按照程序，这封电报，先到了云南省主席——卢汉的手中，然后转给沈醉。卢汉知道，沈醉可不是一个心慈手软的人，电报一到他的手上，这九十多个人就会立即被处死。

卢汉早已经决定，投靠共产党，如果能保住这九十多人的性命，可是一件大功。因而他想利用李根源来周旋此事。

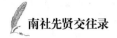

李根源稍加思索，感到李宗仁未必也与蒋介石持同一态度，所以接着对李宗仁和张群说，"这件事好办，德公（李宗仁字德邻）现在为代总统，宪法规定有大赦之权。何不将蒋先生电文中的'情有可原，而罪无可逭'上下颠倒为'罪无可逭，而情有可原'呢？这样既可据情赦免杨青田他们，又可搪塞重庆方面，岂不两全其美。"

李宗仁听李根源说出这条妙计后，立即拍手称赞，连说："好！好！就按照印老的意见办。"

原来此时李宗仁已决心与蒋介石分道扬镳，从昆明去香港，所以决定在去香港之前施以仁政。张群向来圆滑，见李宗仁既然如此态度，当然只好同意。

李宗仁离开之后，卢汉立即释放了这九十多人，并设计逮捕了沈醉等人，以绝后患。

就这样，一大批热血爱国进步人士在李根源等人的奔走之下，从死亡的边缘被拉了回来。

新政协民主协商　南社人走向光明

1949年6月15日，北平中南海勤政殿庄严肃穆，一条会标特别醒目：新政协筹备会第一次全体会议。

何香凝、沈钧儒、马叙伦等人走进了会场，一看这场面，心里特别激动。出席会议的有中国共产党、各民主党派、各民主团体、各界民主人士、国内少数民族和海外华侨共23个单位，134位代表。

当毛泽东、周恩来等中国共产党领导人走上主席台时，掌声雷鸣。毛主席红光满面，神采奕奕，亲切地向大家挥手致意。

毛泽东作了开幕词。他开口说道："诸位代表先生：我们的新的政治协商会议的筹备会，今天开幕了。这个筹备会的任务，就是完成各项必要的准备工作，迅速召开新的政治协商会议，成立民主联合政府，以便领导全国人民，以最快的速度肃清国民党反动派的残余力量，统一全中国，有系统地和有步骤地在全国范围内进行

1949 年，何香凝在北京与参加全国政协第一届全体会议的
女代表合影

政治的、经济的、文化的和国防的建设工作。全国人民希望我们这样做，我们就应
当这样做……"讲话对全国人民提出了要求："团结起来，坚决、彻底、干净、全
部地粉碎帝国主义及其走狗中国反动派的任何一项反对中国人民的阴谋计划。"最
后毛泽东以坚决的口气宣布："中国人民将会看见，中国的命运一经操在人民自己
的手里，中国就将如太阳升起在东方那样，以自己的辉煌的光焰普照大地，迅速地
荡涤反动政府留下来的污泥浊水，治好战争的创伤，建设起一个崭新的强盛的名副
其实的人民共和国。"[1]全声掌声雷动，沈钧儒、马叙伦、沈雁冰、何香凝等与参加
会议的其他人一样欢欣鼓舞。

周恩来在会上作了《新政协筹备组织条例（草案）》的报告。会议一致通过
《新政协筹备会组织条例》。选举出筹备会常务委员21人，常委会又推选毛泽东为主
任，周恩来、李济深、沈钧儒、郭沫若、陈叔通为副主任。[2]

筹备会常委会领导下，成立了6个工作小组，第六组负责拟定国旗、国徽和国
歌方案。由马叙伦任组长，叶剑英、沈雁冰为副组长，名单中有南社社员杜国庠，
当时他还没有到北京。

---

[1]　《毛泽东年谱（修订本）（1893—1949）》下卷，第518页。
[2]　中国政协网：《1949年全国政协大事记》。

7月4日下午，第六小组在中南海勤政殿召集第一次会议，决定分成国旗国徽图案初选委员会和国歌初选委员会两个工作班子。马叙伦与小组成员经过多次精心审阅、筛选、讨论，认为由上海华东合作事业管理局的曾联松设计的复字32号国旗图案五星红旗美丽大方、寓意深远，红色象征革命，五颗星象征中国共产党领导下的人民大团结，决定采用五星红旗为新中国国旗；又通过了以《义勇军进行曲》代国歌的方案，第六组后来还增加了拟定国都和纪年的任务，初步议定国都定于北平，纪年则采用世界大多数国家通行的公元纪年。这样，除国徽稿件和图案因各具特色但都有不足之处而未被采纳，继续由原小组设计外，其他均获一致意见，这些决定将提交政协全体会议审议通过。

根据9月17日筹备会第二次全体会议决定，"新政协会议"改称中国人民政治协商会议，到20日，政协筹备会常委会第八次会议最后议决，政协代表包括5个方面，即党派代表、区域代表、军队代表、团体代表和特邀代表。

马叙伦作为语言文字学家，还被第二组邀请参加《政协组织法》的修改。《共同纲领》和《组织法》草案中在"中华人民共和国"之后加括号注明"简称中华民国"的字样。马叙伦就与沈雁冰及陈叔通、郭沫若、沙千里、吴耀宗、谭平山、许德珩、梁希诸代表联合递交一个提案，指出：新政协筹备会所通过的国名——中华人民共和国，确能代表中国革命伟大胜利后实行新民主主义的国家及人民，这是中国历史上划时代的大变革，而"中华民国"4个字是旧民主时代遗留下来，并被蒋介石政权用过，在中国人民中已没有一点好感。为此，他们主张光明正大地把新国家的名称统一为"中华人民共和国"，这一议案，得到多数代表的赞同而得以通过。

9月21日晚，中国人民政治协商会议第一届全体会议在中南海怀仁堂隆重开幕。出席开幕式的各党派、团体代表634人，来宾300人。18时后，与会者陆续入场，每人胸前别着一枚刚刚赶制出来的新政协徽章。

主席台的上方，悬着巨幅会标"中国人民政治协商会议第一届全体会议"，主席台的后幕上悬着政治协商会议会徽。会徽的下方，并排悬着孙中山和毛泽东的巨幅画像。由于新的国旗还没有最后确定，两旁是中国人民解放军军旗。

主席台上坐着毛泽东、朱德、刘少奇、宋庆龄、李济深、张澜、高岗、程潜、何香凝、沈钧儒、黄炎培、郭沫若、周恩来等人。当毛泽东宣布大会开幕时，军乐

沈体兰（前排右一）与参加中国人民政治协商会议第一届全体会议上海代表团部分成员合影

队齐奏《中国人民解放军进行曲》，同时在场外鸣放礼炮54响。全体代表起立，热烈鼓掌达5分钟之久。

周恩来代表筹备会报告出席会议的各类代表名额和总人数，提出主席团名单和秘书长人选的建议，得到全场一致通过。

毛泽东用洪钟般的声音致开幕词，庄严宣告："我们的工作将写在人类的历史上，它将表明：占人类总数四分之一的中国人从此站立起来了。……我们团结起来，以人民解放战争和人民大革命打倒了内外压迫者，宣布中华人民共和国的成立：……我们的民族将再也不是一个被人侮辱的民族了，我们已经站起来了。"[1]

全场人的眼里都闪烁着泪花。为了这一时刻的到来，数千万人民英雄不惜抛头颅，洒热血，舍生取义。

中国共产党代表刘少奇、特邀代表宋庆龄、中国国民党革命委员会代表何香凝、中国民主同盟代表张澜、中国人民解放区代表高岗、中国人民解放军代表陈毅、民主建国会代表黄炎培、中华全国总工会代表李立三、新疆代表赛福鼎、特邀代表张治中及程潜、华侨代表司徒美堂等12人发表了演讲。何香凝在演讲中强调各民主党派的党员及负责人的职责，她说道："要全心全意拥护中央人民政府……尤其应该要实行政府的法令、政令，勤俭节约，临事不惧，实事求是，这才对得住全

---

[1] 《毛泽东年谱（修订本）（1893—1949）》下卷，第577页。

国人民，对得起无数死难的烈士。……只要我们能实现'共同纲领'，保持和加强我们的团结，共同向帝国主义作斗争，……在毛主席的领导下团结奋斗，那么，我们的国家前途是无限光明的，我们的人民的前途是无限幸福的。"

25日，马叙伦作为民进首席代表在政协第一届全体会议上发言，热烈祝贺中国人民政治协商会议胜利召开，向领导人民获得伟大胜利的中国共产党和中国人民的英明领袖毛主席致敬。联系中国革命实际，他由衷地说："没有无产阶级的领导，中国反帝反封建的革命是不能成功的……我们不但得到了胜利，而且能够巩固这个胜利，开始建设新中国。这是有保证的，因为有中国共产党在领导我们。"马叙伦在发言中还强调："即将在大会上通过的、揭开中国新历史的三个文件是中国人民民主统一战线伟大胜利的产物，民进将热烈地给以全部拥护，而且坚决地努力实现它……"

全国政协第一届全体会议一致通过了《中国人民政治协商会议共同纲领》《中国人民政治协商会议组织法》《中华人民共和国中央人民政府组织法》等，在全国人民代表大会召开并制定《中华人民共和国宪法》之前《共同纲领》具有临时宪法的作用。会议还通过中华人民共和国定都于北平，自即日起改名北京；采用公元纪年；暂以《义勇军进行曲》为国歌；国旗为五星红旗。

9月30日下午，中国人民政协第一届全体会议继续举行。出席大会代表628人，沈雁冰作为中华全国文学艺术界联合会首席，杜国庠作为解放区民主人士首席代表做了发言。

杜国庠是1949年8月才从香港到上海的。全国政协筹备会成立了6个工作小组，第六组成员有杜国庠。当时他还在香港。接到参加全国政协第一次会议的通知时，心里异常激动，立即动身来北京。

参加政协第一届全体会议，毛泽东的开幕词让他精神振奋。他想到了四年前的一幕。1945年8月他随军事委员会政治部三厅在重庆。8月28日毛泽东到重庆，与蒋介石谈判，国共两党签订了《双十协定》。一天晚上，毛泽东特意会见了杜国庠，两人从九时半至十一时，谈了一个半小时。毛泽东向杜国庠了解了工作情况，杜国庠向毛泽东汇报了入党以后的工作、思想概况，请求指示。毛主席静静地听着，不时地间或问几句，最后说："就这样地做吧，党信任你！"这句话深深地印在了杜国庠的脑海里，于是他就听从了党的安排，积极地迎接解放。

张志让

　　他根据党的安排，从重庆到上海，从上海到香港，又从香港到北京。在上海，他以文化人的身份从事研究和著作，同时做民主人士和工商界上层分子的工作。中国共产党领导进步教授组成了上海大学教授联谊会，正、副召集人分别为张志让、沈体兰。

　　张志让，字季龙，南社成立时他作为来宾参加了虎丘雅集。他随柳亚子等击节悲歌，抒发爱国情怀，被柳亚子称为"好汉"。沈体兰是南社社员。杜国庠找到了他们，表示愿意参加。两人了解杜国庠这位南社同人的经历，十分欢迎。

　　于是，上海大学教授联谊会的活动，反对美蒋通商航海条约，"反内战、反饥饿、反迫害"游行，反特务暴行等，都能见到他的身影，宣言都有他的签名。1947年5月20日，一夜之间，国民党当局在上海各大学逮捕数百名爱国进步学生，或予关禁，或予杀害，妄图一举扑灭革命火焰。大教联举行集会抗议，主持人话刚讲完，杜国庠就跳上了主席台，慷慨陈词，抗议国民党蒋介石的暴行，并提议推举代表向上海市国民党当局抗议，营救被捕学生。1948年11月，杜国庠遵照党的指示，从上海坐船去香港，准备北上。1949年8月，杜国庠到了北京，参加了全国政治协商会议。

　　在政协会议的发言中，杜国庠倾吐心声，代表待解放区民主人士，表示了拥护中国共产党，积极为新中国作贡献的决心。

9月30日下午，中国人民政治协商会议第一届全体会议选举了中国人民政治协商会议第一届全国委员会委员：毛泽东、刘少奇、朱德、周恩来、张澜、李济深等180人当选；选举了中央人民政府正副主席及全体委员，毛泽东任主席，朱德、刘少奇、宋庆龄、李济深、张澜、高岗为副主席，周恩来、陈毅等63人为政府委员。

中华人民共和国第一届中央人民政府政务院成员中有南社人马叙伦、章乃器、邵力子、李书城、沈雁冰、何香凝、沈钧儒、柳亚子……

10月1日下午3点，中华人民共和国中央人民政府主席毛泽东和副主席朱德，一前一后，沿着城楼西侧的古砖梯道，最先登上天安门城楼。南社人参加开国大典的有柳亚子、何香凝、马叙伦、李书城、沈钧儒、沈雁冰、邵力子、欧阳予倩、沈体兰、杜国庠、田汉、陈望道、章乃器、钱昌照、胡子婴、柳无垢……

在代国歌《义勇军进行曲》的乐曲声中，中央人民政府主席、副主席和委员就位。毛泽东随后庄严宣布："中华人民共和国中央人民政府在今天成立了！"

南社人的眼眶湿润了，从1909年南社在苏州虎丘成立，经历了新南社、南社纪念会，从鸦片战争到辛亥革命，从旧民主主义革命到新民主主义革命，南社那一代人，实际上是20世纪中国梦较早的寻梦者，也是中华民族伟大复兴的践行者。

中华民族生生不息、不断求索、不懈奋斗，这条道路的探索与最终形成，历经了历史的对比与实践的考验，历经了成功的喜悦与失败的苦涩。如今，新中国成立了，五星红旗飘扬在了祖国的上空，在中国共产党领导下，意气风发、斗志昂扬地走进了新时代……

尾声

诗人兴会更无前

柳亚子等人参加新中国成立一周年庆祝活动
投身新中国的建设事业

1950年10月1日，新中国第一个国庆节。天安门城楼上高悬着国徽和毛泽东的画像。北京举行了盛大的阅兵仪式，之后又有40万群众通过检阅台。

上午10时，毛泽东、朱德、刘少奇、周恩来等党和国家领导人在21响礼炮声中登上了天安门城楼。阅兵总指挥下令分列式开始，军乐团演奏《中国人民解放军进行曲》。一个个方队向天安门城楼上的毛主席、朱总司令及党和国家领导人敬礼。

柳亚子在天安门检阅台，兴高采烈地作了七绝一首："联盟领导属工农，百战完成解放功。此是人民新国庆，秧歌声里万旗红。"

当晚8时，北京城内燃放国庆烟火。柳亚子回到家里，在筒子河畔小阳台上凭栏眺望，烟火花团锦簇，色彩缤纷，水中倒影亦成巨观，爆竹之声令他兴奋不已。

新中国第一个国庆节即将来临之前，柳亚子就参与了一系列的庆祝活动，兴致勃勃，诗情大发。

9月26日夜，参加毛泽东在北京饭店设宴招待全国英模代表的宴会。柳亚子担任大礼堂第二十三席主持。第四野战军战斗英雄从隔席前来索诗，柳亚子即赋七绝一首："战斗英雄百战功，誓当跨海更征东。麦魔授首台澎复，自古元凶岂善终？"

1949年，南社、新南社在北京中山公园雅集

　　9月29日夜，周恩来在北京饭店设宴招待全国各民族代表。柳亚子任第三十五席主持，客人为内蒙古文工团团员，柳亚子在题名干杯之际，吟成五绝一首："旧憾扫如烟，新欢共一天。弟兄联姊妹，围坐话樽前。"[①]

　　9月30日下午，柳亚子赴中山公园音乐堂参加全国政协主持的国庆庆祝会，听了周恩来《为巩固和发展人民的胜利而奋斗》的报告。结束后又赴北京饭店，出席毛泽东主持的国庆招待酒会。这天是旧历八月十九日，正是武昌起义39周年纪念日，柳亚子又赋七绝一首："武昌首义八一九，合璧联珠历旧新。只有后先无畛域，牺牲同是为人民。"[②]

　　在这国庆的爆竹声中，柳亚子浮想联翩。

　　想到了往昔的历程，想到了他与陈去病、高天梅发起成立南社后的40年的历程。如今，南社已成了历史，但是一想到去年4月南社和新南社的一次雅集，柳亚子心里还是充满了欣慰。

　　新中国成立前夕，从全国各地陆续抵达北平的各界人士中，不少是南社和新南社的成员，经中央批准，1949年4月16日下午，柳亚子召集了南社、新南社联合临时雅集。

---

① 张明观:《柳亚子传》社会科学文献出版社1997年5月第一版，第582页。
② 张明观:《柳亚子传》社会科学文献出版社1997年5月第一版，第583页。

1950年，新中国第一个国庆节

　　那天，位于天安门西侧的中山公园来今雨轩内传出一阵阵欢声笑语。社员沈雁冰、欧阳予倩、邵力子、沈体兰、郑桐荪、宋琳、胡先骕等16人出席雅集，应邀与会的来宾有周恩来、叶剑英、李立三、张西曼、范志超、叶圣陶、傅彬然、宋云彬、季方、俞平伯、张纲伯、包达三、连贯、杨之华、张东荪、符定一、千家驹、金仲华、张志让等六十余人，共八十余人。①

　　中国共产党中央委员会副主席周恩来、北平市长叶剑英和新政协筹委会常委李立三到会祝贺。周恩来与邵力子亲切地交谈着，他们两人作为同乡与同志，在风风雨雨革命斗争中结成了深厚的友谊。叶剑英来到了柳亚子的面前，与他谈起了老师、南社社员李煮梦，他说："《南社第八集》中有李老师的诗，我特别喜欢。第一首诗，我现在还记得：'浪写风怀浪赋诗，吟成尽作断肠辞。国仇家恨填胸臆，那有闲情哭古人。'⋯⋯"李立三也走了上来，说起南社人，他说了一句话："中国党的发生是由6个人发起，其中就有戴季陶。但戴季陶并没有继续朝前进步。"

　　他们3位的到来，让柳亚子非常激动。周恩来、叶剑英分别在会上讲话，他们激励各位要为建国大业多做工作。社员欧阳予倩、邵力子等先后发言，沈体兰也做了交流，柳亚子致了答谢词。

　　这是南社、新南社最盛大，也是最后一次雅集，它为南社的发展史画上了圆满

　　①　张明观：《柳亚子传》社会科学文献出版社1997年5月第一版，第557页。

的句号。

想到这里，柳亚子不由又吟起了他在中山公园雅集的第二天写的一首诗："南社于今卅一年，新南社集未秦烟。胡清早覆袁张死，讵料淫威蒋帝颠。"

新中国成立一周年，庆祝活动还在继续，柳亚子慨当以慷。

10月3日，中南海怀仁堂举办国庆歌舞晚会，西南各民族文工团、新疆文工团、吉林省延边文工团、内蒙古文工团联合演出。柳亚子与郑佩宜一起前往观看，坐于毛泽东前排，宋庆龄与沈粹缜、罗叔章之侧。

毛泽东一看柳亚子到来，引发了诗情，于是请柳亚子作诗，柳亚子即席赋了《浣溪沙》一阕："火树银花不夜天。弟兄姊妹舞翩跹。歌声唱彻月儿圆。不是一人能领导，那容百族共骈阗？良宵盛会喜空前！"毛泽东听了十分赞赏，事后步韵奉和一首《浣溪沙·和柳亚子先生》："长夜难明赤县天，百年魔怪舞翩跹，人民五亿不团圆。一唱雄鸡天下白，万方乐奏有于阗，诗人兴会更无前。"

"诗人兴会更无前"，新中国成立了，历史翻开了新的一页。

南社人为追求民族独立、政治民主、国家振兴的理想，为探索中国革命道路历经挫折，最终找到了在中国共产党领导下的建设新中国的方向。在中国特色的社会主义道路上，南社人开始了新的征程……

不少南社人的名字留在了新中国的史册上：

柳亚子：历任中央人民政府委员、全国人大常委会委员、中央文史馆副馆长等；

邵力子：历任全国人大常委、政协常委、民革常委、中国国民党革命委员会和平解放台湾工作委员会副主任委员、中苏友好协会副会长、社会主义学院副院长等；

何香凝：历任中央人民政府委员，全国人大常委会副委员长，政协副主席，侨务委员会主任，美术家协会主席，全国妇联名誉主席，民革中央副主席、主席；

沈钧儒：历任中华人民共和国中央人民政府委员、最高人民法院院长、全国人民代表大会常务委员会副委员长、政协全国委员会副主席、中国民主同盟中央主席；

沈雁冰：历任中国文联副主席、中国作家协会主席、文化部部长、政协全国委员会副主席；

　　李书城：历任中华人民共和国全国财经委员会委员、农业部部长、全国人大常委；

　　马叙伦：历任政务院文化教育委员会副主任、中央人民政府教育部部长、高等教育部部长、政协全国委员会副主席；

　　章乃器：历任中央财经委员会委员、中央人民政府粮食部部长、中国民主建国会中央副主任委员、全国工商联副主任委员。

　　田汉：历任职文化部戏曲改进局、艺术局局长；

　　胡子婴：历任政务院财经委员会副秘书长，上海市工商联秘书长、副主任委员，商业部副部长，全国工商联第四届副主任委员，民建第一届中央委员和第二、三届中央常委。

　　钱昌照：历任政务院财政经济委员会委员兼计划局副局长，政协全国委员会财经组副组长，全国人大常委会法制委员会委员，香港特别行政区基本法起草委员会委员，中华诗词学会会长；

　　沈体兰：历任华东军政委员会教育部副部长、华东体育委员会主任、上海市体委主任、上海市政协副主席；

　　李根源：历任西南军政委员会委员、西南行政委员会委员、全国政协文史资料研究委员会副主任；

　　欧阳予倩：历任全国政协委员、全国人大代表、中央戏剧学院院长、中国文联副主席、中国戏剧家协会副主席、中国舞蹈家协会主席；

　　陈望道：历任华东军政委员会文化教育委员会副主任兼文化部长、华东高教局局长、复旦大学校长、中国科学院哲学社会科学部委员、上海市哲学社会科学联合会主席、上海市政协副主席、民盟中央副主席、民盟上海市委主任委员；

　　沈尹默：历任中央文史馆副馆长、上海市人民委员会委员、第三届全国人大代表；

　　杜国庠：历任广东省文教厅厅长、华南师范学院院长、中国科学院学部委员、担任中国科学院广州分院院长、中国科学院广州哲学社会科学研究所所长、广东省哲学社会科学学会联合会主席；

　　施方白：历任中国农工民主党中央监委会参事、湖北省主委、江苏省副主委、江苏省人大代表、政协委员；

柳无垢：历任外交部政策委员会秘书长、全国民主妇联国际部联络秘书，先后任政策委员会、研究室、新闻司秘书科长等；

高尔柏：历任高等教育部第二处副处长，中国民主促进会中央宣传委员会委员；

范烟桥：历任苏南行政公署文化教育委员会委员、苏州市文化局局长、江苏省文联副主席、江苏省政协常委；

......

"承前启后的人文情怀，心系民众的进步追求，振兴中华的家国担当"的南社精神，闪烁在中国革命和建设的历史长河中。

主要参考文献

杨天石：《南社史长编》，中国人民大学出版社1995年5月第一版。

柳无忌、柳无非编柳亚子文集：《自传年谱日记》，上海人民出版社1986年11月第一版。

柳无忌、殷安如编：《南社人物传》，社会科学文献出版社2002年6月第一版。

曹雪娟主编：《南社百杰》，上海人民出版社2009年10月。

中国现代革命史资料丛刊：《三一八运动资料》，人民出版社1984年6月第一版。

苏迟著：《李叔同传》，团结出版社1999年4月第一版。

尚明轩著：《廖仲恺传》，北京出版社1982年8月第一版。

田子渝著：《马克思主义的播火者李汉俊》，中国工人出版社2016年8月第一版。

沈建中著：《陈独秀在上海》，中共党史出版社2018年1月第一版。

柏文蔚著：《柏文蔚自述》，人民日报出版社2011年7月第一版。

江佩伟著：《江亢虎研究》，武汉出版社1998年元月第一版。

陈福霖、余炎光著：《廖仲恺年谱》，湖南出版社1989年版。

华德韩著：《报业巨子新闻导师邵飘萍传》，杭州出版社1998年1月第一版。

任建春主编：《大道先行——叶天底传集》，华夏文化艺术出版社2008年10月第一版。

李元灿、李育民、迟云飞著：《宋教仁传》，国际展望出版社1992年第一版。

杨宇清编著：《杨杏佛》，中国文史出版社1991年4月第一版。

李伟著：《曹聚仁》，河南人民出版社2004年7月第一版。

李新福著：《李书城传》，中国文史出版社1990年10月第一版。

朱顺祖著：《邵力子》，花山文艺出版社1997年3月第一版。

邵黎黎、孙家轩著：《我的祖父邵力子》，河海大学出版社1998年7月第一版。

张冠生编著：《从前的先生——盟史零札1939—1950》，广西师范大学出版社2014年7月第一版。

邱钱牧：《中国民主党派史》，浙江教育出版社1987年3月第一版。

沈叔年著：《爱国老师沈钧儒》，浙江人民出版社1981年12月第一版。

李永、温乐群、汪云生著：《何香凝传》，中国华侨出版社1993年4月第一版。

吴琴著：《邓颖超与何香凝》，华文出版社2012年7月第一版。

陈永忠著：《沈钧儒》，群言出版社2013年11月第一版。

张明观著：《柳亚子传》，社会科学文献出版社1997年5月第一版。

陆星著：《李根源传》，中国文史出版社1998年11月第一版。

余丽芬著：《正道上行——马叙伦传》，浙江人民出版社2008年11月第一版。

俞前、王晓华、张庆军著：《天下南社》，江苏人民出版社2014年3月第一版。

欧阳敬如著：《父亲欧阳予倩》，中国戏剧出版社2005年7月第一版。

钟桂松著：《茅盾传》，东方出版社1996年7月第一版。

金立人、贺世友著：《杨贤江传记》，江苏教育出版社1990年3月第一版。

王泰东著：《陈布雷传》，东方出版社1998年5月第一版。

范小芳、包东波、李娟丽著：《戴季陶传》，团结出版社2007年1月第一版。

孙昌建著：《浙江一师别传——书生意气》，2011年9月第一版。

邓明以著：《陈望道传》，复旦大学出版社1995年3月第一版。

闻少华著：《汪精卫传》，吉林文史出版社1988年11月第一版。

金建陵、张默梅著：《墨痕微漾》，南京大学出版社2010年11月第一版。

王志良编：《盛泽南社故事》，团结出版社2014年9月第一版。

王晓华、俞前著：《秀才造反与民国创立》，上海人民出版社2011年11月第一版。

王晓华、俞前、张庆军著：《天下南社》，团结出版社2019年3月第一版。

俞前著：《巢南浩歌——陈去病诗传》，上海文艺出版社2011年3月第一版。

俞前著：《毛啸岑》，团结出版社2015年12月第一版。

俞前、李海珉、傅闻捷编著：《吴江与南社》，团结出版社2014年9月第一版。

陆米强著：《星期评论社对中共发起组创建所起的重要作用》，载《上海革命史资料与研究》第10辑。

邓明以原编、陈光磊增订：《陈望道先生生平年表》，上海鲁迅纪念馆2006年编《陈望道先生纪念集》。

邱汉生著：《杜国庠传略》，载1984年第3期《史学史研究》。

陈雪峰著：《杜国庠和李大钊：两位早期革命者之交情》，载2019年第2期《潮商》。

程绍珍著：《何香凝对抗日战争的贡献》，载1998年第2期《中华女子学院学报》。

尚明轩著：《何香凝与抗日战争》，载1995年第9期《历史教学》。

刘晓东著：《陈独秀与中国共产党早期组织的创建》，载2012年第7期《世纪风采》。

邵雍著：《五四运动后陈望道对建团的贡献》，载2019年6期《上海党史与党建》。

孙慎著：《周恩来同志和战地服务队特别支部》，载1999年第6期《新文化史料》。

叶扬兵著：《柳亚子等悼念张应春烈士的〈礼蓉招桂龛缀语〉之辑录与发表》，载2017年第10期《档案与建设》。

周建平著：《建国前苏州党史上几个重要片断》，载2012年第四期《档案与建设》。

李毅著：《李根源巧动蒋介石密杀令》，载2003年第11期《档案时空》。

张家康著：《青年毛泽东在北大》，2013年11月22日人民网－中国共产党新闻网。

张姚俊著：《申江惊雷垂青史——回眸上海工人第三次武装起义》，2017年3月23日，中国共产党新闻网。

《张闻天：南京传播马克思主义第一人》，载2018年5月31日江苏凤凰网。

《档案微党课：青浦最早党组织建立与发展》，载2020年6月5日绿色青浦网。

《青浦最早的共产党员——高尔松、高尔柏》，载2018年6月30日绿色青浦网。

中共中央党史研究室著，胡绳主编：《中国共产党的七十年》，中共中央党史出版社1991年8月出版。

中共中央文件研究室编:《毛泽东年谱(修订本)(1893—1949)》,中央文献出版社,2013年12月第一版。

[美]埃德加·斯诺著,董乐山译:《西行漫记》,三联书店出版,1979年12月第一版。

《周恩来生平年谱(1922年—1935年)》,周恩来纪念网。

李永、温乐群、江云生著:《何香凝传·何香凝年表》,中国华侨出版公司1993年4月第一版。

《领袖大事年表:朱德》:2009年12月08日,人民网-中国共产党新闻网

许毓峰著:《李大钊年谱》(中),《信阳师范学院学报(哲学社会科学版)》,1983年第2期。

许毓峰著:《李大钊年谱(下)》,《信阳师范学院学报(哲学社会科学版)》1983年第3期。

樊学庆著:《李大钊与黄埔军校》,2019年2月13日《团结报》。

华德韩著:《报业巨子新闻导师邵飘萍传》,载《天津市政法管理干部学院学报》2011年第一期。

王静著:《张申府与中国共产党》,天津马列主义研究学院2010年5月。

董宝瑞著:《同建中国社会党天津支部——李大钊与北洋法政专门学校同学郭须静》,载《天津市政法管理干部学院学报》,2011年第一期。

童然星著:《五四运动前后李大钊与邵飘萍》,载《文史精华》,2007年第4期。

姜弘道著:《张闻天与"河海"》,《海河大学学报(哲学社会科学版)》第2卷第3期

肖东发著:《蔡元培与北大新闻学研究会》,《北京大学学报》第1055期。

邵诚民著:《"五四"运动中的邵飘萍》,科普文化交流网,2019年4月2日。

徐光寿著:《老渔阳里2号的红色印迹》,《大江南北》2020年第4期。

邓明以、张骏著:《陈望道与中国共产党的创立》,《复旦大学学报(社会科学版)》1991年第一期。

梅兴无著:《毛泽东:"你的公馆是我们党的'产床'"》,《北京日报》2018年1月2日。

林楚晗著:《中共一大代表、创始人之一李汉俊烈士90周年纪念会在潜举办》,

《潜江论坛》2018年4月27日。

陈迩冬著：《一代风骚》，《人民日报》1987年5月28日。

《李汉俊与中共一大》，《百姓生活》2020年第7期。

李洪峰著：《周恩来：永远的榜样》第五章《人民的"总服务员"》人民出版社2018年2月第一版。

陶建明著：《民主斗士施方白》，《南通日报》2016年12月27日。

史光荣著：《朱德参加中共六届六中全会前后的统战工作》，中国共产党新闻网2020年5月9日。

付裕著：《追寻"北上"的足迹》，《人民政协报》2018年3月22日。

王中天著：《张治中留北京以后》，《文史月刊》2012年第5期。

《周恩来与新中国文化事业的初创》，《党的文献》2014年第6期。

中国政协网：《1949年全国政协大事记》。